카파도키아의 빛나는 별, 온 교회의 위대한 스승
성 대 바실리오스

Originally published as
Η ΖΩΗ ΕΝΟΣ ΜΕΓΑΛΟΥ ΒΑΣΙΛΕΙΟΣ ΚΑΙΣΑΡΕΙΑΣ in 1988, Athens

Copyright © 1981 by ΑΠΟΣΤΟΛΙΚΗ ΔΙΑΚΟΝΙΑ
All rights reserved.

Korean Translation Copyright © 2017 by Korean Orthodox Editons(Seoul)

이 한국어판의 저작권은 저작권자 아포스톨리키 디아코니아 출판사와 독점 계약한 정교회출판사에 있습니다. 저작권법에 의해 한국 내에서 보호를 받는 저작물이므로 어떠한 형태로든 무단 전재와 무단 복제를 급합니다.

카파도키아의 빛나는 별, 온 교회의 위대한 스승

성 대 바실리오스

스틸리아노스 파파도풀로스 지음

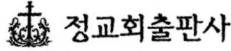
정교회출판사

나무판+템페라, 2003년
모든 성인들의 수도원, 스페체스, 그리스
서울 성 니콜라스 주교좌 대성당 소장

모자이크, 11세기
성 소피아 대성당, 키예프, 우크라이나

대 바실리오스 성인에게 헌정

대 바실리오스 성인이 온 삶으로 참된 그리스도교를 증거하고
교회와 인류의 역사에 위대한 한 장을 장식한 지 어언 16세기가 흘렀다.

우리는 그에게서 이론과 실천의 참된 일치와 착한 목자, 신학자,
하느님의 신비의 집전자, 그리고 인간의 고통과 함께하는 모습을 발견했다.
그리고 그의 위대함은 시공을 초월하여 오늘날까지 그 빛을 발하고 있다.

정교회는 "성인의 무리" 속에 있는 그의 위대함을 높이기 위해,
주님의 품에 안긴 지 1600년이 되는 1979년을 성인께 헌정하여
특별하게 기념하기로 정하였다.

이 축일에 조금이나마 동참하고 기여하고자 하는 마음으로
본서 2쇄를 발간하게 됨을 참으로 기쁘게 생각하는 바이다.

그리스 정교회
아포스톨리키 디아코니아

차 례

▣ 머리글 11

1. 출생, 어린 시절, 교육
부모 18 ‖ 어린 시절 19 ‖ 중병과 기적 20 ‖ 마크리나의 보살핌 21 ‖
아버지의 학교에서 보낸 어린 시절 24 ‖ 케사리아 26 ‖ 콘스탄티노플 29 ‖
아테네 30 ‖ 드러난 총명함과 첫 번째 실망 32 ‖ 참된 우정 37 ‖
일상의 삶 39 ‖ 그리스도인 대학생 동아리 42 ‖
바실리오스가 아테네에서 수학(受學)한 과목 44 ‖
바실리오스는 왜 그리스 교육을 받았을까? 47 ‖
아테네를 떠나 카파도키아에 대한 메시지 49 ‖

2. 자신과의 싸움
고향집 53 ‖ 투쟁의 시작 54 ‖ 케사리아 55 ‖ 일시적인 직업 활동 57 ‖
성령의 폭발 60 ‖ 연구에 앞서 인도자를 찾다 63 ‖
동방을 향하여 - 새로운 공부 65 ‖ 귀향 71 ‖
케사리아에서 보낸 첫 번째 편지 76 ‖ 케사리아의 주교 디아니오스 77 ‖
세례 받은 뒤 모든 재산을 처분함 79 ‖ 에프스타티오스 수도사들 83

3. 출발, 봉헌의 시작
아니싸에서 85 ‖ 수행 89 ‖ 하느님의 사람 92 ‖ 정화(淨化)와 조명(照明) 94 ‖
수도자와 세상 96 ‖ 나지안조스, 티베리니 100 ‖ 폰도스와 수도처 103 ‖
첫 번째 위대한 신학 105 ‖
마침내 그레고리오스가 이리 강의 수도 암자를 찾아 가다 112 ‖
율리아노스 황제, 수도 암자를 방문하는 에프스타티오스 125 ‖
수도 암자를 떠났던 그레고리오스가 사제가 되어 돌아오다 126 ‖
바실리오스와 디아니오스와의 마지막 순간 131 ‖

4. 지극히 거룩하신 하느님의 사제

사제로 서품되다 137 ‖ 분열을 피하다 141 ‖
다시 광야에서, 공동체를 조직하다 145 ‖
율리아노스의 죽음, 정교 신앙을 지지하는 황제 요비아노스 147 ‖
카파도키아 교부들의 신학적 기반 150 ‖ 진리를 향한 여정 152
천둥벼락이 내리치다 153 ‖ 직무를 맡다 161 ‖
하느님께 향하는 길, 자연의 아름다움, 『6일간의 창조』 168 ‖
이스라엘의 노래, 교회의 기풍 181 ‖ 소인배들의 방법 : 모략 184 ‖
혹독한 기근, 성인의 위대성과 이웃의 아픔 188 ‖
병, 조화의 상실, 보살핌 194 ‖

5. 주교 선거와 첫 번째 관심사

선거 203 ‖ 주교 바실리오스 217 ‖ 사역의 시작 221 ‖
진리, 말씀, 실천 223 ‖ 소인배들의 졸렬함 227 ‖
내부의 화살 - 위대한 인물의 순박함 230 ‖
전 교회를 품에 안은 독수리의 눈, 진리의 우선성 236 ‖ 오해들 241 ‖
겨룸, 위대한 바실리오스 247 ‖ 황제가 주교에게 굽히다 259 ‖

6. 교회의 진리와 평화, 고통의 완화
아름다운 케사리아 270 ‖ 우정이 시험받다 273 ‖
더 넓은 세상으로 날개를 펴다 276 ‖ 일치의 길 285 ‖
일치의 부 가시 측면 286 ‖ 사랑의 기념비, 바실리오스 복지관 288 ‖
아르메니아에서의 사역, 니코폴리스의 비극 294 ‖
나지안조스에서의 모임, 테올로기아와 이코노미아(신학과 경륜) 306 ‖

7. 쓴 잔이 아픔과 일치 그 위로 흘러넘치다
조직화된 모략과 위조 315 ‖ 몇 개월 동안이나 지속된 병환 328 ‖
교회 일치를 위해 헌신하는 바실리오스 332 ‖
병과 겨울이 폭풍우를 약화시키다. 338 ‖
고향 사람들의 거부로 인한 슬픔이 그의 깊은 속마음을 드러내게 하다 343 ‖

8. 위대한 영감의 순간
위대한 신학은 어떻게 탄생하는가? 364 ‖ 하느님의 지식 374 ‖
최후의 고통과 투쟁 380 ‖ 남은 2년 390 ‖

9. 종착
당신 손에 제 영혼을 맡깁니다 403 ‖ 장례 412

■ 머리글

과연 그 누가 4년 안에 그토록 많은 학문을 섭렵할 수 있을까? 이과 학문과 문과 학문을 동시에 그토록 쉽게 마칠 수 있는 사람이 과연 몇이나 될까? 과연 그 누가 그토록 짧은 기간 안에 세상의 모든 지식을 다 습득할 수 있을까?

대답은 부정적일 수밖에 없다! 하지만, 그런 인물이 있었다!

355년에 카파도키아의 케사리아 지방. 이제 막 아테네에서 유학을 마치고 돌아온 한 청년, 교회 역사가 그 이름 앞에 '위대한'이라는 형용사를 붙여 부르는 사람, 25세의 성 대 바실리오스가 그런 인물이었다. 그는 젊었고 재능이 있었으며, 큰 부자였다. 젊은 나이에 이미 그의 명성은 천천히 전 세계로 퍼져 나가고 있었다. 아테네에선 모든 스승과 학생이 그에 대해서 이야기를 나눈다. 콘스탄티노플에서도 마찬가지이다. 카파도키아의 수도인 케사리아는 그를 도시의 자랑으로 여긴다.

그는 아주 특출한 사람이었다. 재능과 재주는 타의 추종을 불허했다. 그는 그 시대 인간이 성취한 모든 학문과 지식을 습득했다. 수사학, 문법학, 철학, 천문학, 수학, 지리학, 의학을 두루 섭렵했다. 아테네 대학에서 같이 유학했던 신학자 성 그레고리오스는 그에 대해 이렇게 말했다. "각각의 학문을 깊게 파고들면서도 두루 연결시켜 마치 하나의 학문을 연구하고 공부하는 것처럼 보였습니다."

어떻게 그는 이 모든 것을 성취할 수 있었을까? 그는 건강도 좋지 않았고, 힘도 없는 연약한 사람이었다. 하지만 그에겐 천재성과 강한 의지 그리고 열망이 있었다. 그는 오직 목표를 향해 달려갔고, 기도했고, 연구했다. 그리고 놀라운 집중력으로 경이로운 성과를 이룩했다.

그의 스승들은 그를 인정했고 사랑했다. 한번은 콘스탄티노플의 유명한 웅변가 리바니오스가 제자였던 바실리오스의 편지 한 통을 받고 감동을 받아 외쳤다.

"바실리오스, 내가 졌네. 자네가 이겼네!"

"무엇에 졌다는 말입니까? 또 지고도 기분이 나쁘지 않습니까?"라고 물으니, 그가 대답했다.

"그의 아름답고 화려한 글 솜씨에 내가 졌네." 웅변가가 대답했다.

"바실리오스는 이제 나를 능가한다네. 하지만 그는 내 친구이기에 나는 한없이 기쁘다네."

그 당시는 수사학이 영광을 누리던 시대였다. 유명한 논증의 인용과 의미의 논리적 일관성에 세상은 매혹 당했다. 바실리오스는 유명한 웅변가의 아들이었고 모든 사람들이 인정하는 천부적인 달변가였다. 그가 학업을 마쳤을 때 교수들과 학생들은 모두 한 목소리로 그가 수사학을 맡아 가르쳐 주길 요청했다. 하지만 그는 거부했다.

이렇게 교수직을 거부하고 자신의 고향 케사리아에 돌아온 그는 삶의 길을 결정하기 위해 고민 중이었다. "모든 학문에 통달한", 부유하고, 영향력 있는 그가 과연 어떤 길을 가게 될까?

"자네는 통치자가 될 거야." 어떤 이들은 이렇게 말했고,

"아니, 자네는 대학교에서 학문을 가르쳐야 해." 어떤 이들은 이렇게 권유했다.

"교수가 아니라면 유명한 변호사가 되겠지." 혹은 "아마 유명한 의사가 되지 않을까?" 라고 조심스럽게 예측하는 이들도 있었다.

그렇다면 바실리오스의 결심은 무엇이었을까? 그는 처음에는 수사학을 공부했다. 뛰어난 수사학적 재능으로 그는 어디서든 사람들을 설득하여 하나의 의견으로 모아냈고, 그런 그에게 사람들은 박수갈채와 칭찬을 멈추지 않았다. 하지만 그 모든 것도 그에게 내면의 평화를 주지는 못했다. 그때 하늘로부터 부르심이 왔고 그를 변화시켰다. 결정적 고민의 순간에 하느님은 그의 누나의 입을 통해 말씀하셨다.

"바실리오스, 주의해야 해! 세상의 영광에 넋을 잃으면 안 돼. 교회가 너를 기다리고 있어!"

하느님이 그를 부르셨다. 그리고 바실리오스는 이미 준비가 된 상태였다. 모든 것을 제쳐 두고 세례받기를 요청하였고, 얼마 후 사제가 되었다.

그 후 그의 모든 재산과 모든 재능은 어떻게 되었을까? 모두 무용지물이 된 것일까?

그렇지 않았다. 아테네 대학교의 교부학 교수였던 고(故) 스틸리아노스 파파도풀로스가 저술한 『한 위대한 인물의 삶 : 케사리아의 바실리오스』(이 책의 그리스어 제목)라는 아주 아름다운 책을 읽어본다면, 누구나 쉽게 이해할 수 있을 것이다. 바실리오스는 자신의 부유한 재산을 가난

한 사람들에게 나누어 주었다. 그는 의학적 재능을 자신이 설립한 유명한 자선 센터 '바실리아다'를 위해 사용했다. 이 '바실리아다'는 광범위하고 체계적인 자선 사업으로 모든 시대의 자선 사업에 모범이 되었다. 그의 자연학적 지식과 실천적 적용은 모든 이들의 감탄을 불러일으켰고, 그가 저술한 책들은 하느님과 사람에 대한, 또 교회와 사회에 대한 그의 책임감과 열정을 그대로 드러내주었다. 그의 수사학적 재능은 성당 설교대에서 빛을 발했으니, 이 재능을 십분 발휘하여 그 시대의 사회적 불의를 비판하였고, 정교의 가르침을 설득력 있게 선포했으며, 이단과 세상 지혜의 어리석음을 폭로했다. 이렇듯 사제가 되었지만, 그의 재능은 어느 것 하나 무용한 것이 없이 고스란히 교회와 세상의 유익을 위해 사용되었다.

바실리오스는 하느님과 교회에 자신을 다 바쳤다. 그리고 하느님은 그의 미덕과 타인을 위한 헌신을 기뻐하셔서, 그 이름 앞에 '위대한'이라는 수식이 붙어 다닐 만큼의 큰 명성을 주셨다. 그는 사람의 영광이 아니라 하늘의 영광을 보장 받았다. 왜냐하면 교회 안팎으로 커다란 혼란과 위기의 시대를 살았던 성 대 바실리오스는 살아 있을 때는 마치 예언자들처럼 많은 박해와 적대와 도전에 처해 있었고, 적은 사람들만이 그를 진심으로 존경했기 때문이다. 하지만 그의 장례식이 보여주듯, 결국 그는 모든 그리스도인들, 심지어는 그를 반대했던 이들까지도 존경하게 된 역사상 가장 '위대한' 교부가 되었다. 그에 대한 존경은 앞으로도 계속될 것이다. 왜냐하면 그는

- 정교 신앙에 대한 가장 확실하고 명쾌한 권위자이고,
- 자신의 재산을 다 팔아 사랑과 자선의 사업을 대대적으로 일으키

신 사랑의 성인이며,

• '교육의 수호성인들'이신 다른 두 분의 교부, 신학자 성 그레고리오스와 성 요한 크리소스토모스와 함께 '높은 학문을 성취한' '세계적인 스승 세 분의 대주교' 중 한 분이시기 때문이다.

이렇듯 성 대 바실리오스는 어떤 부문이나 특정 시대에 국한되신 분이 아니라 시대와 지역과 부문을 초월하는 세계적이고 보편적인 스승이시고, 교회의 아버지시다.

그래서 성 대 바실리오스는 한국에서도 마땅히 많은 사람들에게 알려질 필요가 있다. 배움을 사랑하는 한국인들은 성인의 흔치않은 덕과 지혜를 배울 권리가 충분하다. 그리고 교회역사의 위대한 인물, 빛나는 별이신 대(大) 바실리오스 성인의 삶을 한국에 널리 알리는 것은 그를 사랑하고 존경하는 우리의 의무이다. 교회 역사의 위대한 인물들, 성인들의 삶을 한국에 소개하려는 목적을 가지고 기획된 이 시리즈의 두 번째 책 『카파도키아의 빛나는 별, 온 교회의 위대한 스승 성 대 바실리오스』을 출간하면서, 우리는 바실리오스 성인이 한국인들에게 더욱 친숙해지길 바라며, 이 책이 출판되기까지 수고를 아끼지 않으신 모든 분들께 감사드린다.

† 정교회 한국대교구
조성암 암브로시오스 대주교

† 조성암 대주교

1. 출생, 어린 시절, 교육

바실리오스는 329(혹은 330)년 카파도키아의 케사리아 지역 한 고관의 아들로 태어났다. 부모는 아기가 태어나자 이름을 바실리오스로 명명했다. 바실리오스의 가족과 주변에 대한 기록은 비록 그다지 많이 전해져 내려오지 않지만, 나름의 유용한 정보를 제공한다.

바실리오스 부모는 폰도스와 카파도키아의 명망 있는 가문 출신이다. 폰도스의 유력 가문 출신인 바실리오스의 아버지는 아들과 같은 바실리오스라는 이름을 가지고 있었고 바실리오스의 어머니는 카파도키아의 명망 있는 가문 출신으로 에멜리아라는 이름을 가지고 있었다.

바실리오스의 부모는 지주로서 많은 부를 소유했다. 일찍이 그리스도교를 받아들였고 네오케사리아의 첫 번째 주교인 '기적의 성인' 그레고리오스와는 잘 알고 지내는 사이였으며 311년경 막시미아누스 로마 황제 때는 끔찍한 박해를 겪기도 했다.

신학자 그레고리오스(+390)는 바실리오스의 절친한 친구로서 그의 가족에 대해 잘 알고 있었으며 바실리오스의 조부모의 덕성과 그들이 겪었던 시련을 감동 어린 글로 남겼다.

바실리오스의 가족이 박해 시대에 보여주었던 결연함, 참된 영적 삶, 교회에 헌신했던 모습은 시대를 거듭하며 입에서 입으로 전해져, 하나의 전설적인 역사가 되었다.

에멜리아의 아버지, 즉 바실리오스의 외조부는 카파도키아에서 엄청난 부를 소유한 인물이었지만 교회의 순교자로 생을 마쳤다. 안타깝게도 그의 이름은 알려진 바가 없다. 에멜리아 가문의 명성은 카파도키아 전역에서 존경을 받을 만큼 자자했다. 더 나아가 가족 구성원들이 황실의 고관까지 진출하면서 주목과 경탄의 대상이 되었다.

이렇게 명성 있는 두 가문에서 수사학 교사이자 변론가였던 아버지의 재능을 물려받은 위대한 새싹은 가정에서 교회에 대한 헌신, 영적 삶에 대한 애정, 그리고 순교에 대한 용맹함을 배워 나간다.

부모

바실리오스의 부모인 바실리오스와 에멜리아는 참된 부부상의 표본이었다. 바실리오스 가족을 잘 알고 지냈던 신학자 그레고리오스는 그들이 보여준 거룩한 삶의 모습 일부를 기록으로 남겼다. 부부는 서로 영육의 조화와 일치의 삶을 보여주었다. 그들은 내적 성장과 사랑 실천에 힘을 쏟았고 영혼 정화를 위해 노력했다. 손님 접대와 빈자에 대한 관심, 그리고 교회 사업에도 정성을 기울였다.

그들의 이런 활동과 물질 나눔은 폰도스와 카파도키아 주민에게 많은 인상을 남겼다. 무엇보다도 부부의 가장 큰 공헌은 아홉 명(또는 열 명)에 이르는 자녀를 온전히 교육시킨 것이었다.

바실리오스의 부모는 한두 명의 자녀만 제대로 교육 성장시킨 것이 아니라 모든 자녀가 덕으로 치장하고 영적인 은사 속에서 살아갈 수 있도록 양육했다. 매일 성령의 비추임을 간구하면서 온 힘을 기울여 헌신할 때만 비로소 가능한 일을 그들은 이뤄 냈던 것이다. 이렇듯 바실리오스의 부모 역시 자녀들의 위대함을 뛰어넘는 큰 인물이었다.

바실리오스의 아버지는 부모의 덕과 지식을 그대로 물려받았다. 그는 네오케사리아에서 변론가와 웅변가로 활동했으며 비록 수사학 기법에 있어서 역사를 남기진 못했지만 명성은 자자했다.

어머니 에멜리아는 상징이 되었다. 신학자 그레고리오스는 에멜리아의 성스런 아름다움에 대해 말할 때마다 그녀가 살아온 삶의 숭고함에 감동하곤 했다. 그레고리오스는 "에멜리아라는 이름 속에 그녀의 모든 것이 담겨 있다."라는 짧은 말로 그녀의 모든 것을 함축해서 표현하였다. 그녀는 조화로움 그 자체였고 세상과 교회의 아름다움이었으며 하느님의 '미'였다.

어린 시절

바실리오스가 세상에 태어난 것은 하나의 기적이었다고 그의 동생 니싸의 그레고리오스는 전한다. 전승에 의하면 바실리오스는 어릴 적부터 병약했다고 한다. 하지만 진실은 신학자 그레고리오스의 전기에서 찾아볼 수 있다. 그레고리오스는 바실리오스가 뛰어난 외모와 건강한 체질을 지녔다고 기억한다. 그리고 그의 '미'와 '건강'은 웅변가들의 단골 주제가 될 정도였다고 말했다.

그레고리오스의 전언에 비춰 볼 때 바실리오스의 유년시절은 참으로 귀엽고 사랑스러웠으며 그의 뛰어난 외모와 건강은 마치 앞으로 바실리오스의 영혼에 무슨 일이 일어날지 미리 예감이라도 한 양 서로 시샘을 하며 높이 비상하려고 했던 것 같다. 바실리오스의 준수한 외모와 건강은 그가 후에 수도사의 길을 걷기 시작하고 무리하게 일을 하면서 점차 시들게 된다.

중병과 기적

하루는 어린 바실리오스가 중병에 걸리고 만다. 그리고 모든 증상은 그의 죽음을 예시했다. 아이는 그렇게 죽음과 사투를 벌였다. 부자였던 부모는 용하다는 의사들을 불러 아들의 병을 고치는데 온 정성을 기울였다. 의사들도 아이의 치료를 위해 최선을 다했다. 부모와 유모는 하느님이 선택하신 새싹을 위해 기도에 매진하며 초조한 시간을 보냈다.

아들의 병을 고치기 위해 참으로 힘든 시간을 보내고 있던 어느 날, 아버지 바실리오스는 불현듯 아들이 기도를 통해 얻은 자식이라는 사실을 떠올리게 된다. 그때부터 그는 하느님께 "당신이 주신 자식"이라는 사실을 끊임없이 강조하며 수없이 하느님의 자비를 구한다. 피곤에 지쳐 있던 어느 날이었다. 그는 순간 잠에 빠졌고 놀라운 일을 목격하게 된다. 꿈속에서 "가라, 네 아들은 살 것이다"(요한 4:50)라고 말씀하시는 주님을 본 것이다. 주님의 이 말씀은 생사를 넘나드는 아들을 살려달라 간청하던 고관에게 하셨던 바로 그 말씀이었다. 그 시각, 바실리오스를 덮고 있던 죽음의 그늘이 그에게서 사라졌다.

바실리오스는 살아야만 했다. 인간 구원을 위한 하느님의 섭리 속에서 그는 하느님의 선택된 그릇으로 중요한 역할을 감당해야 할 사명을 띠고 있었기 때문이다. 하느님께서는 바실리오스가 태어난 순간부터 어린 시절 내내 언제나 뜬눈으로 그를 지켜보고 계셨다. 하느님의 은총은 평범하지 않은 방법으로 그를 보호하셨다. 단순히 악한 힘의 공격으로부터 지켜 주신 것이 아니라, 더 나아가 당신의 사람으로 그를 특정 지으셨다. 일찌감치 놀라운 역할을 할 인물로 그를 정하여 후에 진리를 드러나게 하려 하신 것이다.

마크리나의 보살핌

바실리오스의 할머니 마크리나는 말 그대로 가족의 삼 대(代)를 교육하고 영향을 끼친 장본인이다. 마크리나는 제일 먼저 남편에게 영향을 주었다. 그녀는 박해와 십자가의 고통을 남편과 함께 짊어졌다. 마크리나는 태어난 아들 바실리오스(대 바실리오스 성인의 아버지)에게도 지대한 영향을 미쳐 아들이 저명한 수사학 선생이었음에도 어릴 적부터 어머니의 그늘 속에서 배우고 익혔던 영성의 삶을 살아가도록 인도하였다. 마크리나는 손주들, 특히 손녀 마크리나와 손자 바실리오스에게도 큰 영향을 주었다. 그들은 바실리오스와 에멜리아의 성스런 가정에서 태어난 첫 번째 자녀였다.

영특했던 마크리나와 바실리오스는 유년 시절부터 할머니 마크리나의 품속에서 성장했다. 할머니의 품은 포근했고 아이들의 영혼은 풍성해졌다. 사실 인고의 세월을 지내 온 할머니는 훌륭한 신학자도 아니었고, 어린 두 손주도 아직 많은 것을 받아들일 수 있을 만큼 정신적으로 성숙하지 못했다. 하지만 무엇보다도 중요한 것은 할머니의 경험과 지혜와 놀라운 기억력이었다. 그녀는 하느님 앞에 올바르게 서 있는 인간의 참 모습이었다.

주름이 깊게 팬 할머니는 영적인 삶의 아름다움 그 자체였다. 인고의 세월이 고스란히 새겨진 이마의 주름에서도 아이들은 할머니의 영적인 아름다움을 느꼈고, 그녀의 눈빛 속에서도 그 아름다움을 보곤 하였다.

어린 아이들의 영혼은 순백 같았고 흡수하려는 열망은 강했다. 할머니는 짙은 비구름 같았고 아이들은 목마른 대지 같았다. 그리고 기적은 아침, 저녁, 하루도 빠지지 않고 매일 일어났다.

할머니는 베풀었고 아이들은 수용했다. 할머니는 삶으로, 말로 아이들을 훈육하며 성장시켰다. 하지만 무엇보다도 할머니 마크리나의 생생한 기억 그 자체가 바로 그녀의 신학이요 가르침이었다. 폰도스 초대 교회 모습과 역사를 기억했고 박해 속에서도 믿음을 지킨 투쟁을 기억했으며 네오케사리아의 초대 주교였던 기적의 성인 그레고리오스의 열정적인 설교들을 기억하고 있었다.

그녀는 실천적인 삶이 무엇인지 잘 알고 있었다. 덕을 향한 거칠고 험한 외길도 잘 알고 있었다. 그녀 자신이 몸소 그 길을 걸어 왔고 순교자들, 믿음의 고백자들, 영적 투사들의 영혼 속에서 그 길을 보고 경탄했다.

마크리나는 아이들에게 그녀의 경험을 이야기 해주었다. 그런데 그 경험담이 아이들에게 믿음과 가르침의 기준이 될 수 있었던 것은 분명 그녀 자신이 진리에 대한 개인적인 체험과 은사를 입었기 때문이었을 것이다. 할머니 마크리나는 진리를 깊고 폭넓게 직접 살았을 것이고, 성령의 은총을 통해 얻은 진리의 경험은 뭔가 특별하고 더 깊은 것이었을 것이다.

그녀가 직접 살았던 특별하고 놀라운 경험은 그녀의 손주들에게 그대로 전수되었다. 그녀는 사려 깊고 지혜롭게 그것을 전해 주었다. 왜냐하면 그것은 파멸로 이끌 수도 있고 빛을 창조할 수도 있는 뭔가 특별한 것이었기 때문이다.

아이들은 그렇게 실제로 빛이 되었고 진리의 전달자, 대변자가 되었다. 특히 바실리오스는 더욱 그랬다. 성령의 인도는 참으로 놀랍다. 성령은 그들이 고유한 논리와 속도로 전진해 나갈 수 있는 훌륭한 방법을 창출해 내신다.

이런 점에서 할머니 마크리나는 신학자라 불릴 수 있다. 왜냐하면 슬기롭게 기도했고 하느님으로부터 받은 진리의 성스런 체험을 고이 간직하고 있었기 때문이다.

그녀는 손주들, 특히 장자였던 바실리오스에게 심혈을 기울였다. 바실리오스는 할머니에게서 전해들은 경험과 가르침을 말했을 것이고 그것은 곧 그가 신학자가 될 것임을 의미하는 것이었다. 실제로 바실리오스는 할머니로부터 받은 순수한 가르침을 폭 넓게 연구했고 마침내 교회의 위대한 스승이자 교부, 신학자가 되었다.

마크리나의 아들 바실리오스와 며느리 에멜리아는 하느님의 축복 속에 아홉 명(혹은 열 명)에 이르는 많은 자녀를 낳았다. 이들 중 마크리나, 바실리오스, 나프크라티오스, 그레고리오스 그리고 페트로스 이렇게 다섯 명의 이름만 전해져 온다. 마크리나는 328(혹은 329)년에 태어나 380년에 조용히 수도처에서 잠들었다. 그녀는 성인으로 존경받고 있다. 나프크라티오스는 332년에 태어났다. 그는 법관이 되었다가 358(혹은 359)년 수도사로 생을 마쳤다. 그레고리오스는 334(혹은 335)년에 태어났다. 장성하여 결혼을 했고 주교이자 위대한 신학자로 이름을 알렸다. 394년에 영면했고 성인으로 추앙받고 있다. 막내인 페트로스는 345(혹은 347)년에 태어났다. 세바스티아의 주교가 되었고 392년에 잠들었다.

에멜리아의 나머지 자녀는 모두 여자 아이로 335년 이후에 태어난 것으로 짐작된다. 성스런 이 가정은 328년부터 거의 350년에 이르기까지 아이들의 소리가 끊이질 않았다. 335년 이후에 태어난 아이들은 할머니 마크리나의 손에 입을 맞추며 자랐고 머리를 쓰다듬어 주는 할머니의 따뜻한 손길을 경험했지만 할머니를 쭉 지켜보며 성장할 수 있는 위치에 있지는 못했다. 그들은 할머니 곁에서 할머니의 말씀을 듣긴 했지만 아직은 너무 어려서 많은 것을 깨닫지 못했다. 할머니가 345년도 이전에 눈을 감았기 때문이다.

아버지의 학교에서 보낸 어린 시절

어린 바실리오스는 높은 교육을 받을 수 있는 특별한 축복을 받았다. 어머니 에멜리아와 할머니 마크리나의 협조 속에 아버지는 부드러운 새싹이 두 가지 면에 치중할 수 있도록 정성을 기울였다. 그것은 바로 교육과 수덕이었다.

어린 바실리오스는 아버지 옆에서 글을 배우기 시작했다. 바실리오스는 글을 배우기 위해 고향인 아니싸를 떠나 아버지가 교사로 일하고 있던 네오케사리아로 이사했다. 아마도 337년경으로 추정된다.

그의 놀라운 지적 능력은 어린 학창 시절부터 두각을 나타냈다. 그는 지식의 비밀 속으로 쉽게 들어갔다. 더 나아가 공부는 그에게 커다란 기쁨을 주었고 매혹적인 놀이가 되었다.

앞에서 밝힌 바와 같이 바실리오스의 아버지는 훌륭한 덕의 소유자였다. 그것은 바실리오스가 하느님의 은총을 더욱 많이 받을 수 있도록 일조를 하였다. 바실리오스가 교육을 통해 세상에 첫발을 내딛는 순간, 그에게는 인간과 세상 그리고 하느님을 온전히 바라볼 수 있게 해줄 바른 표본, 성령의 참된 거울이 필요했다. 그 거울은 바로 아버지 바실리오스였다.

어린 학생 바실리오스에게 아버지는 기품과 덕의 학교였다. 그는 빠르게 아버지를 닮아 나갔다.

바실리오스는 학교에서 친구를 사귀었고, 그 우정은 그가 생을 마치는 날까지 지속된다.

바실리오스는 유년 시절 친구인 이라, 그리고 어릴 적부터 돈독한 우정을 나눴던 도로테오스를 언급한다. 도로테오스는 실제로 바실리오스의 첫 번째 친구로 보인다. 왜냐하면 바실리오스의 고향인 아니싸에서부터 알고 지냈던 친구이기 때문이다. 아마도 도로테오스는 유모의 아들이 아니었나 생각된다. 바실리오스와 도로테오스는 아니싸의 대저택에서 함께 뛰놀며 네오케사리아에서 함께 학창시절을 보냈다.

도로테오스는 바실리오스가 세상을 떠나는 순간까지 끝까지 믿고 따르는 친구로 남는다. 후에 바실리오스는 아주 어려운 시기에 교회 일치를 위한 편지를 그에게 맡겨 전달하게 했다.

바실리오스는 네오케사리아의 아버지 학교에서 다른 친구들도 만나게 된다. 그들 중 넥타리오스, 티모테오스와 같은 이들은 바실리오스와 절친한 친구가 된다.

케사리아

342년경 바실리오스는 케사리아에 정착한다. 카파도키아인의 자랑인 중심 도시, 수도로 온 것이다. 그들이 긍지를 느끼는 이유는 충분했다. 소아시아 전역이 이 도시의 영향권에 놓여 있었기 때문이다.

케사리아는 모든 것이 넘쳐났고 화려했으며 웅장했다. 적어도 어린 학생인 바실리오스 눈에는 그렇게 비쳤다. 학교도 명성이 자자해서 로마제국 동쪽 지방의 모든 학생이 몰려들었다. 특히 신학자 그레고리오스는 케사리아를 '수사학의 중심지'로 여기며 엄청난 긍지를 느꼈던 것으로 보인다.

수사학은 그 시대 모든 곳에서 그랬듯이 이곳에서도 핵심이었고 교육의 최고 과목이었다. '웅변'은 도시의 '자랑 거리'였다. 그렇지만 그리스도인이 학교에서 무시당하는 경우는 거의 없었다. 이미 사회 각계각층에 그리스도교가 전파되었기 때문이다.

바실리오스가 다니던 학교는 오늘날로 말하면 중학교에 가까웠다. 복잡한 과학과 철학은 고학년에서 가르쳤고 수사학에 대한 교습은 일상적으로 행해졌다. 철학은 그 당시의 선집을 활용한 백과사전식 교육으로 이해하면 될 것 같다.

바실리오스는 케사리아의 학교에서 동년배이자 동급생인 그레고리오스를 만나는 행운을 얻는다. 그레고리오스는 카파도키아의 아리안조스 출신으로 후에 바실리오스의 전기를 쓰기도 했다. 또한 후대에 명성이 자자한 위대한 신학자가 된다.

이 두 젊은 학생은 후에 흉금을 터놓는 친한 친구가 되고 정교회를 지키는 보루가 된다. 그레고리오스는 동급생 바실리오스의 뛰어난 학업 성적에 대해 다소 과장되게 이렇게 표현하곤 했다.

> "바실리오스는 모든 것에서 확연하게 뛰어났다. 선생들은 옛 제자였던 그의 남다름을 오랜 세월 자랑했는데, 심지어 그의 지식이 모든 동급생의 수준을 뛰어넘어 그들의 수준에 이르렀다고 말할 정도였다."

그 명성은 바실리오스를 천재로 인정하게 했다. 누가 어린 바실리오스의 조숙함과 학교 안팎에서 이미 웅변가로 인정받고 철학자가 되어 버린 그에 대해 설명할 수 있을까? 성직자가 되기 이전에 이미 성직자의 기품, 진지함, 슬기를 갖춘 그를 설명할 수 있을까?

그레고리오스 외에도 그 당시 몇몇 친구가 바실리오스를 많이 도와주었다. 그들도 바실리오스처럼 그리스도인으로 교육 받으며 성장한 아이들이었다. 에프세비오스와 일라리오스가 바로 그런 아이였다. 바실리오스는 특히 에프세비오스와 아주 가깝게 지냈다. 케사리아에서도 함께 지냈는지는 확실치 않지만 콘스탄티노플에서는 둘이 같은 방에서 생활하며 음식도 나누고 희로애락을 함께 했다. 바실리오스는 케사리아에서 학문에 대한 열정을 느꼈다. 감수성이 예민한 성품인 그는 그리스 비극에 깊은 감명을 받았고 철학과 시는 그의 마음을 매료시켰다.

바실리오스는 세상 속에서 매혹적인 지식인의 삶을 선택하게 될까? 갈등은 그리 오래가지 않았다. 마크리나 할머니와 아버지의 그리스도교적인 교육이 그의 결정에 지대한 영향을 주었기 때문이다. 경험 많은 할머니 품에서 배우고 익혔던 어린 시절은 그에게 단순히 튼튼한 기초를 세워 준 정도가 아니라, 그보다 훨씬 더 큰 무엇이었다. 바로 그를 참된 그리스도인, 온전한 교회의 사람으로 창조해낸 것이다. 이 창조물은 하느님의 은총이 그를 떠나지 않는 한 그 어떤 위험 속에서도 결코 무너지지 않을 것이었다.

그는 세상의 지식 앞에서 잠시 흔들리는 모습을 보이긴 했지만 그것은 청춘이라면 지극히 자연스러운 것이었다. 갈등은 그리 오래가지 않았고 하늘은 맑게 개었다. 그는 자기가 걸어갈 올바른 길을 찾았다. 바실리오스는 학문 그 자체에 목표나 방점을 두지 않았다. 그는 철학과 학문은 교회의 설교나 신학에 종사할 때 가치가 있다고 생각했다. 그에게 학문은 '부차적'인 것이었다.

그의 길은 분명했다. 좁고 거칠고 힘든 오르막길이 되겠지만 그는 다른 길을 찾지 않았다. 오직 그 길을 살았다. 그 길은 교회의 교부들이나 스승들이 걸었던 길과도 같은 것이었다. 그들은 교회라는 환경 속에서 성장했고 정교 믿음을 굳건히 지키며 살았다. 이그나티오스 성인이 그랬고 이리네오스 성인, 아타나시오스 성인 그리고 신학자 그레고리오스와 니싸의 그레고리오스 같은 카파도키아 교부, 크리소스토모스 성인이 그랬다.

이렇게 위대한 인물들은 교회에 올바른 신학을 제공했다. 그리고 교회는 그들이 선물한 신학을 참된 진리의 표현으로 받아들였고 그 신학은 그리스도인의 가르침, 믿음, 사상, 기풍이 되었다.

바실리오스는 케사리아에서 카파도키아 출신 소프로니오스도 친구로 사귀게 된다. 소프로니오스는 후에 정부 고위직에 올라 콘스탄티노플을 책임지는 고관이 된다. 바실리오스는 그의 『편지 272』에서 "어릴 적" 시작된 우정을 소프로니오스에게 상기시키며 그가 자신과 가장 절친한 친구였음을 시사했다.

콘스탄티노플

청년 바실리오스는 케사리아에서 학업의 두 번째 과정을 마치게 된다. 즉, 기본적인 교육을 마친 것이다. 선생들은 뛰어난 학업성적을 보인 바실리오스를 지켜보며 그에게 더 많은 공부를 하라고 독려했다.

바실리오스도 나름 그런 재능이 자기에게 있음을 인식하고 있었다. 성향으로 볼 때 지적인 것에 관심이 많았고 더 큰 목표를 향하는 기쁨이 있었다. 모든 것이 그에게 학업을 지속하라고 가리키고 있었다.

346년 여름, 바실리오스는 케사리아에서 학업을 끝내게 된다. 그리고 몇 달 후 어머니 에멜리아는 아들이 콘스탄티노플로 떠날 수 있도록 긴 여정을 준비한다.

마침내 콘스탄티노플로 향하는 우편 마차는 바실리오스를 태우고 네오케사리아를 출발한다. 마차는 산과 협곡, 고원, 평원, 분지, 도시, 농촌마을을 지나 소아시아를 가로질러 갔다. 길을 가며 만난 목동, 순박한 사람들, 거칠고 난폭한 사람들은 바실리오스에게 새로운 경험이 되었다. 그는 모든 것을 관심 있게 지켜보았다.

콘스탄티노플에 도착하자마자 가족의 지인들이 준비해둔 집에 정착한 바실리오스는 곧바로 리바니오스를 찾아갔다. 리바니오스는 당대 가장 유명한 선생이었고 최고의 웅변가였다.

바실리오스가 콘스탄티노플에서 어떻게 생활하며 지냈는지에 대한 사료는 거의 전해지지 않는다. 다만 신학자 그레고리오스에 따르면 바실리오스는 짧은 기간 콘스탄티노플에 머물면서 필요한 것을 얻은 것으로 보인다. 바실리오스는 니코미디아에서도 잠시 머문 것으로 여겨진다. 아무튼 우리는 347년과 350년 사이 그에 대한 정보를 갖고 있지 못하다. 아마도 그때 바실리오스는 정신적 중심지인 아테네를 염두하고 있었던 것으로 보인다.

아테네

350년 혹은 351년, 상선이 물건을 싣고 피레아 항에 들어섰다. 배에는 물건뿐만 아니라 상인 그리고 아테네에서 수학하기 위해 몸을 실은 일부 젊은 소아시아인도 함께 있었다. 바실리오스도 그들 중 한명이었다.

젊은이의 꿈의 도시 '빛나는 아테네'에 바실리오스가 마침내 당도했다. '학문의 장'인 아테네 도시에 온 것이다. 신학자 그레고리오스는 하느님께서 지식에 목말라 했던 그를 아테네로 보낸 것이라고 말했다. 그레고리오스는 아테네에서의 대학 생활, 자신과 바실리오스와의 신실한 우정, 바실리오스가 아테네로 오고 또 정착하는 과정에서의 여러 가지 에피소드, 그리고 아테네에서 가르치는 다양한 학문에 대해 우리에게 많은 정보를 제공해 준다.

바실리오스가 아테네에 올 것이라는 것은 이미 공공연한 사실이었다. 부모님과 본인 자신이 아테네에 있는 고향 사람들과 친구들에게 미리 소식을 보내 그곳에서 온전히 정착할 수 있도록 도움을 구했기 때문이다.

더욱이 소식은 바실리오스보다 더 앞서 나갔다. 많은 이들은 그가 온다는 소식에 그를 두고 이야기꽃을 피웠다. 그들 중 일부는 네오케사리아나 케사리아에서 바실리오스와 함께 수학했던 동급생이었고 또 다른 일부는 그가 아주 뛰어나고 훌륭한 학생이라는 사실을 익히 들어 알고 있던 사람들이었다.

케사리아에서 바실리오스를 친구로 사귀게 된 신학자 그레고리오스는 팔레스타인의 케사리아와 알렉산드리아에서 공부를 마치고 바실리오스보다 먼저 아테네에 들어와 있었다. 물론 그도 바실리오스와 같은 목적을 가지고 아테네에 온 것이었다. 그레고리오스는 바실리오스가 아테네에 온다는 것을 알고 그가 아테네에 정착할 수 있도록 필요한 것들을 신경 써 주었다.

신학자 그레고리오스는 친구인 바실리오스의 성생 피정, 표정, 그의 내면의 세계를 누구보다 잘 알고 있었다. 그래서 그는 학교 친구들에게 '아테네 법'을 바실리오스에게 적용하지 말자고 간청했다.

'아테네 법'은 대학생들의 전통 같은 것으로 선배들이 신입생에게 학교 오리엔테이션을 해주면서 짓궂게 구는 것이었다. 그리고 신입생을 시장에 있는 공중 욕탕으로 데리고 가서는 시끄러운 소리와 고함으로 놀라게 하여 겁을 주고는 자유롭게 풀어 주는 것이었다. 이것은 신입생의 도덕적 개념을 무너뜨리고 선배에게 복종하도록 하기 위해 행해졌다.

그레고리오스는 동료 학생들에게 바실리오스에게는 '아테네 법' 적용을 예외로 하자고 설득했다. 그리고 그의 설득은 그리 힘들지 않게 성공을 거뒀다. 그것은 이미 많은 학생들이 바실리오스의 진중함을 익히 알고 있었고 그들에게도 바실리오스는 존경의 대상이 되어 있었기 때문이었다.

마침내 그레고리오스는 혼자 피레아 항구로 가서 도착한 바실리오스를 마중한다. 그리고 그가 묵을 집으로 데리고 간다. 이 사건은 이 두 대학생의 절친한 우정의 '서론'이었다. 그레고리오스는 무한한 애정을 가지고 이 사건을 이야기하곤 하였다.

우정의 기준이자 상징인 영적인 교감이 스무 살의 두 젊은 청년 사이에 피어나고 있었다. 그 시대의 새로운 영적 세계인 교회의 두 인물, 말씀과 묵상의 종사자들의 우정이 이렇게 350(혹은 351)년에 아테네에서 시작되고 있었다.

드러난 총명함과 첫 번째 실망

아테네는 로마제국의 학문과 예술이 꽃핀 중심지였다. 웅변가와 철학자를 만날 수 있는 곳으로 유명했으며 학문의 상아탑이었다. 최고의 지성을 갖추고 싶은 사람은 누구나 아테네로 와서 저명한 교수들의 수업을 들어야만 했다.

당연히 로마제국 여러 민족의 학생들이 아크로폴리스 주변으로 몰려들었다. 특히 제국의 동방인 소아시아, 아르메니아, 시리아에서 많은 학생이 유학을 왔다. 이것은 여러 지방에 있던 그들이 그리스 문화에 대한 갈증과 그리스어, 그리스 정신세계에 깊이 노출되어 있었음을 단적으로 보여줬다.

당시 동방 지역, 특히 소아시아에는 그리스어가 널리 보급되어 있었다. 그 방증으로 아테네의 저명한 두 명의 선생을 들 수 있는데, 비티니아의 푸르사에서 온 이메리오스와 카파도키아에서 온 아르메니아 출신 프로에레시오스이다.

이처럼 바실리오스가 아테네에서 동방 지역의 많은 사람, 특히 폰도스 사람, 카파도키아 사람, 소아시아와 아르메니아 사람을 만나는 것은 전혀 이상한 일이 아니었다. 그들은 대개 인종과 민족에 따라 모임이나 친목을 형성했다. 이런 단체는 자주 그들이 원하는 선생을 지지하기 위해 모임을 형성했다.

이러한 민족적 색채를 띤 대학생 단체가 아테네에 도착한 지 며칠 지나지 않은 바실리오스에게 접근했다. 그들은 모두 아르메니아인이었는데, 그 중에는 네오케사리아와 케사리아 학교에서 바실리오스를 알았던 학생도 있었다. 그들은 바실리오스보다 일찍 아테네에 유학 왔고 바실리오스의 능력, 총명함, 학식 그리고 준비성에 대해 익히 잘 알고 있었다.

그들은 바실리오스가 케사리아에서 모든 학과목의 최우수 학생이었음을 잊지 않고 있었다. 그것은 그들의 민족적 자긍심에 상처를 주는 것이기도 했다. 그래서 그들은 지금이 그들의 자긍심을 되살릴 수 있는 좋은 기회라고 생각했다. 이미 오랜 기간 수사학을 공부한 그들은 공개적인 장소에서 바실리오스와 토론을 벌여, 명성만으로도 이미 대학생들에게 영향을 준 바실리오스를 수치스럽게 만들 수 있다고 생각했다.

토론이 시작되었다. 수사학의 규칙에 맞게 토론은 진행되었고 그들의 수사 기법은 점차 고도화되었다. 아르메니아인들은 서로 하나로 뭉쳐 있었다. 그리고 그레고리오스는 바실리오스 옆에 서 있었다.

아르메니아 학생들은 협력해서 바실리오스를 공격하였고 바실리오스는 처음에는 당황하였으나 점차 자신의 주장에 대한 논리를 갖출 때까지 착실히 방어했다. 얼마 지나지 않아 바실리오스는 토론의 주도권을 잡기 시작했고 아르메니아인들은 밀리기 시작했다.

그런데 아주 중요한 그 순간 그레고리오스가 개입을 했다. 그런데 친구인 바실리오스 편을 드는 것이 아니라 상대방 편을 드는 것이 아닌가! 그레고리오스는 그들의 패배는 곧 그들뿐만 아니라 자신에게 수사학을 가르쳐준 아테네의 패배를 의미하는 것이라고 생각했다. 바실리오스는 계속 자신의 주도권을 유지하려 했지만 그레고리오스가 개입하자 결국 한발 뒤로 물러날 수밖에 없었다. 그렇게 그들의 토론은 어느 쪽도 우세를 점하지 못하고 평행선을 달렸다. 서로 아슬아슬한 균형을 이루며 피곤하게 토론을 지속하던 중 그레고리오스가 아르메니아인들의 속셈을 알아차리고 그들의 진정성을 의심하기 시작했다. 결국 그레고리오스는 바실리오스 편으로 돌아섰고 함께 그들을 공격하기 시작했다. 얼마 지나지 않아 아르메니아인들은 아테네를 배반한 자로 그레고리오스를 비난하면서 완전한 패자가 되었다.

이 사건은 세 가지 의미를 함축하고 있었다. 그것은 먼저 바실리오스의 총기와 명성이 거짓이 아니었다는 것을 보여주었고, 둘째 그레고리오스와 바실리오스의 우정이 더욱 깊어지고 단단해지는 계기가 되었으며, 셋째 바실리오스의 영혼에 실망과 쓰라림을 안겨 주었다.

바실리오스의 승리는 강한 인상을 남겼다. 아테네에서 수사학 공부를 제대로 시작도 하기 전에 이미 그는 훌륭한 웅변가로 받아들여졌다. 그의 이름은 학생뿐만 아니라 교수들 사이에서도 하나의 상징이 되었다.

사람들은 바실리오스의 승리가 그에게 기쁨과 환희를 가져다 줄 것이라 생각했을 것이다. 실제로 바실리오스는 승리의 기쁨을 잠시 만끽했다. 하지만 그의 마음속에서는 실망의 좀벌레가 둥지를 틀었다. 그의 완벽한 승리는 학문에 대해 다시 한 번 생각하게 만들었다.

아르메니아 학생들과의 치열한 토론으로 정신이 피곤했는지 깊은 밤 바실리오스는 바람 쐬러 밖으로 나왔다. 그리고 밤의 고요함 속에서 순간 그가 꿈꿨던 아테네에서의 화려한 이상(理想)이 산산조각 나는 것을 느꼈다. 사랑하는 가족, 친구와 이별하고 어머니 에멜리아의 절제된 눈물을 뒤로한 채 아버지의 경제적 지원을 받아 아테네로 유학을 온 청운의 꿈이 흔들리는 것을 느꼈던 것이다!

카파도키아에서 채우지 못한 그 꿈을 아테네에서는 채울 수 있을 것이라 생각하고 찾아왔건만 그의 눈에는 아테네도 보잘것없어 보였다.

아르메니아 학생들은 결코 능력이나 지식이 부족한 이들이 아니었다. 그들은 아테네에서 배운 모든 것을 활용했다. 하지만 그들은 결국 작은 존재였을 뿐이다.

바실리오스는 처음으로 위대한 인물이 경험하곤 하는 허탈감을 맛보았다. 위대한 인물은 결국 자신 만의 고유한 시선으로 모든 것을 바라본다. 그래서 남의 눈에는 대단해 보이는 것이 그들의 눈에는 하찮게 보이기도 한다. 이상이 높을수록 실망도 큰 법이기 때문이다. 바실리오스도 처음으로 이런 현상을 경험했다.

그것은 아테네가 줄 수 있는 것보다 훨씬 더 많은 것을 얻고자 했던 그의 기대 때문만은 아니었다. 무엇보다도 그런 기대와 감성을 키워 온 장본인이 그 자신이었기 때문이다. 바실리오스는 언제나 평균보다 훨씬 높은 기준을 정하고 있었지만, 정작 자신이 평균보다 훨씬 높은 곳에 이미 와 있다는 것은 알지 못했다. 그는 자신이 갖춘 모든 것이 그저 기본기에 불과한 것이라고 여겼던 것이다.

물론 바실리오스도 그가 알고 있는 것보다 더 많은 것을 기대할 권리가 있었다. 다만 그는 이러한 과정의 법칙을 제대로 인식하지 못했다. 바실리오스는 자문했다.

> "내가 왜 아테네에 온 거지? 굳이 많은 돈을 들여 이곳까지 와서 시간과 노력을 허비할 필요가 있는 것일까? 아테네는 나에게 '공허한 행복'에 불과하구나."

이 자문은 그저 단순한 고민이 아니라 그의 삶 전체에 대한 고민과 맞물린 것이었다. 그래서 그는 고민했고 갈등했고 흔들렸다. 무기력, 우울감, 불안감이 그를 지배했다.

그레고리오스는 한밤중에 의기소침한 채 밖을 서성이는 그를 보았다. 그리고 예민한 감수성과 웅대한 정신 속에서 괴로워하는 그를 발견한다. 그레고리오스는 애정 어린 마음으로 바실리오스에게 다가갔다. 그에게 많은 대화는 필요하지 않았다. 그는 간단하게 말을 했다.

> "아테네는 많은 것을 줄 수가 있어. 아르메니아 학생들이 보여주었던 그것보다 훨씬 더 많은 것을 줄 수 있지. 아르메니아 학생들도 자신들이 배운 모든 것을 다 보여주지는 못했을 거야. 학문이라는 게 바로 익혀지는 게 아니잖니? 깊게 들어가면 갈수록 그만큼 뭔가를 더 얻어내는 거라고."

친구 그레고리오스의 위안 어린 말과 따뜻한 사랑이 바실리오스의 영혼을 짓누르고 있던 무기력을 순간 사라지게 해주었다.

그 후로 둘 사이에는 서로에게 꼭 필요한 존재라는 믿음, 죽는 순간까지 이어질 관계라는 신뢰가 자리 잡게 되었다.

참된 우정

다음날 바실리오스는 그레고리오스를 만나 지난 밤 일에 대해 다시 한 번 고맙다는 인사를 했다. 그리고 둘은 의자에 앉아 고백적인 대화를 나눴다. 둘은 살아오면서 경험했던 일들을 털어 놓았고 서로에 대한 우정과 사랑을 느꼈다.

둘은 대화를 통해 그들 내면에 있던 '삶의 목표'를 정리해 나갔다. 그리고 그들의 목표가 '철학'에 있음을 동의했다. 물론 '철학'이라는 용어 속에는 그들만의 삶의 내용이 담겨 있었다. 그들이 말하는 '철학'은 그리스도인의 삶을 사는 것이고 그리스도인의 덕을 쌓기 위해 투쟁하는 것을 의미했다. 구체적으로 나아가면 '철학'과 '철학적 삶'은 신학과 수덕, 혹은 수덕학과 수도사의 삶을 의미했다.

하지만 이러한 삶은 많은 것을 필요로 했다. 무엇보다 그리스도교를 믿지 않는 다른 많은 학생과는 근본적으로 다른 삶을 사는 것이었다. 아테네 사람은 거의 다 이교도인이었다. 이 두 청년의 마음을 사로잡는 대부분 환경이 기본적으로 이교도적이었다. 따라서 젊은 두 대학생은 주변의 환경을 거부하고 새로운 환경을 조성해야만 했다. 다시 말해 그 둘은 새로운 삶의 방식의 실천가, 전달자가 되어야 했다. 둘은 그러한 삶을 성공시키기 위해서 서로 협력해야만 했다. 서로 힘이 되어 주고 용기를 주고 고무시켜야 했다. 결국 둘은 함께 생활하기로 결정한다.

바실리오스는 그레고리오스와 함께 한 지붕 아래서 생활하기 시작했다. 같은 음식을 나누며 같은 정신, 같은 목표를 지향했다. 그리고 둘만의 돈독한 사랑과 우정을 키워 나갔다.

둘은 함께 살면서도 학문에 대한 열정을 불태웠고, 선의의 경쟁을 하듯 최선을 다했다. 둘은 서로에게 스승과 학생의 관계가 되어 서로 발전시켜 나갔다. 한명이 스승이 될 때 상대방은 학생이 되었고 또는 그 반대가 되었다. 그리고 상대방이 자신보다 더 나은 실력을 보일 때 진심으로 상대방을 인정해 주고 높여 주었다. 그들의 우정이 얼마나 깊었는지 그 둘은 마치 한 영혼 같았다.

둘은 한 순간도 위대한 목표인 덕의 삶, 천상의 행복으로 이끌어 주는 그 길을 잊은 적이 없었다. 하지만 공동 목표 속에서도 각자가 걸어가야 하는 덕의 투쟁에는 모범적인 표본, 규율, 인도가 필요했다.

아테네에는 이것이 없었다. 아니 적어도 그들이 바라는 수준을 채워 주지 못했다. 그래서 그 둘은 서로에게서 그것을 찾고자 했다. 그렇게 각자는 상대방에 대해 기준과 원칙이 되었다. 각자는 스승, 선생, 모범이 되어야 했고 그렇게 했다.

그 둘이 발전시켜 간 우정과 사랑은 일반인의 기준으로는 설명되지 않는 것이었다. 사람들이 그때까지 알고 이해해 온 사랑은 그와는 다른 차원, 감정적, 육체적, 사상적 사랑이었다. 하지만 바실리오스와 그레고리오스의 경우에는 그보다 더 깊고 넓고 지속적이며 차원이 다른 우정이었다. 그들의 우정은 순백이었고 진리의 경지에까지 이르렀다.

그레고리오스는 순백의 모습을 보여주었고 바실리오스는 그레고리에게서 그런 모습을 발견했다. 이렇게 이 둘은 서로 만나서 가면 같은 인간의 모습을 벗겨 내고 순백의 모습을 찾아갔다.

그들은 정화를 위한 투쟁을 실천하며 서로에게 그 모습을 투영시켰다. 바실리오스는 하느님의 형상을 띠고 창조된 거룩한 인간의 모습을 그레고리오스에게서 발견하곤 했으며 그것은 그레고리오스도 마찬가지였다. 이렇게 둘의 참된 우정의 위대한 신비는 가식적인 인간의 모습을 정화하여 참된 인간의 모습을 창조해 나갔다.

그 둘의 우정과 사랑은 영적인 기쁨과 환희를 자아냈다. 상대방에게서 하느님의 모습을 볼 수 있었기 때문이었다.

일상의 삶

바실리오스는 그레고리오스의 도움에 힘입어 무기력과 실망에서 벗어나 평정을 되찾고 학문에 전념하게 되었다. 그리고 아르메니아 학생들과의 토론 이후에 바실리오스는 이전보다 더 조심스럽게 행동했다.

친구들을 사귈 때도 주의를 기울였다. 책임감 있고 진중하며 생각이 깊은 친구와 어울렸고, 시끄럽고 무분별하고 개념 없이 행동하는 친구는 멀리했다.

수업 과목도 자기 마음에 든다거나 매력적인 과목보다는 뭔가 선한 결과를 가져다 줄 수 있는 과목을 선호하였다. 그리고 성공한 수사학자가 아닌 정신과 영혼을 가꿔 줄 수 있는 그런 사람이 되려 하였다.

아테네에서의 생활은 교회와 공부를 중심으로 이루어졌다. 다소 지나쳐 보이는 표현이긴 하지만 그레고리오스는 이렇게 말했다.

> "우리 둘은 오직 두 길만 알았다. 한 길은 교회와 교회의 목자에게로 가는 길이요, 또 다른 한 길은 '교회 밖의 교수'에게로 가는 길이었다."

바실리오스는 매일 아침마다 이교의 학교에서 다양한 교수의 강의를 듣고 몇몇 친구와 어울렸다. 하지만 매혹적이긴 하나 탈선의 위험이 있는, 도시의 또 다른 일상은 바실리오스를 유혹하지 못했다.

인간의 쾌락을 채워 주는 공연, 정신을 흩트리는 공연은 가지 않았고 축제나 파티나 연극도 알지 못했다. 그의 기준은 오직 영적이고 덕스러운 삶에 어떤 유익함을 주는가에 있었다.

물론 바실리오스와 그레고리오스도 많은 어려움과 유혹을 겪었을 것이다. 청년으로서 절제하기 힘든 세상적 유혹 앞에서 흔들리기도 했을 것이다. 하지만 그들은 참된 그리스도인으로서 살겠다는 그들의 목표에 대한 열정으로 인간의 나약함과 폭풍우를 극복했다.

참된 그리스도인으로 살겠다는 그들의 목표는 일상적인 삶 속에서 용기와 지팡이, 때론 승리의 함성이 되어 주었다. 그리고 그들의 믿음은 그들에게 자긍심뿐만 아니라 믿음의 삶이야말로 세상 모든 사람들이 추구하는 그 어떤 삶보다 더 가치 있는 것이라는 확신을 불어넣어 주었다.

바실리오스와 그레고리오스는 참된 인간상과 인간의 행복을 알고 있었다. 누구보다 참된 인간이었고 그들이 누리는 행복은 실질적 행복이었다. 실제로 그렇게 살고 또 경험한 사람만이 세상의 강력한 매혹 앞에 굴복하지 않고 이겨낸다. 다시 말해 그것은 자신이 자신의 창조자가 되어 새로운 세계, 참된 세상에 들어갔을 때 가능한 것이다.

둘은 매 주일뿐 아니라 거의 매일 오후 성당에 갔다. 제우스 신전 기둥 뒤에 위치한 바실리카 양식의 조그만 성당이었다. 당시 성당에는 아테네 주교이자 순교자이신 레오니다스 성인의 성해가 고린토에서 옮겨와 모셔져 있었다.

둘은 거의 매일 성당의 신부님을 찾아서 대화하고 가르침과 말씀을 들으며 많지 않은 숫자지만 아테네의 그리스도인도 만났다. 주일에는 항상 감사의 성찬예배에 참례하였다. 예배에 임하는 둘의 모습은 타의 모범이 되었다. 성찬예배에서 가장 중요한 구원의 신비 성사인 성체성혈 성사가 시작되기 전 사제가 '예비교인들은 모두 나갈지어다.'라고 말할 때 둘은 밖으로 나와 신심을 다해 예배에 임했다.

자신은 합당치 못한 존재라는 심성으로 그렇게 밖으로 나섰을 때, 그들은 잠시나마 낙원에서 추방된 듯한 느낌에 젖곤 하였다. 그 당시 교회는 세례를 최대한 늦춰 베풀었다.

아테네 교인들은 잘 다듬어진 훌륭한 흉상처럼 예배에 참례하던 그들의 모습을 지켜보며 감탄을 금치 못했다. 하지만 그들은 아직 채 완성되지 않은 작품이었다. 아직 세례를 받지 못했던 것이다. 근본적인 변화, 재탄생을 경험하지 못했다. 그들은 나중에 고향으로 돌아가서야 세례를 받게 된다.

하루 중 둘이 가장 좋아하던 시간은 밤이었다. 그들은 문을 닫아걸면서 둘의 친교를 방해하는 모든 세상적인 요소도 함께 걸어 잠갔다. 세상의 어리석음에서 해방된 그들의 정신은 이제 숨김없이 넘치게 교감했다. 이것은 오늘날 심리학이 말하는 '대인 관계'였다. 하지만 심리학이 말하는 이 용어로는 교회에서 의미하는 그 깊이를 헤아리지 못한다.

매일 밤 그들은 서로에게 펼쳐진 책이 되었고, 맑고 깨끗한 거울이 되어 서로서로 그 거울 속에서 진리를 보았다. 위대한 이 두 인물은 이 순간들을 결코 잊지 못할 것이다. 두 번 다시 그런 순간을 가질 수 없어서가 아니라 그런 삶을 시도하고 실천한 사람은 그들이 처음이었기 때문이다.

그리스도인 대학생 동아리

바실리오스의 아테네에서의 학교생활은 남달랐다. 그의 총명하고도 놀라운 지적 능력은 교수와 대학생들의 시선을 끄는데 충분했다. 수사학 실습이나 경쟁을 할 때면 그가 보여주는 그 놀라운 능력에 모두 그에게서 눈을 뗄 수가 없었다.

바실리오스와 언제나 함께 했던 그레고리오스의 존재도 사람들의 주목을 끌었다. 하지만 바실리오스와는 그 이유가 좀 달랐다. 그는 감수성이 무척 예민한 문학소년 같았고, 철학적 사고, 번잡한 시장이나 세상을 멀리하며 내면의 삶에 순응하는 모습을 보여주었기 때문이다.

그 둘은 주변 사람을 자석처럼 끌어당기기도 했고 멀리 내쫓기도 했다. 둘은 정신적 세계에 가치를 둔 사람을 끌어당겼고 세상과 타협하며 자신을 변명하는 이들은 멀리 쫓아냈다.

그들에게 이끌린 이들 중 몇몇은 그리스도를 믿는 학생이었다. 이들은 바실리오스와 그레고리오스를 중심으로 소위 첫 번째 그리스도인 대학생 동아리를 형성했다. 이들의 모임은 학교의 이교도 교수와 이교도인들 그리고 어떤 것에도 별로 관심이 없던 대학생들에게 반향을 일으켰다.

이 모임의 정신적 지주는 누구였을까? 당연히 바실리오스였다. 그 누구도 이견이 없었다. 바실리오스는 또한 모임의 스승이기도 했다. 바실리오스는 스스로를 잘 제어하는 성격이었고 그의 눈빛이나 존재감만으로도 위엄이 있었다. 동시에 그는 가르치는 은사도 있었다.

가르치는 은사에 비하면 그의 지식은 덜 인상적이라 할 수 있었다. 바실리오스와 토론하는 상대는 어느새 그의 질서 있고 설득력 있는 논리에 사로잡히곤 했다. 그의 말 속에는 아름다움과 함께 흔들리지 않는 질서가 있었다. 그는 대화 상대를 끌어들이는 동시에 그의 말에 완전히 동화시켰다. 과연 그 어떤 정치 지도자가, 법정의 변호사가, 그리고 대학 강단의 교수가 그보다 더 뛰어날 수 있을까?

바실리오스를 중심으로 뭉친 일단의 청년들은 기회가 있을 때마다 학교의 강의실이나 복도에서 보편적인 주제를 가지고 서로 토론하였다. 바실리오스가 주제를 제시하면 그들은 오랜 시간 그 주제를 가지고 토론하였다. 이들의 왕성한 활동은 아테네의 학교에, 후에는 그리스 전역에 이르기까지 이 단체의 존재를 널리 알리게 되었다.

교수나 학생들 사이에서 이 단체를 모르는 이는 없었다. 자연스럽게 이들과 토론하는 토론의 장이 많이 만들어졌으며 이교도 단체들에게는 하나의 정신적 사조(思潮)처럼 인식되기도 했다. 시간이 흐르면서, 저명하다고 인정받는 그리스의 정신적 지도자 치고 이들 단체에 대해 듣지 못했거나 알지 못했던 이가 없었다. 그레고리오스는 "단체에서 토론했던 내용이 단체 밖의 사람들에게 화젯거리가 될 정도였다. 단체의 명성은 이미 그리스를 벗어났다"고 전한다.

아테네를 잘 안다는 사람이라면 의당 아테네 학교 교수들을 잘 알고 있었듯이, 교수들의 말을 들은 사람들은 모두 하나같이 이 단체를 알고 있었다. 다시 말해 당시 지식인은 모두 이 단체를 알고 있었다.

사람들은 단체 구성원 중 바실리오스와 그레고리오스를 구분지어 '쌍두마'라고 이름 붙였다. 단체의 형성과 명성은 그리스도교 세계에 바실리오스를 각인시켰고, 20년 후에 바실리오스가 교회의 심각한 문제와 이단교리에 대처하기 위해 수십 편의 편지를 보낼 때 큰 도움이 되었다. 명성과 입지를 구축해온 바실리오스는 370년 케사리아의 주교로 선출된다.

바실리오스가 아테네에서 수학(受學)한 과목

바실리오스는 아테네에서 뜨거운 학구열로 폭넓은 공부를 하였다. 그가 공부한 과목은 삼학(三學, Trivium)과 사학(四學, Quatrivium)이었는데, 삼학은 논리학(철학), 문법, 수사학이었고, 사학은 산술, 기하, 천문, 음악이었다. 위의 과목은 학문을 연구하는 지식인에게 꼭 필요한 과정이었다. 그레고리오스의 말에 비추어 보면 바실리오스는 삼학과 사학은 물론 의학까지도 섭렵한 것으로 보인다.

아테네에 도착한 지 얼마 안 되어 바실리오스는 수사학 교수의 가르침을 찾아 나섰다. 수사학은 언어의 논리 및 정확성을 다루는 과목으로 성격상 그와 아주 잘 맞는 학문이었다. 당시 수사학은 그 시대의 유행이었고 기준이었다. 지식인이라면 누구나 반드시 이 과목을 공부해야 했다. 바실리오스도 이 과목을 공부했고 이 분야에서 남다른 두각을 나타냈다. 하지만 바실리오스는 수사학을 공부하는 여느 사람과는 남다른 품성을 지니고 있었다. 그는 윤리적 기준을 무시하면서 수사학 기법으로 목적만 달성하면 된다고 여기는 보통의 수사학자와는 달랐다. 그럼에도 바실리오스는 경연대회가 있을 때마다 언제나 우승을 놓치지 않았다.

수사학을 공부하려면 기본적으로 언어적인 기초가 필요했다. 따라서 바실리오스는 고대 시인과 역사가의 저서를 가지고 문법 공부를 하였다.

바실리오스는 철학에 특별히 관심을 기울였다. 진리의 탐구와 위대한 정신세계는 그를 매료시켰다. 바실리오스는 '프락시스'와 관련된 철학 강의도 들었고, 또, '테오리아'에 관련된 철학 강의도 들었다. 하지만 뭔가 채워지지 않는 느낌을 지울 수가 없었다. 결국 철학의 핵심은 변증학, 즉 자기 생각을 성공적으로 설득시켜내는 방법에 관한 학문이라고 생각하게 된다.

당시에 이런 현상은 흔했다. 철학은 수사학의 영향으로 논리 철학으로 변질되었다. 바실리오스는 이런 피상성에 깊은 실망을 느끼지 않을 수 없었다.

하지만 학문에서 느낀 실망은 그에게 크게 문제가 되지는 않았다. 왜냐하면 그는 인간과 세상, 삶과 죽음, 신의 존재와 같은 심각한 문제에 대한 답을 주로 교회에서 찾았기 때문이다. 극히 일부의 경우에만 그것도 가끔씩만 철학에서 도움을 받았다. 그는 세상의 지식을 탐구하였지만 결코 교회의 거룩한 심장이 제공하는 생명을 떠나지 않았다. 철학을 공부하면서도 그는 어릴 때부터 함께 해온 교회를 떠나지 않았다.

철학에서는 유용한 것을 찾았고 교회에서는 진리의 삶을 찾았다.

바실리오스는 천문학, 기하학 그리고 산술학도 공부했다. 하지만 이런 과목은 크게 중시하지 않았고 다만 열심히 공부한 다른 학생에게 뒤쳐지지 않을 정도만, 전공자와 서로 토론할 수 있을 정도만 공부했다.

바실리오스는 사학(四學)의 마지막 과목인 음악은 공부하지 않은 것으로 보인다. 좋은 목소리를 가지고 있지 못했거나 음악을 공부할 수 있을 만큼 고향에서 미리 준비하지 못했던 것으로 보인다. 아니면 아마도 이렇게 생각했을 수도 있을 것이다.

"수도사가 되어 살아갈 건데 광야에서 나의 목소리를 들을 사람이 누가 있겠는가?"

바실리오스는 대신 매우 유용한 실천 학문인 의학을 공부했다. 그레고리오스는 "바실리오스는 의학을 공부했는데 그의 허약한 몸에 필요했기 때문"이라고 말한다.

아마도 독자는 이전에 그레고리오스가 바실리오스에 대해 이야기한 것을 기억할 것이다. 그는 바실리오스가 수도 생활을 시작하기 전에는 멋지고 건강했다고 말한다. 그런데 바실리오스가 의학을 공부한 이유가 그의 허약한 몸 때문이라고 말한 것에 비춰볼 때, 아마도 바실리오스는 아테네에서 공부할 때 아니면 그보다 좀 더 일찍 수련과 금식을 실천하며 몸을 혹사한 것이 아닐까 하는 생각을 갖게 한다. 짐작컨대 바실리오스는 나이 22 ~ 25세 때 이미 건강을 상당히 해쳐 병원을 자주 다녔던 것으로 보인다.

하지만 바실리오스가 스스로 고행의 삶을 선택해 건강을 심각하게 해쳤다면, 바실리오스가 자신의 건강을 위해 의학을 공부했다는 그레고리오스의 증언은 무슨 의미가 있는 것일까? 어쨌든 그의 금욕적인 수련은 358년 이후에 본격적으로 시작된다. 아무튼 바실리오스는 여느 의사들보다 더 심도 있게 의학을 공부한 것으로 보인다.

바실리오스는 왜 그리스 교육을 받았을까?

바실리오스는 단순히 교양과 지식을 얻기 위해 학문에 관심을 둔 것이 아니었다. 그는 말 그대로 온 힘을 다해 열정적으로 학문을 탐구했다. 그리고 학문에 대한 그의 이 열정은 그의 진로에 큰 고민거리를 던져 주었다.

바실리오스는 세례를 받지 않았지만 자신을 그리스도인이라 생각했고 실제로 그러했다. 당시 대다수의 그리스도인은 세상 학문을 경시하는 경향이 있었다. 아니 경멸했다. 그래서 그들은 바실리오스가 열성을 다해 아끼고 사랑했던 학문을 멸시하고 있었다.

바실리오스는 세상 학문에 대한 갈등을 케사리아와 콘스탄티노플에서도 경험한 적이 있었다. 하지만 그때는 지금처럼 심각하게 다가오지 않았다. 왜냐하면 그때는 기본적인 공부였고 본격적인 학문을 위한 준비 과정이었기 때문이다. 하지만 아테네는 달랐다. 전문적인 학문을 탐구하는 대학교 과정이라고 할 수 있었다.

아테네에서의 유학은 과연 바실리오스에게 어떤 의미였던 걸까? 이교적인 교육은 그리스도교 정신을 지니고 있는 그에게 무엇을 제공했는가? 또 그는 학문에서 무엇을 원했던 것일까? 바실리오스의 신중함과 계획성에 비춰 봤을 때 그는 그에게 닥친 이 엄청난 갈등 앞에서 분명한 입장을 취했을 것으로 보인다. 과연 그는 어떤 입장을 취했을까?

우리는 그가 쓴 편지에서 당시 그의 입장을 찾아보려 했지만 찾아내지 못했다. 다만, 그의 친구 그레고리오스는 이와 관련해 일반론적으로 짧게 언급했다.

> "이교도의 교육, 수많은 이교도인이 숭배하는 우상들, 그리고 우상의 추종자가 넘쳐나는 아테네는 청년들의 영혼을 위험에 빠트릴 위험이 있었다."

그럼에도 불구하고 그레고리오스와 바실리오스는 전혀 위험에 빠지지 않았다. 그들의 정신과 상충되는 우상의 늪에서도 그들은 전혀 손상받지 않았다. 왜냐하면 그들은 사려가 깊었고 "정신"이 무장되어 세상 지식의 공격에 굴복되지 않을 만큼 준비되어 있었기 때문이다.

그들은 아테네에서 해를 입지 않았을 뿐만 아니라 오히려 나름의 유익함도 얻었다. 왜냐하면 그들의 믿음이 더욱 공고해졌기 때문이었다. 세상 학문을 공부하면 할수록 그들의 정신세계는 더욱 굳건해졌으며 세상 지식이 속임, 신화, 근거 없는 창작물에 불과하다는 확신을 갖게 되었다.

물론 바실리오스가 하느님의 지혜를 더욱 확고하게 알기 위해 세상 지식을 공부했다고 말하긴 힘들 것이다! 또한 그의 믿음을 증거하고 지켜 내는데 필요한 도구나 기술을 얻어내기 위해 공부했다고도 할 수 없을 것이다. 바실리오스는 온 힘을 기울여 열성적으로 그리스 학문을 탐구했다. 그것은 아마도 그리스 학문에서 뭔가 매력을 느꼈기 때문인 것으로 보인다.

물론 후에 살펴보겠지만 373년, 그는 그리스 학문에 대한 실망을 표출한다. 하지만 학창시절의 바실리오스는 그리스 학문에 매료되어 깊은 감명을 받고 있었다. 그런데 이것은 어찌 보면 당연한 현상이었다. 그리스 정신세계는 엄청난 성취를 이루었기 때문이다. 바실리오스는 지적 능력과 감수성이 뛰어난 청년이었다. 그리스 세계가 창조해 낸 위대한 정신세계에 감동받고 매료되는 것은 어쩌면 당연한 것이다. 후에 바실리오스는 그리스 교육에 대한 인상적인 해석을 내놓게 된다.

아테네를 떠남 - 카파도키아에 대한 메시지

5년 후 바실리오스는 아테네를 떠날 결심을 굳힌다. 하지만 혼자가 아니었다. 아테네에서 좋은 일, 궂은 일을 함께 나누며 지냈던 그레고리오스도 함께 떠나기로 한 것이다. 둘은 소아시아 땅으로 떠날 채비를 갖췄다. 사실 이 모든 계획은 오래전부터 준비되었다. 좀 더 솔직히 말한다면 바실리오스가 생각하고 진행한 것이다. 그레고리오스는 바실리오스의 제안에 고민했고 그의 제안을 받아들였다. 둘은 모든 것에 동의했다. 고향으로 가서 수도 생활을 시작하는 것이 그들의 첫 관심사였다.

아테네를 떠나기 며칠 전부터 바실리오스는 깊은 생각에 빠졌다. 그것은 사려 깊고 계획적인 사람에게 필요한 하나의 과정이었을 것이다. 그는 아테네에서의 마지막을 정리하며 자신을 돌아보았다. 아테네에서 수학하는 동안 얻은 것은 무엇이고 잃은 것은 무엇인지, 남은 것은 무엇이고 부족한 것은 무엇이었는지, 그리고 좋았던 것은 무엇이고 안 좋았던 것은 무엇이었는지 자문했다.

마침내 떠나는 날이 되었다. 바실리오스와 그레고리오스는 떠날 모든 채비를 마친 상태였다. 친구와 동료들, 그리고 함께한 일부 교수들은 그들을 떠나보낼 행사를 준비했다. 누구든지 공부를 마치고 떠날 때는 친구, 동료, 교수들이 환송회를 해주는 것이 당시의 관행이었다. 하지만 이번 환송회는 여느 때와는 좀 다르게 신경을 많이 썼다. 앞으로 아테네에서 두 번 다시 나오기 힘든 학생에 걸 맞는 예우 같은 것이었다. 환송회 분위기는 결연함과 슬픔이 묻어났다.

바실리오스와 그레고리오스는 떠나기로 굳게 결심한 상태였다. 교수들과 친구들은 그들의 떠남에 대한 아쉬움과 슬픔을 감추지 못했다. 그들은 바실리오스와 그레고리오스가 떠나는 그 순간까지도 가지 말 것을 온 힘을 다해 설득했다. 필요하다면 완력을 써서라도 그들을 붙들어 두고 싶은 심정이었다.

환송회가 시작되었다. 모든 것은 순조롭게 진행되었다. 바실리오스가 나서서 아테네 도시와 친구들에게 고별사를 했다. 그의 고별사는 절제되어 있으면서도 감동적이었다. 그동안의 모든 것에 감사를 드렸고 모두를 사랑하고 언제나 기억하겠다는 말도 잊지 않았다. 거기에 있는 모든 사람들 가슴속에는 슬픔의 기운이 가득했다.

교수들은 그들의 자랑이 학교에 남기를 원했다. 동료 학생들은 그가 그들의 대표가 되어 옆에 있어 주길 바랐다. 그리스도인 동아리 회원들은 그들의 지도자로 함께 남아 있기를 간곡히 요청했다.

절제된 슬픔은 그때까지도 잘 유지되고 있었다. 하지만 그레고리오스는 고별사를 시작하는 순간 그의 절제된 슬픔을 통제하지 못했다. 그레고리오스는 눈물을 폭포수처럼 흘리며, 아테네와 학교 친구들,

즐거웠던 추억, 누구나 맞이하게 될 죽음, 그리고 앞으로도 영원히 이어질 우정과 사랑에 대해 열변을 토했다.

그레고리오스 옆에 서 있던 바실리오스 역시 그레고리오스의 눈물 어린 고별사에 슬픔을 감추지 못했다. 하지만 그레고리오스는 바실리오스가 세운 계획을 혼란에 빠뜨리고 말았다. 왜냐하면 친구들의 가슴속에 슬픔의 불을 지펴 순순히 보내 주려던 친구들의 생각과 태도를 바꿔 놨기 때문이다.

친구들은 답사를 하면서 한편으로는 간절하게 또 한편으로는 강압적으로 그 둘이 결정을 바꿔 줄 것을 요청했다. 환송회 자리를 빛내 주기 위해 함께 했던 친구들은 마지막 헤어짐의 포옹을 하면서 다시 한 번 그들에게 남아 줄 것을 설득했다. 간절한 부탁, 눈물, 외침, 비난 등 환송회는 그렇게 오랜 시간 지속되었다.

바실리오스는 흔들림이 없었다. 그는 그의 계획을 진행할 각오였다. 의도치 않게 격앙된 환송회의 모든 상황이 바실리오스에게는 불편했지만 그렇다고 그 누구도 탓하지 않았다. 하지만 감수성이 예민했던 그레고리오스는 그 순간 무슨 생각을 하고 있었을까?

그레고리오스는 친구들의 간곡한 부탁과 눈물로 인해 절친한 바실리오스와 많은 친구들 사이에서 흔들리고 있었다. 그는 아테네 친구들의 마음을 아프게 하고 싶지 않았다. 그렇다고 죽마고우처럼 지내왔던 그의 절친 바실리오스를 부정할 수도 없었다. 아니 그 없이 어떻게 살아가겠는가!

바실리오스가 그런 상황에서 다시 말을 시작했다. 혼란스러운 그 상황을 종식시켜야만 했다. 짧지만 명확했다. 그가 고향으로 돌아가야만 하는 당위성에 대해 말했을 때 그곳에 있던 거의 모든 이들은 설득당하고 말았다. 그가 공부했던 수사학이 진가를 드러내는 순간이 아닐 수 없다! 모든 이들은 다시 한 번 그의 언어적 재능에 감탄을 금치 못하며 조용해졌다. 그런데 전혀 예상치 않은 일이 벌어졌다. 바실리오스가 친구인 그레고리오스에게 상처가 되는 말을 한 것이다. 바실리오스는 마치 주인이나 된 것처럼 물어보지도 않고 그레고리오스를 바라보며 친구들에게 이렇게 말했다.

> "여러분이 이토록 우리가 남기를 원하니 그레고리오스가 여기 남을 겁니다. 그러니 그레고리오스와 함께 잘 지냈으면 좋겠습니다."

그레고리오스는 예상치 못한 바실리오스의 말에 어안이 벙벙했다. 과연 바실리오스는 그레고리오스와의 헤어짐이 슬프지 않았을까? 그레고리오스 없이 잘 살 수 있을 거라 생각했을까? 그레고리오스는 하늘을 날던 구름에서 떨어졌다. 그리고 자신을 버린 바실리오스와 또 바실리오스 없이는 자신도 특별히 해줄 게 없는 아테네의 친구들 사이에서 고민하며 괴로워했다! 하지만 그레고리오스가 더 비참했던 것은 이미 이 모든 것이 현실이 되어 버렸음을 자신의 눈으로 직접 느끼고 있었기 때문이다.

그들은 모두 마지막 인사를 나누고 피레아 항구로 이동했다. 거기서 바실리오스는 그레고리오스를 꽉 껴안으며 작은 목소리로 곧 만날 수 있을 것이라는 위로의 말을 남겼다. 그리고 슬픈 이별을 뒤로한 채 카파도키아의 위대한 역사를 예고하는 배에 올라탔다.

2. 자신과의 싸움

고향집

 고향으로 돌아가는 긴 여정 동안 바실리오스는 다시 한 번 자신을 되돌아보는 시간을 가졌다. 앞으로 어떤 길을 가야 할지, 그동안 배우고 닦았던 학문과 자신의 재능을 어떻게 살려야 할지, 또 자신의 미래는 과연 어떻게 다가올지 깊은 사색에 빠졌다. 하지만 여전히 그에게는 출구가 보이지 않았다. '고향에서 무엇을 해야 할 것인가?' 확신이 서지 않았다. 그는 때를 기다리기로 하고 미래에 대한 생각을 접었다.

 이어서 그는 가족을 떠올렸다. 감정이 살아 올라왔다. 가족을 본다는 설렘이 찾아왔다. 가족을 생각하며 눈을 감고 얼굴을 떠올리며 행복감에 젖었다.

 바실리오스의 도착은 가족에게 큰 경사였다. 그를 환영하기 위해 가족이 모두 모였다. 그 자리에는 아니싸에서 수도 생활을 하고 있던 마크리나도 있었다. 그녀는 가족의 장녀였고 바실리오스의 누나였다. 그렇게 가족과 기쁨의 재회를 한 후 엄격하고 조심성 있는 누이 마크리나가 바실리오스에게 더하지도 덜하지도 않게 '교만이 지나치구나.'라고 지적했다. 그녀는 고등교육을 받은 바실리오스가 교만에 빠져 자기 위주가 되었고 수사학이 최고라 생각해 다른 모든 직을 경시하며 사람들을 자기보다 하대한다고 지적했다.

내면을 꿰뚫어 보는 수도사의 눈은 틀리지 않았다. 25세(혹은 26세) 밖에 안 된 청년 바실리오스는 자신의 능력을 과신하며 자기 자신의 늪에 빠졌다. 모든 것에 자신만만했고 능력이 충분하다고 생각했다. 그는 자신이 가지고 있는 능력이나 재능보다 더 큰 존재처럼 자신을 여기고 있었다.

투쟁의 시작

마크리나의 쓰디쓴 직언은 바실리오스에게 자신을 다시 살펴볼 수 있는 계기가 되었다. 불현듯 과거의 기억과 약속이 떠올랐다. 성녀와도 같았던 할머니 마크리나의 보석 같은 가르침, 어머니의 차분하면서도 조용한 조언, 아테네에 있을 때 앞으로 수도사의 삶을 살자던 그레고리오스와의 약속, 바실리오스를 수도사의 길로 이끌어 주려 했던 세바스티아스, 에프스타티오스의 노력 등이 주마등처럼 스쳐 갔다.

불현듯 떠오른 이 모든 기억은 청년 바실리오스의 가슴에 동요를 일으켰다. 수사학, 아름다운 언어에 대한 그의 선천적 열정조차 흔들어 놓았다.

그를 괴롭히는 것은 내면적인 충돌만이 아니었다. 그를 알고 있는 소아시아의 정신적인 지도자들, 폰도스와 카파도키아의 그리스도인들이 하나같이 그에게 큰 기대를 걸고 있다는 점 또한 그를 괴롭혔다. 사실 그들이 오래전부터 바실리오스에게 많은 기대를 걸어온 것은 사실이었다. 케사리아에서 공부할 때 바실리오스는 이미 그들의 자랑이었다. 바실리오스는 이제 어떻게 할 것인가? 진리의 봉사자가 될 것인가? 아니면 언어의 연금술사로 살아갈 것인가? 바실리오스는 아직 이 두 가지 미래 앞에서 방향을 정하지 못했다. 비록 결심은 점차 전자 쪽으로 흐르고 있었지만 말이다.

당대의 최고 웅변가 리바니오스도 모든 신경과 관심을 언어의 연금술사 바실리오스에게 쏟아 부었다. 바실리오스는 과연 어떤 결정을 내릴 것인가? 변론가가 될 것인가 아니면 수사학 교수가 될 것인가?

노회한 웅변가 리바니오스는 얼마 안 가 바실리오가 자신이 생각하고 있는 그 어떤 길로도 가지 않을 것임을 알아차렸다. '철학'이 그의 마음을 사로잡은 것이다. 과거의 의미가 아닌 새로운 의미로서의 '철학' 즉 '수도사의 삶'이 그의 마음을 차지하고 있었던 것이다. 그 당시에는 수도 생활을 '철학'이라고 부르곤 했고, 수도사를 참된 '철학자'로 여겼다.

아무튼 그는 확고한 결심을 내리지 못한 채 괴로워했다. 어머니와 형제들, 어렸을 적 친구들도 그를 도와 줄 수가 없었다. 그는 내면에서 일어나는 소용돌이 속에서 고통 받고 있었다.

케사리아

바실리오스의 마음이 채 정리되지 않고 하루하루 시간이 흘러가던 어느 날, 그의 머릿속에 하나의 돌파구가 떠올랐다. 바실리오스 가족과 오랜 기간 알고 지냈던 에프스타티오스를 만나러 케사리아로 갈 생각을 한 것이다.

그는 이른 아침 조용히 고향 마을을 떠나 널리 알려진 매혹적인 도시 케사리아로 길을 떠났다. 내면에 이는 소용돌이 때문에 가족의 포근함도 잊고 지내던 그는 따뜻한 가족을 뒤로 하고 그렇게 길을 떠났다.

하느님의 길은 인간의 좁은 머리로는 도저히 헤아릴 수 없다. 깊은 심연이기 때문이다. '하느님의 길을 갈 것인가? 일반적인 세상의 길을 걸을 것인가?'라는 커다란 화두 앞에 서 있는 사람은 누구나 심연 앞에 서게 된다. 눈으로 볼 수 없기 때문이다. 하지만 바실리오스는 신의 존재를 뼛속 깊이 느끼며 완전하게 체험하고 있었다.

바실리오스는 과연 어떤 선택을 할까? 심연 속으로 뛰어들까? 인간이 걸어왔던 확실한 그 길을 걸을까? 혹은 이 거대한 도약을 좀 더 미룰 것인가? 바실리오스는 세 번째를 선택하게 된다

아직 때가 오지 않은 것이다. 아직도 그는 세상에 대해 실망하지 않았다. 심연을 경험하기에는 아직 채 준비가 되지 않은 것이다. 물론 그것이 하느님을 부정한다는 의미는 아니다. 그는 세례를 받은 교인은 아니었지만 교회의 환경 속에서 살았고 교회의 가르침을 받아들이고 있었다. 단지 그는 지금 앞으로 나갈 힘이 부족할 뿐이었다. 이렇게 그는 약간 그의 행로에 대해 결정을 미뤘다.

그런데 이것 또한 미스터리가 아닐 수 없다. 과연 이것은 그의 결정이었을까? 아니면 아직 그에게는 결정할 힘이 없었던 걸까? 과연 누가 인간의 영혼 속에서 역사하시는 하느님 성령의 발자취를 쫓을 수 있겠는가! 누가 성령의 궤도를 정확히 짚어 낼 수 있겠는가!

하지만 여기서 분명한 것은 바실리오스가 하느님의 우산 아래 들어

갔다는 점이다. 누구든지 하느님의 우산 아래서 진실 되게 나아가고자 하는 사람은 하느님의 인도가 절실히 필요하다.

아직 위대한 인물로의 준비의 장은 열리지 않았다. 그의 여정의 준비는 그만큼 길었고 깊었다. 그가 앞으로 이룰 업적이 너무도 컸기 때문이었다.

일시적인 직업 활동

바실리오스의 직업 활동에 대한 정보는 많이 전해지지 않는다. 바실리오스의 형제 니싸의 그레고리오스에 따르면 바실리오스는 자신의 지식을 과신하여 오만해졌다는 누나 마크리나의 따끔한 질책과 함께 마크리나의 인도로 세상적인 교만과 세상의 칭송을 멀리하고 아주 빨리 수도사의 삶에 들어섰다고 한다.

니싸의 그레고리오스의 이 말에 따르면 바실리오스가 아테네에서 고향으로 돌아온 지 얼마 안 되어 바로 수도사의 길을 걸었다는 인상을 남긴다. 리바니오스의 편지와 바실리오스의 편지 중 첫 번째 것에서도 이와 같은 점이 목격된다. 하지만 전승과 오늘날 연구에 따르면 바실리오스는 몇 년간 케사리아에서 변론가, 수사학 선생으로 활동했던 것으로 보인다.

바실리오스는 고향으로 돌아와 바로 수도사의 길을 가지 않았다. 그렇다고 직업처럼 전문적인 변론가나 수사학자로 활동하거나 수사학 학교를 세우지도 않았다. 단지 그는 수년간 수사학을 전공한 사람으로서 약간의 활동을 했을 뿐이다. 때때로 법정에서 변론을 맡기도 하고 바실리오스의 친구였던 수사학 교수들의 초빙을 받아 일부 과목들을 가르치기도 했다.

바실리오스는 어느 정도 케사리아에 머물다가 동방으로 여행을 떠난다. 그리고 여행을 마친 후 그는 다시 케사리아에 머문다. 이와 같은 내용은 그가 주고받은 서신에 잘 나타나 있다. 아테네에서 돌아온 356년부터 수도를 방문하기 위해 떠났던 357년 봄까지 바실리오스는 무엇을 하며 지낸 것일까?

한참 세월이 지난 375년 즈음에, 바실리오스는 356 혹은 357년 경 처음 케사리아에 정착했을 때 많은 사람들이 찾아와 좋은 보수와 직책을 제시하며 네오케사리아로 넘어와 학생들을 가르쳐 달라고 부탁했던 사실을 네오케사리아 사람들에게 상기시킨다. 하지만 그들의 노고는 수포로 돌아갔다. 바실리오스가 그들의 제안을 물리쳤기 때문이다. 만약 바실리오스가 케사리아로 돌아온 지 얼마 안 돼서 수도사의 길을 걸었다면 그들이 그런 제안을 하며 그러한 요청을 하지 않았을 것이다. 나지안조스의 그레고리오스의 표현은 명확했다.

> "우리가 아테네에서 돌아온 후 많은 이들의 요구를 들어 주기 위해 잠시 세상적인 일에 종사했지만 곧바로 수도 생활의 길을 걷기 위해 결연하게 우리 자신에 집중했다."

그레고리오스와 바실리오스는 고향에서 수사학 전문가로 잠시 활동했다. 그것은 주변의 끊임없는 부탁과 요구에 부응하기 위한 것이었다. 그들이 오랜 세월 공부한 학문의 열매와 그들의 놀라운 재능을 사람들은 보고 싶어 했다. 네오케사리아 사람들이 바실리오스에게 간청했던 이유도 그의 수사학적 능력을 높이 평가했기 때문이었다.

바실리오스의 내적인 투쟁으로 다시 돌아가 보자. 바실리오스가 결정을 못 하게 된 데에는 케사리아의 친구와 친지들에게도 일단의 책임이 있었다. 그들은 바실리오스가 견딜 수 없을 만큼 과하게 수사학 전문가로서의 재능을 보여주길 원했다. 그들은 오랜 세월 그의 성공을 손꼽아 기다렸고 그의 수려한 언어적 능력에 감탄하며 그의 재능을 자랑하던 이들이었다. 따라서 이제 그들의 우상은 그들의 요구를 들어줘야만 했던 것이다. 바실리오스는 원하든 원하지 않든 많은 이들에게 깃발, 표상이 되어야만 했다. 그래서 일정 기간 그는 그들이 필요로 하는 만큼 '표상'이 되어 주었다.

법정에서 변론을 맡았고 요청이 오면 수사학을 가르쳤다. 학식 있는 그리스도인들의 모임에서 연설을 했고 케사리아 교구 교인들 모임에서 강연 했으며 디아니오스 대주교로부터 교회 아이들을 가르쳐 줄 것을 요청받았다. 간단히 말하면 그는 여러 곳에서 활동을 했고 많은 이들에게 깊은 인상을 남겼다. 그의 권위는 이렇게 자리 잡혀갔다.

바실리오스는 이런 활동을 통해 매우 유용한 경험을 얻는다. 선생의 눈으로 세상을 바라봤고 수사학의 기법과 지식을 알려주는 경험을 했다. 이것은 그에게도 큰 의미가 있었다. 자기 자신을 검증하고 그가 공부했던 이론을 실습하며 확인하는 계기가 되었기 때문이다.

물론 그는 수사학 전문가로도 종사했다. 많은 이들이 그에게 강권했기 때문이다. 바실리오스 자신은 그 필요성을 느끼지 않았을까? 그에게도 자신에 대한 검증이 필요했을 것이다. 표현은 안했지만 그의 능력, 그의 재능이 어디까지진지 경주해 보고 싶었을 것이다. 그 결과는 과연 무엇일까? 모두가 기대하던 그런 결과를 보여 주었을까? 사람들의 기대보다 훨씬 더 크게 그의 진가는 드러났다.

한편, 바실리오스는 다시 옛 친구들과 교류하기 시작했고 새로운 인맥도 형성했다. 물론 그는 성격상 많은 인맥을 형성하지는 못했던 것 같다. 왜냐하면 나지안조스의 그레고리오스가 밝히고 있는 것처럼 그는 '친숙해지기 어려운 성격'이었기 때문이다. 인맥을 형성한 사람들 중에는 아뽈리나리오스도 있었다. 그도 출중한 인물이었다. 310년 시리아의 라오디키아에서 태어난 그는 학식이 풍부했으며 교회의 믿음을 지키기 위해 노력했다. 그리고 그 믿음은 325년 제1차 세계 공의회에서 공인되었다. 그는 361년 고향에서 주교가 되었지만 그리스도에 대한 그릇된 가르침을 주장하는 바람에 교회로부터 파문당했다.

바실리오스와 아뽈리나리오스는 둘 다 신자가 되기 전부터 서로 알았다. 하지만 개인적으로 가까운 사이는 아니었다. 어떤 주제를 가지고 편지를 주고받은 적도 있었지만 교회의 신학적인 주제는 아니었다. 정확하게 말하자면 바실리오스는 딱 한 번 그에게 편지를 쓴다.

20여 년 후, 바실리오스를 폄훼하고자 하는 이들은 바실리오스와 아뽈리나리오스가 주고받은 이 편지를 조작하여 바실리오스가 아뽈리나리오스의 그릇된 믿음을 공유하고 있다고 공격하게 된다.

성령의 폭발

바실리오스는 356년 여름부터 357년 겨울까지 케사리아에 머물렀다. 그가 케사리아로 오게 된 계기는 에프스타티오스를 만나 그의 조언을 듣기 위한 것이었다. 하지만 더 실제적인 이유는 사람들의 기대를 충족시켜 주고 수사학 전문가로서 세상에서 살아갈 능력이 자기에게 있는지 검증하는 것이었다.

357년에 접어들면서 바실리오스는 병이 들었다. 그리고 건강이 회복되는 봄까지 한동안 병으로 고생하며 고통 받게 된다. 바실리오스에게 찾아온 병은 위대한 인물의 삶에 매우 중요한 전환점이 된 것으로 보인다.

무엇보다 그는 고통을 알게 되었다. 현명하고 위대한 인물들이 그랬던 것처럼 병고는 바실리오스로 하여금 자신을 다시금 깊이 되돌아보는 계기가 되었다. 병고는 바실리오스가 자신을 제대로 볼 수 있게 해 주는 불빛이었다. 이제 그는 어떤 삶, 어떤 길을 걷게 될까?

바실리오스는 의학을 공부했다. 그것도 아주 깊이 공부했다. 그는 의사로서 자신의 건강 상태를 직시했다. 28살 나이에 이미 그의 간은 심각한 상태였다. 당연히 그는 기력이 없었고 생명은 그리 길어 보이지 않았다.

병고로 삶이 얼마 남지 않았다는 생각이 들자 여느 사람처럼 그의 마음은 서글퍼졌다. 동시에 그는 얼마 남지 않은 인생에서 평범한 길을 걸어가야 할지 아니면 드러나지 않는 외길을 걸어가야 할지 깊은 고민에 빠진다.

그의 머릿속에는 베일이 펄럭이고 있었다. 그리고 때로는 조금, 때로는 많게 그 베일이 벗겨져 갔다. 그리고 스스로 놀라움에 젖었다! 처음으로 자기 자신을 선명하게 바라보게 된 것이다. 비로소 자신의 정체성에 대해 확신을 갖기 시작한 것이다. 하느님의 성령이 시조 아담이 저지른 오류의 두꺼운 베일을 벗겨 내어 그의 존재를 드러내고 계셨다. 바실리오스는 자신을 더 똑바르게, 하느님의 뜻을 더 분명하게 지켜봤다.

그의 영혼은 맑게 개었다. 이제 그를 가로막는 장애는 없었다. 그는 하느님이 정하신 그 길, 어려운 길을 선택한다. 그것은 그의 이성으로 설명할 수 있는 것이 아니었다. 하느님의 길, 진리의 길이 그에게 더욱 가깝게 느껴졌다. 적어도 그 길에 대해서 의심의 여지가 없었다.

진리는 하느님이고, 하느님이 곧 진리였다. 바실리오스는 가능한 한 가까이 그곳으로 다가가야 했다. 아니 소유해야 했다. 하지만 그것이 어떻게 가능할까? 에프스타티오스가 그 방법을 제시했다. 바로 수행, 수도사의 삶이었다. 이미 바실리오스의 가족은 그 길을 걷고 있었다. 어머니 에멜리아, 누나 마크리나, 형제인 나프크라티오스가 그러했다. 그들은 에프크시노스 폰도스 바닷가 근처 '이리' 강 옆에 있는 가족 소유의 땅에서 수행했다.

병에서 채 회복되기도 전에 그는 자신을 뒤흔들던 동요를 끝내고 결심을 굳힌다. 그는 내면 깊은 곳에서 솟아오르는 평안을 느꼈다. 그는 세상일을 접었다. 그에게 남은 관심사는 오직 하느님, 진리였다. 그의 가슴속에는 은혜로운 자유가 요동쳤다. 주변과 스스로에게 갇혀 있던 자기 자신이 자유인이 되었음을 느꼈다. 그 자신이 온 세상이었다. 바실리오스는 그 세상을 사랑했다. 그랬기에 그는 세상적인 정신, 교육, 사상, 그를 매료시켰던 놀라운 수사학을 열정을 다해 그 세상에 내놓았다.

지금 그는 말 그대로 고무되어 있었다. 그의 앞에 펼쳐진 세상은 오직 수행, 수도 암자 밖에 없었다. 그의 심장과 그의 결심은 함께 어우러져 이미 그에게 기쁨, 달콤함, 아늑함을 가져다주고 있었다. 더 크고 더 놀라운 영적 기쁨에 대한 희망과 기대에 부풀었다.

그는 잠에서 깨어 참된 빛, 복음의 빛을 보았다. 물론 그는 이 빛을 알고 있었다. 하지만 이렇게 깊이 깨닫거나 경험하지 못했었다. 그 빛 속에 더욱 깊이 들어가자 뭔지 모르게 그는 회한에 사로잡혀 통한의 눈물을 흘렸다. 자신이 공부한 지식이 헛된 것일 뿐 참된 빛으로 자신을 이끌어 주지 못했다는 것을 깨달았다. 그동안 자신이 걸어왔던 행로에 대해 자책하며 진작 빛의 길을 가지 않은 것에 대해 슬퍼했다.

이 순간은 바실리오스에게 매우 의미 있는 시간이었다. 바실리오스는 자기 자신에 대해서 울었다. 하지만 그는 실망과 절망감 속에서도 무릎을 꿇지 않았다. 회한의 눈물에 매몰되지 않았다. 그는 하느님의 은총을 입은 사람이었고 강력한 영적 존재였다.

그는 앞을 바라봤다. 위대한 인물들은 결코 시간을 낭비하시 않는다. 삶이 얼마 남지 않은 환자는 그들의 영원한 안식을 위해 필요한 것을 급히 서두른다.

바실리오스는 성서 연구에 매진하기로 한다. 성서에 무지하지 않았지만 이제 그에게는 성서 연구가 주된 목표가 된다. 어렸을 적 할머니 마크리나는 바실리오스에게 다윗왕의 시편을 읽어 주며 성서를 자장가 삼아 재우곤 하였다. 이제 그는 그 시편과 성서의 모든 면을 문학적, 역사적, 신학적 관점에서 세세하게 연구하게 될 것이다.

연구에 앞서 인도자를 찾다

하지만 바실리오스는 본격적인 연구를 채 시작하기도 전에 성서 연구만으로는 뭔가 부족함을 느꼈다. 그것은 바로 성서 연구에 앞서 '착한 목자'를 찾는 것이었다. 성령의 은총을 받은 그의 양심은 위대한 신학자가 되기 전 그에게 이렇게 말하고 있었다.

> "그래, 너는 교회에 헌신하는 길을 걷게 될 거야. 성서 연구에도 매진할 거고. 하지만 그게 전부는 아니지. 만약 성서 연구에만 집중한다면 자칫 심각한 위험에 빠질 수 있어. 아니 그것은 불가능할 걸."

바실리오스가 먼저 인도자를 찾으려 했다는 사실은 그의 첫 번째 위대한 신학적 표현이었다. 왜냐하면 진리, 교회, 그리스도의 형상은 바로 인간의 모습 속에서 드러나기 때문이다. 그에게는 성서 연구보다 몸소 삶으로 살아가고 있는 인물이 더 시급했다. 그런 점에서 바실리오스는 오류에 빠지지 않았다.

바실리오스는 이런 판단에 대해 신학적으로 설명할 수 없었을지 모른다. 하지만 그는 이미 경험을 통해 잘 느끼고 있었다. 할머니 마크리나가 훌륭한 스승이 될 수 있었던 것은 기적의 성인 그레고리오스에게서 가르침을 듣고 보았기 때문이다. 이리네오스 성인의 경우도 그러했다. 교회의 위대한 교부인 그는 어릴 때부터 즈미르나의 주교 폴리카르포스를 보고 배우며 자랐고, 그를 통해 교회의 전승을 이어받았다. 폴리카르포스 주교가 교회 전승의 참된 전달자가 된 이유도 백발의 '테오포로스'(하느님을 품은 사람) 이그나티오스 아래서 보고 배웠기 때문이었다. 누구든지 이그나티오스의 서신을 읽어보면 그가 전승, 삶, 진리, 그리고 그리스도와의 관계를 생생하게 전달하고 있음을 알게 된다.

만약 우리가 바실리오스의 내면세계를 좀 더 깊이 이해하려면 그에게 어느 순간 복음의 빛이 비춰졌다는 점에 주목할 필요가 있다. 그리고 그는 그 빛에 감화되어 오직 성서만이 참 빛이라는 확신을 가지게 되었고 그래서 오직 성서 연구에만 매진하자고 결심한다.

하지만 그가 이러한 지고하고 유일무이한 상태를 느낀 것은 그때뿐이었다. 그는 아직 참 빛에 동화되거나 흡수되지 않은 상태였고 그저 하나의 확신에 대한 표시였다. 교회의 시작부터 300여년이 흐른 그때까지 오직 교회에서만 참되게 경험될 수 있었던 그 참 빛이 바실리오스에게 비춰지고 드러난 것뿐이었다.

혹자는 '바실리오스는 왜 굳이 교회사나 성서 연구에서 진리를 찾지 않고 인도자를 찾았는지 의문이 든다.'고 말할지도 모른다. 그 대답은 간단하다, 바실리오스는 하느님, 그리스도와 참되게 결합되어 있는 사람들이 바로 교회라는 점을 잘 알고 있었기 때문이다.

바실리오스는 하느님의 진리를 그런 인물 안에서 찾으려 했다. 그는 "경건한 교의로 이끌어 줄 인도자를 주실 것을 간절히 기도했다." 교회의 교의, 교회의 정신, 교회의 믿음은 신자들의 삶을 통해 반사된다. 그것은 악기의 울림과도 같다. 바실리오스는 그런 신자, 그런 악기가 되고 싶었다. 바실리오스는 표상이 될 인도자를 찾아 동방으로 떠나기로 마음먹는다.

동방을 향하여 - 새로운 공부

바실리오스의 갈망 어린 눈빛은 동방을 향했다. 그곳에서 그는 자신의 희망을 발견하려 했다. 그는 긴 여행을 떠나기로 한다. 시리아와 이집트. 그곳은 이미 위대한 수도사들이 놀라운 기적을 행하며 전설이 되어 있었다. 바실리오스는 그곳에서 그들을 직접 보고 듣고, 그들의 영적 그늘 아래서 그들의 침묵을 배우고 싶었다.

침묵 속에서 더 많은 것을 배울 수 있다는 것을 바실리오스는 잘 알고 있었다. 어릴 때부터 할머니 마크리나와 어머니 에멜리아 곁에서 경험해 왔기 때문이다. 이제 그는 초심으로 돌아가 새로운 가르침을 배우기 시작한다.

바실리오스는 지체하지 않고 바로 이집트의 알렉산드리아로 길을 떠난다. 오늘날 터키에 의해 교회의 풍부한 유산이 폐허가 되어 보잘것없는 도시로 변해 버렸지만, 옛날에는 명성이 자자했던 안티오키아를 뒤로 하고 길을 떠났다.

바실리오스는 그의 서신에서 시리아, 팔레스타인, 메소포타미아를 방문해 수도사들도 만났다고 언급한다. 이집트를 방문하기 전인지 또는 돌아오면서 만났는지는 확실치 않다. 다만 첫 번째 서신에서 언급이 없었던 점을 보면 아마도 이집트에서 고향으로 돌아오는 길에 들른 것으로 보인다. 아무튼 바실리오스는 알렉산드리아로 향했다. 알렉산드리아는 바실리오스라는 위대한 인물을 만나는 행운을 얻는다.

알렉산드리아에 도착한 바실리오스는 휴식을 취하며 긴 영적 순례를 준비했다. 당연히 이 순례 여정은 그에게 '새로운 공부'였다.

바실리오스는 이제 지식을 찾아다니지 않는다. 그는 수도사와 은둔자의 영적 투쟁의 모습을 배우기 위해 찾아다녔다. 그것은 곧 자신에게 뼈와 살이 되는 것이었다. 그는 이집트 광야에서 사탄과 투쟁하는 수도사들의 수행 방법을 심도 있게 분석하며 배워 나갔다.

수행은 그의 마음을 완전히 사로잡았다. 과거에는 그의 정신이 수사학에 매몰되어 있었다면 지금 그의 정신은 수도사를 향해 있었다. 그의 내면에서 철학자는 무너지고 수도사가 세워지고 있었다. 그는 몸과 다리가 허락하는 한, 명망 있는 수도사들을 찾아 광야를 헤맸다.

바실리오스가 알렉산드리아를 찾았을 때 그리스 문화의 도시, 종교와 문화가 공존하는 알렉산드리아는 이미 아리우스파에게 넘어간 상태였다. 그래서 바실리오스는 정교회의 기둥 아타나시오스를 만날 수 없었다. 아타나시오스는 수도사들의 도움으로 박해를 피해 티바이다 지역, 외지고 절벽이 가파른 곳에 은신하고 있었다. 아타나시오스가 진리를 수호하기 위해 투쟁할수록, 정교인들이 교회의 위대한 대변자인 그를 지지할수록, 교회의 적들은 그를 더욱 강력하게 탄압했다. 만약 바실리오스가 교회의 독수리, 아타나시오스를 만날 수만 있었다면 그 경험은 바실리오스의 행로에 커다란 전환점이 되었을 것이다. 하느님의 성령은 참으로 알 수 없게 역사하신다. 교회의 수장의 계승자가 그의 전임자를 직접 만나보지 못하게 하시다니!

바실리오스는 제일 먼저 알렉산드리아 도시 외곽에서 수도 생활을 하던 수도사들을 만나게 된다. 그곳에는 은둔자와 수도자가 모여서 수덕을 쌓고 있었다. 그 중에는 위대한 은둔자 대(大) 안토니오스도 있었다. 그는 그의 고향에서 조금 벗어난 멤피다에서 수행을 시작했다. 이후 홍해 바다 쪽 피스피르 광야로 깊이 들어가 하느님과 친교하면서 사탄과 더 강력한 투쟁을 하려 했다. 하지만 영적 조언을 듣기 위해, 그를 닮기 위해 찾아오는 수많은 방문자를 대 안토니오스는 피할 수가 없었다. 4세기 중반 이집트 사막의 수도사 수는 수천 명에 이르렀다.

물밀듯 밀려오는 수도사의 숫자는 마치 당시 그리스도교 세계를 뒤덮은 홍수의 범람하는 강물 같았다. 그 강물은 이집트에서 강력하게 흐르고 있었고 수행의 뜻을 품은 이들은 두 개의 강물로 모여들었다. 하나는 안토니오스였고 또 하나는 파코미오스였다. 그 둘이 밝히는 빛은 각자 그들을 닮고자 하는 이들을 인도하는 길이 되어 새로운 수도사를 양산하였다.

바실리오스는 대 안토니오스(안토니오스는 은둔 수도의 첫번째 위대한 스승이다)를 만나는 행운을 얻지는 못했다. 그가 105세 되던 356년 1월 17일, 하느님께서 그의 영혼을 거두셨기 때문이다. 바실리오스가 공주(共住) 수도원을 처음 설립한 파코미오스(†346)의 계승자를 만났는지는 확실치 않다. 아무튼 바실리오스가 이집트를 방문했을 때 북이집트 타베니시 등에는 많은 파코미오스 수도원이 있었다. 323년에서 346년 사이에 지어진 초창기 수도원은 파코미오스에 의해서 세워진 수도원이었다.

후에 바실리오스가 쓴 『수도 규범』만 봐서는 파코미오스 수도원 수도 생활이 그에게 영향을 주었는지는 분명하게 드러나지 않는다. 그런 관점에서 볼 때 건강이 좋지 않았던 바실리오스는 멀리 북이집트에 분포되어 있던 파코미오스 수도원을 방문하지 않은 것으로 보인다. 하지만 파코미오스의 명성은 이미 이집트는 물론 그 외 지역까지 퍼져 나간 상태였기 때문에 바실리오스가 직접 파코미오스 수도원에 머물진 않았어도 다른 수도사들을 통해 파코미오스 수도 생활에 대해 어느 정도 들어 알고 있었을 것으로 판단된다.

바실리오스의 눈에는 이집트의 광야가 신화(神化)를 위해 투쟁하는 영적 오아시스였으며 성령의 거처로 가득 찬 나라였기에, 그는 어디부터 가야 할지를 몰랐다. 그는 깊은 생각에 잠겼고 그의 눈에는 눈물이

고였다.

> "하느님, 저를 이곳에 보내 주셔서 정말 감사드립니다. 당신을 몸소 살며, 당신을 드러내는 이들에게 저를 인도해 주셔서 진심으로 감사드립니다."

바실리오스는 알렉산드리아와 '그 나머지 이집트'에서 하느님의 투사들을 발견했다고 적는다. 아마도 그는 건강상 모든 영적 오아시스를 방문하지는 못한 것으로 보인다. 하지만 그는 최대한 많은 곳을 방문했다. 그것은 형식적인 방문이 아니었다. 그는 수도사와 은둔자 곁에서 수 개월을 보냈다. 357년 봄, 여름, 그리고 가을의 일부를 그곳에서 지냈다. 다시 말해 그는 단순히 거기서 일어나는 것을 눈으로 본 것이 아니라 끊임없이 기도하면서 그들의 참된 수덕의 삶을 공부한 것이다.

바실리오스는 사막의 뜨거운 태양이 내리쬐는 낙타 등에 올라타고, 한낮의 폭염, 타는 듯한 갈증, 밤의 추위 속에서 병약한 몸을 이끌고 여행을 했다. 하지만 그는 많은 시간을 고무된 상태에서 보냈다. 그것은 간절히 빛을 찾는 사람에게 주어지는 것이었다. 고통은 성령의 빛 가운데서 어느덧 사라지고 없었다. 그는 새로운 사람들, 새로운 수도사들을 만났다. 그들은 지고한 덕을 향해 험하고 거친 계단을 그들만의 방법으로 올랐고 각자 고유한 방법으로 자신들 안에 하느님을 품고 살아가고 있었다. 학생 바실리오스에게 깊은 인상을 남긴 것은 다름 아닌 수도사의 굽히지 않는 투쟁이었다. 그들의 영적 투쟁의 모습은 그를 매료시켰고 경탄을 자아냈다.

바실리오스는 자신이 보고 배운 것을 이미 실천하기 시작했다. 수도사들은 온몸으로 사탄과 투쟁했다. 하느님만 믿고 바라보고 따르며 사탄과 치열하게 투쟁했고, 하느님께서 그들을 돕지 않으시면 사탄에게 무릎을 꿇게 된다는 점을 잘 알고 있었다. 그들에게는 승리자는 오직 한 하느님뿐이었다.

때때로 바실리오스는 그들의 용맹함과 처절한 투쟁 앞에 두려움을 느끼곤 했다. 그럴 때마다 그는 기도를 올렸고 성령은 그를 승리의 순간을 누리고 있는 수도사에게로 인도했다. 승리의 수도사는 성령이 베푸는 평화를 누렸고 거룩한 빛이 넘쳤으며 하느님의 사람이 되어 그 자신도 빛이 되었다.

자신의 모든 것을 하느님께 맡긴 사람에게 은총이 임하는, 잊을 수 없는 거룩한 체험들! 수도사들의 성스런 은사와 투쟁 앞에서 넋을 잃고 경탄하던 바실리오스는 어느 순간 정신이 들면 다시 관찰자가 되어 그들의 모든 것을 깊이 있게 살피며 기록으로 남겼다. 모든 것 하나하나가 그에게는 관심의 대상이었다.

바실리오스는 음식에 대한 절제, 열악한 환경 속에서의 인내, 오랜 기도 시간 속에서의 끈기 등 수도사의 모습을 그의 머리와 종이에 담았다. 그리고 본성을 이겨낸 것처럼 수면 부족에도 굴하지 않는 그들의 모습을 지켜봤다. 일부 수도사는 영적 행복에 젖어 배고픔, 갈증, 추위, 헐벗음에도 전혀 영향을 받지 않았다. 약간은 신플라톤주의와도 유사하지만, 말 그대로 몸이 자기의 것이 아닌 냥, 몸에 신경 쓰는 것을 전혀 허용하지 않는 듯한 수도사의 모습을 보았다.

바실리오스는 은둔자와 수도사가 있는 곳이라면 가리지 않고 동굴과 오두막을 찾아 헤맸다. 그럴 때마다 그는 다시 한 번 "나도 이런 거룩한 투사를 꼭 본받아야지." 하며 자신에게 다짐했다.

광야에서 배우는 충격적인 공부는 여느 공부와는 전혀 달랐다. 케사리아, 콘스탄티노플 그리고 아테네에서 바실리오스는 인간의 정신이 도달할 수 있는 모든 것을 열정을 다해 공부했다. 반면에 광야에서는 성령의 은총으로 투쟁하는 수도사들에게서 피어나는 새로운 삶을 열정적으로 공부하고 있었다.

도시에서는 지식을 배웠다면, 광야에서는 하느님의 것을 배우고 있었다. 도시에서 지식을 함양한 것은 세상적인 일에 써먹기 위한 것이었지만 광야에서 수도사들의 삶에서 배운 것은 몸소 그것을 살기 위한 것이었다. 광야에서 그는 지식을 원한 것이 아니라 삶을 원했다. 광야는 그에게 금식의 수련, 부심과의 투쟁만이 아니라 박해도 견뎌 내게 하는 힘을 주었다.

고된 여정으로 몸이 지칠 대로 지친 바실리오스는 광야에서 그의 심장을 뛰게 했던 수도사의 삶을 뒤로 한 채 그 경험을 큰 교훈으로 삼아 알렉산드리아로 돌아간다.

귀향

알렉산드리아는 그를 더 이상 붙들지 않았다. 그가 돌아갈 시간이 된 것이다. 그는 떠나기에 앞서 마지막으로 몇 군데 더 둘러보았다. 도서관, 성당, 정교회 주교와 사제들이었다. 그가 빨리 고향으로 돌아가려 한 이유가 있었다. 보고 들은 그 많은 것을 그의 머리에 다 담을 수가 없었고 또 배운 것을 빨리 자신의 삶에 적용해 보고 싶었던 것이다.

10월의 어느 아침 그는 길을 떠났다. 마차가 도시에서 어느 정도 벗어나자 언덕이 나왔다. 그는 그곳에서 마지막으로 알렉산더 대왕의 도시를 다시 한 번 바라보았다.

주마등처럼 알렉산드리아의 인물과 사건들이 스쳐 지나갔다. 구약의 모세와 하느님의 백성, 각양각색의 철학과 종교 흐름, 그리고 복음사가 마르코가 걸었을 작은 오솔길을 떠올렸다. 아타나시오스는 어떠한가! 바실리오스는 그에게 많은 것을 기대고 있었다. 그에 대해 많은 것을 들었다. 교회에는 그에 대한 이야기가 끊이질 않았다. 그는 교회의 사람, 교회의 대변자였다. 순간 바실리오스는 뭔가 자기를 옥죄는 느낌을 받았다. 그것은 그를 만나지 못한 슬픔, 쓰라림이었다. 바실리오스는 그의 손에 입을 맞추고 싶었다. 눈으로라도 그의 성스런 머리를 만져 보고 싶었다. 아타나시오스가 그에게 말을 걸지 않아도 대화를 하지 않아도 좋았을 것이다. 단지 그를 보는 것만으로 만족했을 것이다. 다만 몸을 굽혀 그의 심장에서 흘러나오는 참다운 정교의 소리를 듣고 싶었다. 그의 머리에서 뿜어져 나오는 정교의 소리를 듣고 싶었다. 그는 온몸이 정교였다.

바실리오스는 당시 아타나시오스의 연세를 62세로 알고 있었다. 하지만 그의 지혜와 빛으로 인해 신자들은 그를 162세라고 여길 정도였다. 그의 눈빛은 독수리보다 더 빛났다. 그는 사람들을 자석처럼 끌어당겼다. 그의 앞에서는 모두가 무력해졌다. 아타나시오스에 대해 전해지는 일화가 있다.

> "언젠가 황제가 아타나시오스 설교를 듣지 않고 밖으로 나가 길을 떠나려 했다. 그러자 순간 아타나시오스도 밖으로 나가 황제

가 올라탄 말의 고삐를 잡았다. 그리고 황제에게 자신의 눈을 보라고 했다. 그의 눈을 본 순간 황제는 아무 말도 못한 채 그의 말을 주의 깊게 경청했다."

이밖에도 많은 일화들이 어린 바실리오스의 머리를 스쳐 갔다. 하지만 정작 16년이 지난 후 아타나시오스의 뒤를 이어 교회의 지도자가 되어 있을 본인의 모습은 전혀 상상하지 못했다.

마차의 소음과 피곤함이 달콤한 추억에서 그를 깨웠다. 그도 이제 추억에서 벗어나 나머지 여정을 계획해야 했다. 그는 당장 고향인 케사리아로 가지는 않기로 했다.

바실리오스는 성격상 무한한 탐구심의 소유자였다. 그는 팔레스타인과 시리아에도 서밍인 수도자들이 살고 있다는 소문을 듣고 있었다. 그는 그들을 만나보고 싶었다. 수덕에 온 생을 바친 이들을 만나는 것만큼 그를 감동시키는 것은 없었다. 바실리오스는 말없이 침묵으로 하느님을 드러내는 이들을 만날 때마다 환희를 느꼈다. 바실리오스의 전언에 의하면 팔레스타인에서는 일라리온 수도사의 명성이 자자했다. 그 당시 그는 필루시오 산에서 수도 생활을 했는데 바실리오스는 이미 그곳을 지나치고 말았다.

바실리오스는 마차에서 내려 익히 알려진 바닷가 도시 가자로 갔다. 그리고 일부 짐만 챙겨 여관에 투숙했다. 바실리오스가 타고 왔던 큰 마차는 그를 내려 주고 계속해서 가던 길을 갔다. 바실리오스는 작은 마차를 준비시켜 도시 밖으로 나왔다.

그곳은 일라리온(†371)이 몇 년간 수도 생활을 한 곳으로서 그를 닮으려는 많은 이들이 그곳에 와 있었다. 거기서 바실리오스는 그들 중 일부와 개인적인 친분을 맺게 된다. 그들은 스승이 얼마나 엄격한 수행을 했는지, 하느님으로부터 받은 기쁨이 얼마나 컸는지 바실리오스에게 전해 주었다.

또한 제자들은 일라리온의 색다른 활동에 대해서도 이야기 해주었다. 즉, 스승이 이교도가 살고 있는 지역을 찾아가서 병든 자들을 치료해주고 설교로 그들을 교회로 이끌었다는 것이다. 수도사와 선교사, 수련과 선교, 영적수행과 외적 활동. 일라리온이 자주 이방인의 마을을 찾아가 실천했던 그 모습은 바실리오스에게 강한 인상을 남기며 매혹적으로 다가왔다. 바실리오스는 자신도 모르게 자꾸 수행과 동시에 활동에도 초점을 맞추고 있었다. 그리고 이 문제가 해결되어야 그의 생각도 정리가 될 것 같았다. 하지만 아직 그는 이 문제를 깊이 인식하지 못했다. 아직까지 그의 뇌리를 강하게 지배하는 것은 엄격한 수행과 수도원 생활이었다.

그는 가자로 돌아왔다. 그리고 다시 길을 떠날 채비를 했다.

팔레스타인의 케사리아에 도착한 바실리오스는 오리게네스를 떠올렸다. 알렉산드리아에서 쫓겨난 오리게네스는 이곳에 학교를 세웠고 네오케사리아의 그레고리오스를 교육했다. 네오케사리아의 그레고리오스는 바실리오스의 할머니인 마크리나에게 지대한 영향을 준 인물이었다. 다시 말해 오리게네스-그레고리오스-마크리나-바실리오스로 가르침이 이어졌다.

바실리오스는 시리아의 바닷길을 따라 계속 여행했다. 바실리오스의 말에 따르면 이때 그는 킬리 시리아, 즉 오늘날 터키의 알렉산드레

타에서 사해에 이르는 지역의 수도사들을 방문했다. 티로, 시돈 그리고 고대 페니키아의 여러 도시를 지나 북쪽 방향으로 여정을 지속한 그는 시리아의 도시 에메사, 라오디키아, 그리고 안티오키아에 도착한다. 그 당시 안티오키아에는 제법 많은 수도사가 있었다고 한다. 바실리오스는 안티오키아에서 고향이 아닌 또 다른 여정을 계획한다. 여전히 그는 명성이 자자한 곳을 찾아 수도사와 은둔자를 만나러 나선다. 그는 페르시아, 즉 동쪽으로 길을 향했다. 바실리오스가 구체적인 도시나 장소를 언급하진 않았지만 그는 메소포타미아에서 수도사들을 알게 되었다고 전한다. 만약 그가 유프라테스와 티크리스 강 지역까지 갔다면 그의 여행은 길고도 험난한 고된 여정이었을 것이 분명하다. 그곳은 안티오키아에서 수천 킬로미터나 떨어진 곳이었기 때문이다. 실제로 그곳은 수도원 전통이 널리 알려진 곳이었다. 에프스타티오스도 2~3개월 앞서 그곳을 방문했다.

이토록 먼 고된 여정의 기록은 안타깝게도 기록으로 남아 있지 않다. 하지만 분명 거기서도 바실리오스는 수도사의 열정에 감동하며 그들 곁에서 새로운 체험을 했을 것이다. (아마도 오늘날의 시리아에 속한) 메소포타미아의 지역은 그에게 매력적이었고 인심 좋은 곳이었다. 하지만 그를 오래 붙들어 두지는 못했다.

바실리오스는 성향 상 계획에 따라 움직이는 스타일이었다. 그는 수도원 생활에 대한 나름의 실천 계획이 세워져 있었다. 게다가 겨울이 다가오고 있었다. 당시 겨울에는 혹독한 추위로 도로가 폐쇄되곤 했기 때문에 로마 제국의 중심 도로에서 멀어지면 멀어질수록 이동은 거의 불가능했다. 아마도 바실리오스는 안티오키아로 돌아와서 그곳에서 케사리아로 길을 재촉했던 것으로 보인다.

바실리오스의 수 개월에 걸친 순례 여행이 마침내 끝났다. '동방'을 방문한 그의 경험은 그를 더욱 풍성하고 지혜롭게, 무엇보다도 수행의 삶을 결정하는 데 큰 역할을 했다. 하지만 그는 여전히 뭔가 부족함을 느끼고 있었다.

케사리아에서 보낸 첫 번째 편지

바실리오스는 가을 끝자락에 케사리아에 도착했다. 친구와 지인들은 그를 반갑게 맞았다. 하지만 그들은 바실리오스가 그들의 말을 듣지 않을 것이라는 사실을 그의 결연한 모습 속에서 이미 읽고 있었다. 그래서 그에게 무엇을 요청하고 기대하는 것은 고사하고 그들 곁에 남아 달라는 부탁도 감히 하지 못했다.

사실 그들은 바실리오스가 케사리아에 남기를 원했다. 하지만 속세를 떠나 살고 싶어 하는 그의 간절한 눈빛을 모르는 체 할 수 없었다. 하지만 바실리오스의 소망은 바로 실현되지는 못했다. 오랜 기간의 여행과 금식, 그리고 많은 일이 그를 오래도록 병석에 눕게 만들었다.

바실리오스는 그가 존경하는 에프스타티오스를 빨리 만나고 싶어 했지만 병 때문에 만나지 못하고 있었다. 한편 에프스타티오스는 바실리오스가 오래전부터 자신을 표상으로 삼고 있다는 소식을 들어 알고 있었다. 그래서 그는 아르메니아와 페르시아를 거쳐 기나긴 동방 여행을 마치고 돌아오는 길에 케사리아에 잠시 들러 바실리오스에게 한 통의 편지를 보냈다.

바실리오스는 그 편지에 답장을 보낸다. 그의 『서신집』 첫 번째 편지가 바로 그것이다. 에프스타티오스와의 친교는 그에게 커다란 기쁨이었다. 하지만 병고와 다가온 겨울 때문에 세바스티아로 가서 그를 빨리 만날 수 없는 것이 마음에 걸렸다. 바실리오스의 짧은 생에서 병고와 겨울은 언제나 그의 행동을 제약하는 아주 잔인한 적이었다. 바실리오스는 어쩔 수 없이 케사리아의 집에 머무른다.

바실리오스는 에프스타티오스와 얼굴을 직접 대면할 수는 없었지만 서신 왕래로 친교를 나눴다. 바실리오스의 머릿속은 에프스타티오스를 만나야 할 당위성과 동방에서의 경험 등으로 가득 차 있었다. 바실리오스는 즉시 첫 번째 서신을 쓴다. 편지 내용은 자연스러우면서도 젊은 패기가 그대로 묻어났다. 그의 감정이 표출되었고 그의 생각도 드러났다. 바실리오스는 동방에서 여행했던 이야기를 편지에 담았다.

편지는 바실리오스가 에프스타티오스를 소아시아에서의 수행과 수도원 정신의 상징으로 여기고 있다는 인상을 의도치 않게 드러낸다. 바실리오스는 최대한 빨리 그를 만나고 싶었다.

케사리아의 주교 디아니오스

겨울은 점점 더 기세를 떨치고 있었다. 자연스럽게 바실리오스는 사색에 잠길 수 있는 기회를 갖는다. 하지만 주제는 동일했다. 수행이었다. 바실리오스는 그것을 어떻게 현실에 적용시킬지 고민했다. 혼자 할 것인지, 여러 명이 함께 할 것인지, 어떤 수도사에게 자문을 구해야 할지 등 생각이 많았다. 그의 친구 그레고리오스와의 약속도 그중 하나였다.

여행에서 돌아온 후 바실리오스는 제일 먼저 그레고리오스에게 자신의 귀향 소식을 전했다. 안타깝게도 그 편지는 소실되고 없다. 그레고리오스는 고향에서 바쁘게 살아가고 있었다. 그는 연로한 부모님을 돌봐야 했고 그 밖의 여러 가지 일들로 바빴다. 그레고리오스는 수시로 모든 것을 접고 바실리오스에게 달려가 이렇게 말하고 싶었다.

> "형제여, 우리 함께 수도할 장소를 찾으러 가세나. 속세에서 그동안 많이 힘들지 않았는가! 그대 없는 생활, 수행 없는 생활을 나는 더 이상 견딜 수가 없다네."

하지만 그레고리오스는 그렇게 하지 못했다. 감성이 풍부했던 그는 부모님과 나지안조스의 교인을 놔두고 떠날 수 없었다. 오랜 세월이 흐른 382년경 그레고리오스는, 그의 삶의 질곡이, 당시 모든 것을 뒤로한 채 바실리오스와 함께 수도사가 되지 못한 것에서 비롯되었다고 토로했다.

한편 바실리오스는 일부 친구들을 만나 그의 계획, 아니 그의 고민인 수행에 대해 대화를 나눈다. 일부 친구들은 그를 이해했지만 일부는 그렇지 못했다. 많은 친구들은 실망을 감추지 못했다. 왜냐하면 바실리오스가 법정에서 훌륭한 변론을 하여 승리하는 모습을 지켜보고 싶어 했고 최고의 학교에서 가르치며 학생들의 마음을 사로잡길 원했기 때문이다. 그런데 스스로 오두막 같은 곳에 파묻혀 오직 하느님과 친교하며 수행만 하겠다니!

357년 혹은 358년 겨울, 바실리오스의 외부 활동은 극히 적었다. 하지만 디아니오스 주교와의 만남은 예외였다. 바실리오스는 틈만 나면 그를 만나러 가곤 하였다. 바실리오스는 어릴 적부터 그를 무척 존경해 왔고 그에게 각별한 애정을 느끼고 있었다. 디아니오스 주교는 존경과 사랑 받기에 충분한 인물이었다.

바실리오스는 그해 겨울 디아니오스 주교를 참으로 많이 방문했다. 바실리오스는 주교의 허름한 소파 옆에 앉아 진솔하게 그의 생각을 주교에게 털어놓았다. 물론 디아니오스 주교는 뛰어난 신학자는 아니었다. 하지만 그의 경험과 지혜는 그를 훌륭한 목자로 만들었다. 하느님께서는 당신을 사랑하고 형제의 아픔을 함께 나누는 목자에게는 이렇게 당신의 지혜와 은사를 베푸신다. 바실리오스는 힘겨웠던 이 시간을 디아니오스 주교에게 의지하며 지내게 된다.

세례 받은 뒤 모든 재산을 처분함

디아니오스 주교와 영적 교류를 갖던 바실리오스는 드디어 세례를 받기로 결심한다. 사랑하는 영적 자녀에 대한 영적 아버지의 보살핌의 결과였다.

바실리오스는 겨울 내내 혹독한 추위와 병치레로 거의 활동을 접고 케사리아에서만 생활하고 있었다. 상황이 허락한 경우에는 주교의 사역을 도와주곤 했다. 당시 아니싸에서 수도 생활을 하고 있던 가족을 방문하기도 했다.

어머니 에멜리아와 누나 마크리나는 그가 동방을 여행하며 얻은 수덕의 경험을 무척 반겼다. 하지만 거기까지였다. 그들은 이유 없이 갈 길을 미루지 말라고 바실리오스에게 조심스럽게 충고했다. 바실리오스는 수행을 말하면서도 그때까지 세례를 받지 않았기 때문이다! 어머니 에멜리아는 따뜻한 모성의 눈길로, 마크리나는 바실리오스가 아테네에서 돌아왔을 때 했던 것처럼 엄격한 말로 빨리 세례를 받으라고 조언했다.

357년 신현 축일 또는 358년 부활절에 바실리오스는 그리스도와 하나가 된다. 새롭게 그리스도인으로 태어난 것이다. 세례는 바실리오스의 인생에 커다란 전환점이 된다. 당시 바실리오스의 나이는 힘과 패기 그리고 창의력이 왕성한 29살이었다. 하지만 여전히 그는 서두르지 않았다. 절대적으로 믿고 맡긴 어떤 손길에 의해 이끌리듯 바실리오스는 여전히 준비 과정에 머물러 있었다.

세례성사는 디아니오스 주교가 집전했다. 주교의 축복으로 '봉독자'로 임명된 바실리오스는 오랫동안 교회에서 봉독자로 봉사했다. 358년 2월과 3월, 바실리오스는 활동의 폭이 넓어졌다. 병고도 물러나고 추위도 잦아들었다.

그의 영성은 점점 성숙해져 갔고 견고하게 계단을 오르고 있었다. 그리고 그의 눈앞에는 언제나 수행이 떠나질 않았다. 하지만 그의 어깨를 짓누르고 있는 세상의 짐은 어찌해야 하는 걸까? 세상의 무거운 짐은 그의 몸을 짓눌러 하늘이 아닌 바닥을 내려다보게 하였다.

바실리오스는 언젠가 과감하게 그 짐을 벗어버린 적이 있었다. 아테네에서 돌아와 심한 병에 걸렸을 그때였다. 그는 세상의 지식을 얻기 위해 보냈던 젊은 시절의 노력에 대해 한없이 눈물을 흘렸다. 그리고 오직 복음의 진리와 수행에만 매진하기로 결심했다.

하지만 불행히도 바실리오스를 세상에 붙들어 두는 것은 세상의 지식만이 아니었다. 그는 고관의 아들로서 엄청난 부자였다. 그는 원하든 원치 않든 세상과 엮여 있었다. 부는 영적인 발전에 커다란 방해, 무거운 족쇄였던 것이다. 누구든지 수도사가 되기를 원한다면 그는 부(富)와 수도 생활 중 하나를 선택해야 한다.

부와 수도 생활은 서로 강력하고도 절대적인 주인이 되기를 원한다. 서로 처절한 싸움을 하며 각자 인간을 완전히 자기의 것으로 만들려고 한다. 많은 경우 인간이 죽어야만 비로소 그 싸움이 끝난다.

인간이 두 개의 주인 중 하나를 선택해야 하는 갈림길에 놓여 있다면 그 싸움은 더욱 치열해진다. 각 주인은 인간의 영혼에 둥지를 틀고, 필요하다고 판단될 때 자신을 드러내며 인간에게 즐거움을 준다. 하나의 주인, 부는 사탄의 힘이다. 또 다른 주인, 수덕은 하느님의 은총이다. 바실리오스의 경우는 어떠했을까?

그는 약 10여 년에 걸쳐서 천천히 오랜 기간 투쟁을 해 왔다. 격정적인 투쟁은 없었다. 싸움은 드러나지 않게 조금씩 진행되었고 특별히 승자와 패자가 나뉘지 않았다. 그냥 흔들리지 않고 꾸준하게 행로를 지속했다. 그의 인생행로는 오직 하느님이 만들어 가시는 완전한 계획 속에 있었다.

바실리오스는 결국 승리의 축제를 즐긴다! 하지만 그는 환호성을 지르지 않고 조용히 디아니오스 주교를 방문해 그동안 가져왔던 자신의 생각과 결심을 밝힌다. 그리고 주교의 축복을 빌며 그의 친구 그레고리오스에게 편지를 띄운다. 아마도 그 편지에는 이런 내용이 담겨 있었을 것이다.

> "형제여, 나는 아니싸로 떠난다네. 그렇다고 서두르지는 말게. 아직 우리의 원대한 꿈의 시간이 오지 않았다네. 더욱이 우리 둘

이 어떻게 수행을 할지 구체적으로 정리가 안 되었는데 어떻게 나 혼자 가서 수행을 할 수 있겠는가? 나는 지금 어머니와 누나에게 간다네. 그들은 나의 고민을 많이 정리해 주었다네. 이번에 가서 어머니의 축복을 받고, 가진 재산을 정리할 생각이라네. 그래서 당분간 나는 케사리아에 없을 걸세. 하느님께서는 우리 가족에게 넉넉한 재산을 주셨지. 많지도 적지도 않은 토지가 세 군데나 있다네. 그중 일부는 이미 처분하였지만 아직도 많은 땅이 남아 있지. 나는 이 재산을 먼저 가난한 형제들에게 나눠주지 않고서는 완전의 길로 나아갈 수 없다고 믿고 있네. 내가 왜 여행을 떠나는지 알겠는가? 사실 이 일은 나를 피곤하게 할 걸세. 하지만 허물없는 우리 사이에 감출 것이 무엇이 있겠는가? 지금 내 안에는 기쁨이 넘친다네. 그것을 어떻게 설명할 수는 없지만 아마도 하느님께서 주시는 기쁨이 아닐까 싶네. 내가 약해지지 않도록 전능자께서 주시는 그 기쁨 말일세. 가난한 이들에게 재산을 나눠줄 때 내가 흔들리지 않게 말일세. 여행의 이유를 그대에게 적어 보내는 이 순간에도 나는 계속해서 하느님의 강복을 떠올리고 있다네. 우리가 수도 생활을 시작하게 되면 우리는 하느님의 자비로 그 복을 누리게 될 걸세. 우리가 그런 삶을 갈망하며 함께 하자고 수없이 다짐을 했건만 지금까지도 미뤄지고 있군. 하지만 그 시간이 다가 오고 있음을 느끼고 있다네. 그러니 주님의 그 기쁨을 반기시게. 그리고 우리의 수행의 시간이 빨리 올 수 있도록 기도하게나. 우리는 조용하고 멋진 수도처를 찾게 될 것일세."

바실리오스는 가족의 재산을 정리 처분하였다. 하지만 어머니와 누나의 수도처, 수도 생활을 시작했을 때 머물렀던 아니싸의 집, 그리고 그의 형제 나프크라티오스의 수도처 등 일부 부동산은 그대로 남겨 두었다.

바실리오스의 이번 여행의 성격은 '해방'이라고 할 수 있었다. 왜냐하면 무거운 세상의 짐에서 벗어났기 때문이다. 그것은 쉬워 보일지 몰라도 참으로 어려운 일이 아닐 수 없었다.

에프스타티오스 수도사들

바실리오스는 재산 정리를 끝냈다. 얼마동안 걸렸는지는 확실치 않지만 적어도 1~3개월 정도 걸린 것으로 보인다.

이제 바실리오스는 무거운 짐에서 벗어나 자유를 느꼈다. 걸음걸이도 가벼웠고 몸도 날아갈 듯 가벼웠다. 장애물은 한 가지씩 사라지고 종착역은 한 발씩 가까워져 갔다. 이제 그는 좀 더 자유롭게 활동할 수 있었다. 또한 봄은 그의 활동 폭을 넓혀 주었다. 새로운 삶, 수도 생활을 언제 시작할지는 아직 그레고리오스와 의견을 조율하지 못했다.

바실리오스는 잠시 케사리아로 돌아왔다. 그곳에서도 몇 가지 일을 정리했다. 바실리오스는 친구들과 작별을 하고 나서 세바스티아의 에프스타티오스 수도사들을 만나러 길을 떠났다. 그들을 직접 가까이서 만나 보면 큰 유익이 있을 것이라 생각했다. 그들은 아르메니아, 카파도키아, 폰도스 지역에도 짝을 지어 흩어져 있었다. 하지만 대다수는 케사리아, 세바스티아 그리고 이리 강 사이에 있었다. 이들 수도사들은 이집트의 수도자를 닮으려 고군분투했다.

　때는 봄이었다. 케사리아를 떠난 바실리오스는 이미 세바스티아로 향하는 길에 들어서 있었다. 그는 그곳에서 소아시아의 첫 번째 수도사들을 만났다.

　바실리오스는 오래전부터 그들에 대한 소식을 들어왔기 때문에 그들에 대한 멋진 환상을 가지고 있었다. 그는 자신이 만들어 낸 그 환상을 실제로 확인하고 싶었지만 그것은 애초에 불가능한 것이었다.

　바실리오스는 몇 달에 걸쳐 세바스티아, 케사리아, 이리 강 그리고 파플라고니아 지역에 분포되어 있는 여러 에프스타티오스 수도사를 방문했다. 그 기간 동안에 그가 존경해 온 에프스타티오스와의 만남은 거의 없었던 것으로 보인다. 에프스타티오스는 당시 교회의 여러 적들과 싸우느라 무척 바쁜 나날을 보내고 있었기 때문이다.

　바실리오스는 에프스타티오스 수도사들과 함께 시간을 보냈다. 하지만 그는 그렇게 열광하지 않았다. 그렇다고 기분이 언짢은 것도 아니었다. 다만 고등교육을 받은 지성인으로서 교육받지 못한 수도사들을 그렇게 편하게 느끼지는 못했다.

　바실리오스는 에프스타티오스 수도사들에게 많은 것을 기대했다. 하지만 실상은 그렇지 못했다. 오히려 그들의 수행에서 드러난 약점을 보완해 줄 규범을 만들어야 할 필요를 강하게 느꼈다.

3. 출발, 봉헌의 시작

아니싸에서

바실리오스는 에프스타티오스 수도사들에게서 배울 게 많다고 생각했다. 그래서 그들을 찾아 길을 나섰었다. 하지만 반전이었다. 그의 생각과 현실은 많은 차이가 있었다. 물론 그들을 통해 얻는 유익이 있었다. 하지만 그들을 위해서는 자신이 그곳을 떠나는 것이 더 낫다고 생각했다.

358년 겨울, 바실리오스는 일부 남아 있던 고향 땅인 아니싸로 길을 떠난다. 오랜 기간 수행을 하고 있는 어머니 에멜리아와 누나 마크리나가 그를 반겼다. 둘은 그가 수도 생활을 위해 그들 곁을 떠나게 될 것이라는 것을 알고 있었지만 오히려 그것을 기뻐했다. 바실리오스의 시간이 찾아왔다. 마침내 그가 수행의 길을 걷기 시작한 것이다.

바실리오스는 가족이 소유한 그 지역의 조그만 집으로 들어가 그의 길을 걷기 시작했다. 무엇을 어떻게 시작했는지 확실치 않지만 적어도 그의 시대가 열린 것만은 확실했다. 앞으로 그는 그렇게 자신을 봉헌하며 살아가게 될 것이다.

　우리는 바실리오스가 성령의 도움으로 그동안의 여행에 대한 기억을 되살려 내어, 그 경험과 지식을 글로 남기려고 애쓰는 모습을 지켜본다. 언젠가 바실리오스는 에프스타티오스 수도사들을 위해 규범을 만들겠다고 에프스타티오스에게 약속했었다. 바실리오스는 에프스타티오스 수도사들의 수도 생활을 염두에 두고 작업을 했다. 바실리오스는 동방에서 수행하던 수도사들의 수덕과 투쟁에 대해 기억을 되살리며 수시로 기록해 두었던 글들을 활용했다. 세상 지식의 헛됨을 깨닫고 신약과 구약을 끊임없이 공부하고 연구했던 성서 지식도 활용했다. 비록 온전히 성서를 깨닫지 못했다 할지라도 그는 적어도 성서 내용을 잘 알고 있었다.

　바실리오스는 수도사들의 일상적인 생활을 『수도 규범』에 담으려 노력했다. 비록 온전히 수도 생활을 해보지 않았지만, 오랜 기간 여행하며 경탄의 눈으로 지켜보고 감동받았던 훌륭한 수도사들의 삶을 규범에 담으려 했다. 사실 먼저 오랜 기간 수도사로서의 삶을 살아본 후에, 아니 적어도 광야의 은둔자처럼 살아본 후에『수도 규범』을 만드는 것이 이치에 맞는다고 생각할 것이다. 당연한 말이다. 하지만 하느님께서는 다르게 역사하셨다.

　하느님의 예언자들이 사람이 많이 오가는 길에 자신을 드러내지 않듯이 이 경우도 마찬가지였다. 하느님께서는 30세가 채 되지 않았던 청년, 아직 수행의 쓴맛과 단맛을 온전히 맛보지 못한 바실리오스를 드러내지 않고 당신의 도구로 선택해 수도 생활의 규범을 만드셨다.

　비록 후에 보완되긴 했지만, 그 당시 바실리오스가 기록한 모든 것은 실질적인 수도 생활의 헌장이 되었다. 공동체 수도 생활을 하는 원로와 수도사는 오늘날까지도 젊은 청년이 작성한 안내서를 따라 생활하고 있다. 사막의 은둔자뿐만 아니라 일반적인 그리스도인도 모두 바실리오스의 『수도 규범』을 인도자 삼아 그들의 영적투쟁에서 힘을 얻게 된다.

지금 우리가 말하는 『수도 규범』은 주로 초기에 작성한 『대(大) 수도 규범』이다. 이미 밝힌 바와 같이 이러한 규범은 오랜 세월 수덕의 경험을 쌓았을 때 가능한 것이다. 물론 오랜 세월 수련했다는 사실 자체가 원칙이나 기준이 될 수는 없다. 기준은 영적인 삶의 깊은 지식, 영적 경험이어야 하기 때문이다. 만약 그렇다면 백발의 수도사가 아니라 할지라도 바실리오스처럼 그 기준을 충족하고 있다면 당연히 그것을 온전히 표현할 수 있지 않을까.

바실리오스는 그의 친구 그레고리오스를 한시도 잊은 적이 없었다. 그가 아니싸에 도착해서 가장 먼저 한 일이 바로 그에게 편지를 쓰는 것이었다.

> "형제, 나는 에프스타티오스 수도사들을 뒤로하고 지금 아니싸에 와 있다네. 작은 집 하나를 구해 수도 생활을 시작했지. 물론 다른 몇 가지 일도 함께 병행하고 있다네. 글과 수작업 같은 것들이지. 이곳은 참으로 아름다운 곳이군."

바실리오스는 이 편지 외에도 함께 수행할 것을 권유하는 다른 편지를 그레고리오스에게 띄운다.

그레고리오스는 아직 확답을 주지 않았다. 바실리오스는 다시 편지를 써 보낸다. 이번에는 그레고리오스의 마음이 아플 정도로 둘의 굳은 약속을 상기시키며 완고하고도 강력하게 자신의 뜻을 피력했다. 둘은 오래전 아테네에서 함께 수도 생활을 약속한 사이였다. 청소년 때의 그들의 감성과 경험, 약속이 어찌 그리 쉽게 잊히랴! 감수성이 예민한 그레고리오스가 과연 그때의 소중한 기억을 잊을 수 있었을까? 바실리오스는 그가 아파할 것을 알면서도 그의 약한 부분을 자극했다.

그레고리오스는 고개를 숙였다. 바실리오스의 창끝에 굴복했다. 그는 펜을 들어 그의 친구 바실리오스에게 편지를 썼다. 이 편지는 보존된 그의 편지 중 첫 번째 서신이다.

> "솔직히 내가 거짓말을 했음을 인정하네. 나는 아테네에서 자네와 평생 함께 지내며 수도 생활을 하기로 약속했었지. … 하지만 의도적으로 거짓말을 한 건 아니라네. … 나의 이 말을 진심으로 받아 준다면 나는 결코 다시 거짓을 말하진 않을 걸세. … 자네의 의지가 그렇다면 우리는 꼭 함께 할 날이 올 걸세. 그리고 그때 우리는 모든 것을 함께 공유하게 되겠지. …"

그레고리오스의 부모는 연로하셨고 병이 든 상태라 보살핌이 필요했다.

바실리오스는 여전히 뜻을 굽히지 않고 수도처가 얼마나 아름다운 자연 속에 있는지 자랑하며 그레고리오스에게 빨리 오라고 재촉했다. 그레고리오스는 바실리오스의 요청을 회피하기 위해 자신은 수도 장소에 별 관심이 없다고 답장한다. 예술적인 성향의 그레고리오스는 바실리오스가 자랑한 수도 장소에 크게 동요되지 않았다. 그레고리오스는 답신에서 이렇게 적었다.

> "형제 바실리오스, 수도 장소를 자랑하기보다 자네가 어떻게 영
> 적투쟁을 하며 지내고 있는지를 말해 주게나."

그러자 바실리오스는 그에게 두 번째 편지를 쓴다. 이번에는 수도 장소에 대해 전혀 언급하지 않았다. 별 의미가 없었기 때문이다.

하지만 그레고리오스의 답장을 기회로 그에게 장문의 편지를 쓴다. 이 편지는 수도 생활에 관한 서신 중 초창기 편지이다. 편지 내용은 때론 『대(大) 수도 규범』의 내용과 비슷한 부분이 있는데 편지와 규범이 같은 시기에 작성된 점도 작용했을 것으로 보인다.

수행

바실리오스는 편지에서 초보 수도사에게서는 전혀 기대할 수 없는 중요한 통찰을 언급한다. 언제 그는 이토록 심오한 경험을 하게 되었을까? 그 자신과 하느님만이 아실 것이다.

그의 편지를 읽다 보면 생각지도 않은 궁금증이 생긴다. 편지 내용이 저자의 삶을 언급하는 것인지 아니면 수도사가 그렇게 살아야 한다는 것인지, 즉 묘사를 하는 것인지 아니면 어떻게 해야 한다는 당위를 역설하는 것인지 다소 헷갈린다. 아마도 둘 다가 아닐까 싶지만 전자 쪽에 좀 더 가까운 것 같다. 편지 내용을 좀 더 가까이 들여다보자.

> "새벽에 일어나 등잔에 불을 붙여 밝힌다. 동틀 무렵까지 오랜 시
> 간 시편을 읽고 성가를 부른다. 동이 트면 여러 가지 작업을 시

작한다. 작업을 할 때에도 기도는 멈추지 않는다. 기도는 필수불가결한 동반자이다. 작업을 아름답게 만들어 주고 영혼을 기쁘게 유지시켜 준다."

성서 봉독은 바실리오스에게 가장 소중하고 즐거운 일이다. 그것은 그의 주된 일과였다. 당연히 그는 짧은 기간 안에 성서에 대한 깊은 지식을 갖게 된다. 하지만 성서 봉독은 영적인 삶을 살아가는 하나의 방법이다. 그것은 어려운 기도를 손쉽게 할 수 있도록 근본적으로 도와준다.

위대한 영적 저자들처럼 바실리오스도 기도 그 자체에 대해서는 말을 아꼈다. 마치 그의 깊은 내면을 고백하는 것처럼 비춰질까 두려웠기 때문이다. 하지만 그레고리오스에게는 이렇게 말했다.

"좋은 기도는 영혼이 하느님을 느낄 수 있게 해주는 기도지."

하지만 이러한 상태는 쉽게 아니 거의 오르기 힘든 산 정상의 상태이다. 그전에 수없이 많은 쓰라림과 아픈 고행의 과정을 거쳐야 한다. 그럴 때 사람들은 하느님을 자신 안에 담아 살아가며 확신을 갖게 된다. 바실리오스는 이 점을 쉬지 않고 계속 말했다. 바실리오스는 그레고리오스에게 자신의 흉금을 터놓는다.

"내가 도시의 삶을 버린 이유가 뭔지 아나? 끊임없이 죄를 짓게 하는 원인을 제공하기 때문이었지. 그런데 끝내 나 자신은 포기가 안 되더군."

바실리오스는 수행을 시작하자마자 자기 자신이 가장 큰 방해물이라는 것을 직시했다. 수도사는 자신을 둘러싸고 있는, 상대적으로 버리기 쉬운 요소는 쉽게 떨쳐 낸다. 하지만 자기 자신은? 자기 자신 안에 있는, 하느님과 관계없는 한 인간을 어떻게 제거할 수 있을까?

바실리오스는 의지가 강했다. 그는 수없이 기도했다. 초보 수도사처럼 바실리오스는 외진 곳에서 그렇게 자신 안에 있는 정욕을 제거하기 위해 투쟁했다. 정욕은 저항했다. 하지만 정욕은 투쟁에서 조금씩 밀릴 때마다 처음 배를 타고 여행하는 사람들이 멀미를 하는 것처럼 그에게 현기증을 일으키며 심한 혼란을 야기했다.

정욕은 그에게 관심이 대상이 아니었다. 정욕은 그의 일상에서 부정적으로 작용했다. 더 나은 어딘가로 가기 위해서는 제거를 해야만 하는 대상이었다. 그는 올바른 평가를 했다. 제대로 자기 안의 정욕을 직시하기 위해 혼자만의 광야가 필요했던 것이다. 광야는 머리를 고요하게 해준다. 이 일 저 일 생각에 근심 걱정이 많아지면 진리를 향해 진력하지 못한다. 하느님을 느끼는 것에 이를 수 없다.

> "그레고리오스 형제, 그대가 나에게 광야에서 무엇을 얻었냐고 묻는다면 말하기가 참으로 부끄럽네. 나는 도시를 등졌지. 하지만 어떻게 내 자신을 버릴 수 있었겠는가? 이제야 나는 깨달았다네. 그대도 이 점을 깨닫기 바라네. 속세를 등진다는 것은 육체만 세상을 떠나는 것이 아니라 육체를 통해 맺은 모든 관계도 함께 멈춰야 한다는 사실을 말일세. 도시, 친척, 개인 소유, 친구, 토지, 동료, 세상의 지식도 포기해야 한다는 것일세."

하느님의 가르침은 이 모든 것이 비워졌을 때 마음에 새겨진다. 왜냐하면 그 전에는 위에 나열한 것들이 마음속에 새겨져 있기 때문이다.

수덕자, 수도사로 불리는 독특한 존재, 광야의 노동자는 인내 속에서 그러한 삶의 기술을 익혀야 한다. 그 기술은 쉽게 접근할 수 있는 것이 아니다. 외모, 의복에서부터 시작된다. 수도사는 자신의 외모에 관심을 가져서는 안 된다. 눈은 아래로 향해야 하고 의복은 상복처럼 소박해야 한다. 걸음걸이는 너무 느긋해서도 안 되지만 그렇다고 경망스럽게 걸어서도 안 된다. 신발은 발을 보호할 수 있는 정도면 된다.

음식은 각별히 주의를 더 기울여야 한다. 물론 수도사도 살기 위해서 먹어야 한다. 단, 허기를 채울 정도만 먹는다. 물도 갈증을 해소하는 정도여야 한다. 즉 육체가 살아 움직일 수 있을 만큼만 유지시키는 것이다. 허기지지 않는데도 음식을 탐해서는 안 된다. '게걸스럽게 음식을 탐하는 것'과 육체를 지탱하기 위해 먹는 것을 구분하는 것은 곧 식탐과 육체를 구분하는 것을 말한다. 육체 자체가 정욕은 아니기 때문이다.

하느님의 사람

이점에서 바실리오스는 일부 철학자들이 주장하는 것처럼 육체를 경시해야 할 것으로 여기지 않는다. 바실리오스가 경시하는 것은 몸속에 들어 앉아 있는 정욕이다. 정욕은 육체 그 자체가 아니다. 육체가 사탄의 종이 되어 움직일 때, 사탄의 도구가 되어 하느님으로부터 인간을 멀어지게 할 때, 그때 정욕이 되는 것이다. 그것을 바실리오스는 하느님이 창조하신 인간의 "변질"이라고 자주 특징지었다.

만약 육체 그 자체가 악이었다면 그것은 말 그대로 비극이다. 하느님 보시기에 참 좋았던 피조물의 본성을 아주 잃어버린 것이기 때문이다. 사탄이 하느님과 겨뤄 이겼다고 해보자. 그래서 인간 - 적어도 인간의 몸 - 을 자기의 수하에 넣어 존재론적으로 악하게 만들었다고 하자. 만약 그렇다면 그 존재는 하느님의 눈길에서 벗어났을 것이다. 왜냐하면 사탄의 승리로 이미 그의 완전한 소유가 되어 버린 것이기 때문이다.

사탄은 실제로 인간을 자기 것으로 만들기 위해 하느님께 대항했다. 물론 사탄은 앞으로도 쭉 그렇게 할 것이다. 그런데 그가 이뤄 낸 것은 인간을 포로로 붙잡는 것에 불과했다. 존재론적으로 그를 변화시키거나 하느님이 인간을 창조했을 때의 그 본성을 바꾸지는 못했다.

따라서 인간은 본질적으로 하느님의 자녀로 그대로 남게 된다. 하지만 인간은 사탄의 하수인이 되어 일을 하게 된다. 인간은 사탄의 뜻에 복종할 때 하수인이 되고 만다. 사실 영육으로 된 인간은 진리를 거슬러 악으로 흐르려는 경향이 있음을 아무도 부정하지 못할 것이다.

하느님과 인간을 잇는 다리는 무너지지 않았다. 인간 구원을 위한 하느님의 사업은 지속되고 있고 인간은 여전히 하느님의 자녀이다.

『수도 규범』의 목적은 사탄에게 인간을 내주는 것이 아니라 정욕에 속박되어 있는 인간의 모습을 보게 하여 마침내 그 정욕을 물리치고 사탄의 사슬에서 인간을 벗어나게 해주는 데 있다.

이렇게 교회는 하느님의 보살핌 아래서 인간이 인간답게 살아갈 수 있도록 사탄과 처절한 투쟁을 한다. 사탄이 인간에게 영향을 미칠 수는 있겠지만 인간이 결정적으로 사탄에 넘어가 변질되는 것을 하느님은 용납하지 않으신다.

인간 속에 자리하고 있는 사탄의 정욕은 덕으로 대응해야 한다. 덕이 높은 수도사일수록 정욕에 대항하는 길이 덕에 있음을 잘 안다. 덕을 쌓으면 쌓을수록 정욕은 그만큼 뒤로 물러선다. 다시 말해 수덕의 투쟁이 간접적으로는 정욕에 대한 투쟁이 되는 것이다. 하지만 그 경계는 식별하기 쉽지 않다.

수도사가 현실을 직시하고 적을 시야에서 놓치지 않으려면 정욕에 대한 투쟁을 늦춰서는 안 된다. 그렇지 않으면 그는 사탄의 희생물로 전락할 위험에 노출된다. 정욕이 없다고 생각하는 순간 그는 현실감을 상실하게 된다.

정화(淨化)와 조명(照明)

바실리오스는 고요의 가치에 대해 말하며 한 걸음 앞으로 나아간다. 고요는 꼭 필요한 요소이다. 영혼에 정화를 가져다주기 때문이다. 진리이신 하느님과 관계없는 모든 요소로부터 벗어나도록 영혼을 도와준다. 실제로 사람이 정화될수록 세상적인 것에 대한 관심이 줄어든다. 육체의 아름다움에 초점을 맞추던 눈, 즐거운 음악을 들어왔던 귀는 점차 그것들로부터 멀어진다. 무엇보다 정신이 자기 자신을 성찰하는 데 모아진다.

정화는 바로 이런 것이다. 그것은 끝이 없는 진행형이다. 쉽게 규정되고 별 어려움 없이 설명되는 것 같지만 실상은 엄청난 작업이다. 정화는 그 자체에 목적이 있지 않다. 바실리오스는 적든 많든 이러한 상태를 살았다. 하지만 그것을 표현하는 데 어려움을 겪었다.

정화되어 하느님께 속한 정신은 신성의 아름다움으로 넘친다. 그 누구도 정확하게 설명할 수 없는 절대적이고 계시적인 방법으로 환히 빛난다.

바실리오스의 경험은 개인적이다. 니싸의 그레고리오스가 강조하는 것처럼 보거나 듣는 것이 아니라 직접 사는 것이다. 바실리오스는 수도 생활에 입문한 그 순간부터 열심히 수행했고 열매를 맺었다. 그는 성서 및 교회 전승 연구, 그리고 수행으로 하루를 보냈다. 수면시간은 극히 적었다. 수련은 그를 정욕에서 벗어나게 했고 정신은 하느님의 진리에 집중되었다. 그럴수록 그는 더 외적인 영향에서 벗어났고 심연 같은 진리 속으로 점점 더 깊이 빨려 들어갔다.

바실리오스는 주로 성서 봉독 이후 밤에 오랜 시간 기도를 드렸다. 그는 이런 수련을 아마도 1년 남짓한 것으로 보인다. 하지만 그의 심도 높은 수련과 오랜 시간의 기도는 하느님의 은총을 빠르게 가져왔다. 이 초보 수도사는 밤에 빛으로 휘감겼다. 그의 영은 '창조되지 않은' 달콤한 빛으로 넘쳤다.

처음에 그는 과연 그것이 하느님의 은총인지, 아니면 사탄의 장난인지 몰라 두려워했고 주저했고 의심했다. 하느님의 성령은 그를 평온하게 해주었고 그는 말로 표현할 수 없는 빛의 환희를 누릴 수 있었다. 그는 하느님 안에서 살았고 하느님은 그의 영 안에 계셨다! 행복한 순간이 아닐 수 없었다. 치열했던 투사 바실리오스의 영은 지금 복된 상태에 놓였고 오직 하느님만을 경험하고 느끼고 있었다. 주변에서 그를 괴롭히는 것은 아무것도 없었다. 배고프지도 목이 마르지도 않았다.

신성의 빛이 감싸는 이런 놀라운 상태는 분명 드물었다. 하지만 여러 번 있었기에 바실리오스의 집 근처를 지나가던 사람들은 그것을 인식하고 있었을 것이다.

언젠가 여느 때와 마찬가지로 그는 밤에 기도를 드리고 있었다. 어느 순간 거룩한 빛이 그를 감쌌다. 그의 정신은 신성의 빛으로 빛났고 다시 복된 상태에 빠졌다. 하지만 그 빛은 여느 때와는 좀 달랐다. 그의 영만 비춘 것이 아니었다. 엄청난 빛을 발하여, 그의 온 집안을 환히 밝혔다. 분명 동네 사람들도 그것을 봤을 것이다.

만약 기도하며 살아가는 수도사가 그곳에 있다는 것을 몰랐다면 사람들은 집에 불이 난 줄 알았을 것이다. 집은 타지 않고 빛으로 휘감겼다. 재가 되지 않고 타고 있었다.

주여, 당신은 참으로 놀라우신 분이십니다! 인간에게 이토록 놀라운 은총을 베푸시다니요! 인간이 당신 곁에서 얼마나 위대해 질 수 있는지요! 주님, 찬양 받으소서.

수도자와 세상

바실리오스는 사실 엄밀히 말해서 완전히 속세를 떠난 은둔자나 수도사는 아니었다. 아주 짧은 기간 은둔자처럼 수행에 매진했을 뿐이었다. 약간 독특했던 점은 수행을 하겠다고 출가했던 바실리오스가 여전히 세상 사람들의 문제에 깊은 관심을 기울이고 있었다는 점이다. 바실리오스는 부족하지도 과하지도 않게 바깥세상과 소통하려 했다.

삶의 한 방법으로 처절한 수행을 했던 한 사람, 사막의 삶을 끝없이 동경했던 한 명의 은둔자, 그토록 짧은 시간 안에 하느님 관상자가 된 한 출가자가 여전히 세상과 소통하며 사람들의 문제에 큰 관심을 갖고 그들의 고통에 동참하고 있었다.

초보 수도사의 가슴속에는 두 가지의 힘이 작용하고 있었다. 하나는 사막의 삶으로 그를 밀어냈고 또 하나는 사회로 그를 밀어냈다. 그렇게 두 힘은 필요에 따라 그의 영혼의 무대에 나타나곤 했다. 하지만 어떤 힘이 나타나든 결과는 훌륭했다.

바실리오스에게 무슨 일이 있는 걸까? 하느님은 그를 어디에 세우시려는 걸까? 수행인가 사회인가? 바실리오스는 오랜 기간 조용한 삶을 동경해 왔다. 하지만 마치 목자로 태어난 운명처럼 여전히 인간들의 문제를 보살피고 있었다.

이 질문의 답은 쉽지 않다. 하느님의 계획은 인간의 눈에 잘 드러나지 않기 때문이다. 특히 구약시대의 예언자나 교회의 성인 같이 일반적인 기준을 벗어난 경우에는 더욱 그렇다.

바실리오스의 경우가 그랬다. 초보 수도사가 교회의 수도 생활 규범을 세우고는 은둔자나 공동체 수도사가 아닌 사회의 목자로 부름을 받고 있는 것이다. 바실리오스가 왜 '사회적' 은둔자의 특징을 가지고 있는지 한번 살펴보자.

바실리오스는 친구들이 보낸 편지를 받으면 무척 기뻐했다. 그를 보러 친구들이 찾아올 때는 그 기쁨이 배가 되었다. 바실리오스의 친구들, 대부분 고관이 된 친구들은 바실리오스의 은사에 경탄하고 있었다. 그래서 그들은 일정기간 자녀들을 바실리오스에게 보내길 원했고 그는 기쁜 마음으로 그들을 받아들였다. 바실리오스는 아이들을 보는 순간 아버지 같은 심정의 목자와 교사가 된다. 그리고 은둔자가 아니라 아이들의 최상의 교사, 결코 잊을 수 없는 친구가 되었다.

이런 아이들의 방문은 주로 축일 때에 이루어졌다. 바실리오스는 아이들과 함께 예배를 드리고 교육하면서 며칠 동안을 아이들과 함께 보낸 후 다시 부모에게 돌려보내곤 했다.

바실리오스는 멀리 아니싸에서 사랑의 눈길로 친구들의 성공과 불행을 지켜봤다. 우편배달부가 그곳을 지날 적에는 귀를 쫑긋 세워 소식을 들으려 했다. 하지만 언제나 기쁜 소식만 전해진 것은 아니었다.

하루는 안 좋은 소식이 들려왔다. 얼마 안 가 그 소식은 사실로 드러났다. 넥타리오스 고관의 하나밖에 없는 외아들이 죽은 것이다. 바실리오스와 넥타리오스는 어린 시절부터 우정을 나눈 사이였다. 정부의 고관으로 출세한 넥타리오스와 그의 부인은 외동아들을 끔찍이 아끼고 사랑했었다. 그런데 갑자기 가문을 이어받을 그 아들이 죽은 것이다.

바실리오스는 위로의 편지를 쓰면서 아이를 잃어버린 부모의 심정으로 엄청난 슬픔을 느꼈다. 그의 아픔과 슬픔이 얼마나 컸던지 돌 심장이 아니고서는 그냥 지나칠 수 없을 정도였다. 바실리오스는 아이 어머니에게 편지를 쓰면서 그 아픔에 어찌할 바를 몰랐다. 그는 땅을 내려다보며 아이를 받아들인 땅을 탓했고 태양을 바라보며 말했다.

> "네가 본 광경이 얼마나 슬픈 것인지 알았더라면, 너는 그만 두려움에 떨고 말았을 것이다."

바실리오스의 아픔은 진실했다. 따라서 그만큼 위로의 힘도 컸다. 그는 아이 어머니에게 무슨 말로 어떻게 위로를 해야 할지 모르겠다고 심정을 밝힌다. 이제 남은 것은 오직 기도였다. 기도만이 그녀가 시련을 이겨낼 수 있게 해줄 것이다. 만약 시련을 이겨낸다면 그녀는 하느님으로부터 순교자와 같이 인정받게 될 것이다! 누구든지 하느님에게 모든 것을 맡기고 시련을 참아 내는 사람은 순교자가 된다.

바실리오스는 넥타리오스에게도 편지를 보내 다시 일어서라고 조언한다. 아니 그래야만 했다. 주님이 부활하셨기 때문이다.

> "넥타리오스, 약해지지 말고 이겨 내게. 아이는 그분이 우리에게 주셨고, 이제 다시 그분의 품으로 돌아간 걸세. 그리고 부활할 걸세. 조금만 인내하고 기다리게. 우리는 곧 그 아이를 만나게 될 것이네. 자네는 우리의 삶이 얼마나 길 것이라 생각하는가?"

바실리오스는 자신의 삶이 그렇게 길지 않을 것임을 항상 의식하며 살았다.

수도자 바실리오스는 희비극 같은 사건에도 관심을 기울였다. 어느 날 밤, 자정을 넘기기 전, 동네의 한 농사꾼이 엄청나게 화를 내며 근처의 외딴 집을 침범하려 했다. 그 집에 살던 여인들이 나와서 그에게 무슨 일인지 물었지만 분노에 가득찬 그는 대답 대신 여인들을 밀치며 집 안으로 들어갔다. 그리고는 예전에 그곳에서 기숙하며 살던 일꾼을 찾았다. 그는 여기서 살던 일꾼이 자기에게 이것저것 빚을 졌는데 빚을 안 갚고 도망쳤다고 소리치며 거기에 있는 물건을 닥치는 대로 부수었다. 순간 온 집안은 쑥대밭이 되었다. 여인들은 바실리오스를 찾았다. 깊은 기도에 빠져 있던 바실리오스는 어렵게 정신을 차리고 사건이 일어난 집으로 갔다. 그는 쑥대밭이 되어 있는 집을 보고 말문이 막혔다. 그리고 닥치는 대로 집에서 물건을 가져가는 농사꾼을 지켜보았다.

다음날 바실리오스는 펜을 들어 그의 친구 칸디디아노스에게 편지를 썼다. 그는 카파도키아의 행정관이었다. 바실리오스의 말은 단순하면서도 사려 깊었다.

> "어젯밤 이러한 일이 이곳에서 있었다네. 자네가 이곳을 좀 보호해 주면 좋겠네. 적어도 사람들이 함부로 이곳에 들어와 행패를 부리지 못하도록 조치를 좀 취해 주게나. … 농부에 대한 처벌? 굳이 필요하겠는가. 하지만 만약 어떤 처벌이 필요하다면 잠시 구치소에 구금하는 것으로 그가 정신을 차리지 않을까 싶네."

수도사 바실리오스는 이렇게 아니싸에서 많은 사람들과 교류하며 지냈다. 한편으로는 수도사로서 그의 정신과 마음을 정화하는 데 힘을 쏟았고 또 다른 한편으로는 사람들을 보살피는 데 정성을 기울였다.

나지안조스, 티베리니

2월의 어느 겨울 아침, 바실리오스는 그레고리오스를 만나러 나지안조스로 향했다.

그레고리오스는 바실리오스의 영혼의 상태를 잘 알고 있었던 터라 바실리오스가 신학과 교회의 문제로 신경 쓰지 않도록 최대한 그의 마음을 가볍게 해주려 했다. 그들은 며칠 동안 정말 평온한 휴식을 보내며 대화도 나누고 추억도 되살리면서 즐거운 시간을 보냈다.

어느 순간 바실리오스가 속마음을 드러냈다. 둘이 함께 수도 생활을 하기로 한 그 약속을 상기시킨 것이다. 그레고리오스는 이미 마음의 준비가 되어 있었다. 바실리오스가 분명 그 말을 꺼낼 줄 알고 있었기 때문이다. 그레고리오스는 바실리오스에게 이렇게 말했다

"바실리오스, 내가 다시 한 번 말하지만 나는 자네와 함께 수도 생활을 하고 싶다네. 자네가 오랫동안 그것을 생각해 왔다는 것을 내가 잘 알고 있는데 어떻게 그것을 잊을 수가 있겠는가. … 아니싸, 그래 자네 말이 옳을 수도 있지. 바실리오스, 내가 자네에게 제안을 하나 하겠네. 내 말을 좀 들어주게나. 도시 외곽, 티베리니에 아버지의 땅이 있는데 우리 그곳에 가서 잠시 머리를 좀 식히고 오세나."

그레고리오스의 목적은 분명했다. 바실리오스에게 티베리니의 아버지 땅에서 함께 수도하자고 제안한 것이다. 그레고리오스 아버지는 반대하지 않았다. 아니 오히려 찬성했다. 이 두 청년이 큰 인물이 된다면 모든 것을 희생할 준비가 되어 있었다.

거리는 그렇게 멀지 않았지만 그곳에 도착하기까지는 많은 시간이 소요되었다. 바실리오스는 그곳이 전혀 맘에 들지 않았다. 조금만 걸어도 진흙에 발이 푹푹 빠져 걷기조차 힘들었다.

그레고리오스는 아무 말 없이 친구 바실리오스를 지켜보고 있었다. 아니 무관심한 척 했다. 하지만 팽팽해진 줄은 곧 끊어질 기세였다. 그레고리오스는 큰 기대를 걸지 않았다. 그래도 바실리오스가 마음을 바꿀지 모른다는 한 가닥 희망의 끈을 놓지 않았다.

바실리오스의 뜻은 분명했다. 바실리오스는 처음부터 부정적이었다. 그는 지금 어떻게 하면 이 진흙탕에서 벗어날 수 있을까 하는 생각밖에 없었다. 물론 그레고리오스를 탓하거나 싫어하는 기색을 드러내진 않았다. 하지만 그는 혼잣말로 이렇게 중얼거렸을 것이다.

"그레고리오스, 여긴 아닌 것 같네. 눈으로 보고도 못 믿겠나!"

그들은 다시 마차에 올랐다. 한 명은 안도의 한숨을 또 한 명은 실망의 한숨을 내 쉬었다.

둘은 다시 대화를 시작했다. 당시 큰 관심사였던 교회와 신학적인 주제에 대해 당연히 논했을 것이다. 거기서 두 청년과 그레고리오스의 아버지인 연로한 나지안조스의 주교는 모두 니케아 신조를 따를 것을 다시 한 번 확인한다.

바실리오스는 충분히 휴식을 취했다. 그의 마음을 짓누르고 있던 구름이 완전히 걷히진 않았지만 뭔가 새로워진 것 같은 느낌이었다.

바실리오스는 케사리아로 돌아왔다. 그는 거기서 남은 겨울을 보낸다. 돌아오자마자 바실리오스가 제일 먼저 관심을 기울인 것은 연구였다. 그는 최대한 교회의 책에 집중했는데, 첫 번째로 오리게네스의 작품을 선정한다. 당시 오리게네스처럼 많은 작품을 쓴 인물은 없었다.

바실리오스는 그레고리오스를 잊지 않았다. 그는 그레고리오스에게 그런 끔찍한 곳에서 수도 생활을 할 수 없다고 의사를 밝혔다. 그레고리오스는 현실을 직시했다. 하지만 바실리오스의 몇 가지 행태를 도무지 소화해 낼 수가 없었다. 왜 바실리오스가 그렇게까지 거부감을 보이는지 도무지 이해할 수 없었다. 씁쓸한 마음의 그레고리오스는 펜을 들어 그의 서신 중 두 번째 편지를 그에게 보냈다.

> "형제, 자네가 진흙탕과 혹한의 티베리니를 비난하는 것에 대해 나는 참을 수가 없군. 자네 언제부터 그렇게 예민해졌는가! 그대는 폰도스의 어둡고 볕이 들지 않는 산이 그렇게 좋은가? 진흙

탕에 대한 조롱은 멈추시게. 그대는 진흙탕의 티베리니보다 사기꾼들이 득실거리고 온갖 사건이 일어나는 도시가 좋다는 말인가? 아니면 그대는 혹한과 진흙탕 길을 내가 만들었다고 생각하는 것인가?"

사실 그레고리오스에게는 티베리니 지역이 무척 익숙한 곳이었다. 하지만 산악지역인 폰도스에 익숙한 바실리오스에게는 산악지역에서 볼 수 없는 질퍽질퍽한 진흙땅의 티베리니가 무척 생소하고 불편하게 느껴질 수밖에 없었다.

폰도스와 수도처

위의 그레고리오스의 편지는 의심의 여지가 없었다. 아직까지는 바실리오스를 따를 생각이 없었던 것이다. 바실리오스는 친구의 편지를 받고 그에게 더 이상 희망을 걸지 않기로 마음먹는다. 둘이 함께 꿈꿔왔던 그 이상이 현실이 되기 힘들다고 판단한 바실리오스는 폰도스로 떠날 계획을 세우고 실행에 옮긴다.

폰도스에 도착한 바실리오스는 수도 생활에 적당한 조용한 장소를 물색했다. 하지만 찾는 것이 쉽지 않았다. 광야를 사랑하는 수많은 사람들이 그들의 영혼이 안식을 얻을 만한 장소를 찾아 사람의 손이 닿지 않는 외진 곳을 찾고 또 찾아 헤매고 다녔다.

바실리오스에게는 시간이 별로 없었다. 그의 어릴 적 꿈과는 달리 하느님은 그를 세상을 위해 준비시켰음을 곧 깨닫게 될 것이었기 때문이다. 지금의 광야는 그를 준비시키는 과정이다. 하느님은 그의 마음에

드는 장소를 보여주셨다. 바실리오스는 그 장소가 무척 맘에 들었다. 그는 그레고리오스를 떠올렸다.

> "그레고리오스, 내가 어떤 장소를 찾았는지 아는가! 우리가 아테네의 달빛 아래서 얘기를 나누며 꿈꿔 왔던 바로 그런 곳일세."

실제로 그곳은 고요하면서도 최적의 장소였다. 바실리오스가 영혼의 시인이 아니었다면 아마 그의 가슴은 뛰지 않았을지도 모른다. 하지만 지금 그 장소는 그의 영혼을 매료시켰다. 바실리오스는 그레고리오스에게 실망했지만 그럼에도 불구하고 그에게 그 매혹적인 장소를 자랑하고 싶었다. 그레고리오스가 자기 말에 귀 기울이지 않아도 괜찮았다. 바실리오스는 그에게 편지를 띄운다.

> "그레고리오스, 이곳은 정말로 고요해서 기도에 전념할 수가 있지. 나는 이점이 마음에 든다네. 이곳은 사람들이 거의 지나가지 않아. 간간이 사냥꾼만 지나가지. 그렇다고 카파도키아처럼 곰이나 늑대를 사냥한다고 생각하지는 말게. 기껏해야 사슴, 토끼, 야생 염소뿐이지. 이렇게 좋은 곳을 놔두고 내가 그때 자네의 말을 듣고 그곳에서 지냈다고 생각해 보게. 얼마나 힘들었겠는가?"

바실리오스는 그곳에서 수행을 하려 했다. 바람, 산, 작은 평원, 새, 동물들은 그의 기도와 한숨을 들을 준비를 하고 있었다. 하지만 그는 돌아가야만 했다. 그곳으로 가져와야 할 것이 많았고 또 처리해야 할 일이 아직 도시에 남아 있었기 때문이다.

바실리오스는 기쁜 마음으로 케사리아로 돌아왔다. 그는 이제 완전히 세상과 작별할 시간이 다가왔다고 생각했다. 친구 그레고리오스와 그의 동생 그레고리오스(니싸의 그레고리오스)는 바실리오스의 이러한 일련의 움직임을 지켜보고 있었다. 그리고 동생 그레고리오스는 그레고리오스와 바실리오스 이렇게 셋이서 케사리아에서 만났으면 한다는 뜻을 바실리오스에게 전했지만 실현되지 않았다.

폰도스로 길을 떠나는 바실리오스의 마음이 무거웠다. 그냥 모른 척 하고 그레고리오스를 놔둘 수는 없었다. 그래서 다시 한 번 친구 그레고리오스에게 편지를 쓴다. 그 내용이 친구를 실망시키더라도 수도처가 얼마나 멋진 장소인지를 알아야만 한다고 생각했다. 하지만 이번에는 그를 직접 자극해서 그곳에 오게 할 마음은 없었다. 바실리오스는 자기의 취지를 그레고리오스가 이해한다는 것만으로도 만족할 생각이었다.

바실리오스는 펜을 들어 잉크를 적셨다. 그리고 유명한 그의 14번째 편지를 그레고리오스에게 보낸다. 그 내용은 이미 우리가 앞에서 살펴봤다. 바실리오스는 니싸의 그레고리오스에게는 답장을 보내지 않았다. 바실리오스는 언제나 그를 어리다고만 생각했고 큰일을 처리할 능력이 아직 안 된다고 생각했다. 바실리오스의 눈은 정확했다. 그는 아직까지 경륜이 부족하고 이론적인 생각에 머물러 있었다.

첫 번째 위대한 신학

바실리오스는 360년 여름부터 다시 폰도스에서 지냈다. 아니싸에도 물론 잠시 들렀다. 그곳에는 임시로 맡겨 놓은 짐과 자신의 책이 있었다. 그는 최대한 많은 책을 모았다. 그리고 필요한 물건을 챙겼다. 집안 사람들이 노새에 그의 짐을 실었고 바실리오스도 다른 노새에 올라탔다. 바실리오스는 가족과 차분하게 작별 인사를 나누고 작은 낙원, 수도처로 길을 떠났다.

함께 온 일행의 도움으로 바실리오스는 집 안팎을 정리했다. 집 주변에 울타리를 치고 잡초를 제거하고 땅을 파서 약간의 채소를 심었다. 그리고 작은 정원도 만들고 집 근처 산에서 내려오는 샘에서 물도 길어 왔다.

며칠 후 바실리오스는 혼자 남게 되었다. 마침내 자신의 죄를 고백할 하느님과 둘만의 시간을 가지게 된 것이다. 교부들의 책과 마주하는 둘만의 시간, 외로움을 달래 줄 정원과 자신만의 시간, 그의 어두운 정신, 진리를 비춰 주실 성령을 간구하기 위한 단 둘만의 시간을 갖게 된 것이다.

기도, 연구, 수작업은 그의 일상이었다. 하지만 오랜 시간이 지나지 않아 그를 사랑하는 친구들이 찾아오게 된다. 바실리오스는 우리가 생각하는 것과는 다르게 그런 것에 방해를 받지 않았다. 바실리오스는 도움을 요청한 친구들에게 와줄 수 있는 다른 친구를 소개해 줬다. 하지만 이게 전부가 아니었다. 그의 수도처로 많은 방문객이 찾아왔다. 주로 케사리아에서 왔지만 네오케사리아에서도 그를 찾아왔다. 친구들은 바실리오스라는 인물에게서 많은 것을 기대했다. 그래서 수시로 이렇게 부탁했다.

"바실리오스, 내 아이들을 좀 일깨워 주게. 여러 가지 방해가 되고 묵상도 깨겠지만 아이들이 자네를 보고 듣고 하면서 자네에게 많은 것을 배울 수 있지 않겠는가."

바실리오스는 아이들 방문을 허락했다. 아이들에게는 많은 말이 필요하진 않았다. 이미 그의 내면 깊숙한 곳에는 수도사뿐 아니라 교사의 모습도 새겨져 있었기 때문이다. 아이들은 그를 보고 듣고 경탄했지만 많은 것을 이해하진 못했다. 그래도 괜찮았다. 솜털 같은 아이들은 그곳의 경험을 통해 나중에 열매를 맺을 것이기 때문이다. 지식, 부, 명예 등 모든 것은 사라지지만 경험은 사라지지 않기 때문이다!

그레고리오스에게 돌아가 보자. 추측컨대 그는 지금 테베리니에 있는 아버지의 땅에서 수행을 하고 있을 터였다. 그리고 그곳에서 그는 바실리오스가 자기의 맺긴 수도 장소에 대해 언급한 편지(14)를 받아 보았을 것이다.

그레고리오스는 그의 친구를 따를 준비가 아직 되어 있지 않았다. 그레고리오스의 삶을 면밀히 지켜본 사람은 아마도 그의 성향이 혼자 지내는 스타일이라는 것을 쉽게 눈치 챌 것이다. 그는 남과 함께 어우러져 살기보다는 혼자 생활하는 성격이었다. 그레고리오스는 위대한 신학자로 명성을 떨치지만 정교를 지키는 투쟁에서 선봉장이 되지는 못했다.

반면에 바실리오스는 수도자였지만 그레고리오스와는 달리 혼자 지내는 스타일이 아니었고 정교의 선봉장이 되어 활동했다.

성령은 이렇게 서로 다른 성향의 위대한 두 인물을 하루하루 준비시켜 나갔다. 그리고 각자는 교회의 삶에 꼭 필요한 그들만의 열매를 맺게 된다.

그레고리오스는 바실리오스가 보낸 편지를 읽고 또 읽었다. 편지의 단어 하나하나, 또 문장 한마디 한마디, 사랑하는 친구 바실리오스와 함께 희로애락을 나눴던 추억이 새록새록 떠올랐기 때문이다. 그레고리오스의 손이 무의식적으로 움직였다. 그는 당시 부자만 구입할 수 있었던 고급 종이를 바닥에 펼치고 펜을 들었다.

> "바실리오스, 빈정대고 비꼬고 나를 놀리게나. 그래도 나는 자네에 대한 우정이 흔들리지 않을 것이네. 자네는 내가 자네를 잘 모른다고 생각하나? 나는 그대의 손동작 하나만 봐도 무슨 생각을 하고 있는지 안다네. 지금도 자네는 과한 표현으로 나를 찌르고 있지만 그것은 내게 상처주기 위한 것이 아니라 결국 나를 자네 곁으로 오게 하려는 것임을 알고 있다네. 자네는 다시 폰도스의 수도처를 자랑하기 시작했네. 나 역시 그곳을 멋진 곳이라 생각하지. 그대의 자랑을 들어보면 정말 감동적이네. 마치 시인이 쓴 것 같아. 모든 것이 다 낙원으로 그려져 있으니 말일세. 내가 그대의 자랑에 동참해주길 바라는가? 물론 그렇게 할 준비가 되어 있다네. 하지만 그게 무슨 유익이 있겠는가. 가치는 사막에 존재하고 있는 것을."

그레고리오스는 과거처럼 다시 바실리오스에게 약간의 생채기를 낸다.

> "시인 바실리오스, 자네 자신을 성찰하고 주변을 내려놓게. 그대

는 심취한 자연주의자가 되어 그대 자신을 잊어버렸는가? 바실리오스, 내 말이 그대의 귀에 거슬릴지 모르겠지만 내가 어떤 의미로 말하는지 충분히 이해하고 있으리라 믿네."

361년에 들어서기 전 몇 달 동안 바실리오스는 매우 쓰디쓴 잔을 마시고 있었다. 바실리오스에게 세례를 베풀었던 케사리아의 주교 디아니오스가 이단이 놓은 덫에 빠져 버린 것이다. 바실리오스는 그가 사랑하고 존경했던 주교 디아니오스가 잘못된 믿음을 받아들인 것에 대해 무척 괴로워했다.

어느 날인가 학식이 높은 한 사람이 콘스탄티노플에서 디아니오스 주교를 찾아왔다. 성직자인 그는 디아니오스 주교를 만나 자기의 믿음에 대한 수상을 펼쳤다. 그리고 디아니오스 주교를 설득시켜 '유사본질론자'(Ὁμοιουσιανοί)들이 주장하는 신앙의 신조에 서명하게 만들었다. '유사본질론자'들은 정교 그리스도인에 무척 가까웠지만 엄밀한 의미에서는 아니었다.

주교는 처음에는 그 성직자의 주장에 반대 입장을 표했다. 하지만 유사본질론자인 그 성직자는 다른 여러 가지를 계속해서 열거하며 결연하지 못한 주교를 안심시키고 현혹시켜 마침내 그의 서명을 받아 냈던 것이다. 그런데 그 사람은 여기서 끝나지 않았다. 바로 나지안조스로 달려가 그레고리오스의 아버지인 그레고리오스 주교까지 설득해 서명하게 만들었다.

후에 디아니오스의 사건을 접하게 된 바실리오스는 커다란 실망과 상처를 받는다. 그가 존경하던 참된 정교 그리스도인, 디아니오스 주교를 현혹시키다니!

바실리오스는 마치 자기에게 나쁜 일이 일어난 것처럼 느꼈다. 그만큼 그에게 디아니오스 주교는 가깝고 소중한 존재였다. 혹시 나에게 잘못이 있는 것은 아닐까? 백발이 성성한 노(老)주교 혼자 투쟁하게 놔둔 내 책임이 아닐까? 이런 저런 생각이 바실리오스의 양심을 찌르고 혼란을 가져왔다. 하지만 이제 와서 무엇을 할 수 있겠는가? 이미 물은 엎질러진 상태였다. 바실리오스는 묵상과 기도에 전념했다. 바실리오스는 그에 대한 미움이나 분노 없이 자연스럽게 디아니오스와 거리를 두게 되었다.

디아니오스의 사건은 바실리오스에게 당시 교회가 겪고 있는 심각한 문제에 대해 깊고 넓게 연구하는 계기를 만들어 주었다. 왜 유사본질론자들은 하느님의 아들이 아버지와 '동일한 본질'(오모우시오스 ὁμοούσιος)이라 하지 않고 '유사한 본질'(오미우시오스 ὁμοιούσιος)이라고 주장할까? 그러면서도 정교 그리스도인과 자신들이 결국 같은 믿음을 가지고 있다는 주장을 끝까지 굽히지 않는 이유는 무엇일까?

바실리오스는 케사리아의 지인, 친구 외에도 막시모스 철학자처럼 다른 지역 사람에게도 다음과 같은 질문을 통해 답을 구했다.

"우리와 동일한 믿음을 가지고 있다고 주장하는 유사본질론자들에게 우린 어떤 태도를 취해야 합니까?"

바실리오스는 부득이 신학 논쟁의 장으로 들어섰다. 니케아 신조를 수용하는 것만으로는 뭔가 부족했다. 니케아 신조가 담고 있는 진리에 깊이 들어가 보고 분석해서 다른 신학적 주장이 참인지 거짓인지를 확인해 봐야 했다.

그가 접근한 신학적 방법은 제대로 된 선택이었다. 그의 9번째 편지와 다른 편지에서 볼 수 있듯이 그는 교회의 전승부터 살펴보기 시작했다. 초창기 교회의 모습을 살펴보고 그것을 직접 느끼고 자신의 것으로 만들어 나갔다. 그리고 교회가 받아들이지 않았는데도 견해를 굽히지 않았던 교회의 성직자들을 과감하게 비판했다. 알렉산드리아의 디오니시오스가 그런 경우였다.

바실리오스에게 점차 문제의 핵심이 보이기 시작했다. 유사본질론자가 동일본질론자를 줄기차게 거부하는 것은 바로 진리에 관한 문제였음이 드러난 것이다. 바실리오스의 눈에는 유사본질론자의 주장은 진리에 대한 온전한 표현이 아니었다. '본질에 있어서 유사하다.(ὅμοιος κατὰ τὴν οὐσία.)'는 그들의 용어와 표현은 아버지와 아들의 본질적 관계에서 아들이 아버지보다 열등하다는 것을 암시할 수도 있었기 때문이다. 유사본질론자들은 동일본질론자와 같은 믿음을 공유하고 있다고 확신했던 만큼 문제의 핵심은 결국 신학 용어였다.

361년 중엽 혹은 362년 바실리오스는 다음과 같이 자신의 위대한 신학적 판단에 이르게 된다.

> "진리를 표현하는 용어는 바뀔 수 있다. 단, 용어가 진리를 증거할 때이다. 또한 세계 공의회가 용어를 인증했을 때이다."

정교의 사자, 아타나시오스도 서로 다른 용어가 같은 진리를 공유할 수 있다고 주장하면서 그 조건을 분명히 했다. 특히 그는 유사본질론자들이 다시 교회로 돌아 올 수 있도록 다리를 놓기 위해서 362년 알렉산드리아에서 공의회를 여는 데 크게 기여했다.

바실리오스는 처음으로 당대의 신학적 결정에 있어서 책임 있는 위치에 서게 된다. 이제 그는 심장이 멈추지 않는 한 이 역할을 멈추지 않게 될 것이다. 교회의 많은 문제가 교인들의 믿음을 위협하고 있는 이상, 또 성령이 그에게 연구의 열매를 맺게 해주고 있는 이상, 그는 진리를 더 넓고 깊게 세상에 내놓아야 했다. 따라서 그는 그만두고 싶어도 그만둘 수가 없었다.

바실리오스의 17, 18번째 서신은 도시의 많은 신자들이 '이리' 강의 수도사에게서 많은 것을 기대하고 있음을 보여준다. 그리고 디아니오스가 유사본질론자들의 '신앙의 신조'에 서명한 사건으로 인해 그가 받았던 정신적 충격도 읽을 수 있다. 또한 그 당시 신학적 해결이 얼마나 절실했는지도 잘 나타나 있다.

마침내 그레고리오스가 이리 강의 수도 암자를 찾아 가다

바실리오스에게는 참으로 기쁜 순간이 아닐 수 없었다. 그곳으로 가겠다는 그레고리오스의 짧은 편지를 받았기 때문이다. 이제 며칠 후면 케사리아와 아테네에서 꿈꿔 왔던 두 청년의 이상이 실현되는 것이다. 도저히 믿겨지지 않았다. 때는 360년 말 또는 361년 초였다.

> "그레고리오스, 마침내 결정을 했군. 분명히 말하지만 나에게 이
> 보다 더 큰 선물은 없을 걸세."

깊은 감동에 젖은 그레고리오스는 마치 자기가 내뿜는 숨에 눈앞에 있는 바실리오스가 사라질까, 그동안 이곳에 오기 위해 생각해 왔던 그

모든 것이 한순간 날아갈까 두려운 것처럼 고개를 아래를 향해 푹 숙였다.

"바실리오스, 내가 편지에서 쓰지 않았는가. 언젠가는 약속을 꼭 지키겠다고 말일세. 자, 보게나. 내가 왔다네. … 형제, 자네답지 않네. 왜 눈물을 보이는가? 자, 그대가 수행하는 곳의 바깥 왕국을 먼저 좀 보여주게. 그러고 나서 안의 왕국도 한번 보세."

둘은 함께 밖으로 나왔다. 그리고 천천히 오르막길을 걸어 수도 암자 위에 떡하니 망루처럼 자리하고 있는 바위 꼭대기에 올랐다. 그레고리오스는 주변을 둘러봤다. 정말로 빼어난 절경이었다.

"자, 그레고리오스, 어떤가? 내가 자네에게 쓴 편지 내용이 거짓인가?"

그레고리오스는 수려한 경관에 압도되어 고개를 저으며 아니라고 했다. 놀라움에 대한 긍정은 깊은 침묵일 수밖에 없다. 그리고 그 침묵 속에서 그는 자연이 위대한 웅변가를 시인으로 만들었다는 것을 깨닫는다. 바실리오스가 편지에서 그토록 자랑했던 수도 암자의 경관은 정말 시상(詩想)을 불러 오기에 충분했다. 그레고리오스는 오랜 시간 주변 전체를 천천히 조망했다. 그리고 바실리오스는 그곳의 모든 것을 설명해 주었다.

"자네 말이 맞았네, 바실리오스, 내가 여기에 진즉 왔어야 했네. 눈으로 보니 알겠군."

"아니. 그렇지 않네. 자네 눈에 보이는 것이 전부가 아닐세. 내가 자네에게 설명을 해주지. 자네가 모르는 것에 대해 말일세. 사실 나는 이곳 자연이나 경관이 좋아서 온 것은 아니라네. 물론 자네도 느꼈겠지만 이곳은 나의 마음을 사로잡았지. 그런데 내가 이곳으로 오게 된 진짜 이유가 있네. 나의 할머니 마크리나의 기억이 나를 이곳으로 데려왔지. 할머니에 대해서는 내가 누누이 자네에게 말했을 걸세. … 사실 내가 있는 이곳보다 훨씬 더 깊고 험한 산속에서 나의 할머니와 할아버지가 7년간을 사셨다네. 디오클레티아노스(208-305) 황제의 박해를 피해서였지. 바로 여기 이 산이 나의 선조, 믿음의 고백자들이 아파하고, 웃고, 기도하고, 하느님을 찬양하며 지냈던 곳일세. … 나를 위해 준비하신 곳이지. … 내가 왜 여기로 오게 되었는지 이제 알겠는가? 나를 그리스도인으로 키우신 그분들의 혼이 이곳에 서려 있다네. 그리고 나는 지금 이곳에 혼자 있지만 사실은 혼자 있는 게 아니라네. 내 말이 이상하게 들릴 걸세. 자, 저 강 건너편 산을 바라보게나. 깊은 계곡이 보일 걸세. 그 아래 계곡이 만나는 지점에 나의 어머니와 누나의 수도 암자가 있지. 그리고 강물이 바다로 흘러 들어가는 왼쪽 편으로 좀 더 가면 그곳에는 내 동생 나프크라티오스가 수도하던 암자가 있어. 혹시 내 동생을 기억할지 모르겠네만 … 아마 잘 모를 걸세. 왜냐하면 우리가 아테네에서 돌아왔을 때 이미 내 동생은 22살 나이로 이곳으로 들어왔기 때문이지. 그때 나는 30년의 세월을 보내면서도 수도 생활에 대해서는 아무것도 몰랐지."

바실리오스는 목이 메여 말을 잇지 못했다.

"그런데 거룩한 수도사였던 그가 그만 세상을 일찍 떠나고 말았다네. 사냥을 나갔다가 맹수에게 죽임을 당했지. 그는 수도 암자에서 자주 밖으로 나왔는데 어머니와 누나의 양식 공급을 그가 많이 도와줬기 때문이지. 그들에게는 이 외딴 곳에서 하느님 다음으로 내 동생밖에 의지할 데가 없었는데 말일세. 눈을 돌려 우리 뒤를 한번 바라보게나. 자네가 어떤 길로 여기를 왔는지 말을 안 해줘서 잘 모르겠지만 혹시 자네가 세바스티아와 네오케사리아를 통해서 이곳을 왔다면 자네는 분명 에프스타티오스 수도사들을 만났을 걸세. 아마도 그들의 통일된 복장 때문에 쉽게 알아봤을 걸세. 그 수도사들도 여기를 자주 와서 나를 만나고 간다네. 연로하신 에프스타티오스가 그들에게 도움을 줬으면 하는 부탁을 나에게 했기 때문이지. 그는 나에게 기대가 크다네. 자네에게 말은 안 했지만 그는 약간 독특한 성격에 우유부단하지. 하지만 우리 가족과 오랜 세월 관계를 맺어 오고 있는 원로라네. 내가 왜 이 모든 이야기를 하는지 아나? 낭만적인 사람으로 나를 매도하지 말라고 하는 말일세. 이곳의 자연이 나를 잡아끈 것이 아니라 방금 말했던 나의 사랑하는 가족이 나를 이곳으로 데려온 것일세. 그리고 보다시피 이곳은 외딴곳이라 기도하기에도 아주 적합하지."

그를 자연주의자라고 비아냥거렸던 그레고리오스는 부끄러움을 느꼈다. 그런데 그레고리오스가 미안하다는 말을 채 꺼내기도 전에 바실리오스는 그의 손을 잡아당기며 내려가자고 재촉했다. 해가 지고 있어 더 머물면 위험해 질 수도 있기 때문이었다. 그레고리오스는 마지막으로 다시 한 번 주변을 살펴봤다. 그리고 붉게 물들어 가는 석양의 노을을 가슴에 가득 담고 밑으로 내려왔다.

집은 아주 작았고 수도 암자답게 소박했다. 둘은 저녁을 먹기 위해 앉았다. 기쁜 날이었기 때문에 타협하지 않는 성격의 바실리오스도 그날 저녁은 평상시보다 조금 더 식사량을 늘렸다. 약간의 대화도 오갔다.

> "그레고리오스, 여기 오느라고 무척 피곤했을 텐데 이제 그만 자게나. 나는 자네 몫까지 시편을 좀 더 읽고 자겠네. 그리고 일정표는 내일 얘기하세나."

실제로 그레고리오스의 온몸은 천근만근이었다. 며칠간 동물 안장에 올라 앉아 이곳까지 오느라고 온 삭신이 쑤시고 아팠다. 그는 바실리오스가 제안한 대로 잠자리에 들었다. 그렇게 조용한 밤이 지났다. 그레고리오스는 한결 몸이 가벼워졌다. 동이 트려면 아직 한참 이른 시각, 조그마한 소리가 들려왔다. 바실리오스가 일어나는 소리였다. 그레고리오스도 자동적으로 바실리오스를 따라 일어났다.

하루의 일과는 동이 트기 전 시작되었다. 그레고리오스는 전날 저녁 내일 일과를 함께 의논하자는 바실리오스의 그 말을 애초부터 염두에 두지 않았다. 왜냐하면 그런 계획은 언제나 바실리오스가 해 오던 것이었기 때문이다.

그레고리오스는 일과가 무슨 의미를 갖는지 충분히 이해하지 못했다. 그러니 바실리오스의 일상을 자기가 정한다는 것은 전혀 상상할 수도 없었다. 그에게는 바실리오스가 정한 일과를 불평 없이 따르는 것이 더 자연스러운 것이었다. 하루 일과는 먼저 다윗의 시편 봉독으로 시작되었다. 둘은 동쪽을 바라보고 순서대로 봉독했다. 그리고 가끔 함께 성가를 불렀다.

그들의 영은 이렇게 서서히 어둠으로부터 벗어나 깨어났다. 그들의 정신과 심장이 하느님의 은총으로 달아오를 때가 되면 그들은 시편 봉독을 멈추고, 동이 틀 때까지 기원, 기도, 영광을 드리기 시작했다. 처음에는 공동으로 후에는 개별적으로 했다. 해가 뜨면 풍경이 바뀌었다. 이제는 수작업을 시작했다. 바실리오스는 그레고리오스를 데리고 출입문으로 갔다.

"그레고리오스, 오늘은 우리가 함께 작업을 하고 내일부터는 각자 일을 맡아서 하세."

그렇게 둘은 함께 일을 시작했다. 그들은 어제 오후 걸었던 그 오솔길을 따라 산을 올랐다. 그리고 나무를 절단해서 난로와 음식조리에 필요한 장작을 팼다. 나무를 패면서도 그들은 묵상 또는 기도를 했다. 그것은 참으로 다행이라 아니할 수 없었다. 기도를 하지 않았다면 오랜 시간에 걸쳐 팬 나무치고 너무 양이 적어 실망하고도 남았을 것이기 때문이다.

"그레고리오스, 오늘 충분히 한 거 같으니까 이제 그만 가세. 자 네가 반, 내가 반 이렇게 지고 가면 될 것 같아. 그래. 그렇게 하면 돼. 아주 잘하고 있네. 내일은 오늘보다 좀 더 쉽게 느껴질 걸세. 벌써 익숙해졌다고 할 수 있을지도 모르지. 한번 기대해 봄세.(바실리오스는 그레고리오스를 웃기려는 듯이 말했다.) 자, 가세. 그래도 내리막길이라 좀 편할 것 같군."

하느님의 영으로 무장된 두 위대한 인물은 그렇게 나무를 지고 땀을 뻘뻘 흘리며 산 아래로 내려왔다. 그들은 나무를 한 곳에 부린 다음, 몸을 씻고 잠시 휴식을 취하러 집안으로 들어갔다. 때는 거의 정오쯤 되었다. 둘은 간단한 음식을 준비했다. 물에 불린 콩, 약간의 빵과 소금이 그들의 일상적인 음식이었다. 소박한 점심을 먹은 후 약간의 휴식을 취했다. 그리고 그들의 정신은 다시 공부에 매진했다. 죽음, 당시의 교회 문제들, 하느님에 대한 연구를 했다.

둘은 작은 탁자에 앉았다. 성서를 펼쳐 순서대로 나눠서 읽기 시작했다. 매 단락마다 멈추고, 그 부분을 분석하고 해석하고 숨겨져 있는 깊은 의미를 찾으려 노력했다. 그들 옆에는 오리게네스의 책들도 함께 있었다. 그들은 그의 저작에서 많은 도움을 얻었다. 성서 해석에 있어서 그의 저작은 꼭 필요한 것이었다.

연구는 그들이 가장 소중히 여기는 기도와 함께 병행되었다. 이미 그들은 찾고자 하는 것이 무엇인지를 깊이 인식하고 있었다. 하지만 쉬지 않고 읽고 생각하고 기도했다. 성령을 재촉했다. 성령은 마치 달리 피할 방법이 없다는 듯 인도자로 협력자로 그들을 찾아왔다.

그레고리오스는 성령이 그들을 인도하고 있음을 느끼고 있었다고 확인해 준다. 성령은 그들을 참 빛으로, 성서의 말씀이 의미하는 진리로 인도했다. 성서는 진리의 표현이며 형상이다. 성령이 허락하지 않는 한 그 누구도 그 진리에 도달할 수 없다.

언제나 그랬던 것처럼, 바실리오스는 앞서 나갔다. 더 많이 말하고 질문을 하고 그 답을 얻기 위해 고민했다. 진정한 의미, 진리에 도달하기 위해 노력했다. 그레고리오스는 그의 말을 들으며 정말 맑고 순수하고 꾸밈없는 친구에 대해 경탄했다. 실제로 그랬다. 그레고리오스는 위선적이지 않았다. 자신보다 앞서 나가는 바실리오스를 자연스럽게 바라봤다. 그레고리오스가 바실리오스보다 더 위대한 신학자로 명성을 떨친 것에 비춰 보면, 그레고리오스의 태도는 참으로 천상의 덕을 갖춘 모습이 아닐 수가 없다. 언젠가 바실리오스가 불평을 털어놓았다.

> "그레고리오스, 자네도 좀 말해 보게. 나 혼자서만 말하고 있지 않나. 주님의 이 말씀이 무슨 의미인지 좀 말해 주게나 : '아직도 나는 할 말이 많지만 지금은 너희가 그 말을 알아들을 수 없을 것이다. 그러나 진리의 성령이 오시면 너희를 이끌어 진리를 온전히 깨닫게 하여 주실 것이다.'(요한복음 16:12, 13)"

그레고리오스가 뭔가 말하기 시작했다. 하지만 곧 바실리오스가 그의 말을 받았다. 바실리오스의 가슴속에서 뜨거움이 용출하고 있었.

그레고리오스는 바실리오스의 놀라운 지적 능력과 그보다 더 뛰어난 놀라운 표현 능력을 인정했다. 동시에 바실리오스는 가르치고 전달하고 감화시키는 은사를 가지고 있었다. 바실리오스가 왜 위대한 스승이 될 수 있었는지 이해가 되는 대목이다. 성서 연구는 당시 교회를 뒤흔들고 있는 문제와 연관 지어 진행되었다. 교회의 삶과 연관된 이 작

3. 출발, 봉헌의 시작 | 119

업은 상상할 수 없을 정도의 고단함을 그들에게 가져다주었다.

바실리오스는 그 피곤함을 극복하기 위해 나름의 방법을 찾았다.

두 수도사가 살아가는 데에는 채소가 꼭 필요했다. 누가 그 채소를 공급해 주지 않는 이상 스스로 재배해야만 했다. 이 일은 둘의 육체에 생동감을 불어넣어 줬다. 야채 재배를 위한 몸의 움직임, 맑은 공기, 분위기의 변화는 그들에게 휴식을 안겨 줬다. 석양이 지기 한참 전인 오후에 둘은 밖으로 나왔다.

바실리오스는 처음 이곳에 왔을 때 집 밖의 한 모퉁이에 울타리를 쳐서 조그만 텃밭을 만들었다. 그래서 텃밭은 언제든지 경작 할 수 있는 상태였다. 이제 둘은 서로 하나가 되어 일을 하게 된다. 처음에 일은 순조롭게 진행되었다. 하지만 시간이 지나자 약한 체력 때문에 곧 지쳤다. 그럴 때면 그들은 좀 더 쉬운 일을 했다. 울타리를 고치고 밖에서 물을 길어 와 텃밭에 물을 뿌렸다.

둘은 서로 이런 저런 채소 얘기도 나누며 새로운 일에 몰두했다. 새싹을 조심스럽게 다루며 늘어진 가지를 고정시켰다. 매순간, 매일 자연의 놀라움에 경탄했다. 그것은 농부의 놀라운 특권이 아닐 수 없었다. 그들은 위대한 창조의 참된 목격자이며 창조의 역사가 끊임없이 이어지는 것을 직접 보고 아는 사람들이다. 다른 모든 사람들보다 하느님을 더 경외하는 이들이다.

태양이 지평선 저 너머로 급히 서두르더니 붉은 노을이 물들고 마지막 빛을 감추며 사라졌다. 바실리오스가 말했다.

"그레고리오스, 우리가 먹을 채소를 챙겨서 가세." 둘은 해가 지는 것도 모를 정도로 열심히 일했던 것이다. 둘은 잘 익은 약간의 채소를 급히 꺾어 소박한 그들의 집으로 돌아왔다.

둘은 기도를 하고 애정 어린 눈으로 채소를 바라보며 그들에게 놀라운 저녁을 주신 하느님께 감사를 올린 다음 기쁜 마음으로 신선한 채소를 먹으며 식사를 한다.

잠시 후 '풍성한' 저녁이 끝나면 그들은 세상의 양식을 제공하시는 분께 감사와 영광을 드린다. 모든 것은 시간에 맞춰서 규칙적으로 이뤄졌다. 그것은 몸의 습관을 훈련하는 데 도움을 준다. 영혼뿐만 아니라 육체도 함께 하느님으로 나아가야 하는 것이기 때문이다.

그들은 잠시 밖으로 나온다. 별이 총총히 떠 있는 하늘 아래서 잠시 머리를 식힌다. 때론 눈이 오기도 했지만 개의치 않았다. 모든 것이 다 하느님의 것이었기 때문이다. 그들의 눈은 하늘의 별을 헤아렸다. 그들의 귀는 때로는 숲의 소리를 듣고 때로는 소쩍새의 애가(哀歌)를 들었다. 그리고 바위에 부딪쳐 부서지는 성난 물소리를 들었다.

아름다운 영혼을 위한 아름다운 순간이 아닐 수 없었다. 그렇다. 지금 이 두 젊은이들은 뭔가 순수하고 선한 삶을 살고 있었다. 그리고 이것은 더 큰 일을 위한 준비였다. 그것은 많은 노고 후에 찾아오는 법, 지금 둘은 휴식을 취하며 순수하고 맑은 자연을 즐겼다.

바실리오스가 가볍게 움직이며 말을 꺼냈다. "그레고리오스, 기도할 시간이네. 그만 들어가세."

그레고리오스는 '여기 밖에서 기도를 하면 안 될까? 여기 참 좋은데…'라는 말이 목까지 차올랐지만 입으로 꺼내진 못했다. 기도는 고유한 공간이 필요하다는 것을 아주 잘 알고 있었기 때문이다. 그곳에는 공상이 들어설 공간이 없다. 투쟁과 전쟁이 있을 뿐이다. 전사는 주변의 것에 휩쓸려서는 안 된다. 오직 전쟁에 임해야 한다. 전투를 하며 한 발 한 발 땅을 차지한다.

이런 중요한 순간에 조심하지 않으면 한순간에 무너진다. 그리고 투쟁은 무위로 돌아간다. 다시 처음부터 시작해야 한다. 기도는 나름의 기술을 필요로 한다. 그리고 그것은 전략이다. 기도를 원하고 하느님을 사랑하는 것만으로는 충분치 않다.

기도 장소는 가구가 거의 없는 조그만 방이었다. 방 가운데 독서대가 세워져 있었고 그 위에 신약과 구약 책이 놓여 있었다. 그들은 제일 먼저 시편으로 기도를 시작했다.

그들은 기쁜 마음과 함께 낮은 음정으로 아름답게 시편 성가를 불렀다. 시편 성가는 그들의 감성을 자극하지 않고 하느님의 말씀이 그들의 정신과 심장으로 깊이 들어오게 해주는 통로 역할을 했다.

시간은 빠르게 지나간다. 시편 성가는 심장을 뜨겁게 해주고 정신을 하느님께로 향하게 하는 서론이다. 이어서 찬양송과 기원이 이루어진다. 그것은 교회에 도입된 최초의 성가이다. 성가는 운율을 지닌 시구이다. 그리고 교회는 시구가 매우 아름다워야 함을 결코 잊지 않는다.

시간이 지날수록 둘의 형제애는 더욱 두터워졌다. 하느님과 그들의 결속이 깊어질수록 둘은 그만큼 깊은 형제애를 느꼈다. 둘은 목소리를 높이거나 화를 내거나 거친 행동을 하지 않았다. 둘은 '같은 정신', '같은 영혼'을 공유하는 것으로 충분했다.

투쟁과 희망으로 더욱 무장시켜 주는 찬양송을 통해 그들은 사탄의 영향을 받고 있는 세상으로부터 점점 더 정화되어 간다. 그것은 하나의 학습이었고 둘은 그 점을 잘 알고 있었다. 영육의 정화는 꼭 필요하면서도 거친 길이었다. 빛, 진리는 깨끗한 이들에게 계시된다. 교회의 수도사는 하느님과 하나로 결합되기 위한 투쟁 속에서 정화된다. 이런 관점에서 볼 때 아직 젊은 두 청년, 비록 그리스 철학에 물들었지만 그들은 바른 길을 걷고 있었다.

인간의 영을 어둡게 만들고 진리를 깨닫지 못하게 하는 사탄은 절대 물러서는 일이 없지만 하느님을 향한 뜨거운 사랑 앞에서는 무력해진다. 인간이 하느님께 가까이 갈수록 사탄은 그만큼 우리로부터 멀어진다. 바로 이것이 이 두 젊은 수도자의 투쟁이었다.

찬양과 함께 올린 기원이 끝나게 되면 둘은 오랜 시간 침묵으로 하느님과의 시간을 갖는다. 그들은 그분과 함께 투쟁을 이뤄 나간다. 점점 더 가까이 그분을 향해 매순간 다가 올라선다. 그들이 앞으로 나간 투쟁의 발자국에는 그들의 피와 땀이 서려 있다. 하지만 그것은 사탄을 쫓아내기 위한 투쟁의 노고를 깨끗이 씻어 주는 승리를 의미했다.

그들은 끊임없이 하느님을 생각하며 하느님 곁으로 가려고 투쟁했다. 그것은 위대한 행보였다. 그들의 모든 존재를 하느님께 집중시키며 끝없이 침묵했다. 하느님을 붙잡고 사탄에게서 해방되었다.

그레고리오스는 물질과 육체를 초월한 삶의 시간, 하느님께로의 '이주'에 대해 이야기한다. 그러나 그것은 분석적이지 않다. 왜냐하면 이미 하느님의 심연 안에 들어선 것으로 충분했기 때문이다. 하지만 그는 바실리오스가 성령과 대화했고, 그 경험을 토대로 성령에 대해 말한 것을 글로 남기는 것에는 주저하지 않았다.

언젠가 나지안조스에서 사람들과 함께 가르침에 대해 대화를 할 때, 일부 사람들이 바실리오스가 제대로 신학을 표현하고 있는지 의심스러워했다. 그때 그레고리오스는 이렇게 증언했다.

> "누가 바실리오스만큼 성령의 빛으로 지식에 밝아진 이가 있습니까? 누가 그만큼 성령의 심연 속에 들어가 하느님과 관련한 주제에 대해 하느님과 대화를 나눈 적이 있습니까?"

그레고리오스의 이런 증언은 실로 두려움과 경외심을 불러온다. 그도 마찬가지 생각이었을 것이다. 하지만 그는 그런 증언을 주저하지 않았다. 왜냐하면 실제 눈으로 보고 경험한 것을 밖으로 드러내 표현한 것에 불과하기 때문이다. 그것은 단순히 그의 의견이나 생각이 아니라 그가 겪은 실질적 경험에서 출발했다.

이 점에서 그레고리오스는 위대한 교부들보다 더 과감했다. 그는 비록 그 표현이 하느님에 대한 직접적인 체험에 대한 것일지라도 두려워하지 않았다. 가만히 붙들고만 있을 수가 없었다. 그레고리오스는 분명 자기 자신도 그러한 체험을 했을 것이다. 하지만 그의 증언은 대부분 다른 이들의 체험에 관한 것이었다.

위에서 언급한 영적 상태는 하느님의 은총에 의해 이루어진다. 하지만 그 이면에는 인간의 피땀 어린 수행이 전제된다. 이 두 젊은 수도자는 이점에서 그 어느 누구보다 앞서 나갔다. 둘은 선의의 경쟁을 하며 발전해 나갔다. 서로 용기를 주며 절제, 금식, 철야, 끊임없는 기도에서 더 앞서 나가려고 경주했다. 서로는 이렇게 각자의 본보기가 되었다.

이 둘의 경쟁을 맹목적이고 비이성적인 경쟁처럼 생각하는 사람이 있다면 그것은 오산이다. 이 모든 수행은 그들이 정한 '규정'과 '규칙'에 따랐다고 그레고리오스는 밝힌다. 이것은 설익은 경쟁심이나 지나친

과욕으로부터 그들을 보호해 주었다.

둘은 다른 작업도 했다. 수행과 수도원의 규칙에 대한 일이었다. 바실리오스는 아니싸에 머물 때부터 그 일을 혼자서 해 왔다. 물론 지금 둘이 함께 작업한다고 해서 그레고리오스가 『수도 규범』의 공동 저자라고 생각할 순 없다. 왜냐하면 그레고리오스는 바실리오스와 의견을 나누며 단순히 그의 생각을 말했을 뿐이기 때문이다. 게다가 그레고리오스는 체계적으로 그런 『수도 규범』을 만드는 성격이 아니었다.

율리아노스 황제, 수도 암자를 방문하는 에프스타티오스

한편 제국도 변화를 맞았다. 교회를 그토록 박해했던 콘스탄티오스 황제가 죽은 것이다. 361년 여름, 율리아노스가 그 자리를 이어받았다. 그는 그리스적인 요소를 사랑한 황제였다. 반면 그리스도교적인 요소에 대해서는 파괴적이고 경멸적이었다. 집권 초기 그는 고대 종교를 부활시키고 제국의 적들을 물리치는 데 힘을 쏟는 바람에 교회를 파괴시키려는 계획까지 세우지는 못했다.

이교(異敎)의 마지막 황제인 그는 바실리오스와 나름 인연이 있었다. 거의 동년배였고 둘 다 뛰어나게 철학을 연구했다.

바실리오스가 아테네를 떠날 즈음 율리아노스는 아테네에 도착한다. 당시 증언에 따르면 바실리오스와 율리아노스는 아테네에서 직접 대면은 못 한 것으로 보인다. 하지만 아테네에 좀 더 머물렀던 그레고리오스는 율리아노스와 일면식이 있었을 것으로 추정된다.

360년 초까지만 해도 조금은 주저했던 바실리오스가 이제 정교 신앙 수호에서 두각을 드러냈다. 그는 막시모스 철학자에게 보내는 편지에서 그의 입장을 확고하게 밝힌다.

　에프스타티오스는 자주 수도 암자를 방문해서 그레고리오스와 바실리오스를 만나곤 하였다. 에프스타티오스는 이미 나이 많은 원로였지만 이 두 젊은 수도사가 지니고 있는 신학적 능력에 대해 경외심을 느꼈다. 에프스타티오스는 그가 세운 수도공동체 수도사들에게 믿음에 대해 가르쳐 주길 바실리오스에게 요청하곤 했는데 아마도 그는 몇 가지 신학적 주제에 대해서 자신 있게 정리를 하지 못했던 것으로 보인다.

수도 암자를 떠났던 그레고리오스가 사제가 되어 돌아오다

　바실리오스와 그레고리오스가 함께 보낸 약 1년의 복된 시간은 더 이상 지속되지 못했다. 진리의 성령의 참맛을 본 이 두 수도자에게 이별의 순간이 찾아온 것이다.

　나지안조스에서는 매주 지속적으로 수도 암자에 연락을 취해 왔다. 그레고리오스의 아버지인 나지안조스의 주교가 아들에게 그의 곁으로 돌아와 달라고 간청했다. 그는 직무를 수행하는 데 협조자가 필요한 상황이었다. 이교도와 그릇된 믿음에 빠진 이들이 그의 양들을 심각하게 위협하고 있었기 때문이다.

　그레고리오스는 처음에는 아예 돌아갈 생각 자체를 하지 않았다. 하지만 시간이 흐르면서 조금씩 생각이 바뀌었다. 연로하신 부모님이 어떻게 지내고 있는지 궁금했다. 먼저 부모님을 뵙고 근황을 살피고 나서 그의 생각을 정리하기로 마음먹었다. 냉철한 논리를 가지고 있는 바실리오스도 쉽게 동의했다.

"그래, 그레고리오스, 연로하신 자네 아버님의 뜻이 옳을 수도 있어. 나 역시도 신자들이 분열되거나 잘못된 믿음으로 흘러가는 것이 두렵다네. 자네도 알겠지만 율리아노스의 사면령으로 지금 이단들은 맘껏 활개치고 있는 상태라네. 어제까지만 해도 할 수 없었던 짓을 지금은 다 할 수 있다는 말일세. 그러니 가서 먼저 아버지를 도와드리고 다시 이곳으로 돌아오는 걸로 하세."

추위가 시작된 12월 초 어느 날 아침, 그레고리오스는 길을 떠났다. 네오케사리아를 거쳐 코마나로 그리고 다시 세바스티아로 떠났다. 그곳에서 케사리아로 가는 길은 멀고도 힘든 여정이었다. 수도였던 케사리아에서 그레고리오스는 휴식도 취할 겸 교회와 나라의 소식도 들을 겸 2~3일 정도 머물렀다.

모든 것이 실망스러웠다. 나쁜 소식은 그의 여린 가슴을 짓눌렀다. 그는 다시 나지안조스로 길을 향했다. 아들을 기다리고 있던 부모는 아들이 그들에게 큰 위안이 될 거라 생각하고 있었다. 그레고리오스도 부모님으로부터 위로를 받고 싶었다.

마침내 그레고리오스가 길고 고단한 여정을 마치고 고향에 도착했다. 그는 피곤한 기색이 역력했다. 아들은 부모에게 생명, 미래, 희망이었다. 그는 그들에게 생명이 되어 주었고 평온함과 포근함을 얻었다. 지금 이 두 가지는 다 필요한 것이었다. 뭔가 큰일을 앞두고 있었기 때문이다. 연로한 아버지는 그것을 실행할 힘이, 젊은 아들은 그것을 소화할 평온함이 필요했다.

겨울은 하루가 다르게 매서워졌다. 외출이나 활동은 어쩔 수 없이 줄어들었다. 모든 것이 거사에 필요한 과정이었다.

아버지인 그레고리오스 주교는 그의 계획을 아들 그레고리오스에게 말할 기회를 살폈다. 할 수 있는 한 최대한 에둘러서 그의 의사를 표현했다. 아들은 아버지의 의도를 파악하고는 놀라움을 금치 못했다. 하지만 부모는 그에 대한 순수한 사랑을 보여주며 그의 흔들리는 마음을 진정시켜 주었다. 아버지 그레고리오스는 아들 그레고리오스를 하느님의 사제로 서품하기를 원했다. 그레고리오스의 내면에서는 혹독한 전투가 벌어졌다. 그리고 자신이 승리자가 될 수 없다는 예감을 느꼈다. 그레고리오스는 그 어떤 적과도 싸워 이길 자신이 있었지만 사랑 앞에서는 그럴 수가 없었다. 지금 그는 부모의 조건 없는 사랑과 싸워야 하는 상황이었다. 결국 그는 질 수밖에 없었다.

그레고리오스는 사제가 되면 복된 묵상의 삶을 지속할 수 없게 되리라는 것을 잘 알고 있었다. 수도 암자에서 바실리오스와 함께 지냈던 복된 모든 시간이 떠오르자 그의 눈가에 눈물이 흘렀다.

이런 감정에 휩싸여 있던 그레고리오스는 바실리오스에게 편지(6)를 써 보낸다. 편지는 바실리오스와 함께 보냈던 수도 생활을 서술한 것 같다. 하지만 그것은 또한 수도 생활과 하느님을 경험한 그 아름다운 순간에 대한 그의 절절한 향수를 보여주는 편지이기도 했다. 그리고 이것은 그러한 삶에 대한 마지막 인사처럼 비춰졌다. 그레고리오스는 그의 편지 첫머리부터 그의 아픔을 표현한다.

> "바실리오스, 내 말을 믿어 주기 바라네. 나는 공기보다 그대를 더 많이 호흡하고 있다네. 그리고 우리가 함께 수도 암자에서 보

낸 그 모든 것으로만 살아가고 있다네."

시간은 빠르게 지나가고 있었다. 그레고리오스는 다가오고 있는 테오파니아(신현) 대축일을 두려움 속에 기다리고 있었다. 당시 성탄대축일은 테오파니아 축일과 함께 지냈다. 그레고리오스는 희생 제물로 바쳐지는 고개 숙인 양처럼 사제로 서품을 받는다. 하느님의 부름에 순종하며 그의 직무를 받아들인다. 그리고 그의 아버지 그레고리오스 주교는 하느님의 부름에 따라 아들에게 서품을 준다.

362년 초 그레고리오스는 자신에게 도대체 무슨 일이 일어났던 것인지 깊은 생각에 잠긴다. 그는 사제의 직무가 갖는 그 무게감을 느낄 때마다 당황했고 겁을 먹었으며, 포기하고 싶은 감정에 휩싸였다. 그가 믿은 세쿠요 직무를 현실에서 지시한 때마다 두려움에 떨었다.

> "안일하고 우둔한 내가 이 모든 것을 어떻게 헤쳐 나가지? 말도 안 돼. 있을 수 없어. 나는 도저히 못 해. 아버지, 나를 사제로 만들어서는 안 되는 것이었어요. 나는 이 엄청난 직무에 합당치 못해요."

처음에 아버지는 그를 다독거려 주며 안정시켜 주었다. 하지만 매일 아들이 괴로워하며 어쩔 줄 몰라 하는 모습을 지켜보며 아버지도 그만 한계를 느꼈다.

> "알았다. 얘야, 바실리오스에게 돌아가거라. 거기서 평안을 찾거라. 너를 위해 기도하마. 엄마도 너를 위해 기도할 거다. 앞으로도 너는 혼자가 아니란다."

이렇게 하여 362년 2월 그레고리오스는 폰도스의 수도 암자로 다시 돌아온다. 바실리오스는 그를 보자마자 깜짝 놀랐다. 그리고 그를 거의 혼내다시피 말했다.

> "형제, 이게 무슨 일인가? 왜 그렇게 불안해하는가! 자네가 죽기라도 했는가? 아니면 죄를 지었단 말인가? 아니면 자네가 사라졌단 말인가? 하느님의 사제로 서품을 받은 것일세. 자, 모든 근심 걱정을 내려놓게나. 그리고 우리 예전의 삶으로 다시 돌아가세. 수덕과 기도 말일세. 울타리, 정원, 요리, 독서, 연구, 시편성가, 침묵의 기도. 이제 이것들만 생각하게. 모든 게 다 잘 풀릴 걸세."

바실리오스는 틀리지 않았다. 며칠이 지나자 그레고리오스는 안정을 찾았다. 다시 자기 자신을 되찾았다. 근심과 걱정은 칼로 잘라 내듯 사라졌다. 그것은 연구와 기도의 산물이었다. 누구든지 기도와 수덕을 통해 진리에 가까워질수록 그만큼 두려움과 근심 걱정에서 벗어나게 된다. 진리와 함께 하면 낙원이 되고, 두려움과 함께 하면 지옥이 된다. 하느님의 넘치는 축복 속에서 두 사람의 치열한 수행의 나날이 다시 시작되었다.

겨울은 서서히 물러나고 있었다. 먼저 수도 암자 주변의 눈이 녹아 사라지고 점차 산의 눈도 사라졌다. 봄의 전령이 앞으로 이 둘을 위대하게 드러낼 사건도 함께 가져왔다.

또 다른 이별이 수도 암자의 문을 두드렸다. 누추하고 보잘것없는 이 수도 암자에 이렇게 큰 이별의 아픔이 찾아올 줄은 아무도 예상하지 못했다. 이미 지극히 높으신 하느님의 사제가 된 그레고리오스는 떠나야 했다. 목자는 양들을 위해 존재하기 때문이다.

연로한 그의 아버지는 다시 그에게 소식을 보내기 시작했다. 바실리오스는 그를 보내기로 마음먹었다. 그는 그레고리오스를 격려하며 떠날 결심을 하도록 도와주었다.

362년 부활절을 앞두고 그레고리오스는 다시 귀향길에 올랐다. 뭔가 그의 마음을 짓눌렀다. 다시는 바실리오스와 함께 수도 생활을 하지 못하게 될 것 같은 아주 불길한 예감이 왔다. 그는 떠나며 주변의 모든 사람들에게 '꼭 다시 만나요.'라고 말하고 싶었다. 그것도 아주 큰소리로 모두가 다 듣고 믿을 수 있게끔 말하고 싶었다. 하지만 그는 그렇게 하지 않았다. 자신을 속이는 것임을 알고 있었기 때문이다. 그는 작별을 해야 했다. 더 이상 예전의 시간으로 돌아갈 희망은 없었다.

아버지는 애타게 그를 기다리고 있었다. 부활절 아니 부활절 기간에 그레고리오스는 나지안조스에서 그 유명한 설교를 한다. 설교에서 그는 서품을 받자마자 폰도스로 떠나야만 했던 이유를 설명하고 이해시키려 했다. 성령의 감화 속에 이루어진 그 설교는 진리와 인간에 대한 사랑, 성직의 존엄성에 대한 것이었다.

바실리오스와 디아니오스와의 마지막 순간

이제 수도 암자에는 바실리오스 혼자만 남았다. 하지만 그리 오래가지 않았다. 연로한 디아니오스가 심한 중병에 걸렸다는 안 좋은 소식이 케사리아로부터 전해졌기 때문이다.

앞에서 봤듯이 바실리오스는 그에게 큰 실망을 느꼈다. 그릇된 믿음을 주장하는 유사본질론자의 신조에 서명했기 때문이다. 처음에는 그와 교류가 뜸해지다가 나중에는 그마저도 자연스럽게 끊어졌다.

바실리오스는 존경하던 디아니오스 주교의 중병 소식에 마음이 아팠다. 생이 얼마 남지 않은 그가 받을 고통에 마음이 심란했다. 영적 자녀로서 도리를 다해야 한다는 생각이 그의 가슴을 끊임없이 찔렀다.

다음 날, 바실리오스는 짧은 여행을 한다. 강을 건너 아니싸로 갔다. 그곳에서 어머니 에멜리아와 누나 마크리나를 만났다. 마크리나는 언제나 그랬던 것처럼 절제되면서도 엄격한 태도를 취했다.

어머니 에멜리아는 전혀 달랐다. 그녀는 언제나 사랑으로 그를 안아주었고 감싸주었다. 그리고 어느새 그녀의 사랑은 그를 평온하게 만들어 주었다. 어머니는 그에게 사랑 그 자체였다.

바실리오스는 사랑, 믿음, 소망이 무엇인지 깨닫기 위해 오랜 세월을 공부했었다. 그런데 왜 이제서야 … 갑자기 … 혹시 자신이 속고 있는 것이 아닐까? 혹시 사탄이 그에게 덫을 놓은 것은 아닐까? … 대답은 하느님이 거주하는 그의 가슴속 깊은 곳에서 흘러나왔다.

> "바실리오스, 아직 깨닫지 못했구나. 교회의 모든 것은 사람으로 귀결되지. 물론 책을 통해서 사랑, 순종, 믿음 등을 배울 수도 있겠지만 그것은 준비 단계에 불과하단다. 진정한 덕은 사람을 통해서 드러나는 거야. 그때 비로소 덕이 무엇인지 확신할 수 있게 되는 거고. 이론만으로는 덕을 절대 알 수 없단다."

바실리오스는 그곳에 그리 오래 머물지 않았다. 그들의 수도 생활에 방해가 된다고 생각했기 때문이다. 그가 수도 암자로 돌아왔을 때 케사리아로 와 달라는 디아니오스의 전갈이 도착해 있었다. 바실리오스에게 꼭 할 말이 있었기 때문이다. 바실리오스는 이상하게도 수도 암자를 비워 두는 것에 대해 전혀 신경이 쓰이지 않았다. 그는 준비를 마치고 다음날 케사리아로 향했다.

바실리오스가 주교관 정원 앞에 도착했다. 주변의 모든 것이 그에게 생소하게 다가왔다. 바실리오스는 곧바로 병석에 있는 디아니오스 주교를 만나러 갔다. 가슴이 조여 왔다. '바실리오스, 디아니오스와 관계를 끊지 않았나? 그런데 어떻게 생각이 바뀌었지?'

사람들은 주교가 바실리오스를 부른 것을 알지 못했다. 마찬가지로 그들은 바실리오스의 깊은 내면을 알지 못했다.

바실리오스는 정신을 가다듬고 주교 방으로 갔다. 그의 발걸음은 굳건했으나 내면은 흔들리고 있었다. 바실리오스가 방에 들어서자 침대에 누워 있던 주교가 몸을 일으키려 애를 썼다. 바실리오스는 무의식적으로 침상 앞으로 가까이 다가갔다. 그리고는 무릎을 꿇고 존경하던 주교의 가슴에 그의 머리를 파묻고 그의 병든 몸을 감쌌다. 둘은 그렇게 서로 한참을 울었다.

바실리오스는 그의 오른손에 입 맞추려 했다. 디아니오스는 애정이 가득한 손길로 그의 머리를 쓰다듬어 주려 했다. 디아니오스는 바실리오스가 훌륭한 청년이자 앞으로 위대한 인물이 될 것이라는 사실을 의심하지 않았다. 바실리오스는 무릎을 꿇은 채 그의 오른손을 계속 잡고 있었다.

디아니오스는 병으로 기력이 무척 쇠한 상태였지만 마음은 날아갈 듯 기뻤다. 안도와 평온함이 침상에 누운 그의 얼굴에서 환하게 피어 났다. 그동안 자신을 짓눌러 왔던 마음의 짐을 벗는 시간이 온 것이다. 그는 바실리오스를 바라보며 이렇게 말했다.

"사랑하는 바실리오스, 너는 … 앞으로 … (디아니오스는 그가 훌륭한 인물이 될 것이라고 말하고 싶었지만 표현하지 않았다.) 너에게 할 말이 있단다. 나를 짓누르던 마음의 짐에서 이제 그만 벗어나고 싶구나. 애야, 나를 용서해 주려무나. … 네가 용서해 줘야 내 마음의 짐이 벗겨질 것 같구나."

"주교님, 아직 시간이 많이 있습니다. 굳이 지금 그렇게 말씀 안 하셔도 됩니다."

"아니란다. 시간이 별로 없어. 지금 꼭 말해야 할 것 같아."

"그러시다면 말씀하십시오. 하지만 마음이 편치 않으시면 그만 두셔도 됩니다."

"아니란다, 지금 나는 마음 정리가 다 되어서 모든 것이 선명하단다. 내가 눈을 감고 난 뒤 네가 나를 거룩한 믿음을 저버리고 세상을 떠난 사람이라고 생각할까 봐 두려웠단다. 애야, 예전으로 다시 돌아가고 싶구나. … 기억하니? … 어릴 적부터 네가 여기에 오던 것을. … 착하고 예쁜 너의 어머니 에멜리아가 처음 너를 이곳에 데리고 왔었지. 나는 그때를 잊지 못하고 있단다. 나는 그때부터 지금까지 너를 사랑해 왔고 사랑하고 있단다. 이렇게 내 마음을 너에게 털어놓지 않고는 내가 눈을 감을 수가 없구나. …"

두 줄기의 눈물이 주교의 볼을 타고 흘러내렸다. 질곡의 삶을 살아온 선한 목자의 마지막 눈물이었다.

"애야, 내가 무엇을 말하려고 하는지 잘 알거다. 나는 유사본질론자의 꾐에 빠져 그들이 콘스탄티노플에서 가져온 신앙의 신조에 서명을 했지. 해서는 안 되는 것이었는데, 이미 벌어진 일이라 어찌할 방도가 없구나. 네 말이 옳았단다. 하지만 지금 내가 너에게 고백하니 내 말을 잘 듣고 믿어 주었으면 좋겠구나."

주교는 몸을 좀 더 일으켜 베개에 등을 기댔다. 그리고 바실리오스의 손을 좀 더 꽉 쥐었다. 그는 바실리오스를 향해 눈을 똑바로 뜨고 남은 힘을 다해 말했다.

"그때 그들의 신조에 서명했을 때 나는 우리의 믿음인 니케아 신조를 범할 의도가 전혀 없었단다. 한 번도 318명 교부들의 믿음과 다른 믿음을 마음속에 담은 적이 없었어. 단 한 번도 거룩한 교부들에게 내 믿어진 생각을 하지 않았단다. 그것은 지금도 마찬가지란다. 바실리오스, 내 말을 믿어 주겠니? 나는 교회의 전승을 그대로 받아들이고 믿었단다. 결단코 그 어떤 것도 바꾸지 않았어. 내가 그들의 신조에 서명했을 때조차도 나는 우리 교부들의 믿음을 간직하고 있었단다."

말이 채 끝나기도 전에 그의 눈에서 눈물이 흘러내렸다. 그 눈물은 그가 정교의 순수성을 지키고 있음을 증거하는 눈물이자 형용할 수 없었던 엄청난 짐에서 벗어났음을 보여준 눈물이었다. 그리고 자신이 죽었을 때 그가 아끼고 사랑해 온 위대한 한 젊은이가 자신을 이단자로 낙인찍지 않을까 하는 두려움에서 해방되었음을 보여주는 안도의 눈물이었다.

바실리오스는 뭔가 자신도 알 수 없는 자유로움을 느꼈다. 설명할 수 없는 가벼워짐을 느꼈다. 그는 디아니오스가 감정을 추스를 수 있도록 도와주었다. 그리고 그의 손을 잡고 조심스럽게 머리를 받쳐 침대에 누울 수 있도록 해주었다. 그의 손길은 절제되면서도 상상할 수 없을 정도로 섬세하고 조심스러웠다. 마치 교회 성인의 성해를 보살피듯 했다.

디아니오스는 마음의 짐을 벗어버리고 자유롭게 세상을 떠나게 되었다. 그리고 그는 영원히 정교 그리스도인으로 남게 되었다.

바실리오스의 첫 활동기가 여기서 끝난다. 디아니오스는 곧 운명을 달리했고, 바실리오스에게는 더욱 중요한 새로운 장이 열렸다.

4. 지극히 거룩하신 하느님의 사제

사제로 서품되다

케사리아의 백성들은 깊은 슬픔 속에 디아니오스 주교를 장사지냈다. 백성들은 그에게 큰 빚을 졌다 애통하며 디아니오스 목자가 깊은 신학적 지식은 없었지만 정교의 믿음을 케사리아에서 지켜 냈기 때문이다. 백성들은 그가 실수한 것을 곧 이해하고 용서했다.

바실리오스는 이미 케사리아에서 유명인사가 되어 있었다. 그래서 그는 남의 시선에 띄지 않도록 꼭 필요한 곳에만 모습을 드러내며 각별히 신경을 썼다.

목자, 주교 없는 도시가 된 케사리아는 당시 상황에 비춰 새로운 주교가 시급했다. 이전보다 더 유능한 지도자가 필요했다. 백성들의 시선이 원로원에 속한 고관 에프세비오스에게로 모였다. 실제로 그는 매우 경건했고 교회를 사랑하는 인물이었다. 현명하고 똑똑했던 그는 교육도 많이 받은 고관이어서 고위직 관료와의 인맥뿐 아니라 정치적인 흐름도 잘 읽어 그것을 적절하게 활용했다. 그의 이런 은사는 아주 유용한 것이었다. 하지만 그것만으로는 충분치 않았다.

에프세비오스는 정치만큼 교회를 알지는 못했다. 신학적 지식이 없었고 교회의 삶에 무지했다. 그는 보제라는 직무조차 수행해 본적이 없었다. 하지만 백성들은 아직 준비가 덜 된 그를 주교직으로 인도했고 당시 동방에서 알렉산드리아 다음으로 중요했던 케사리아의 주교직에 앉혔다. 이렇게 에프세비오스는 362년부터 케사리아의 주교로 봉직하게 된다.

바실리오스는 침묵 가운데서 이 모든 일을 지켜보고 있었지만 돌아가는 상황이 좋게 보이지는 않았다. 그래서 그는 새 주교가 사목의 직책을 맡고 나서 초창기에 활발하게 활동을 펴 나갈 때 거기에 동참하지 않았다.

에프세비오스는 주교직에 오르자 케사리아에 머물고 있던 바실리오스를 찾았다. 그는 자기를 도와주고 조언해줄 사제로 바실리오스를 원했다. 그의 통찰력은 참으로 예리하고 정확한 것이었다.

바실리오스는 그 제안을 거부하진 않았다. 다만 좀 더 생각해 보겠다고 했다. 하지만 생각할 겨를도 없이 교회의 많은 사람이 (일부 교인들은 에프세비오스에게 그를 사제로 서품하자고 제안했기 때문에 그 사실을 알고 있었다.) 그 소식을 듣고는 열광적으로 환영했다. 교인들은 그의 서품이 신학과 교회의 삶을 잘 모르는 주교의 무지를 채워 줄 것이라 생각했다.

바실리오스가 사제가 된다면 주교의 커다란 공백이 채워질 것은 당연한 일이었다. 마침내 모두가 원했던 일이 성사되었다. 수도 생활에서 얻는 영적인 환희를 한시도 잊은 적이 없던 바실리오스가 서품을 받아들인 것이다. 제단과 양떼가 그를 사로잡았다. 적어도 잠시만이라도 그를 수중에 넣었다.

사제 바실리오스는 지성소에서 놀라운 세상을 만난다. 상상은 했었지만 알지는 못했던 세상, 들어보기는 했지만 살아보지 못했던 세상을 만났다. 수도 암자에서 침묵과 고요한 영적 생활을 언제나 꿈꿔 왔고 그곳 아니면 살 수 없을 것이라 생각했던 바실리오스는 서품 첫날부터 자신이 수많은 사람들 사이에서 살아가야만 한다는 사실을 인식하게 되었다. 자기 자신보다는 다른 사람을 위해서 살아야 한다는 사실을 직시했다.

바실리오스는 이러한 심경을 친구 그레고리오스에게 밝혔다. 하지만 안타깝게도 이 편지는 지금 전해져 오지 않는다. 바실리오스의 편지에 그레고리오스가 답장을 했다. 우리는 그레고리오스의 답장을 통해 바실리오스가 그레고리오스에게 보낸 편지 내용을 추론해 볼 수 있다.

> "그레고리오스, 백성들이 내가 사제가 되도록 애를 썼다네. 이제야 내가 자네를 이해하겠군. 자네가 나에게 이야기해줬던 서품 받았을 때의 경험 말일세. 나 역시 자네와 똑같은 경험을 했네. 수도 생활을 하기로 약속 했던 우리가 지금 사제가 되어 있고, 외진 곳에서 수행을 하며 살기로 했던 우리가 도시에 살고 있으니 사람들이 뭐라고 할지 모르겠지만, 사제가 된 이상 우리는 끝까지 인내해야 한다고 보네. 나는 이것이 성령의 뜻이고 그분의 계획이라 생각하네. 더욱이 지금 교회는 굉장히 어려운 시간을 보내고 있고 도움이 많이 필요하다네. 우리가 그것을 잊어서는 안 될 걸세. 또한 사람들이 우리에게 큰 기대를 걸고 있는데 우

리가 그들의 기대를 저버릴 수 있겠는가?"

바실리오스의 이 편지에 그레고리오스는 그에 상응하는 답장을 보낸다. 그 답장의 핵심은 서품과 사목은 하느님의 뜻일 수 있으니 케사리아에서 계속 봉직할 것과 앞으로 감당해야 할 새로운 투쟁의 길이 거룩한 제단과 사목에 있음을 잊지 말라는 것이었다.

바실리오스는 하느님과도 씨름을 하고 사람과도 씨름을 했다. 그리고 하느님도 얻고 사람도 얻었다. 케사리아 교인들은 곧 그를 사랑하게 된다. 왜냐하면 그는 사람이 하느님의 은총 안에서 신화될 수 있도록 도와주었기 때문이다. 바실리오스는 그동안 연구하고 수행하면서 하느님으로부터 받은 모든 것을 아낌없이 내놓았다.

바실리오스는 교인들이 참된 믿음 속에서 살아갈 수 있도록 온 힘을 쏟았다. 주교의 긴밀한 보조자, 조언자가 되어 교회의 모든 일을 순조롭게 처리해 나갔다. 바실리오스가 초창기 직무를 성공적으로 수행할 수 있었던 데에는 사실 케사리아 안팎에서 수도 생활을 하던 일부 수도사들의 도움이 컸다. 이 수도사들은 바실리오스와 나름의 관계를 형성하고 있었던 것으로 보인다. 그레고리오스는 수도사들이 바실리오스를 자기 사람으로 여기고 있었다고 확인시켜 줬지만 그 당시 바실리오스는 수도공동체를 세우기 전이어서 그에게 속한 수도사는 없었다. 따라서 그들 중 일부 수도사들은 아마도 에프스타티오스 수도공동체 소속으로 바실리오스와 인맥을 형성한 것으로 보인다. 또 다른 일부는 에프스타티오스의 영향을 받지 않고 봉사나 수행에 헌신한 수도사들로 보인다.

이외에도 수도사들이 바실리오스를 자기 사람으로 생각한 이유는 바실리오스도 그들과 같은 수도사였기 때문이었다. 교회 성직자들도 바실리오스를 사랑했다. 이단들에 대처할 때 많은 어려움을 겪고 있던 그들에게 큰 원군이 되주었기 때문이다. 그것은 많은 신자들이 그를 참된 목자로 추앙하는 이유이기도 했다.

교회의 모든 일이 순조롭게 풀려 나갔다. 하지만 이것은 사탄의 분노를 일으키고 만다. 사탄은 신자가 기뻐할 때 슬퍼한다. 반면에 신자는 사탄이 기뻐할 때 눈물을 흘린다.

분열을 피하다

새로운 사제 바실리오스가 날개를 채 펴기도 전에 큰 위기가 찾아왔다. 위기는 어디서 시작된 것일까? 에프세비오스일까 아니면 그의 주변에서 시작된 것일까?

어디에서 위기가 왔는지는 사실 중요하지 않았다. 본질은 발렌스 황제가 박해를 가했을 때 용맹하게 대처했던 경건한 에프세비오스 주교가 사제 바실리오스를 시기하고 미워한 것에 있었다. 그는 바실리오스를 무시하고 비난하고 폄훼했다. 그것도 이교의 좀벌레들이 당시 케사리아에 머무르고 있던 율리아노스 황제를 등에 업고 전 지역을 휩쓸던 시기였다.

당시 교회는 지식인 성직자가 한 명이라도 더 절실했던 때였다. 그런데 그런 시기에 에프세비오스와 그의 추종 세력이 당시 가장 학식이 높았던 사제, 바실리오스에게 전쟁을 선포한 것이다. 사태는 크게 번져 나갔다. 성직자와 지역 대다수 수도사들, 많은 수의 신자가 거룩한 사제를 보호하기 위해 그를 지지하고 나섰다. 그들은 에프세비오스의 시기와 질투로부터 그를 지켜 내려 했다.

특히 수도사들은 바실리오스가 당하는 수모를 자신들의 수모로 받아들였다. 왜냐하면 바실리오스도 그들과 같은 수도사였기 때문이다. 이것은 수도사들을 공격적으로, 또 물러설 수 없게 만들었다. 그들의 자랑이자 수장처럼 여겼던 바실리오스의 수치를 그들은 그냥 참고 넘어갈 수가 없었다.

바실리오스는 당황하지 않을 수 없었다. 처음으로, 그것도 아주 하찮은 이유로 엄청난 혼란의 중심에 자신이 놓이게 되었기 때문이다. 바실리오스는 정쟁에 개입하지 않고 인내하며 기다렸다. 하지만 그것은 해결책이 되지 못했다. 에프세비오스와 그의 추종자들은 전혀 물러설 기미를 보이지 않았다.

바실리오스의 편에 선 이들도 가만히 두고 보지만은 않았다. 그들은 밤낮으로 케사리아를 돌아다니며 사제들과 사회 유력 인사들, 그리고 바실리오스를 자랑으로 여기는 백성들을 자기편으로 모았다. 그것은 그리 어려운 일이 아니었다. 사람들은 에프세비오스가 성직의 단계를 거치지 않고 평신도에서 바로 주교가 된 것을 다 알고 있었고 또 이 혼란의 원인 제공자가 주교라고 의심하고 있었기 때문이다. 케사리아에 잠시 머물고 있던 서방의 일부 주교도 바실리오스를 지지했다.

자연스럽게 강력한 전선이 형성되었다. 에프세비오스 세력처럼 바실리오스 지지 세력도 전혀 물러서지 않았다. 그들은 나름의 정당성이 있었기 때문에 자신들이 옳다고 생각하는 그 정의를 관철시키려 했다. 그들은 언제든지 전쟁에 나설 준비를 갖추고 있었다.

바실리오스는 주변에서 자기를 두고 일어나는 모든 것을 아프게 지켜봤다. 하지만 개입하지 않았다. 목자로서 길을 제대로 걷기도 전에 그는 '분열이냐 정의냐?'라는 엄청난 딜레마 앞에 놓였다.

실제로 바실리오스의 존엄을 지키기 위해 모인 이들은 바실리오스를 중심으로 그들의 교회를 세울 각오를 다지고 있었다. 생각만 해도 끔찍한 일이 아닐 수 없었지만 실제 상황은 그 정도로 심각했다. 그들은 바실리오스의 결단만 기다렸다. 그의 신호 하나에 그리스도의 흠 없는 몸이 둘로 갈라질 것이고 그것은 교회에 씻을 수 없는 범죄가 될 것이었다.

바실리오스에게는 정말 극적인 순간이 아닐 수 없었다. 지금 그의 손에 모든 운명이 달려 있었다. 말 그대로 회오리가 그 안에 몰아치고 있었다.

혼돈의 심연 속에 갇혀 있던 그는 마침내 정신을 차렸다. 그는 십자가에 매달리신 주님 앞에 무릎을 꿇고 오랜 시간 기도를 드렸다. 그리고 모든 것을 선명하고 올바르게 판단할 수 있게 해달라고 간구하고 또 간구했다.

바실리오스는 친구 그레고리오스를 불렀다. 둘은 오랜 시간 대화를 나눴다. 바실리오스의 말이 다 옳았다. 하지만 교회의 분열이라는 큰 산이 그들 앞에 있었다. 교회 전승의 진실한 전달자, 교회의 일치를 위해 자기희생을 주저하지 않았던 그들이 과연 분열이라는 길을 택할 수 있었을까?

둘은 교회의 상황을 분석했다. 엄청난 내부 문제들, 교회를 말살시키려는 이단들의 전쟁 등 실상을 알고는 전율을 느꼈다.

"바실리오스, 이건 해서는 안 되는 일일세. 절대 분열만은 막아야 하네."

"그레고리오스, 고맙네. 자네 말이 참으로 옳네. 나는 자네에게 그 말을 듣고 싶었다네. 적어도 우리가 분열의 원인이 되어서는 안 되겠지."

바실리오스를 지지하는 세력들은 기다리지 못했다. 일부 적극적인 추종자들은 바실리오스의 집을 오가며 그의 재가를 받으려 애썼다. 에프세비오스 지지 세력은 어떻게 반란자를 진압할지 고민했다. 양측 긴장은 최고조에 달하고 있었다.

한 순간 돌이킬 수 없는 일이 벌어질 수도 있는 아주 긴박한 시간들이 흐르고 있었다. 양측은 모두 그렇게 밤을 꼬박 지새웠다. 바실리오스의 말 한마디에 그를 지지하는 세력은 전쟁에 나설 것이다. 그리고 확실하게 승리할 것이다. 하지만 교회는? 바실리오스는 그들에게 그 어떤 신호도 주지 않았다.

아침이 조용하게 밝았다. 부드러운 태양 빛이 전쟁할 각오를 갖춘 이들을 달콤하게 비췄다. 꼬박 밤을 새며 지쳐 있던 그들은 조금씩 흥분을 진정시키기 시작했다.

어떻게 아무 일도 없이 아침을 맞이하게 된 것일까? 성령의 뜻이었다. 우리보다 교회를 더 사랑하고 보살피는 성령이 교회를 보호하기 위해 바실리오스를 이 혼란의 와중에서 빼내어 데려가신 것이다. 이제 적의 진영은 적어도 그 순간 싸워야 할 아무런 이유를 찾을 수 없게 된 것이다. 자연스럽게 상황이 바뀌고 긴장이 풀리며 평온해졌다. 그리고 그들은 다시 하느님을 찾기 시작했다. 교회는 생동감을 되찾고 열매를 맺는다.

그렇다면 바실리오스는 어떻게 되었는가? 바실리오스 역시 묵상과 기도가 필요했다. 그리고 앞으로 그에게 펼쳐질 모든 것에 대한 준비가 필요했다. 그레고리오스는 한밤중에 그를 데리고 케사리아를 떠났던 것이다. 한명은 이리 강의 수도 암자로, 다른 한명은 나지안조스로 돌아간 것으로 보인다.

다시 광야에서, 공동체를 조직하다

수도 암자로 돌아온 바실리오스는 바로 수도 생활에 적응했다. 수행은 그의 정신에 가장 어울렸다. 바실리오스는 그곳에서 수도원을 조직하는 문제와, 또 사제로서 교회와 양떼의 문제들을 깊이 고민했다. 362년 가을부터 적어도 364년 봄까지 그는 그곳에서 이와 관련한 일을 진행한다. 바실리오스가 이 일을 할 때 당시 케사리아의 수도사들이 조력했던 것으로 보인다. 아마 그때 그들과 바실리오스의 관계가 좀 더 돈독해진 것 같다.

바실리오스는 폰도스와 그의 수도 암자 주변에 수도공동체를 조직하는 일을 시작한다. 그리고 그가 만들었던 『수도 규범』을 보완해서 수도사들이 올바른 방법으로 수도 생활을 할 수 있도록 신경을 썼다. 이 규범은 수도사들의 일상적인 수도 생활을 규율하고 영적인 성장을 도모하는 지침이 되었다.

바실리오스는 공동체 생활을 선호했다. 개인이 독립적으로 수행하는 것은 어려운 일이라고 여겼다. 자칫 잘못하면 그릇된 수행으로 나갈 수 있음을 인식했다. 그는 공동체 안에서 함께 수행하다 보면 나약한 형제도 공동체 안의 다른 형제에게서 쉽게 영적 도움을 받을 수 있다고 생각했다.

바실리오스는 폰도스에 약 2년간 머물면서 많은 공동체를 조직했고 밤낮으로 공동체를 보살폈다. 수도사들은 바실리오스를 그들의 영적 아버지로 여기고 그들의 일상을 보고했다. 그들에게 있어 바실리오스는 훌륭한 표상이었다. 바실리오스는 수행에 있어 선구자 세례 요한에 버금갈 정도였다. 밤에는 따가운 털 수단을 입고 잠을 잘 정도로 혹독한 수행을 했다. 이렇게 나태해지지 않도록 자신과 치열한 투쟁을 했다. 세례자 요한이 설교로 많은 이들을 주변에 모아들였듯이 바실리오스의 삶과 가르침은 사방에서 사람들을 끌어들였다. 공동체의 일부 수도사들은 365년 이후, 무엇보다 케사리아의 주교가 된 370년 이후, 바실리오스를 따라 케사리아로 들어간다. 그리고 바실리오스가 직무를 성공적으로 수행할 수 있도록 교회의 사목과 자선 사업을 조직하는 데 결정적인 도움을 준다.

방금 위에서 밝혔듯이 바실리오스는 공동체 수도 생활을 선호했다. 그렇다고 바실리오스가 광야의 은둔 수도 생활을 경시한 것은 아니었다. 그는 은둔 수도가 그 나름의 중요한 의미를 가지고 있음을 잘 알고 있었다. 광야의 수도사들은 주로 그들만의 수행 방식을 발전시켜 나갔다. 대 안토니오스를 따르던 이들이 그런 부류의 수도사들이었다.

바실리오스는 놀라운 수덕을 쌓은 그들의 모습을 결코 잊지 않았다. 그래서 독수도자와 은둔 수도자들을 위한 수도처도 세웠다. 이들은 여느 수도사들보다 영적으로 더 성숙한 사람들이었다. 그들은 고독과 고립 속에서 사탄의 다양한 형태의 공격에 어떻게 대처해야 하는지 풍부한 경험을 가지고 있었다.

광야의 수도사들은 대부분의 시간을 기도로 보냈다. 정신이 흐트러지고 산만해지지 않도록 끊임없이 예수기도를 드렸다. 이들이 외딴 광야를 선호한 이유도 분심을 피해 기도에 매진할 수 있었기 때문이다. 투쟁이 깊어질수록 그만큼 하느님과의 만남의 기쁨은 더욱 커졌다.

하지만 바실리오스는 너무 과하게 혹독한 수행을 하거나 정도에서 벗어나 그릇되게 수행하는 광야의 수도사들이 있음을 간과하지 않았다. 바실리오스는 그러한 수도사를 보호하고 그들이 아주 어려운 순간에 기댈 수 있는 방법을 고안했다.

바실리오스는 공동체 수도원에서 그리 멀리 않은 곳에 광야의 수도사들이 자체적으로 수행할 수 있는 수도처를 세운다. 이것은 공동체 수도사와 광야의 수도사에게 서로 도움이 되는 방법이었다. 공동체 수도사는 그들보다 더 엄격한 수행과 기도로 생활하는 광야의 수도사가 주변에 있다는 것만으로도 수행에 큰 용기를 얻었고, 광야의 수도사는 나약해지는 순간이 찾아올 때 근처에 의지할 수 있는 수도사가 있다는 사실만으로도 큰 힘이 되었다. 바실리오스는 이렇게 광야의 수도사와 공동체 수도사가 묵상과 기도에 전념하면서도 서로 단절되지 않도록 수도원을 운영했다.

율리아노스의 죽음, 정교 신앙을 지지하는 황제 요비아노스

363년 6월, 율리아노스 황제가 페르시아와의 전쟁에서 사망한다. 동시에 교회를 파괴하려 했던 그의 계획도 수포로 돌아간다.

하느님은 길지는 않지만 그리스도인들에게 안도의 한숨을 허락하셨다. 요비아노스 황제가 즉위한 것이다. 그는 정교의 편에 선 황제였다! 교회는 이제 아무런 제약 없이 정교 신앙의 길을 갈 수 있었다. 황제는 교회에 큰 힘이 되었다. 박해를 받고 귀양 간 주교를 복위시켜 다시 사목을 할 수 있도록 조치했다. 복위한 주교 중 한명이 바로 대(大) 아타나시오스이다. 물론 율리아노스 황제도 처음부터 아타나시오스를 증오하지는 않았다. 하지만 간악한 여우는 정교의 사자를 그대로 놔뒀다가는 교회를 뿌리 뽑을 수 없다고 판단해 그를 귀양 보냈다. 하지만 요비아노스의 황제에 의해 그는 지금 그의 자리로 복귀했다.

요비아노스 황제의 아주 중요한 업적이 또 있다. 그것은 율리아노스가 제정한 교육과 종교 관련 법령을 폐기한 것이다. 그는 종교의 자유가 보장되어야 한다는 신념을 가지고 있었다.

한편 바실리오스를 시기해 전쟁을 선포했던 케사리아의 주교 에프세비오스는 어떻게 지내고 있을까? 그에 대한 자세한 사료는 없지만 정황상 어려운 시간을 보내고 있는 것만은 분명해 보였다.

우리가 이미 알고 있듯이 바실리오스와 에프세비오스 주교 사이에는 높은 장벽이 세워져 있었다. 에프세비오스는 바실리오스 말고 그레고리오스에게 도움을 청한다. 그는 그레고리오스의 환심을 사려고 했다. 그리고 지역 공의회와 영적인 모임에 참석해 줄 것을 요청한다. 이런 방법으로 그는 주교로서 갖추지 못하고 있던 신학적 능력의 결핍을 부분적으로나마 채우려 했다.

하지만 이것은 근본적인 해결책이 될 수 없었다. 카파도키아의 교구청에서 계속 일할 신학자가 필요했다. 에프세비오스는 그레고리오스의 마음을 사려고 그를 치켜세우고 동시에 바실리오스를 비난했다. 하지만 그것은 그가 둔 최악의 수였다.

당연히 그레고리오스는 화를 냈다. 바실리오스를 욕하는 것은 그에게는 신성모독 같은 것이었다. 그레고리오스는 비록 사제였지만 용감하게 바실리오스를 두둔했다.

> "당신이 저를 높이고 대신 저와 한 영혼, 한 마음인 그를 비난하는 것은 결코 용납될 수 없습니다. 저에게 하듯이 바실리오스에게 그렇게 해주십시오. 그렇지 않으면 한 손으로는 나를 쓰다듬으면서 또 다른 손으로는 나를 때리는 것과 같습니다."

그의 말은 바늘로 찌르듯이 아팠다. 하지만 바실리오스에 대한 에프세비오스의 전쟁을 종식시키기 위해서 그는 일부러 같은 톤을 유지했다.

> "에프세비오스 주교님, 제가 하는 말에 귀를 기울여 주셨으면 합니다. 제가 하는 말은 분명 옳은 것이니 꼭 들어주셔야 합니다. 주교님이 바실리오스를 잘 대해주신다면 그는 분명 당신을 도울 것입니다. 저처럼 바실리오스도 당신과 화해를 할 준비가 되어 있습니다. 몸에 그림자가 함께 하듯이 우리의 마음은 언제나 함께 합니다. 그러니 주교님께서 먼저 시작하십시오. 그러면 바실리오스와 제가 삶의 최우선 과제로 삼고 있는 사랑을 그에게서 바로 발견하게 될 것입니다. 주저하지 마십시오. 바실리오스

는 사제들의 자랑이고 당신이 필요로 하는 최고의 사제이기 때문입니다."

그레고리오스의 당돌한 편지를 받은 에프세비오스는 그의 무례와 불경을 하극상으로 느꼈다. 그래서 그는 편지를 띄워 그를 질책했다. 이후 그레고리오스는 두 번에 걸쳐 주교에게 다시 편지를 보낸다. 그리고 그의 주장의 정당성과 함께 그의 무례한 표현에 대해 용서를 구한다.

사실 결론은 하나였다. 에프세비오스는 원하든 원치 않든 바실리오스와의 얽힌 매듭을 풀어야 한다는 것이었다. 그레고리오스가 돕기를 거부하고 있는 이상 그는 바실리오스와의 관계를 원만하게 풀어야만 했다. 당연히 그레고리오스보다 더 좋은 중재자는 없었다. 에프세비오스도 그레고리오스에게 신뢰를 가지고 있었기 때문이다.

카파도키아 교부들의 신학적 기반

한편 바실리오스가 『수도 규범』 작성에 매진하는 동안 그레고리오스와 에프세비오스는 지속적으로 서로 연락을 주고받았다. 친 정교 황제 요비아노스는 교회가 상처를 치유하는 데 도움을 주었다. 바실리오스는 『수도 규범』 작업에 힘을 쏟으면서도 교회가 흘러가고 있는 모습을 뜬 눈으로 지켜보고 있었다.

아리우스파에 대한 율리아노스 황제의 사면 정책과 요비아노스 황제가 선포한 종교의 자유는 아리우스파와 유사 추종자들이 아무런 제약 없이 정통 신앙을 훼손하고 그릇된 가르침을 전파할 수 있는 길을 사실상 열어 주었다. 특히 이단 에브노미오스의 세력 확장이 눈에 띄었다. 카파도키아 사람인 에브노미오스의 신학은 비록 잘못된 것이지만 무척 단순하면서도 인상적이었다. 교회의 정신을 제대로 맛보지 못한 신자들을 쉽게 현혹하고 설득하는 데 효과적이었다.

그의 신학을 접한 바실리오스는 충격을 감출 수가 없었다. 그래서 그는 364년 『에브노미오스 논박(Κατὰ Εὐνομίου)』이라는 유명한 저작을 통해 그의 신학의 오류를 비판한다. 이 둘은 360년 콘스탄티노플에서 잠시 조우한 적이 있었다. 당시 바실리오스는 침묵했지만, 이제 바실리오스의 때가 온 것이었다.

바실리오스는 아타나시오스처럼 교회의 근본적인 문제를 직시했다. 만약 그 문제가 풀리면 교회의 위기도 풀릴 것이라 보았다. 그래서 바실리오스는 하느님 아버지의 '출생하지 않으심'이 하느님의 본질에 관한 것이 아니라 존재의 방법을 나타내는 것이라고 강조했다. 다시 말해 그것은 아버지와 아들과 성령의 관계를 보여주는 것일 뿐, 접근이 불가한 하느님의 본질은 규정할 수 없는 것이라고 주장했다. 좀 더 정확하게 말하면 하느님 아버지의 '출생하지 않으심'이란 특성과 아들의 '출생하심'이란 특성은 하느님의 본질에 대한 규정이 아니라 이 둘이 어떤 관계로 존재하는지를 보여주는 것이라고 설득했다. 즉, 아버지는 '출생하지 않으신 존재'이고 아들은 '출생한 존재'로서 독립된 위격을 형성한다는 것이다.

물론 '하나의 동일한 본질과 세 위격의 존재'에 대해서는 다른 카파도키아 교부들, 나지안조스의 그레고리오스, 니싸의 그레고리오스가 더욱 연구 발전시켰지만 에브노미오스의 이설을 논박하며 그 기초를 확실하게 다진 것은 바실리오스였다.

당시 바실리오스의 나이는 34세였다. 이제 그는 교회가 직면하고 있는 위기를 극복하는 하느님의 그릇으로 거듭나게 된다.

진리를 향한 여정

거룩한 인물, 바실리오스는 수도 암자에 매여 있지 않았다. 물론 그는 그곳을 무척 사랑했다. 자신을 성찰하고 수행하고 하느님과 더욱 뜨겁게 친교할 뿐만 아니라 글을 쓰기에도 안성맞춤인 곳이었기 때문이다. 하지만 이제 그의 양심은 더 보편적인 의미를 갖는 일에 봉사하는 것이 바로 그의 사역이라고 말하고 있었다. 그것은 곧 사목을 의미했다. 왜 그가 그토록 자주 수도 암자를 놔두고 여행을 떠났는지 이해가 되는 부분이다.

그는 자신이 설립한 수도공동체를 자주 방문했다. 더 나아가 에프스타티오스 수도공동체도 방문했다. 에프스타티오스 수도공동체는 아르메니아, 폰도스, 카파도키아에 걸쳐서 넓게 분포되어 있었다. 그곳에서 그는 에프스타티오스를 만나곤 했다.

바실리오스가 어느 수도원을 방문한다는 소식이 들리면 다른 수도원에서도 그를 만나기 위해 그 수도원으로 모이곤 했다. 거기서 그들은 영적인 삶, 수행, 그리고 그 방법에 대한 열띤 토론을 벌였다. 그리고 아리우스파와 그 추종자에 대한 토론이 자주 이루어졌다. 바실리오스는 온전히 진리를 지켜 내고 표현하는 데 심혈을 기울였다.

그는 같은 것을 수없이 설명하고 또 설명했다! 그리고 에프스타티오스 수도사들은 그의 가르침에 지지하는 첫 번째 청중이었던 것으로 보인다. 바실리오스는 언제나 교회 전승의 진실한 전달자였다. 토론은 시간에 구애받지 않고 진행되었다. 많은 경우 밤늦게까지 토론이 이어졌다.

아침이 되면 그는 한결 가벼운 마음이 되어 다시 그의 수도 암자로 길을 떠났다. 그렇다면 왜 그는 그토록 에프스타티오스 수도사들과 지속적으로 관계를 맺고 있었을까? 그들의 아버지인 에프스타티오스가 '유사본질론자'라는 사실을 잊고 있던 것일까?

아마도 에프스타티오스 수도사들은 에프스타티오스의 사상을 절대적으로 신봉한 것은 아니었거나 혹은 반신반의했던 것 같다. 바실리오스는 이런 상황을 올바른 믿음, 진리를 알려줄 수 있는 좋은 기회로 삼았다. 결과적으로 바실리오스는 자주 그들을 방문해서 토론을 하며 진리를 증거했다.

바실리오스가 수도사들만 방문한 것은 아니었다. 어느덧 '신학적 도움을 얻는 일종의 숙영지(宿營地)'와 같은 존재가 된 그는 비록 엄격한 수행으로 몸이 약해졌음에도 불구하고, 어디든 신학적 토론에 초청되면 그곳에 가서 토론을 벌였다. 언젠가는 아주 멀리 떨어진 에프시노이까지 간 적이 있었다. 폰도스의 바닷길을 따라 가는 그 여정은 결코 쉽지 않은 것이었다.

천둥벼락이 내리치다

우리가 앞서 밝혔듯이 요비아노스 황제는 교회에 커다란 축복이었다. 교회는 그의 도움에 힘입어 교회를 재정비하는 데 힘을 쏟았다. 목자인 주교들은 상처를 치유하고 안정을 찾고 흩어져 고생하던 양들을 다시 모아들여 돌보았다.

하지만 불행하게도 깨끗한 공기를 마셔 보기도 전에 그리스도인들은 이전보다 더 처절한 시련을 맞이하게 된다. 즉, 1년을 통치한 요비아노스 황제는 죽음을 맞이하고 동로마제국의 새로운 황제로 율리우스 발렌스가 즉위한 것이다. 그는 이단인 아리우스파 신봉자로 율리아노스 황제 때보다 더 혹독하게 정교인들을 박해했다. 때는 364년 3월이었다.

황제의 위협은 겁을 주기 위한 엄포가 아니었다. 그는 아리우스파 신봉자인 신하들과 함께 교회의 참된 믿음의 진리를 훼손하는 데 앞장섰다. 그것은 신자들의 구원을 심각하게 위협했다.

발렌스는 동방의 절대 군주였다. 백성은 그의 손아귀에 생명이 좌지우지 되었다. 카파도키아와, 폰도스의 한 지역을 빼고 교회는 이단들의 차지가 되었다. 두 지역은 그들의 골칫거리였다. 그들은 발렌스 황제를 찾아가서 갖은 아첨을 했다.

> "하늘이 내린 우리의 영원한 구세주 황제시여, 불행하게도 케사리아는 당신의 위엄에 복종을 보이지 않고 있나이다. 물론 저희는 괜찮습니다만 혹시 그곳에서 황제의 권위를 무시하고 항명이 일어나지 않을까 그것이 걱정되나이다."

황실의 신하들은 이런 말도 안 되는 소리로 케사리아를 공격하며 혼돈에 빠뜨렸다. 더 나아가 카파도키아 교회를 그들에게 복속시키려 애를 썼다.

그것은 사실 별로 어려운 일이 아니었다. 케사리아의 수장이 에프세비오스였기 때문이다. 그는 괜찮은 정교 목자였지만 이처럼 크고 중요한 투쟁 앞에서는 '애송이'와 다를 바 없었다. 그의 주변 사람들은 그보다 더 나약했다. 물론 카파도키아에는 자발적이고 능력 있는 교회 인물이 있었다. 대표적인 인물로는 그레고리오스를 들 수 있었다. 이들은 진리를 위해 목숨이라도 내놓고 투쟁할 준비가 된 사람들이었다. 그들은 할 수 있는 모든 노력을 다했다. 서로 힘을 합쳐 투쟁해서 진리를 지켜 내려 했다.

하지만 이 엄청난 투쟁 앞에서 그들은 자신들을 제대로 이끌어 줄 지도자가 없음을 절실히 깨닫고 있었다. 이 급박한 전쟁에서 지휘봉을 잡아 그들에게 영감과 힘을 불어넣어 줄 지도자가 절실했다.

한마디로 좋은 투사는 많았지만 선두에 나설 우두머리가 부재했던 것이다. 그들의 눈이 바실리오스에게 향했다. 그들은 바실리오스가 선봉장이 될 자격이 있음을 전혀 의심하지 않았다.

사람들은 하나같이 바실리오스를 받아들이라고 에프세비오스 주교에게 압력을 가했다. 그는 다른 방법이 없었다. 물론 우리는 그가 교회에 관심이 있었음을 부정하지 않는다. 하지만 아직 그의 가슴속에는 바실리오스와 풀리지 않은 매듭이 있었다. 그는 그레고리오스를 불러 이렇게 말했다.

> "나는 네가 좀 더 적극적으로 나섰으면 좋겠구나. 케사리아의 사람들이 하나같이 너를 사랑하고 너도 바실리오스처럼 교회의 훌륭한 투사가 될 것이라고 믿고 있으니 네가 이곳에 와 주었으면 좋겠구나."

그레고리오스는 아주 강하게 반발했다.

"주교님, 바실리오스만이 현재 이 상황을 타개할 수 있을 거라고 제가 이미 말하지 않았습니까? 저는 아닙니다. 불가능합니다. 그가 모든 것을 책임지고 나가야 합니다. 그만이 이 상황을 타개할 수 있습니다. 저도 옆에서 도울 것입니다."

"그래. 알겠다. 그럼, 바실리오스를 좀 불러 주렴. 나는 그에 대한 감정이 없단다. 내 말을 믿어 주었으면 좋겠구나. 너의 친구에게 나쁜 감정이 하나도 남아 있지 않단다. 그는 나의 사람이니 이곳으로 오게 하렴. 그가 필요하구나. 나 역시 그에게 편지를 쓰도록 하마."

주교의 결심은 지나온 세월이 그의 마음을 많이 누그러뜨렸음을 보여줬다. 또한 교회에 대한 염려가 그를 더욱 현명하게 해주었다. 그레고리오스는 대화를 마친 후 환호하며 주교관을 나섰다. 그는 기뻐서 날아갈 듯 했다. 그는 친구들, 동료 투사들에게 달려갔다. 그의 말을 전해들은 이들은 다시금 용기를 얻었다. 기쁜 소식은 그들의 가슴을 다시 뜨겁게 달궜고 좀 더 힘찬 날갯짓을 할 수 있게 해주었다.

그레고리오스는 감정을 추스를 수가 없었다. 그는 펜촉에 잉크를 힘껏 묻혀 바실리오스에게 편지를 띄웠다. 그의 19번째 편지였다.

"형제 바실리오스, 우리가 알고 있는 에프세비오스 주교에 대한 모든 것을 잊어 주었으면 하네. 이제 그분은 우리와 하나라네.

예전에 생각했던 그분이 아니란 말일세. 우리를 불태우고 있는 이단의 불꽃이 불신을 녹였다네. 내 말을 믿어 주게. 그분은 지금 우리에게 애정을 가지고 있어. 아마 그분도 직접 자네에게 편지를 쓸 걸세. 그러니 오해하지 말고 내 말을 받아 주었으면 하네. 에프세비오스 주교가 바뀌었으니 말일세. 나 혼자 하는 말이 아니네. 그분 주변에서 생활하는 사람들이 내 말이 사실이라는 것을 더 잘 알고 있다네. 바실리오스, 이 변화는 하느님의 징표라고 생각하네. 우리를 연민하신 하느님께서 우리에게 위안을 주신 거란 말일세. 그러니 지체하지 말고 빨리 서두르게. 에프세비오스 주교가 직접 보내는 편지를 자네도 받겠지만 내가 기다릴 수가 없어 이렇게 먼저 자네에게 알려주는 것이니 할 수 있는 한 최대한 빨리 서두르게. 하루가 다르게 이단들이 수많은 영혼들을 진리에서 멀어지게 하여 파멸시키고 있다네. 빨리 와서 그 영혼들에게 힘이 되어 주게나. 우리 모두 그대의 명을 받아 힘을 합쳐 그대와 함께 싸울 것이네."

편지는 그의 손을 떠났다. 그레고리오스는 깊은 호흡을 내쉬었다. 마침내 큰 문제가 풀리게 된 것이다.

이제 이단들은 정교 신학이 무엇인지 보게 될 것이다. 아니, 이단과의 전쟁이 어떤 의미인지 알게 될 것이다. 이제부터는 정교인, 좋은 신학자인 것이 중요한 것이 아니었다. 이단과 제대로 전쟁을 치를 수 있는지, 그들의 주장을 적절하게 반박할 수 있는지, 참된 믿음이 흔들리는 이들에게 힘이 되어 줄 수 있는지, 더 나아가 공개적인 토론에서 이단들의 주장이 허구라는 사실을 증명할 수 있는지, 그것이 중요했다.

그레고리오스는 그의 성격상 이런 직분을 감당할 수 없었다. 이것이 바로 그가 그토록 바실리오스만이 이 일을 할 수 있다고 외친 이유였다.

364년 여름이 찾아왔다. 태양은 온몸을 달궜다. 이단들도 교회의 믿음을 태워 없애려 불을 뿜었다. 하지만 바실리오스는 아직 케사리아에 나타나지 않았다.

정교인들은 혹시 무슨 일이 있는 것은 아닌지 의구심이 들기 시작했다. 일부는 에프세비오스 주교를 찾아갔지만 그의 의중을 다시 한 번 확인하는 데 만족해야 했다. 사람들은 그레고리오스를 찾아가 바실리오스를 설득해달라고 요청했다. 그가 무엇을 하고 있는지, 어떤 생각을 하는지 알아봐 달라고 부탁했다. 그레고리오스는 그들의 간청을 받아들였다. 험난한 여정을 생각할 때가 아니었다.

마침내 그레고리오스가 수도 암자에 도착했다. 수도자 바실리오스는 그를 아주 기쁘게 맞았다. 그 기쁨은 오직 기쁨의 눈물로만 표현 할 수 있는 것이었다.

"바실리오스, 내가 왜 여기에 왔는지 잘 알거라 생각하네."

"그래, 짐작은 가네만 나는 여기서 할 일이 정말로 많다네. … 그래, 솔직히 일도 일이지만 나는 에프세비오스 주교가 또 다시 쉽게 마음을 바꿀 거란 생각에 두렵다네. 사람들의 감언이설에 또 다시 우리를 적대시하면 그땐 어떻게 되겠는가? 내 말 충분히 이해할거라 믿네."

> "아닐세. 그런 일은 벌어지지 않을 걸세. 비록 그런 일이 벌어진
> 다 해도 그것이 무슨 의미가 있겠는가. 우리는 지금 우리의 책무
> 를 다 해야 한다는 말일세. 무엇이 더 옳은 일인가!"

하느님의 은총과 내키지 않는 주저함이 바실리오스의 머릿속에서 혼란스럽게 교차했다. 그리고 뭔가 풀리지 않은 불편함이 그의 마음을 짓눌렀다. 하지만 다음과 같은 그레고리오스의 말이 그를 자유롭게 만들었다.

> "바실리오스, 내 말을 잘 들어보게나. 지금 나, 그레고리오스가
> 자네에게 부탁 하는 게 아니네. 에프세비오스 주교의 부탁도 아
> 니라네. 바로 교회가 자네를 부르고 있다네. 내 말 알겠는가? 나
> 혼자 여기 온 것이 아니라 사람들이 여기로 나를 보낸 것이란 말
> 일세."

이것은 그레고리오스의 입을 통한 성령의 말씀이었다. 바실리오스는 교회의 부름에 싫다고 대답할 수 없었다. 교회의 소리가 곧 성령의 소리임을 그는 누구보다 잘 알고 있었기 때문이다. 성령은 이렇게 그를 비춰 바른 결정을 내릴 수 있게 해주셨다.

둘은 다음날 함께 케사리아로 향했다. 전쟁을 치르기 위한 출정이었다. 심경은 복잡했다. 그 누구도 바실리오스는 전쟁을 두려워하지 않는다고 말하지 않았지만 그렇다고 그는 물러설 사람이라고 말하지는 않았다.

때는 가을이었던 것으로 보인다. 교회의 두 위대한 신학자는 노새를

타고 노정 속에 있었다. 대다수의 사람들이 느끼고 있듯이 그 둘이 느끼는 무게감은 엄청난 것이었다. 이리 강에서 오는 시원한 바람과 아르메니아 산에서 불어오는 바람이 가을의 따가운 햇살을 견디게 해주었다. 나란히 걸어가는 노새 위에서 바실리오스와 그레고리오스는 대화를 나눴다.

케사리아에서 바실리오스의 첫 번째 대활약이 이렇게 펼쳐졌다. 투사는 선봉장의 역할을 두려워했지만 모두는 그를 그렇게 인정하고 있었다. 적어도 그들을 실망시키지 않을 것이라 믿었다.

작은 환영 인파가 케사리아에 도착한 그들을 맞았다. 그리고 모두 안도의 한숨을 내쉬었다. 바실리오스는 가장 먼저 주교를 찾아갔다. 그들 사이에 아무 일도 없었던 것처럼 모든 것이 자연스러웠다. 이미 불편했던 과거는 저편 너머로 사라져 버렸다.

투쟁은 선명성을 원한다. 특히 큰 싸움에서는 더욱 그렇다.

> "주교님 저는 당신의 봉사자입니다. 당신이 원하신다면 당신의
> 마지막 군인으로 전쟁에 나설 것입니다."

에프세비오스가 감격에 젖었다.

참으로 이렇게 훌륭한 인물들이 있을까? 그런데 정말 바실리오스는 자신을 수치스럽게 욕보였던 것에 대한 앙금과 아픔을 깨끗이 정리할 것일까? 그렇게 강한 존재일까? 당연한 것이었다. 큰 전투를 앞두고 내적인 방해물이 있어서는 안 되기 때문이다. 바실리오스는 과거의 모든 상흔을 하나하나 뿌리째 다 뽑아버렸다.

직무를 맡다

에프세비오스는 물론 과거 둘 사이의 알력을 알고 있던 많은 케사리아 사람들도 눈을 의심했다. 35세의 바실리오스가 에프세비오스 앞에 무릎을 꿇고는 교회의 영적인 질서가 원하는 대로 자기 자신과 자신의 능력을 온전히 다 내놓은 것이다.

영적인 거인, 바실리오스는, 하느님의 은총으로 교회의 머리가 된 주교에게 고개를 숙였다. 위대한 인물 바실리오스의 자기 비움의 모습은 에프세비오스의 심금을 울렸고 그것은 곧 그의 자기 비움으로 연결되었다. 이렇게 둘은 서로 좋은 관계, 아니 애정 어린 관계가 되었다. 에프세비오스는 이제 바실리오스를 절대적으로 신뢰했다. 그가 항상 옆에 있기를 원했다. 물론 당시는 혹독한 시련의 시기이기도 했다.

앞서 밝혔듯이 에프세비오스는 그렇게 출중한 인물은 아니었다. 더욱이 교회의 신앙과 관련된 주제에 있어서는 제대로 훈련되지 못한 상태였다. 그의 교회 사역에 있어 바실리오스가 필요했던 것은 당연한 이치였다.

둘은 매일 밤 교회의 문제들에 대해 연구했다. 수시로 다른 사제들도 그 자리에 모였다. 가끔 보좌주교들도 함께 했다. 그 자리에서 바실리오스는 하나의 기준, 원칙이 되었다. 그가 뭔가를 말하면 모두 수긍하고 받아들였다. 어떤 계획이 수립되면 당연히 바실리오스가 실행의 책임을 맡았다.

바실리오스가 제일 먼저 신경 쓴 일은 에프세비오스에게 설명하고 협의하고 승인을 받는 일이었다. 그것은 그렇게 고된 일은 아니었다.

왜냐하면 그는 언제나 바실리오스의 조언을 받아들일 준비가 되어 있었기 때문이다. 주교는 바실리오스의 신학적 설명을 경청하며 그가 세우는 다양한 계획을 승인했다. 그들의 관계는 천사들도 질투할 정도였다.

두 번째로 바실리오스가 신경 쓴 일은 교육이었다. 이것은 특별히 주교에게 이해를 구할 일은 아니었다. 주교는 그리스도인들이 신학적으로 무지하다는 점을 잘 알고 있었다. 언젠가 주교는 바실리오스를 불러서 이렇게 말했다.

"바실리오스, 이단들은 진리를 가지고 있지도 않으면서 진리에 대해 말하는데 우리는 진리를 가지고 있으면서도 진리에 무지하니 어떻게 생각하나?"

"주교님, 당신 말씀이 맞습니다. 먼저 사제를 모아 주시고 후에 학식 있는 신자도 모아 주십시오. 다음 주부터 '하느님과 관련된 것'에 대해서 설명하도록 하겠습니다. 진리를 최대한 밝혀내서 아리우스파들의 불경을 드러내도록 하겠습니다."

"바실리오스, 하느님의 축복이 있기를! 네가 알듯이 나는 모르는 것이 참 많단다. 하지만 옳은 것이 무엇인지 깨닫는다면 불경이 무엇인지도 알게 될 것 같구나. 그렇게 된다면 우리는 이단에 대항할 수 있는 무기를 소유하게 되지 않겠니."

바실리오스는 이런 분야에 천부적인 재능을 가지고 있었다. 그의 성향과 교육 수준에 비춰볼 때 그는 이미 선생이었다. 그의 가르침은 성당에서 이루어졌다. 성당은 청중으로 가득 찼다. 사제, 사회 각계각층의 사람들, 지식인과 비지식인 할 것 없이 남녀노소로 가득했다. 그중에는 바실리오스를 트집 잡기 위해 악의적인 질문을 준비해 놓고 밖에 나와서는 그를 비난하려는 이단들도 있었다.

바실리오스의 나침판은 거룩한 성서였다. 그는 나무 재질로 된 봉독대 위에 성서를 펼쳐 놓고 청중들을 가르쳤다. 그에게 성서는 단지 그의 생각을 지지해주는 역할만이 아니었다. 그것은 그에게 교회의 전승, 신학, 기풍이 얼마나 진실한 것인지 보여주는 아주 성스런 보고였다. 성서는 교회가 살아왔던 진리를 증거하고 입증하는 규범서였다. 바실리오스는 우화적인 방법, 알레고리를 좋아하지 않았다. 그는 진정 현실주의자였다.

결과는 즉시 나타났다. 동방의 정교 신앙의 보루였던 케사리아는 깊은 안도의 숨을 내쉬었다. 바실리오스의 가르침으로 백성은 정교 신앙을 지켜야 하는 이유를 더 잘 알게 되었고 이단들의 주장에 대해 더 확실하게 반박할 수 있게 되었기 때문이다. 어떤 이들은 믿음을 더욱 공고히 했고, 어떤 이들은 믿음을 되찾았으며, 또 어떤 이들은 믿음을 수호하는 역할을 하게 되었다.

이렇게 그는 신자들의 지주와 기폭제가 되었고 이단들에게는 도끼와 불이 되었다. 바실리오스는 사상이 투철한 이단들을 상대하며 그들과 공개적인 토론을 제안했다. 두 배의 효과가 있었기 때문이다. 이미 364년 말부터 수도 케사리아의 분위기는 뿌리째 변하고 있었다.

그때까지 아리우스파는 지배적인 위치를 차지했다. 설교하고 선전하고 많은 추종 세력을 끌어들였다. 그리고 주저하는 이들과 교육이 안 된 대다수 그리스도인을 겁박했다. 그들은 확실한 태도를 취하지 않은 정교인에게 불안한 분위기를 조성했다. 정교인들은 심각한 전환점에

와 있었다. 약간의 강한 충격만으로도 무너져 버릴 상황에 있었다. 하지만 성령은 그 상황을 가만히 지켜보고 계시지 않았다. 교회를 위해 강력한 보루를 선택했다. 정교인을 굳건하게 해줄 바실리오스를 보내신 것이다. 진리를 확신한 교인들은 아리우스파 세력을 몰아내는 데 힘을 쏟았다.

처음에 아리우스파는 반발했다. 그들은 정부에 도움을 요청했다. 고위관료들은 그들을 지지했다. 하지만 바실리오스가 일으킨 새로운 흐름은 점점 더 거세졌고 그 힘은 모든 것을 쓸어버렸다.

케사리아를 손에 넣기 위해 파견되었던 아리우스파는 지금 도망쳐야 하는 상황이 되었다. 오히려 자신들의 신상을 걱정해야 하는 상황에 몰렸다. 그들이 당한 수치와 모욕은 증오와 복수의 칼날이 되었다. 이것은 간단한 사건이 아니었다. 이를 두고 그레고리오스는 이렇게 말했다.

> "아리우스파가 패배한 것은 그때가 처음이었다. 처음으로 그런 수모를 겪었다. 그리고 그때 그들은, 카파도키아인들이 정교 신앙보다 더 소중히 여기는 것은 어디에도 없다는 것을 처음 알게 되었다."

교회와 별 관계가 없던 백성, 소극적인 신자들도 바실리오스에게 맹목적인 신뢰를 보냈다. 왜냐하면 믿음을 굳건히 하는 데 도움이 되었기 때문이다.

단순한 신자들은 오히려 순박하고 진실했다. 그래서 그들은 바실리오스에게 감사의 마음을 표했다. 반면에 교회에서 어떤 직책이나 책임을 맡고 있는 사람들은 반대의 태도를 보였다. 이들은 영적인 도움을 인정하려 하지 않았다. 누구에게 뭔가 받는 것을 불편해 하고 때로는 모욕적이라고 느낀다. 이런 사람들은 남이 자신보다 더 낫다는 것을 쉽사리 받아들이지 못한다.

단순한 신자들은 이런 사람들이 보여주는 교만과 열등감 때문에 고통 받지 않는다. 그들은 옳다고 느끼는 것은 소박하게 받아들인다. 바실리오스는 성령의 빛을 받은 사람이었고 하느님의 선택된 인물이었다. 당연히 백성은 그에게 절대적인 신뢰를 보냈다.

그래서 사람들이 어려운 일이 있을 때 그를 찾아가는 것은 별로 이상한 일이 아니었다. 서로 풀지 못하는 것이 있으면 사람들은 바실리오스에게 달려가 해결책을 구했다.

박해로 인해 도움이 필요한 사람들도 바실리오스의 문을 두드렸다. 이 모든 현상은 이미 그가 카파도키아에서 상당한 권위를 얻었음을 보여준다. 그것은 교회에 국한되지 않았다. 도시 지주, 권세가, 정부관료 모두에게 공통된 것이었다.

모두가 바실리오스를 알고 있었다. 시장을 가도 마찬가지였다. 어디를 가도 그를 알아봤다. 그리고 그가 지나가는 곳은 어디든 감동의 분위기가 형성되었다. 말 그대로 그가 나타났다는 사실 하나만으로 감동이었기 때문이다. 아니 그에 대해 전해 들은 이야기만으로도 깊은 감동을 받곤 했다. 이렇게 그는 유명인사가 되었다.

고관의 자녀였던 바실리오스. 하지만 그는 모든 재산을 가난한 이들을 위해 내놓았다. 세상의 재화는 그의 마음을 감동시키지 못했다. 명성이 자자한 이방인 학교에서 또 아테네에서 수학했던 바실리오스. 그는 위대한 웅변가가 되었다. 하지만 그는 그 모든 영화를 뒤로 하고 수도사가 되었다. 그가 쓴 책들은 과거 이전의 그 어떤 책보다도 성공적이었다. 진리에 대해 말할 때 그는 그 어떤 것도 계산하지 않았다. 상대가 부자이든 권력가이든 상관하지 않았다.

혹자는 어떻게 그게 가능했는지 궁금해 할 것이다. 그 이유는 그가 인간적인 것에서 벗어났기 때문이다. 그는 권력가라고 해서 고개를 숙이지 않았다. 두려움에 앞서 그는 정의를 지키려 했다. 그의 설교 기법은 그 누구도 따라올 수 없었다. 하지만 그것마저도 그에게는 그리 중요한 것이 아니었다. 왜냐하면 그의 가장 강력한 힘의 원천은 진리, 정의, 사랑이었기 때문이다. 그는 이것들과 더불어 살았다.

"그런데 이 사람 너무도 창백하던데! 그를 가까이서 보면 걱정이 될 정도이던데"

"친구, 그렇지가 않네. 그를 가까이서 보면 그의 광채에 따뜻함을 느끼게 될 걸세. 비록 겨울이라 해도 말일세."

그는 창백했다. 하지만 그의 얼굴은 안쓰럽기보다 경외감을 불러왔다. 그의 몸은 왜소했다. 하지만 그가 걸을 때면 도로, 시장, 온 케사리아가 바실리오스로 가득 찼다. 그는 너무도 검소했다. 빵과 소금이 그의 주된 음식이었다. 포도주 대신 물을 마셨다.

"그의 모습이 특별해 보이지는 않던데."

"전혀 그렇지 않네, 친구. 그는 걸어 다닐 때 깊은 사색에 잠기지. 말할 때는 절제가 있어. 자네가 그에게 도움이나 조언을 구할 때가 있다면, 그때 그가 자네를 쳐다보는 순간을 주시해 보게나. … 그러면 그가 자네를 위해 존재하고 자네에게 모든 것을 내주고 또 자네를 환희 비추고 있다는 것을 느낄 수 있을 걸세."

참으로 이상한 일이 아닌가! 부유하고 비싼 옷을 입은 사람들이 인정받는 시대에 낡고 오래된 라소(성직자가 입는 평상복)를 입은 뼈만 앙상한 인물을 경탄하고 있다니. 그는 라소 안에 거친 털로 된 수단을 밤에도 입고 생활했다.

신자들은 바실리오스에게서 하느님을 보았다. 그들 사이를 거니는 하느님의 뜻을 보았고 한 성인을 보았다. 이방인들은 그를 거룩한 거인처럼 여겼다. 그래서 그를 주의 깊게 지켜보며 때로는 신자들처럼 그를 존경하기도 했다. 영적인 문제에 대해서 잘 알고 있는 사람들은 또 다른 차원의 경의를 그에게 표했다.

에프세비오스 주교는 자신을 보좌하는 바실리오스의 그늘에 완전히 가려졌다. 하지만 기분이 언짢지 않았다. 모든 사람들의 눈이 바실리오스를 향하고 있다는 사실은 굳이 통찰력이 없어도 알 수 있는 상황이었다. 하지만 그는 마음이 상하지 않았다. 이유는 단 한 가지였다. 그를 사랑하기 때문이었다.

에프세비오스는 훨씬 높은 곳까지 올라갔다. 그는 자신을 보좌하는 이 사제를 사랑했다. 그는 바실리오스가 유명해지는 것을 시기하지 않았다. 자신에게 모든 것을 내려놓은 그에게 자신도 거의 모든 것을 내려놓았다. 그는 모든 목자들의 책임자인 주교였다. 최종 승인자였다. 당연히 그는 승인을 했다. 하지만 바실리오스는 그가 그런 결정을 하도록 잘 인도했다. 주교는 중요한 것을 결정하기 전에 바실리오스에게 먼저 의견을 물었다. 그레고리오스는 이러한 상황을 이렇게 평했다.

"에프세비오스는 직책을, 바실리오스는 권한을 가지고 있었다. 에프세비오스는 신자들의 머리였고, 바실리오스는 머리의 머리였다. 에프세비오스는 선장이었지만, 바실리오스가 키를 잡고 항해하는 것을 좋아했다."

하느님께 향하는 길, 자연의 아름다움, 『6일간의 창조』

바실리오스는 여느 밤처럼 기도를 시작했다. 하지만 이번에는 뭔가 좀 달랐다. 다른 때보다 더 피곤함을 느꼈다. 하지만 그것은 땀 흘려 일한 수고에 대한 것이 아니었다. 실망감 때문이었다. 무기력해진 그는 의욕이 생기지 않았다.

기도는 계속되었다. 먼저 시편 봉독을 통해 심장을 뜨겁게 달구면서 정욕을 약화시켰다. 이어서 침묵과 하느님에 대한 묵상이 뒤따랐다. 그는 힘이 닿는 한 그 밤을 견디고 있었다. 차츰 무기력이 물러나면서 평안이 찾아왔다. 그리고 언제나 그랬던 것처럼 털로 된 수단을 입은 채 잠이 들었다.

다음 날 새벽 그는 다시 기도를 시작했다. 절기도(메타니아) … 시편 … 시편 … 절기도 … 기원. 모든 것이 끝나자 그는 다른 사람이 되어 있었다. 그의 마음은 가벼웠고 의지도 굳건해졌다.

바실리오스는 문제의 해법을 발견했다. 그것은 모세가 창세기에 기록했던 '6일간의 세상 창조'에 대해 분석하고 해석하는 것이었다.

바실리오스는 그리스도인들이 하느님에게서 또 영적 성장으로부터 점점 더 멀어지는 것을 지켜보면서 이 방법이 그들에게 유익을 줄 것이라고 판단했다. 당시 그리스도인들은 이단의 위협에 노출되어 영적 성장이 정체된 상태였다. 그 결과 영적 지도자들은 케사리아를 포기하고 떠나 버렸다.

바실리오스는 투쟁에서 선봉에 나섰다. 홀로 조직을 만들어 투쟁했다. 승리를 향한 그의 투쟁은 무척 고된 것이었다. 하지만 그의 투쟁이 승리를 거둔다 해도 그리스도인들이 구원에 대해 관심을 잃는다면 과연 무슨 의미가 있겠는가?

바실리오스는 다른 형태의 새로운 투쟁에 나섰다. 더 힘든 투쟁의 길이었다. 박해자는 언젠가 지칠 것이고 이단들도 패하겠지만, 신자들의 영적 나태는 그렇게 쉽게 멈추지 않을 것이고 또 쉽게 정복되지도 않을 것이기 때문이다.

바실리오스는 이 교육의 숨어 있는 어려움을 잘 알고 있었기에 처음에는 나서지 않으려 했다. 하지만 이제 그는 새로운 투쟁의 계획을 세워 에프세비오스 주교를 찾아갔다. 그리고 양떼들의 영적인 상태에 대해 언급했다.

"주교님, 듣기 좋은 말은 아니지만 말씀드릴 게 있습니다. 이미 주교님도 잘 알고 계실 겁니다."

"이 시간에 여기를 찾아온 것을 보니 뭔가 심각한 문제가 있는 것 같은데. … 그래 무슨 일인지 말해 보게."

"동의하실지 모르겠지만, 제가 생각하는 바가 있습니다. 그리스도인들에게 창세기에 나와 있는 세상 창조에 대해 가르쳐주고 싶습니다."

"글쎄, 과연 그 교육으로 그들의 마음이 다시 살아날지 모르겠군. … 딱딱한 내용인데 해석을 해준다고 관심을 보이겠나?"

"주교님, 맞는 말씀입니다만 저는 좀 다르게 해석을 해보려고 합니다. 그들에게 과학 지식이나 히브리어를 가르칠 생각은 없습니다."

"어떤 방법으로 가르칠 생각인가?"

"사람들은 신화나 철학적인 견지에서 세상을 바라보고 설명합니다. 하지만 저는 다른 관점으로 세상을 바라보게 하고 싶습니다."

"그러면 그들의 시각을 변화시켜야 할 텐데…"

"어렵다는 거 알고 있습니다. 그래서 사실 걱정도 많이 됩니다. 하지만 해야만 하는 일이라고 봅니다."

바실리오스는 혼자서 말하듯 계속 말을 이어나갔다.

"사람들은 땅, 하늘, 별, 식물, 동물, 세상에 대해서 잘 알고 있습니다. 일부는 저보다 더 잘 알 것이라고 생각합니다. 하지만 저는 다른 뭔가를 원합니다. 그리스 철학자들의 도움으로 그것을 설명해 나갈 생각입니다. 누가 플라톤, 아리스토텔레스를 모른 척 할 수 있겠습니까? 스토아 학파의 윤리 … 플로티노스를 보십시오. 참으로 이상하지 않습니까! 그는 그리스도인이 아니었지만 우리도 가끔 그와 똑같은 이야기를 합니다. 물론 그는 우리와 다른 사상을 가지고 있고 깊이에 있어서도 다릅니다. 목표하는 바도 분명 달랐을 것입니다. 하지만 그의 용어들은 필요에 따라 우리에게도 적용될 수 있을 것입니다. 게다가 우리는 하느님의 거룩한 세 위격과 업적에 대해 이야기 할 것이기 때문에 사람들은 우리가 철학을 하는 것이 아니라 참된 진리에 대해서 말하려고 한다는 점을 이해하게 될 것입니다. 세상에 대한 그들의 철학 이론은 세상의 일부를 설명해 주고 있는 것이 사실이며 현자들은 오랜 세월 그 이론을 세밀하게 관찰해 왔습니다. 당연히 저는 신자들에게 혼란을 가져오는 이론은 배제할 것입니다. 물론 쉽지 않겠지만 방법을 찾을 것입니다. 같은 사물에 대해서 다른 이론을 활용해 설명해 준다면 가능할 것입니다. 물론 우리는 우주론자, 천문학자, 자연주의자, 고생물학자가 되지는 않을 것입니다! 우리는 성서 속의 진리를 가지고 있기 때문입니다. 모든 것이 하느님으로부터 기원했고 시작과 끝이 존재하며 스스로 이루어진 것은 아무것도 없다는 하느님의 계시를 우리는 예언자 모세를 통해 받아 익히 알고 있기 때문입니다."

에프세비오스 주교는 육신을 초월한 듯 얘기하고 있는 젊은 사제를 주의 깊게 경청했다. 그의 이야기를 들으며 주교의 마음은 말을 끊고 싶지 않을 만큼 기쁨이 넘쳤다. 하지만 문제 해결은 그렇게 단순한 것이 아니었다. 너무나 거신은 목자였다. 과연 바실리오스의 생각처럼 신자들에게 그런 결과가 나올지도 의문스러웠다. 주교는 주저하다가 바실리오스의 말을 끊었다.

"바실리오스, 말을 끊고 싶진 않았지만 주제가 벗어난 것 같구나. 신자들의 무관심, 그들의 굳은 마음, 구원에 대한 냉담, 다른 눈으로 세상을 바라봐야 한다는 이야기가 핵심 주제 아니었니?"

바실리오스는 마치 꿈에서 깨어난 것처럼 깜짝 놀랐다.

"주교님. 제가 마지막 순간에 잠시 본질에서 벗어난 것 같지만 저는 여전히 주제와 관련 있는 주변 것들을 생각 중이었습니다."

"주변 것이라…"

"주교님, 주변 없이는 우리의 핵심인 진리에 다가설 수가 없습니다. 주변 없이 본질에 도달할 수가 없습니다. 집을 생각해 보십시오. 기초와 외형만 있는 것이 아니지 않습니까? 수없이 많은 다른 요소도 함께 어우러져 있습니다. 이런 요소들이 없는 집이 어떻게 존재할 수 있겠습니까? 이것도 마찬가지입니다. 우리에게도 하느님이 보실 때 어리석은 지식, 신화적인 시, 거짓에 이용되고 있는 수사학 등 설득할 수 있는 주변의 뭔가가 필요합니다. 주교님, 인간은 우주입니다. 우리는 세상이라는 경로를 통해 진리를 찾아 나갈 수 있을 것입니다. 철학자, 심리학자, 천문학자, 그리고 자연주의자의 이론이나 주장으로 창조의 진리를 증명하지는 않을 것입니다. 성서와 반대되는 이론은 배제하며 신자들을 북돋워 줄 것입니다. 그들 이론은 서로 충돌하고 대립해서 하나가 또 다른 하나를 무력화 시키곤 합니다. 그것은 곧 성서만이 하느님의 진리를 간직하고 있음을 방증하는 것이기도 합니다. 주교님께서는 이것이 과연 보잘것없는 일이라고 생각하시는지요?"

"말도 안 되는 소리! 그렇게 받아들이지 않았으면 좋겠구나. 나는 단지 네가 어디로 어떻게 나아가려고 하는 것인지 그것을 제대로 알고 싶었을 뿐이란다. 너는 신자들이 하느님에 대한 사랑으로 다시 불타오를 수 있도록 우리가 해야 할 일을 잊은 건 아니겠지? 사실 이것이 우리 목표 아니겠니? 네가 창세기를 설명해 주는 것도 신자들의 영적 성장을 위한 거 아니겠니?

"맞습니다. 주교님, 이제 당신께서 듣고 싶어 하시는 부분에 거의 다 왔습니다. 솔직히 제가 이 방법을 고안했지만 저 역시도 지금 어렵게 느끼고 있습니다. 제 속으로 오랜 시간 구상해 온 것이지만 이것을 제대로 표현하는 것이 아직도 많이 힘듭니다. 하지만 이제 거의 다 왔습니다. 주교님, 창조된 이 세상은 참으로 아름답습니다. 저명한 시인들도 말을 아끼는 마주(馬主)처럼 또 땅을 일구는 농부처럼 이 사실을 잘 알고 있습니다. 하지만 이런 사실을 안다는 것이 우리 그리스도인들에게는 사실 큰 도움이 되지 않습니다. 저는 제 능력을 최대한 발휘해 세상이 얼마나 조화롭게 창조된, 하느님의 아름다움인지를 보여주려고 합니다. 하느님과 세상의 아름다움의 관계성을 깨달을수록 사람들은 그만큼 더 경탄하게 될 것입니다."

이 경탄은 하느님에 대한 인정과 감사를 의미하게 될 것이다. 그것은 하느님과 하나로 일치되었음을 보여주는 예가 되어 하느님에 대한 뜨거운 사랑을 가져다주게 될 것이다.

"바실리오스, 그래, 네 말에 반대하지 않으마. 나 역시 지금 너의 생각을 듣고 아까보다 더 많이 놀라고 있단다. 그런 생각을 하고 말하는 네가 참으로 생각난다. 지금 네가 말하듯이 사람들에게도 그렇게 잘 얘기해 줬으면 좋겠구나. 그런데 바실리오스, 사람들이 어떻게 또 얼마나 자연에 대해 놀라워할까? 혹시 자연과 하느님을 혼동하지는 않겠니?"

"자연의 아름다움이 하느님 말씀이라는 점을 잘 설명한다면 그런 걱정은 하지 않으셔도 될 것 같습니다. 다시 말해 '세상의 모든 것 하나하나가 참으로 좋은 것이다. 왜냐하면 하느님의 표현이기 때문이다'라고 이해시키는 것입니다. 이것이 바로 핵심입니다. 그렇게 된다면 하느님과 자연을 혼동하지 않을 뿐만 아니라 하느님에 대한 더 큰 사랑을 키워 나갈 수 있을 것입니다. 주교님, 많은 것을 얘기하지는 않을 것입니다. 저는 하느님과 아름다움 사이에 존재하는 관계성을 보여줄 생각입니다. 자연의 아름다움은 기적임을 강조할 것입니다. 이것이 바로 아름다움에 대한 가르침입니다. 거기에는 어떤 철학도 들어가지 않습니다. 하느님은 그 어디서도 책임감 때문에 창조하시지 않습니다. 이것은 성서의 계시를 통해 하느님 자신이 우리에게 밝히 보여주신 것입니다. 따라서 철학은 사도 바울로가 말했듯이 어리석은 것입니다. 하지만 철학은 자연과 인간의 많은 아름다운 비밀을 알고 있습니다. 그렇기 때문에 우리는 가끔 그것을 활용할 뿐입니다."

"바실리오스, 신자들 중에는 학식이 낮은 이들도 있는데 너의 말을 이해할 수 있겠니?"

"물론 장담할 수는 없습니다만 이해하는 이들도 있을 것입니다. 최대한 단순하게 설명할 생각이니까 한번 지켜봐 주십시오. 모든 진리가 그러하듯이 지금까지 말한 아름다움과 경탄도 단순한 것입니다. 앞으로 문제는 과연 그들이 받아들일 것인지 아닌지의 여부입니다. 하지만 그것은 저의 권한 밖의 일입니다. 하느님의 몫입니다. 오직 하느님만이 믿음과 사랑을 이루는 분이시기 때문입니다."

"그래. 네가 바라는 대로 잘 되었으면 좋겠구나. 나는 여느 때처럼 이번에도 너의 설교에 참석하마. 적어도 처음 몇 번은 참석하도록 하마. 나는 네가 꼭 성공할 것이라 의심치 않는단다. 너무 걱정하지 않았으면 좋겠구나. 그리고 네가 애정을 가지고 있는 오리게네스도 잘 활용하기 바란다. 나도 『필로칼리아』의 일부 내용을 읽어보았는데 참 좋더구나. 그에 대해 말이 많지만 오리게네스가 놀라운 업적을 이룬 것은 사실 아니냐. 물론 일부 잘못한 부분이 있는 것도 분명하지만 말이야. 그 부분은 하느님이 판단하실 것이니 우리는 그가 남긴 훌륭한 작품을 잘 활용하면 좋겠구나."

"맞습니다, 주교님. 저는 오리게네스에게 경의를 느끼고 있습니다. 그는 모든 것에 있어 위대한 인물이었습니다. 이설에 빠지지만 않았다면 좋았을 텐데 그 점이 참으로 안타까울 뿐입니다. 하지만 그가 위대한 인물인 것은 부정할 수 없는 사실이기 때문에 그레고리오스는 그의 일부 작품들을 모아서 『필로칼리아』를 만들었습니다. 저는 당연히 이것을 활용할 것입니다. 하지만 뭔가 다를 것입니다. 다른 방법을 따라야 한다고 봅니다."

"알레고리! 그가 성서를 이해하고 해석할 때 사용했던 알레고리를 따르지 않겠다는 말이냐?"

"네. 그렇습니다. 저는 그것을 따르지 않을 것입니다. 저도 처음에는 알레고리 해석을 좋아했었습니다. 하지만 이제는 사실 두려움이 큽니다. 제 개인적 견해이지만 오리게네스의 실수도 바로 이 점에서 기인하지 않았나 생각합니다. 이것이 그를 잘못된 해석으로 이끌어 이단이 되게 하지 않았나 생각합니다. 물론 주교님은 그가 이 알레고리를 상소에 낸 것 아니냐고 말씀하실 것입니다. 철학과 신학에서 그가 사용하는 방법은 오직 그것뿐이라고 말씀하실 것입니다. 그것은 곧 알레고리 자체가 문제가 아니라 그 방법만 너무 지나치게 적용한 오리게네스 자신에게 잘못이 있음을 보여줍니다. 저는 주교님 생각에 동의합니다."

"하지만 나는 아직도 알레고리 해석의 오류가 어디에 있는지 잘 모르겠구나. 사실 알레고리가 높은 개념, 훌륭한 이상으로 이끌어 주는 역할을 해주고 있고 성서의 문자와 형태 아래 감춰져 있는 진리를 찾는 데 도움을 주는 것이 사실 아니냐?"

"주교님, 아니라고 말씀드리지 않겠습니다. 저도 그렇게 생각했었습니다. 잘못은 일상적 단어에서 '높은' 개념을 찾는 데 있습니다. 예를 들어 성서의 '물'이라는 단어를 들 수 있습니다. 왜 '물'이라는 단어가 가지고 있는 그 의미 외에 또 다른 의미들을 찾으려 하고 만들어 내려 하는지요? 왜 그것을 추구하는지요? 물은 하느님의 창조물 아닙니까? 하느님의 창조의 말씀에서 비롯된 것이 아닌지요? 참으로 보기 좋은 것이 아닙니까? 만약 우리 각자가 평범한 단어에 높은 의미를 부여한다면 그것은 우리의 창조물이 되는 것이지 하느님의 뜻이 아닙니다. 우리의 입맛대로 평범한 단어를 가지고 지고한 의미를 가진 것처럼 만들어 버리고 맙니다. 그렇게 되면 우리 맘에 드는 철학적인 사상을 가지고 와서 교회 성서 교육에 사용하게 될 것입니다. 이것처럼 더 어리석은 일이 어디 있겠습니까?"

"그러면 어떻게 지고한 개념, 아름다운 이상에 도달할 수가 있지?"

"지고한 개념이나 아름다운 이상이라는 것은 없습니다. 하느님은 인격이시고 그분의 진리는 실제적입니다. 우리는 이것들을 가지고 있습니다. 은총으로 우리에게 베풀어 주셨기 때문입니다. 이뿐이겠습니까? 우리는 진리와 하나로 결속되어 있습니다. 따라서 우리는 다른 이상을 추구할 필요가 없습니다. 진리는 존재합니다. 이상은 인간이 머리로 만들어 냅니다. 이미 존재하는 것을 가지고 있는데 왜 없는 것을 찾아야 하는지요? 저는 인간은 진리가 없는 곳에서만 자신의 머리로 이상을 세우고 창조한다고 봅니다. 제 생각이 그리 틀리지 않았다고 생각합니다. 플라톤은 그 유명한 '이데아'를 만들었습니다. 왜냐하면 진리가 필요하다고 느끼고 있었지만 진리가 없었기 때문입니다. 우리는 하느님으로부터 받은 진리를 가지고 있습니다. 그것은 오직 하느님만 주실 수 있는 것입니다. 그분이 진리이기 때문입니다. 그러니 우리가 어떻게 이상을 만들 수 있겠습니까? 왜 그것을 만들어야 합니까? 그리고 그것을 어디에 쓰겠습니까?"

"나는 자네에게서 처음으로 그런 말을 들었네. 차근차근 설명해주니 이해가 좀 더 쉽게 되는군. 이제야 겨우 내 눈이 성스럽고 고귀한 신학에 눈이 떠지는 것 같구나. 그런데 나는 이미 너무 나이가 들어 버렸구나. 지금이라도 시작하고 싶은데 참으로 안타깝구나. … 하느님, 당신의 진리가 얼마나 깊고 단순한지요! 나의 온 삶이 당신을 경배해 왔지만 이제야 그토록 중요한 것을 깨달았나이다! 저에게 놀라운 축복, 저의 삶의 천사, 교회의 천사, 바실리오스를 보내 주셔서 감사드립니다. 그리스도시여, 그를 지켜 주시고 그에게 빛을 밝혀 주소서. 우리 모두는 그가 필요하나이다."

"주교님, 제가 무슨 큰일을 하다고 이러십니까! 저는 교회에서 배운 것을 계승할 뿐입니다. 저는 이 모든 것을 가족 안에서 발견했습니다. 나의 할머니 마크리나, 아버지, 영면하신 디아니오스 주교님, 교회의 사제들, 이집트, 팔레스타인, 시리아의 수도사들. … 이들이 나의 스승들이고 저는 이들로부터 받았을 뿐입니다."

"그래. 나도 알고 있으니 아니라고 말하지 않으마. 전에 네가 나에게 말한 적이 있었지. 그런데 바실리오스, 너는 그들과 뭔가 다르게 말하고 있단다. 어떻게 표현해야 할지 모르겠지만 좀 더 깊고 멀리 나아간다고나 할까. …"

"주교님, 성서의 '깊이'가 끝이 없다는 것은 사실입니다. 그 깊이는 '심연'입니다. 하지만 어느 지점까지는 누구든지 접근해서 감춰진 비밀을 밝힐 수 있습니다. 단지 어려울 뿐이지요. 그 누구도 심연의 진리의 모습을 볼 수는 없습니다. 하지만 사물의 이치를 깨닫게 되면 해석 아닌 표현은 가능합니다."

"바실리오스 사제, 플라톤이 바로 그렇게 말하고 있다네. 아마 네가 나보다 더 잘 알 것이야. 지금 우리는 철학자처럼 하느님과 진리에 대해 말하고 있는데 어떻게 그럴 수 있지!"

"주교님, 맞습니다.『티마이오스』라는 아름다운 대화편에서 플라톤은 누구든지 하느님께 이를 수 있다고 말합니다. 하지만 만약 그의 말대로 하느님께 도달한다 해도 그분을 표현하는 것은 불가능합니다."

"그렇다면! 우리는 하느님을 알 수 없다는 말인가?"

"이 주제는 그냥 놔두는 게 좋을 것 같습니다. 우리는 이미 하느님과 진리를 소유하고 있습니다. 따라서 이미 알고 있는 것입니다. 하지만 모든 것을 다 알지는 못합니다. 지금 우리가 말하는 이 경우, 감춰진 심연, 진리, 피조물의 이유는 우리의 생각이 미치지 못하는 그 어떤 것입니다. 우리 영혼의 눈으로는 그것을 볼 수 없습니다. 하지만 우리가 끝없이 그것을 찾는다면 하느님은 우리를 그냥 배고픈 채로 목마른 채로 놔두지는 않으십니다. 진리를 향한 우리의 사랑에 보답하십니다."

"어떤 식으로 그것이 이루어지지? 어떻게 하느님이 우리에게 호의를 베푸시지?"

"하느님의 전지전능하신 능력이 우리의 나약함에 개입합니다. 그래서 교회의 은총에 힘입어 신자들은 성장할 수 있고 감춰진 심연으로부터 뭔가를 발견할 수 있게 됩니다. 하지만 매우 조심해야 합니다. 큰 위험이 도사리고 있기 때문입니다. 알레고리보다 더 좋고 앞서는 것이 있습니다. 다음과 같은 것을 지킬 때 우리는 추구하는 목표에 도달할 수 있을 것입니다.

첫째, 우리가 하는 일에 성령의 도움이 있어야 합니다. 성령만이 우리를 진리로 이끌어 줍니다.

둘째, 우리가 성서에 부합되게 생각할 때입니다. 그리고 우리가 표현하는 감춰진 심연이 성서의 '뜻', 정신에 부합되어야 합니다.

알레고리와 우리의 신학은 다릅니다. 우리의 신학은 하느님의 창조 이유를 찾는 것이고 창조물의 의미를 설명하는 것입니다. 반대로 알레고리는 성서 단어 아래 그들의 생각을 불어넣고 그들이 원하는 대로 그 생각을 표현하는 것입니다."

그날 밤 이 둘은 이외에도 비슷한 대화를 계속 이어나갔다. 하느님 지식의 은사를 받은 청년 사제와 경청과 포용의 은사를 받은 노 주교가 내와아는 모습, 그것은 참으로 아름다운 일이 아닐 수 없었다.

바실리오스는 주교의 축복을 받고 그곳에서 나왔다. 피곤이 온몸을 짓눌렀다. 그는 완전히 맥이 풀려 기운이 하나도 없었다. 아주 힘들게 집에 도착한 그는 털로 된 수단을 입은 채 그대로 자리에 쓰러졌다. 아무것도 먹지 못했다. 아니 먹을 생각조차 할 수 없었다.

바실리오스는 이른 아침 일어났다. 비록 거의 수면을 취하지 못했지만 나름 휴식을 안겨 주었다. 그는 편안하게 기도를 올렸다. 그의 정신, 그의 온 존재는 하느님 은총으로 흠뻑 젖었다.

그날 바실리오스는 『6일간의 창조』에 관해 첫 번째 설교를 했다. 엄청나게 많은 사람이 모였다. 성당은 가득 찼고 모든 사람이 그의 입술만 바라보고 있었다. 누구도 그에게 의구심을 갖는 이는 없었다. 바실리오스는 웅변가, 교회의 뛰어난 설교가가 되었다. 카파도키아 사람으로서 카파도키아 교부를 사랑하고 그리스어를 매우 수려하게 쓸 수 있었던 한 그리스 역사가는 그의 설교 모습을 이렇게 서술했다.

> "그는 '언어의 연금술사'이자 '좋은 목소리'를 가지고 있었다. 언어의 정확성은 귀를 기울이게 만들었다. 하지만 그것만이 아니었다. 그의 말은 조밀하고 넘쳤으며 생동감, 역동적인 힘, 감각이 있었다. 그의 어휘와 표현은 풍부하여 부족함이 없었고 유연하면서도 다양했다. 단순하고 절제되어 있으면서도 선명하고 정교했다. 친근하면서도 진지했고 위엄 있고 지고했다."

학식이 높은 청중은 그가 철학자에 대해 잘 알고 있는 것을 알고는 깜짝 놀랐다.

바실리오스는 그리스 철학을 아주 잘 알았다. 그래서 마치 꿀벌처럼 필요할 때마다 적절하게 그것을 활용하였다. 그는 구체적인 표본을 가지고 있지 않았다. '6일간의 창조'에 대해 행한 아홉 편의 설교에 드러난 신학과 내용은 모두 그의 창작물이었다. 당연히 그는 당시 철학과 물리학, 더 나아가 천문학과 심리학 지식을 청중들을 이해시키는데 활용했다.

바실리오스는 세상 속에서 살아가는 그리스도교 신자는 결코 우주 질서와 인간 이성을 무시하지 않는다고 역설했다. 그는 이렇게 이방인들의 공격에 확신을 가지고 대처할 수 있는 논거를 신자들에게 제공해 주었다. 하지만 그는 그 논거조차도 한계가 있는 것임을 잊지 않았다. 바실리오스는 매우 분명하게 그들에게 말했다.

> "이성적인 주장은 단순한 믿음 앞에서 보잘것없는 것이다. 그것

들은 서로 별개의 것이다."

'6일간의 창조'에 대한 바실리오스의 설교는 금식 기간에 행해졌다. 하루에 한 번, 어떤 경우에는 아침과 오후에 있었다. 다양한 계층의 모든 사람들이 그의 설교를 들었고 말 그대로 감동을 받았다.

이것은 케사리아에서 교회가 자유로운 정신을 소유한 이들 속에 들어가 그들을 수확한 첫 번째 사례였다. 교회가 지식인 사회에 역동적으로 들어간 사례로서, 이제는 그 누구도 교회의 권위 있는 가르침과 정신적 차원에서의 참된 위상을 의심할 수 없도록 만든 하나의 계기가 되었다.

바실리오스의 헌신적인 노력은 그가 추구했던 목표만을 이룬 것이 아니라 교회가 정신적인 가치로 압북석인 인깅을 받게 되는, 기대하지 않았던 효과까지 거두게 된다. 그리고 이제 카파도키아의 수도에는 다소간 새로운 분위기가 조성된다. 이것은 교회의 행로에 엄청난 의미를 가지고 있었다.

이스라엘의 노래, 교회의 기풍

바실리오스는 『6일간의 창조』 설교 이후에 계속해서 『시편 강해』에 착수하였다. '시편'은 하느님께 드리는 이스라엘의 찬송이었다.

바실리오스는 매일 신자들과 접촉하며 의사처럼 그들의 영적 문제를 유심히 관찰했다. 그리고 그들의 내면 계발의 절실함을 느꼈다. 『6일간의 창조』 설교 이후에 신자들이 세상의 승리자처럼 느끼고 만족하는 것으로는 충분하지 않았다. 그것은 첫 번째 승리, 시작에 불과했기 때문이었다. 그는 목자로서 양들에게 필요한 것이 무엇인지, 실질적 도움이 될 만한 것이 무엇인지 고민했다.

설교 이후에도 변화된 신자들의 삶은 지속되어야만 한다. 교회의 정신에 따라 일상적인 삶을 살아가야만 한다. 하지만 그것은 영적인 투쟁이 필요했다. 작지만 구체적인 매일의 목표를 세워 실천하는 영적인 삶이 필요했다.

영적인 성장은 지속적인 투쟁과 많은 실패를 전제하는 작은 승리들로 이뤄진다. 바실리오스는 신자들이 어려운 오르막길을 오를 수 있도록 곁에서 도와주어야 한다고 생각했다. 그리스 스토아 철학의 표현을 빌려 말한다면, 신자들이 완전한 윤리에 이를 수 있도록 도와야 한다는 말이다. 하지만 바실리오스는 그렇게 말하지는 않았다. 교회의 정신과 신념은 스토아 철학과는 다르기 때문이다. 철학의 산물이 아닌 진리이기 때문이다. 그럼 어떻게 이 정신을 신자들에게 심어주고 그들이 이 정신을 사랑하고 쟁취하게 할 것인가?

바실리오스는 철학적 윤리에 대해 매우 잘 알고 있었다. 당시 일부 소책자도 유통되고 있었다. 어떻게 해야 하는 걸까? 바실리오스도 윤리 철학 책을 내야 하는 걸까? 아니었다. 그것은 바른 방법이 아니었다. 교회의 진정한 표현이 될 수 없었다.

바실리오스는 교회의 삶으로 눈을 돌렸다. 어떻게 하느님을 향해 나아갔는지, 그 방식은 무엇이었는지 살폈다. 답은 시편이었다. 교회는 시편으로 하느님을 찬양했고 하느님을 닮기 위한 투쟁을 시편으로 표현했다. 바실리오스는 문제에 대한 해법을 찾았다. 신자들에게 새로운 정신, 교회의 정신과 투쟁에 대해 영감을 불어넣어 줄 『시편 강해』에

착수하기로 한다.

교회의 정신을 쟁취하기 위해 투쟁하지 않는 자는 참된 그리스도인이라 할 수 없다. 그러나 이 정신을 쟁취하기 위해서는 올바른 믿음이 전제된다.

바실리오스는 『시편 강해』를 통해 신자들의 영적 계발을 도와주게 된다. 여기서는 『6일간의 창조』에서 시도했던 깊은 철학적 사유를 활용하지 않았다. 이전 설교처럼 수준 높은 신학을 펼치지도 않았다. 그는 덕과 정신, 이 두 가지에 목표를 두고 있었다. 자연스럽게 그는 이전 설교에서 보였던 알레고리 기법에 대해서도 달라진 태도를 보인다.

바실리오스는 알레고리적인 해석에 대해 의구심을 가지고 있었다. 이 기법에 따르면 누구든지 자기가 내키는 대로 성서를 해석할 수 있다고 보았다. 교회의 삶, 교회의 가르침과는 다른 신앙을 주장하게 될 개연성이 크다고 봤다. 그렇지만 그는 이번 설교에서는 다른 시각을 보여주었다. 시편의 일부 단어들에 대해 신중하게 알레고리적 해석을 적용한다면, 또 그것이 새로운 사상을 추구하는 것이 아니라 신자들의 영적 투쟁을 고양시키기 위한 것이라면, 해가 되거나 위험하다고 보지 않았다. 진리를 대체할 사상을 제시하는 것이 아니기 때문에 미묘한 차이는 해가 되지 않는다고 보았다. 오히려 그것은 하느님을 닮아 감에 있어서, 또 영혼이 가지고 있는 아름다움, 덕의 아름다움을 이해함에 있어서 일반 신자들에게 도움을 줄 수 있을 것이라고 보았다.

더 나아가 시편 해석은 바실리오스가 사회윤리적인 주제에도 관여하는 계기가 된다. 그는 부자와 빈자, 대부업자 그리고 이와 유사한 다른 주제들도 다루게 된다.

바실리오스의 입장은 언제나 투명했다. 교회의 경험을 통해 여과되었기에 순수하고 깨끗했다. 부자 지주들이 맹위를 떨치던 시대에 그는 그들을 향해, 그들은 부의 주인이 아니라 관리자일 뿐이라고 소리를 높였다. 또한 돈을 빌려주는 행위는 선행이 되어야 하지, 빈자들을 착취해서 부를 축적하는 불의한 행위가 되어서는 안 된다고 역설했다.

소인배들의 방법 : 모략

바실리오스의 활동반경은 더욱 넓어졌다. 그는 케사리아를 중심으로 정교 신앙을 회복하는 데 힘을 쏟았다. 카파도키아와 폰도스 외에도 앙키라를 수도로 두고 있는 갈라티아 등 소아시아의 다른 지역도 그의 활동 영역이었다.

케사리아의 강력한 주교의 대변자요 수석 사제로서 그는 소아시아 교회에 지대한 영향력을 미치고 있었다. 하지만 실제로 그 영향력은 그의 놀라운 은사에서 비롯된 것이었다. 도시의 모든 이들이 바실리오스가 누구인지를 알고 있었다. 그를 모략한다는 것은 곧 그의 능력, 지혜, 지식, 정교의 믿음을 폄훼하기 위한 것이라 해도 과언이 아니었다.

그의 은사는 많은 사람들의 경탄을 자아냈다. 그것은 그가 교회에 상당한 영향력을 행사하고 있음을 방증했다. 하지만 일부 사람들은 그를 시기했고 그 시기심은 모략의 도구가 되었다. 바실리오스에 대한 모략은 정교의 강력한 상징적 존재를 무력화시키는 가장 좋은 방법이었다. 그들은 허약한 몸의 한 남자를 공격했지만 그의 정신은 강철로 무장한 것처럼 견고했다.

사실 바실리오스에 대한 중상모략이 시작된 시기는 그의 교회 정책이 성공적으로 결실을 맺기 시작할 때였다. 다시 말해 설교를 통해 신자들에게 교회의 거룩한 양식을 제공하고 정교 신앙을 굳건히 지켜내며 『에브노미오스 논박』이라는 저작을 통해 성 삼위 하느님의 세 위격과 하나의 본질이라는 신학의 초석을 정립할 때였다.

사탄은 바실리오스의 활동에 긴장했다. 그래서 그를 공격할 치밀할 계략을 꾸몄다. 그의 계략을 수행할 이들은 많았다. 하지만 사탄은 신중하게 그의 도구를 선택했다. 결정적으로 치명상을 입혀야 했기 때문이다. 사탄은 정교인과 그의 친구들을 택했다. 그렇게 해서 그들은 바실리오스를 무력화시키는 도구로 전락했던 것이다.

바실리오스가 바른 믿음을 가지고 있지 않다는 소문이 돌기 시작했다. 물론 그 소문은 유언비어였지만 그들은 자주 바실리오스가 사벨리우스와 같은 믿음을 가지고 있다고 목소리를 높였다. 교회 신학의 초석을 놓은 그를 그렇게 모략한 것이다!

유언비어 유포자들은 여러 도시에서 바실리오스에 대한 거짓 소문을 퍼뜨렸다. 가끔은 케사리아에서도 소문을 퍼뜨렸다. 하지만 그 소문은 소문에 불과했다. 바실리오스는 생을 마치는 날까지 그런 시련을 겪는다. 화가 난 바실리오스는 367년 어느 날 펜을 들어 진정한 정교인이었던 앙키라의 주교 아타나시오스에게 편지를 띄운다.

> "주교님, 저에게 물어보실 수가 없었습니까? 제 말은 전혀 들어보지 않고 겁박하고 욕을 보이시다니요! 저에게 편지를 띄워 '바실리오스, 자네에 대해 이런저런 비난이 쏟아지는데 어떻게 생각하나?'라고 물어보는 것이 그렇게 힘드셨습니까? 실제로 그

4. 지극히 거룩하신 하느님의 사제

소문들을 받아들이신 것입니까? 한 번도 저에게 확인해 보시지 않고 어떻게 저를 겁박하십니까? 제가 이단의 행태를 보이고 있습니까?"

앙키라를 여행한 여행객들은 아타나시오스 주교의 행실을 전해 주었다. 그는 계속해서 바실리오스를 비난하고 있었다. 바실리오스가 말했다.

"주교님, 당신이 말씀하시는 태도는 저를 의심할 뿐만 아니라 저와 반목하고 있음을 보여줍니다. 무엇 때문에 당신이 저를 비난하는 것인지 한번 말씀해 보십시오."

바실리오스의 마음이 심란했다. 그리고 화가 끓어올랐다.

"주교님, 당신이 원하는 대로 한번 다 해보십시오. 하지만 저는 당신의 겁박을 무시할 뿐만 아니라 두려워하지도 않습니다!"

하지만 그는 곧 냉정을 찾았다. 성령이 그의 마음을 다독여 지혜롭게 해주셨기 때문이다.

"주교님, 당신의 모함은 저의 관심사가 아닙니다. 정교 신앙에서 한 치의 흐트러짐도 없는 당신의 본 모습이야말로 저의 관심사입니다. 당신은 참된 정교인, 교회의 굳센 지주입니다. 그 점이 저를 위로해줍니다. 그것만으로도 당신의 실수를 충분히 잊을 수 있습니다."

누가 이런 지혜, 이런 거룩성을 헤아릴 수 있을까! 하느님, 당신이 인간을 높이는 방법은 참으로 놀랍습니다! 바실리오스는 그때까지 사제였지만 위에서 언급한 대로 교회에 대한 그의 영향력은 지대했다. 그리고 그는 의지가 강한 성격이어서 본인이 정한 정도를 벗어나지 않았다.

바실리오스는 하느님의 빛이 충만한 사람이었고 동시에 강력한 언어의 연금술로 무장된 사람이었다. 그리고 진리를 알게 된 사람은 그 진리를 표현할 필요성을 느낀다. 바실리오스의 경우가 바로 그러했다. 당시 바실리오스에 대해서 잘 알고 있던 주교들은 그가 교회의 여러 가지 문제를 해결할 수 있는 능력을 가지고 있다는 점을 의심하지 않았다.

바실리오스는 자발적으로 소아시아의 주교들과 관계를 유지하고 있었던 것으로 보인다. 그가 이런 교류와 대화의 끈을 유지한 것은 정교회를 지키고 교회의 일치를 이루기 위해서였다. 그의 노력은 때로는 성공을, 때로는 실패의 쓴맛을 보기도 했다. 이것은 네오케사리아의 주교가 사망했을 때인 367년 혹은 368년에 그곳 백성들에게 보낸 그의 편지에서도 확인된다.

바실리오스는 거룩한 주교에 대해 깊은 감회에 젖었다. 주교라면 누구나 갖춰야 할 덕목임에도 그의 칭송은 무척이나 장황했다. 네오케사리아의 주교는 바실리오스를 분명 정교회를 대표하는 인물로 여겼지만, 그렇다고 해서 교회와 관련한 문제들을 해결함에 있어서 그의 의견과 노력을 항상 지지했던 것은 아니었다.

그렇다고 이것이 영면한 주교의 위상을 낮추지는 않는다. 실수나 잘못이 영적인 인물의 거룩성과 그에 대한 존경심을 떨어뜨리지 않는다.

왜냐하면 거룩성의 기준은 하느님의 신뢰를 얻은 영적인 인물에게 주신 하느님의 은사에 있는 것이지 한순간 누구나 저지를 수 있는 그런 실수의 유무에 있지 않기 때문이다. 더욱이 죄를 짓지 않는 존재는 오직 하느님밖에 없지 않은가!

바실리오스는 네오케사리아의 교회에 무척 관심이 많았다. 그의 고향이기도 했고 그곳에 살고 있는 친구, 지인, 가족이 계속해서 그의 관심을 끌었기 때문이다.

네오케사리아의 교회는 하느님의 도움으로 아리우스파의 강력한 공격에도 굳건히 정교회를 지켜 냈다. 실제로 신실하고 능력 있는 한 젊은 사제가 교회 문제를 해결하기 위해 전력을 다하고 있는 그런 시점에서 교회가 쉽사리 이단의 손에 넘어갈 수는 없었다. 바실리오스는 교회가 이단에게 넘어가는 것을 결코 그냥 두고 볼 수는 없었다. 그것은 곧 자신을 욕보이는 것이라 여겼기 때문이다.

혹독한 기근, 성인의 위대성과 이웃의 아픔

영웅 바실리오스에 대해 조금이라도 관심을 기울였던 고대작가라면 367년과 369년에 걸쳐 심각한 기근을 겪었던 카파도키아에서의 그의 활동에 경탄하지 않을 수 없을 것이다.

기근으로 양식이 점차 줄어들기 시작하더니 마침내 혹독한 굶주림이 카파도키아뿐만 아니라 국경을 맞대고 있는 지역까지 폭넓게 퍼져 나갔다. 주민들은 절대적으로 필요한 기본 양식조차 누릴 수 없어 목숨을 잃기 시작했다. 이 불행은 도시들, 특히 케사리아에서 더욱 심각했다.

도시를 벗어난 지역이나 시골은 그나마 사람들이 야생풀이나 사냥, 그리고 바짝 마른 밭에서나마 얻을 수 있었던 최소한의 양식을 통해 목숨을 부지할 수는 있었다. 하지만 케사리아에서의 기근은 회복할 수 없을 정도였다. 그렇다면 케사리아의 곳간이 비어서 그런 것일까? 꼭 그런 것만은 아니었다.

기근은 지속되어 혹독한 겨울까지 이어졌다. 길은 폐쇄되고 모든 것이 마비되었다. 상인들은 그들의 상품을 팔아 약간의 양식을 들여올 수 있었지만 길이 폐쇄되어 거래를 할 수 없었다. 주된 교역 통로였던 바다와 접하지 않은 지중해 산악지대 마을들은 매년 겨울이 찾아올 때마다 똑 같은 고통을 겪곤 했다.

하지만 367-8년 겨울은 예년에 비해 더욱 가혹했다. 바실리오스는 도시에서 펼쳐지는 비참한 광경을 보고 큰 고통을 받았다. 여기저기 할 것 없이 온통 기아가 휩쓸었다! 성당도 텅텅 비었다. 신자들이 병이 나서 집에 있거나 성당까지 걸어올 힘조차 없었기 때문이다. 이 처절한 광경은 바실리오스의 여린 감성을 가혹하게 내리치고 있었다. 그의 해결책은 기도였다. 그는 무릎 꿇고 오랜 시간 하느님께 간구했다. 그리고 신자들에게 성당에 모여 함께 기도식을 올리자고 요청했다.

죽음의 그늘은 물러서지 않았다. 무엇보다도 그의 마음을 찢어 놓은 것은 아이들의 불행이었다. 부드러운 솜털 같은 어린아이들이 그 나이에 꺼져 가는 광경을 도저히 참고 볼 수가 없었다. 고통이 그를 짓눌렀고 그는 내면의 복잡한 감정들과 싸워야 했다. 아이들을 위해 뭔가를 해야만 했다. 그들의 죽음을 그냥 보고만 있을 수 없었다. 아이들은 죽어 가는데 자신은 버젓이 살아간다는 것은 있을 수 없는 일이었다. 그의 가슴속에는 엄청난 동요가 일어났다. 그의 기도는 직접 빵을 주거나 생명을 구하는 데 미치지 못하고 있었다. 그는 다른 뭔가를 해야만 했다. 그런데 무엇을 어떻게 해야 하는 걸까?

그는 큰일을 위해 어려운 결단을 내린다. 아이들에게 빵을 주는 것이다. 단지 빵만 주는 것이 아니라 비참한 현실과 죽음에서 그들을 살려내는 것이다. 어떻게 해야 그것이 가능할까? 부자들 앞에 나서는 것이다. 한편으론 부탁하고 한편으론 질책하면서 그들의 협조를 구하는 것이다. 그러면 하느님의 은총으로 그들이 마음을 돌릴 것이다.

당시 케사리아의 부자들과 대상(大商)들은 백성들에게 씻을 수 없는 큰 상처를 주었다. 상인들은 앞으로 다가올 기근을 예상하고는 양식을 사재기하여 계속 곳간에 쌓아 두었다. 그리고 가장 기본적인 생필품도 마구 모아서 시장에 되팔지 않고 보관만 해 두었다. 그리고는 마치 굶주린 사자처럼 먹잇감을 노려보고 있었다. 발톱을 날카롭게 드러내고 가난한 자들을 덮칠 기회만 노리고 있었다. 참으로 인간이 얼마나 추락할 수 있는 것인지!

양식이 떨어지기 시작하자 그들은 조심스럽게 곳간을 열기 시작했다. 혐오스럽고 더러운 돈벌이가 시작된 것이다. 가난한 이들은 집에 있는 것을 내다 팔기 시작했고 자기 자신을 빵 한 조각에 내놓았다. 카파도키아의 신부(新婦), 아름다운 케사리아가 순식간에 양육강식의 정글이 되어 버렸다. 많은 이들이 빵 한 조각에 이성을 잃었고 부자들은 돈에 눈이 멀어 이성을 잃었다.

정부는 탐욕스런 상인들에게 조치를 취해 사태를 진정시키겠다고 여러 번 말했지만 시작도 하기 전에 실패했다. 정글에서는 강한 맹수가 법이었다. 그 외에는 누구도 법이 될 수 없었다.

강한 자는 더 강해지고 약한 자는 더 약해지는 이 혼돈 속에서 하나의 기적이 일어났다. 이 엄청난 악의 질서가 뒤집힌 것이다. 빈약한 작은 몸의 한 남자가 그 혼돈의 한중간에 선 것이다.

바실리오스는 손에 채찍을 들 수는 없었지만, 대신 그의 말은 매서운 채찍이 되었다. 그는 계속해서 사회 비판의 채찍을 들었다. 하지만 날카로운 비판으로 부자들의 마음을 찢어 놓으면서도 동시에 다른 한편으로 그들의 마음을 달래며 위로했다.

케사리아의 기초가 흔들렸다. 바실리오스의 열정은 한계가 없었다. 대다수가 그를 미쳤다고 생각했지만, 하느님의 은총은 부자들의 마음을 조금씩 변화시켜 양식을 내놓게 하셨다.

그의 기도의 결과에 대해 누가 함부로 이야기할 수 있겠는가? 바실리오스는 기아에서 카파도키아 백성을 구해 달라고 하느님께 간절히 기도드렸다. 하지만 광야의 만나는 내려오지 않았다. 엘리야 예언자처럼 기적적으로 채워지는 곳간도 그에겐 없었다. 그렇다면 하느님은 그의 기도를 들어주시지 않은 걸까? 과연 하느님은 카파도키아 백성의 비참을 살피시지 않은 걸까? 아니었다. 단지 방법이 달랐을 뿐이었다.

그 옛날에는 하느님의 기적으로 빈 곳간이 채워지고 광야에 만나가 내려왔다면, 지금은 큰 상인들이 손을 벌려 굶주린 이들에게 양식을 제공한 것이다. 먹이를 덮치려 노려보던 맹수가 양처럼 온순해진 것이다. 참으로 놀라운 기적이 아닌가?

바실리오스는 이제 집에서 기도할 시간조차도 없었다. 가난한 이웃과 시장을 돌아다녔고 길에서도 기도를 드렸다.

부자들이 마음을 돌리자 바실리오스는 다른 일을 시작했다. 어떻게 보면 쉬운 일 같지만 참으로 어려운 일이었다. 굶주려 생사가 경각에 달린 사람들을 모아 양식을 공급하는 일이었다. 사실 굶주림이 도가 넘으면 누구나 이성을 잃고 사나워지게 마련이다. 굶주림의 종류와는 전혀 관계가 없다. 그것이 빵이든 돈이든 상관이 없다. 그저 그것에 대한 굶주림이 도를 넘는 순간 사람은 금수가 된다.

바실리오스는 일하고 또 일했다. 이제 그의 영육은 지칠 대로 지쳐 뭔가 잡을 힘도 없었다. 그만큼 그는 지쳐 있었다.

좋은 시절에도 소금에 절인 빵과 채소만 먹었던 바실리오스, 그는 지금 이웃을 위해, 죽어 가는 이웃의 몸에 생명을 공급하기 위해 자신을 혹사시키고 있는 것이다!

바실리오스는 조직을 짜서 심각하게 굶주린 이들을 넓은 장소에 모았다. 어린아이를 선두로 남자, 여자, 노인, 청년 할 것 없이 마지막 숨이라도 붙어 조금이라도 움직일 수 있는 사람은 다 모았다.

임시로 마련된 넓은 거처에 수천 명의 굶주린 이들이 모였다. 그들은 그곳에서 약간의 음식을 먹으며 기력을 되찾았다. 언제나 아이들이 우선이었다. 거룩한 바실리오스가 일하는 방식은 여느 사람이 하는 것과는 차이가 있었다. 여기서도 그는 큰 인물임을 보여주었다. 바실리오스는 신자의 아이들에게만 양식을 공급한 것이 아니었다. 이방인과 이교도, 이단의 아이들에게도 똑같이 대했다.

그는 모든 아이의 아버지였다. 이 모든 아이가 그의 날개 아래서 생명을 얻었다. 유대인의 자녀도 마찬가지였다. 유대인 부모는 이 구제 활동을 방해하려고 했었지만 바실리오스는 그들의 그런 행동에도 전혀 개의치 않았다.

바실리오스를 중심으로 또 다른 활동이 전개되었다. 자선모금이었다. 대저택들을 찾아다니며 모금을 했다. 봉사자들은 모든 종류의 생필품과 음식을 모아 어깨에 짊어지거나 노새에 실어 임시 장소로 옮겼다. 그곳으로 옮겨진 양식은 기아로 죽어 가는 이들에게 공급되어 수많은 이들이 다시 생명을 얻었다. 바실리오스는 자선모금, 음식, 요리, 원활한 양식 공급 등 다양한 일을 총괄 관리했다. 부자들도 수시로 찾아다녔다.

기아는 육신을 약하게 해서 면역력을 떨어뜨리고 그래서 쉽게 병에 걸리게 만든다. 바실리오스의 또 다른 능력이 발휘될 때가 온 것이다. 이미 알고 있듯이 바실리오스는 아테네에서 의학을 공부했다. 그는 허약한 체질과 친구들의 조언 때문에 익히게 되었던 히포크라테스의 의술을 기억하고 있었다.

그는 임시 거처에 모여 있는 이들을 위해 의사로 활동했다. 그들의 병을 치료하기 위해 온 힘을 다 쏟았다. 인간의 영혼을 보살피듯이 똑같이 육신도 보살펴 주었다. 주님을 닮아 갈수록 그 위대성은 더욱 빛을 발하기 마련이다. 바실리오스는 그 점에서 놀라운 경지에 올랐다. 그는 단지 말로만 일하지 않았다. 손수 앞치마를 허리에 두르고 밤낮없이 굶주린 이들과 환자들을 돌봤다.

기근이 휩쓸던 그때 그의 설교와 가르침 중에서는 세 편의 저작이 전해져 내려온다. 저작은 '부의 문제'에 대한 해법을 제시한다. 부는 하느님의 선물이고 사람의 유익을 위한 도구이며, 부자는 부의 관리자로서 자신의 만족이 아니라 필요한 곳에 부를 사용해야 한다고 역설했다.

병, 조화의 상실, 보살핌

 카파도키아와 케사리아에 드리워진 죽음의 재앙은 바실리오스에게 큰 고통을 안겨 주었다. 그는 재앙을 물리치기 위해 처절하게 투쟁했고 결국 허약한 그는 몸이 상하고 말았다.

 바실리오스는 367년 가을부터 368년 가을까지 온 힘을 다 쏟았고 마침내 몸이 감당을 하지 못하고 쓰러진다. 육체가 고통 받고 마음이 힘들 때 병이 쉽게 찾아오듯이 그는 영육이 찢길 만큼 찢겨졌다. 지금까지 두 개의 성벽, 즉 어떤 때는 그의 육체가 또 어떤 때는 그의 정신이 그를 병마로부터 지켜 주고 있었다. 그러나 만약 이 두 개가 동시에 무너진다면 그땐 누구도 쉽게 일어서지 못한다. 바실리오스의 경우가 그러했다.

 그는 아주 심한 중병을 앓게 된다. 기근은 서서히 물러나기 시작했다. 수많은 생명이 그의 헌신적인 희생으로 생명을 구했다. 이것은 의심의 여지가 없는 사실이었다. 그럼에도 일부 사람들은 바실리오스가 그것도 에프세비오스 주교 사후 2년이라는 짧은 기간 안에 이렇게 많은 일을 성공적으로 이뤄 낸 것에 대해 못마땅해 했다. 하지만 순수한 영혼들은 바실리오스가 에프세비오스 주교의 뒤를 잇기를 원했다.

 비록 일반적으로 많은 교육을 받지 못했지만 백성들의 판단은 정확했다. 그들은 바실리오스를 기근과 부자의 잔혹함, 그리고 영적인 어둠에서 그들을 해방시켜 줄 구세주처럼 바라봤다. 바실리오스는 그들의 해방자, 하느님의 파견자로서 손색이 없었다.

 백성들은 바실리오스에게 아낌없이 존경을 보냈다. 매일, 매시간, 매

순간, 무한한 감사와 절대적인 헌신의 마음을 그에게 표현했다. 그가 가까이 지나가기만 해도 그들은 특별한 영광, 축복으로 느꼈다. 그가 인사만 건네도 신성함과 거룩함이 그들에게 전해진다고 믿을 정도였다. 그들의 기억, 그들의 가슴 깊은 곳에는 그와 나눈 대화가 소중히 간직되었다. 그에 대해서 말할 때면 그에 대한 공경심으로 목소리를 낮췄다. 가급적이면 그의 이름을 언급하지조차 않았다. 피치 못할 경우에만 이름을 불렀다. 그만큼 그를 신성하게 여겼다.

어느 순간부터 바실리오스는 현장에 나타나지 않아도 되었다. 이제 그는 방에서도 일을 계속 진행할 수 있었다. 그것은 성령이 원하신 일이었다.

바실리오스의 병은 심각했다. 바실리오스는 그것이 신장염 때문임을 잘 알고 있었다. 그 병은 평생 바실리오스를 따라다니며 괴롭힌다. 바실리오스는 병에 익숙해졌고 타협도 했다. 하지만 그는 그의 계획을 더 이상 진행하지 못하게 된 것 때문에 마음이 좋지 않았다.

기근이 어느 정도 해결되는 국면으로 들어가자 바실리오스는 당시 교회를 뜨겁게 달구고 있던 영적인 문제로 눈을 돌린다. 하지만 병이 깊은 환자가 어떻게 그 일을 수행할 수 있을까? 사제 시절부터 바실리오스는 교회의 일치를 위해 노력을 아끼지 않았다. 그것은 권위와 진리를 요구했다. 바실리오스는 이 두 가지를 다 가지고 있었다. 또 여행을 많이 해야만 했다. 하지만 바실리오스에게는 이제 여행을 할 수 있는 힘이 없었다. 극히 가벼운 여행만 가능한 상태였다. 하지만 그의 마음은 달랐다. 그는 편지에서 많은 여행 계획을 장황하게 밝힌다. 하지만 실제로 가능한 여행은 별로 없었다. 대신 그는 많은 편지를 띄웠다. 몸은 갈 수 없지만 적어도 편지로 소식을 전할 수 있었기 때문이다.

368년 11월~12월, 그는 시리아의 사모사타 여행을 계획한다. 그곳은 고대 도시로 그의 친구 에프세비오스가 주교로 있었다. 그는 영성이 뛰어난 진실한 정교인이었고 훌륭한 투사이자 거룩한 인물이었다. 그는 바실리오스의 존경을 받기에 전혀 부족함이 없었다. 바실리오스는 그에게 자신의 속마음을 감추지 않고 털어놓는다. 그리고 그의 조언과 무엇보다도 그의 기도를 부탁했다.

바실리오스는 에프세비오스와 대화할 때 허물이 없었다. 정교 신앙에 기초한 그들의 우정은 무척 깊었고 서로 절대적인 신뢰와 사랑을 느끼고 있었다. 바실리오스가 왜 그토록 그를 찾아가 얼굴을 마주하고 대화하려 했고, 그에게서 위안과 안식을 얻으려 했으며, 교회 문제에 대해 함께 연구하려 했고, 곁에서 같이 기도하려고 했는지 이해가 된다. 하지만 바실리오스는 그를 방문하지 못했다. 그것은 그의 심각한 병 때문이 아니었다. 그 즈음 바실리오스는 어느 정도 기력을 되찾은 상태였다. 그는 이것이 친구 에프세비오스의 기도 덕분이라고 생각했다. 방문할 수 없었던 이유는 따로 있었다. 겨울이 찾아온 것이다! 겨울에 그렇게 장거리 여행을 한다는 것은 불가능했다. 겨울에는 도로가 눈 때문에 폐쇄된다. 그런데 케사리아에서 사모사타까지 가는 길은 수많은 산들과 계곡, 눈으로 뒤덮인 고원지대를 거쳐야만 했다.

368년도 케사리아의 겨울은 어느 해보다도 더욱 혹독했다. 바실리오스는 병에서 어느 정도 회복되었지만 어쩔 수 없이 방에 갇혀 지내야만 했다. 안타깝게도 그의 여행은 다음을 기약해야 했다. 하지만 그것은 휴식이 아니었다. 368년 말 앙키라와 네오케사리아의 정교 주교가 세상을 떠나 그 지역 교회가 시련을 맞이했기 때문이다.

우리는 이전에 이 두 주교에 대해서 잠시 언급한 적이 있었다. 바실리오스는 네오케사리아의 주교에 대해서는 영적 지도자로 큰 인물이었다고 소개한다. 반면 앙키라의 주교는 심약하고 용기가 없었던 인물로 바실리오스에게 비춰졌다. 그는 이유 없이 바실리오스를 비난했고 모략에 동참했다. 그것은 바실리오스에게 큰 실망과 아픔을 안겨 주었다. 하지만 위대한 인물 바실리오스의 마음에는 이 모든 것이 연기처럼 사라지고 없었다. 앙키라의 주교 아타나시오스가 죽자마자 그는 양 떼들에게 위로의 편지를 보낸다. 단지 위로의 내용만 담은 것이 아니라 진정한 정교 신앙 속에서 살아간 아타나시오스를 칭송하며 복된 안식에 들어선 그를 추도했다. 그가 이룬 업적을 상기시키고 자신들과 함께 있기보다 그리스도에게 가기를 '소망했던' 아타나시오스 주교의 마음을 헤아리며 회상했다.

바실리오스는 아타나시오스 주교에게 그렇게 당했으면서도 그에 대해 안 좋은 말은 한마디로 하지 않았다. 단지 그가 정교인이었던 것으로 충분했다. 사람이라면 누구나 다 실수를 하기 때문이다. 아타나시오스는 영면하기 전에 그의 잘못을 깨닫고 바실리오스에게 그럴 수밖에 없었다고 이해를 구했다. 여기서도 바실리오스의 탁월한 덕은 다시 한 번 드러났다. 깊은 상처가 아물려면 오랜 시간과 큰 마음이 필요한데, 시간은 우리 모두에게 주어진 것이지만, 큰 마음은 그것을 얻기 위해 싸우는 이들에게 주시는 하느님의 선물이고, 그것을 소유한 사람은 아주 드물기 때문이다.

369년 말경, 바실리오스는 그가 존경하는 친구 사모사타의 에프세비오스에게 편지를 띄웠다. 바실리오스는 힘든 일이 있을 때면 언제나 에프세비오스와 그레고리오스를 떠올리곤 했다. 그 당시 바실리오스는 무척 아팠다! 병이 다시 그를 침상에 눕힌 것이다. 그것도 아주 오랜 기간 병석에 누웠다. 그는 일을 할 수가 없었다. 그의 모든 계획은 그저 마음속에 있을 뿐이었다. 차라리 계획을 세우지 않았더라면 좋았을 텐데 그의 머릿속에는 계속 계획이 맴돌고 있었다.

그의 상태는 다른 때보다 훨씬 안 좋았다. 참을 수 없을 만큼 고통스러웠다. 음식도 맘대로 먹을 수 없었다. 그렇다고 금식을 멈춘 것도 아니다. 몸은 쇠약해져 갔고 전혀 일어설 수 없을 정도까지 병이 깊어졌다. 침대에서만 겨우 몸을 움직일 수 있었다. 그는 죽음의 시간을 기다렸다. 매 시간 매 순간, 그의 삶에 죽음의 그림자가 드리워졌다. 그 후 바실리오스의 삶에서 병은 평생의 동반자가 된다. 하지만 그는 용기를 잃지 않았고 농담도 곧잘 했다. 피폐함 속에서도 교회의 문제를 잊지 않았다. 그는 교회의 상태가 마치 자신의 건강 상태와 유사하다고 담담하게 그의 친구 에프세비오스에게 밝힌다.

그의 적들이나 그를 모함하는 이들에 대해서는 다소 감사의 마음을 표했다. 왜냐하면 그들이 원했던 만큼 그를 공격할 수 없었기 때문이다.

그에 대한 미움은 참으로 깊었다. 매 순간 그를 쓰러뜨릴 만반의 준비를 갖추고 있었다. 하지만 그들의 공격은 성공하지 못했다. 왜냐하면 그의 친구 에프세비오스가 그를 위해 끊임없이 기도해 주었기 때문이다. 바실리오스는 그렇게 생각했다. 그래서 그에게 이렇게 부탁했다. "에프세비오스, 포기하지 말고 계속해서 기도해 주게나. 자네의 기도가 나를 구했다네."

바실리오스는 엄청난 시련을 겪었다! 마치 세상의 모든 시련이 허약한 몸인 그를 찾아온 것 같았다. 하지만 시련을 짊어진 것은 그의 허약한 몸이 아니었다. 그의 사자와 같은 정신, 시련을 이겨낼 수 있는 그의 거룩한 정신이 그 모든 시련을 짊어졌다. 인간의 정신은 성령과 결속되어 있는 한 그 결속만큼 굳건해지고 용맹스러워진다.

그런 혹독한 시련을 겪고도 기력이 남아 사람은 세상에 극히 드물다. 바실리오스가 바로 그런 사람이었다. 하긴 사람의 힘은 그의 정신적인 높이에 따라 달라지는 것이 아닌가! 큰 아픔을 견디기 위해서는 대범함이 필요하다. 적어도 바실리오스와 같은 모습을 조금은 가지고 있어야 한다.

건강 상태와 교회의 비참한 상황을 일일이 열거하려고 바실리오스가 에프세비오스에게 편지를 보낸 것은 아니었다. 그는 단지 감내하기 힘든, 깊은 아픔에 빠져 있는 자신의 심경을 밝히고 싶었다. 하지만 어떻게 그 고통을 쉽사리 표현할 수 있겠는가? 자신의 모든 것을 솔직하게 고백했던 에프세비오스였지만 그는 고통에 대해 말하는 것을 주저했다.

> "에프세비오스, 내 글을 보고 웃겠지만 그러지 말아 주었으면 하네. 나에게는 중요한 일이기 때문일세. 아마 내 마음을 알아주는 사람은 오직 자네 밖에 없을 걸세. 내 말을 듣고 깊이 생각해 보면 내가 옳다는 것을 알걸세. 나에게는 상상도 할 수 없을 만큼 엄청난 고통이기 때문이지. 에프세비오스, 나의 어머니께서 내

곁을 떠나셨네. 이 세상에서 영원히 떠나셨단 말일세."

바실리오스는 말을 잇지 못했다. 슬픔이 북받쳐 올라왔다. 그의 손은 떨렸다. 머릿속에서 어머니가 떠나질 않았다. 아픔과 슬픔이 점점 더 그를 감당하기 힘들 만큼 짓눌렀다. 어떻게 어머니 에멜리아의 순백의 영혼을 그가 잊을 수 있겠는가! 그녀의 존재가 주었던 평안을 이제 어디서 찾을 수 있단 말인가! 그는 지금 세상을 떠난 어머니의 거룩함과 아름다움을 더욱 절실히 느끼고 있었다. 거룩한 육신으로 시작하여 순백의 영혼까지 아름다움으로 치장한 어머니를 바실리오스는 결코 잊을 수가 없었다.

바실리오스는 아름다운 조화(造化)의 유일한 모범을 지금 잃었다는 것을 절절히 느끼고 있는 것이다. 그가 에프세비오스에게 편지를 쓴 것은 아마도 에프세비오스도 케사리아에서 그녀를 만나 알고 있었을 것이기 때문이다. 그때 에멜리아는 한창 젊을 때였다. 비록 세월이 흐르면서 그녀의 외적인 아름다움은 시들어 갔지만 동시에 그녀의 내면의 아름다움은 더욱 빛을 발했다. 하느님에 대한 그녀의 깊은 체험은 그녀를 눈이 부시도록 아름답게 만들었고 그녀에게 모두가 갈망하는 꿀같이 달콤한 빛을 주었다.

"사랑하는 에프세비오스, 내 말을 믿어 주게나. 아무리 주변을 돌아보고 찾아봐도 어머니의 훌륭한 영혼에 견줄 만한 사람은 찾을 수가 없다네. 내가 왜 그녀와의 이별을 이렇게 힘들어 하는지 알겠는가."

바실리오스는 어머니에 대해 무한한 사랑과 존경을 가지고 있었다. 여러 정황을 종합해 보면 그는 어머니 곁에서 위안, 평안, 진정한 휴식을 얻었다. 유일한 위안이 어머니였다고 말할 정도였으니 어머니를 잃은 지금 그의 충격은 참으로 감내하기 힘들었을 것이다.

바실리오스의 성향을 온전히 파악하는 것은 매우 어렵다. 왜냐하면 예상치 못한 다양한 면모를 보여주기 때문이다. 그는 내적으로는 어머니의 죽음으로 엄청나게 슬퍼하고 고통 받으면서도, 외적으로는 교회의 여러 가지 문제와 사역을 감독하고 대외적인 활동을 하고 있었다.

그는 친구 에프세비오스에게 눈물의 편지를 보내 위로를 구하면서도, 한편으로는 시리아의 다른 주교들과 함께 결정을 미루는 바람에 타르소에 아리우스파 주교가 선출되게 한 행위에 대해서는 에프세비오스를 강하게 질책했다.

자신에게는 철저하고 냉혹하면서도 때론 자신을 돕고 함께 협력하는 이들을 위해 세무 기관 직원에게 편의를 부탁하기도 한다. 바로 바실리오스에게 젖을 먹이고 양육한 유모의 아들 도로테오스가 그런 경우였다. 지금 사제가 된 도로테오스는 바실리오스의 믿을 만한 친구로 그에게 필요한 물건들을 책임지고 마련해 주었다. 도로테오스는 그의 가족과 함께 바실리오스의 소박한 음식도 신경 써 주었다. 잘 알고 있겠지만 바실리오스는 이리 강의 수도 암자로 떠날 때 자신의 거의 모든 재산을 가난한 이들에게 나눠주었다. 그가 남겨둔 일부의 재산도 기근으로 고통 받고 있던 시기에 다 처분하여 가난한 이들을 도왔다.

5. 주교 선거와 첫 번째 관심사

선거

케사리아의 에프세비오스는 많은 감동과 놀라운 업적을 남긴 긴 인생 여정을 뒤로 한 채 그의 마지막 길을 바라보고 있었다. 노환으로 병상에 누운 그는 며칠 후 그의 영혼을 하느님께 맡겼다. 때는 370년 6월이었다.

바실리오스는 에프세비오스가 살아 있을 때 헌신적으로 그를 보필했다. 주교는 그렇게 그의 품에 안겨 평안히 눈을 감았다. 이제 교회는 바실리오스가 키를 잡고 순행하는 일만 남았다. 하지만 영면한 에프세비오스가 상상했던 것과는 다르게 상황은 그렇게 돌아가지 않았다. 주교가 눈을 감자 많은 사람들이 케사리아 주교직에 눈독을 들였기 때문이다. 당시 케사리아는 안티오키아나 콘스탄티노플보다 더 중요하게 인식되었다. 케사리아는 알렉산드리아 다음으로 정교 신앙의 동방 중심지였기 때문에 그곳의 주교직을 더 선호하곤 했다.

이렇게 주교직을 놓고 전쟁이 벌어졌다. 그 전쟁은 표면적으로 드러나거나 선포되지 않은 전쟁이었다.

바실리오스에게는 참기 힘든 분위기가 조성되었다. 그도 주교 후보였기 때문이다. 일부 슬기로운 케사리아 사람들은 굳건하게 그를 지지했다. 하지만 그 숫자는 많지 않았다. 그럼에도 불구하고 몇 개월 전에 어머니를 잃고 고아가 된 것처럼 슬피 울던 바실리오스가 경쟁에 뛰어들었다.

바실리오스가 왜 주교 후보 경쟁에 뛰어들었는지 알 수는 없다. 혹시 에프세비오스와 이와 관련하여 대화가 오갔던 것은 아닐까? 그럴 수도 있다. 아무튼 의지가 강하고 교회를 누구보다 사랑하며 교회의 진리를 가장 잘 표현할 수 있는 그가 케사리아의 주교가 되길 원치 않는다면 그것처럼 자연스럽지 못한 것도 없을 것이다.

앞에서 말했듯이 일부는 그를 지지했다. 하지만 많은 이들이, 특히 정치적으로 힘이 있고 교회에 영향력을 미칠 수 있는 이들은 그의 편이 아니었다. 그들은 발렌스 황제에게 잘 보이기 위해 아리우스파를 지원했다. 하지만 이것은 그렇게 놀랄 만한 것이 아니었다. 정말 놀라운 것은 다른 곳에 있었다. 불과 2년 전 바실리오스가 기근에서 구해 주었던 가난한 백성들이 지금 그의 반대편에 선 것이다. 얼마 전까지만 해도 무릎을 꿇고 바실리오스의 손에 경의의 입맞춤을 하던 사람들이 지금 그를 그들의 주교로 원치 않는 것이다!

감성이 예민한 바실리오스는 이러한 상황에 절망감을 느끼지 않을 수 없었다. 하지만 의지가 강했던 그는 곧 평정을 찾았다. 사치스런 절망감에 빠져 있을 때가 아니었다. 케사리아가 지금 자격이 안 되는 이들에게 혹은 이단에게 넘어갈 위험에 놓여 있었기 때문이다. 그에겐 오직 이것만이 중요한 문제였다. 그는 투쟁해야만 했다.

잘 무장한 전사처럼, 훌륭한 전략가처럼 그는 자신을 지지할 친구들을 계산했다. 그리고 거기에 맞게 그의 선거 조직을 구성했다. 으뜸이자 최고의 친구로 먼저 나지안조스의 그레고리오스를 떠올렸다. 바실리오스는 그에게 많은 것을 기대했다.

케사리아의 사람들은 그레고리오스를 잘 알고 있었다. 그의 능력을 잘 알고 있었다. 많은 사람들은 이미 그를 매우 훌륭하고 위대한 신학자로 여기고 있었다. 이 밖에도 그레고리오스는 바실리오스와 흉금을 터놓는 친구였고 모든 것을 함께 공유했던 친구였다.

바실리오스는 펜을 들어 그레고리오스에게 케사리아로 와 주길 바란다고 편지를 썼다. 바실리오스는 정신적으로 매우 힘든 상황에 있었다. 주교 후보 간의 치열한 경쟁, 그를 향한 모략들, 그리고 그의 지병이 다시 그를 잠시나마 병석에 눕게 만들었다. 몸이 아파 병석에 누워 있을 그 시점에 바실리오스는 그레고리오스에게 편지를 띄운다. 그리고 중병에 걸려 목숨이 경각에 달려 있으니 빨리 케사리아로 와 달라고 부탁한다.

> "그레고리오스, 지체하지 말고 빨리 와 주게. 그리고 혹시 내가 죽어 장례를 치르게 된다면 나를 위해 추도사를 해주었으면 하네."

힘들게 하는 여러 가지 상황이 바실리오스의 감정을 격하게 만들었다. 물론 그가 아프지 않은 것은 아니었다. 하지만 그것은 그를 공격하는 상대편들의 빌미가 되고 있었다. 그들은 이렇게 말했다.

"물론 우리도 바실리오스가 훌륭하고 합당하다는 것을 알고 있네. 우리가 제일 먼저 그 사실을 인정하겠네. 하지만 그렇게 병약한 사람이 대주교로 활동하기에 적합하겠는가? 그의 모습을 보면 알지 않는가? 침대에서 일어나지도 못하는데 어떻게 예배를 집전하고 회의를 주관할 수 있으며 교회의 평화와 일치를 위해 여행을 다닐 수가 있겠는가!"

나지안조스 그레고리오스의 아버지인 동명의 그레고리오스 주교는 바실리오스가 중병을 앓고 있지만 죽을병이 아니라는 것을 알고 있었다. 그는 그들의 주장에 대해 확실하게 반박을 한다.

"그대들은 바실리오스의 병을 핑계로 위선된 행동을 보이는군. 내가 물어보겠네. 그대들은 운동선수를 원하는가 아니면 교회의 스승을 원하는가?"

한창 선거 유세가 진행되고 있는 중간, 바실리오스가 아직 병중에 있을 때, 그레고리오스는 바실리오스의 편지를 받았다. 하지만 그는 케사리아의 절친한 친구 바실리오스의 말과 행동이 다르다는 것을 곧 간파했다. 그레고리오스는 마음이 상했고 화가 났다.

> "친구, 자네는 내가 그런 일에 적당한 사람이라고 생각하나? 나 보고 선거 활동을 하라고! 이 사람 저 사람 찾아다니고, 사제들과 주교들의 모임에 가서는 바실리오스에게 투표해달라고 부탁하란 말인가! 이게 그렇게 중요한 일인가!"

우리는 그레고리오스의 성향에 대한 이미 언급한 적이 있다. 그레고리오스는 바실리오스와는 전혀 다른 영적인 재능을 지니고 있었다. 교회를 위해 언제든지 죽을 각오가 되어 있었지만 바실리오스처럼 각종 활동에 나서는 성격이 아니었다. 그레고리오스는 그의 성향대로 답장을 써서 바실리오스를 힐난했다.

> "바실리오스, 지금까지 나는 그대가 지혜롭고 똑똑한 줄 알고 있었네만 최근에 한 그대의 행동은 그렇게 심각하게 와 닿지가 않는군. 물론 자네의 건강에 무관심하다고 생각하지 말게. 오히려 나는 그대가 아프다는 소식을 듣고 흘러내리는 눈물을 참을 수가 없었다네. 자네는 내가 자네의 죽음에 관심이 없다고 믿는가? 말도 안 되는 소리! 사실 나는 그대의 편지를 받고 고민하다가 그곳으로 가기로 마음을 먹고 준비하고 있었는데 50여 명에 이르는 주교와 보좌주교가 케사리아로 몰려들고 있다는 소식을 접했다네. 그 소식이 내 생각을 막았다네. 선거에 휩쓸려 그런 대화만 오가는 모임에 나는 참석하고 싶지 않았네. 이밖에도 내가 자네에게 가면 사람들이 뭐라고 하겠는가? 우리가 공동의 이익을 위해 파벌을 만들었다고 비난하지 않겠는가? 내가 그대를 밀어 자네가 대주교가 된다면 그에 대한 보상으로 자리를 마련해 줄 것이라고 떠들지 않겠는가?"

실제로 그레고리오스의 말은 틀리지 않았다. 적들은 분명 그렇게 모함을 하고도 남았다.

> "내가 왜 생각을 바꿔 여행을 포기했는지 이제 알겠는가? 바실리오스, 자네의 뜻은 어떤지 모르겠네만 내 의견은 자네가 포기했으면 좋겠네. 자네에게 어울리지 않는단 말일세."

그레고리오스는 묘한 뉘앙스의 말로 그의 편지를 마쳤다.

"모든 것이 다 끝나면 난 자네를 보러 갈 걸세. 그때 나는 자네를 더욱 혹독하게 나무랄 걸세."

한편 침상에 누워 있던 바실리오스는 더 많은 기도 시간을 가졌다. 바실리오스는 하느님께 물어보고 또 물어봤다. 해야만 하는 것인지, 옳은 것인지, 대주교직을 향한 그의 의지가 당신의 뜻에 부합되는 것인지. …

희미하게 응답이 들려왔지만 여전히 의구심은 사라지지 않았다. 하지만 하느님의 긍정적인 기운이 그의 온몸을 휘감고 있었다. 그것은 그분의 소리, 하느님의 음성이었다.

바실리오스는 그레고리오스의 충고를 생각하지 않기로 했다. 바실리오스는 이단이 주교로 선출되는 것이 얼마나 위험한 일인지 잘 알고 있었다. 바실리오스는 도움이 절실한 상황이었기에 즉시 그레고리오스의 아버지인 나지안조스의 주교에게 눈을 돌렸다. 그는 그를 아버지처럼 존경하고 있었다.

그레고리오스 주교는 아들인 그레고리오스와는 달랐다. 신학적으로는 뛰어나지 못했지만 슬기로웠고 혼탁한 교회의 상황을 몸소 겪은 현실을 잘 아는 사람이었다. 그는 지체 없이 아들을 불러 말했다.

"그레고리오스, 바실리오스를 위해 우리가 할 수 있는 것이 있다면 뭐든지 즉시 해야겠다. 바실리오스가 우리와 어떤 관계니! 그가 대주교가 되도록 힘쓴다면 우리의 모든 수고는 분명 축복이 될 거다."

그레고리오스는 침묵했다. 그것이야말로 그의 성향에 딱 어울리는 모습이었다. 그레고리오스는 마음 깊은 곳에서 어떤 소리가 들려오는지 살피고 있었다.

한편 케사리아에서는 주교직을 두고 점점 더 선거가 혼탁해지고 있었다. 교회의 책임자들은 심려되었다. 그들은 대주교 선출권이 있는 지역 주교들을 케사리아로 부를 계획을 세웠다. 그들은 나지안조스의 그레고리오스 주교에게도 와 달라고 부탁했다. 그레고리오스 주교는 노련한 늙은 늑대처럼 좋은 않은 낌새를 알아차렸다. 케사리아가 이단의 손에 넘어갈 상황을 직시한 것이다. 그는 다시 아들 그레고리오스를 불러 "케사리아의 책임자들에게 편지를 쓰라"고 요청한다.

> "나는 작은 양떼의 목자에 불과하지만 하느님의 은총은 무한합니다. 그리고 진리를 수호하기 위한 투쟁과 고통은 나에게 커다란 경험을 선물했습니다. 그 진리를 이제 그대들에게 말하겠습니다. 하느님의 이름을 걸고 말하는 것입니다. 왜냐하면 주교는 교회의 등불이기에 우리가 치를 선거의 의미가 무척 크기 때문입니다. 더욱이 케사리아는 여느 교회가 아닌 어머니 교회, 우리 모두가 지켜보고 있는 교회입니다. 내가 노환만 아니라면 그대들 곁으로 가서 직접 만나겠지만 안타깝게도 그러지 못합니다. 그래서 내 의견을 편지로 분명하게 밝히는 바입니다."

아들 그레고리오스는 아버지의 경험 앞에 완전한 패자처럼 묵묵히 편지를 써 나갔다. 가끔 단어를 교정하고 표현을 수정할 뿐이었다.

위대한 인물은 때를 안다. 언제 행동해야 하는지 어떻게 흐름에 부응해야 하는지를 안다.

"내 의견은 바실리오스입니다. 물론 다른 훌륭한 이들도 많이 있다는 것을 잘 알지만 바실리오스는 그들보다 뛰어난 인물입니다. 그 누구도 그를 따라갈 수 없습니다. 오늘날 이단의 질주를 막을 수 있는 사람은 그밖에 없습니다. 그처럼 맑고 뛰어난 설교의 능력을 갖춘 자가 어디에 또 있겠습니까? 그러니 잘 판단해 보십시오. 만약 그대들이 나와 생각을 같이 한다면 우리는 언제나 함께 할 것입니다. 성령은 이미 나의 손을 바실리오스에게로 인도하고 계십니다. 만약 그대들이 나와 생각을 달리한다면 내 말에 귀 기울이지 말고 그대들의 뜻에 따라 하십시오. 하느님께서 도와주시지 않습니까?"

하지만 정교가 살면 이단이 죽고 이단이 살면 정교가 죽는 그런 전쟁의 시대에 과연 그런 편지가 무슨 소용이 있을까?

바실리오스는 정치적이고 교활한 많은 적을 홀로 상대하기에 역부족처럼 보인다. 지금 그에게는 중요한 토론에서 진리를 수호할 능력 있는 신학자, 권위를 가진 주교가 절실했다. 하지만 노환의 그레고리오스 주교는 활동을 할 수가 없었다. 하지만 그의 지력은 시계처럼 정확하게 돌아가고 있었다. 그는 아들 그레고리오스를 불렀다.

"사모사타의 에프세비오스 주교에게 편지를 써야겠다. 바실리오스의 오랜 지기이고 네 사람 아니냐. 왜 가만히 있느냐! 시리아에서 와서 우리를 도와주어야 한다고 편지를 쓰잔 말이다."

그레고리오스가 말을 끊었다.

"하지만 에프세비오스 주교는 다른 교구청 소속이라 투표를 할 수 없지 않습니까?"

"알고 있다. 하지만 그가 오면 많은 도움이 될 것이다. 학식이 높은 그의 말은 분명 통할 것이다. 케사리아에서도 그를 잘 알고 있지 않느냐? 우리에게 필요한 사람이니 편지를 쓰거라."

> "에프세비오스 주교, 날개가 있다면 그대에게 날아가 반가운 포옹을 나누고 싶은데 건강이 허락하지 않아 참으로 안타깝네. 그럴 수만 있다면 나에게 큰 위안이 될 텐데 말일세. 내가 그대에게 편지를 쓰는 이유는 케사리아의 에프세비오스 주교가 영면한 후 케사리아에 짙은 먹구름이 드리웠기 때문일세. 움츠렸던 교회의 적들이 밖으로 나와 활개를 치며 노려보고 있다네. 케사리아의 교회는 나에게 와 달라고 편지를 띄웠지만 나는 노환으로 갈 수가 없었네. 나는 오랜 시간 신중하게 생각했다네. 그리고 자네를 떠올렸지. 그러니 그곳에 있지 말고 케사리아로 와 주게나. 주님의 뜻이 이루어 질 수 있도록 최선을 다해 주게나. 내 말은 바실리오스가 대주교로 선출되어야 한다는 말일세. 우리의 수고가 성공한다면 그 승리는 찬란할 것이고 하느님께서 그 수고를 보상해 주실 걸세. 그러니 그곳에서 빨리 와주시게. 이제 곧 겨울이 올 텐데 그때는 움직일 수가 없지 않겠는가."

이 편지는 370년 7, 8월 경에 작성되었다. 한편 이단들은 그들 나름의 계략을 실행하고 있었다. 8월 또는 9월 초 아리우스파 주교들은 전령을 통해 카파도키아 지방에서 케사리아로 한 날 한 시에 모이자고 서로 의견을 조율하였다. 그들끼리 모여서 대주교를 선출하려는 속셈이었다.

그들은 합법성을 갖추기 위해 아리우스파에 속하지 않았지만 투표권을 가지고 있는 다른 주교들에게도 공문을 띄웠다. 하지만 내용은 케사리아로 모여 달라는 공지 그것뿐이었다. 언제 모임이 있고 언제 회의가 있는지 케사리아로 출발하는 이유가 무엇인지 전혀 언급되지 않았다. 정교 주교들이 그들의 의도를 알아차리지 못하게 하려는 것이었다. 이렇게 그들은 정교 주교들이 케사리아에 도착하기 전 자기들끼리 모여 이단 대주교를 뽑을 심산이었다. 그리고 정교 주교들이 반발하면 "우리가 당신들에게 통보했는데 왜 오지 않았느냐?"고 오히려 반박할 생각이었다.

연로한 그레고리오스 주교도 그 공문을 받았다. 그는 즉시 이단들이 어떤 계략을 꾸미고 있는지 간파했다. 그렇지만 노환으로 그는 마음처럼 행동할 수가 없었다. 그의 아들 그레고리오스는 아직도 선뜻 나설 마음이 없었다. 그는 바실리오스와 한 패거리처럼 비난받을 것을 우려했다.

며칠이 지났다. 이단들이 케사리아에 도착했다. 그곳에서 그들은 바실리오스에 대해 많은 험담을 늘어놓았다. 그리고 그를 완전히 무너뜨릴 수 있는 그들만의 주장을 만들어 냈다. 연로한 원로 그레고리오스도 그들이 그런 주장을 늘어놓기만을 기다렸다. 그들의 주장이 허구라는 사실을 밝혀 그들을 무너뜨리기 위해서였다.

그들은 선거에 관계된 이들과 백성들에게 비아냥대며 마치 사실인 양 이렇게 말했다.

"안타깝게도 바실리오스는 병이 깊어 움직이기조차 힘들다네. 그래서 교회를 위해 일을 하거나 활동을 할 수가 없어. 그러니 우리가 그를 원한다 해도 대주교로 뽑을 수가 없네. 왜냐하면 그 직을 수행할 수 있는 상태가 아니기 때문일세."

원로 그레고리오스 주교는 케사리아에 모인 주교들에게 보낸 단 몇 줄의 편지로 핵심 없는 그들의 이 사악한 주장을 반박했다.

> "그대들은 운동선수를 선출하러 모인 것이 아니라 교회의 스승
> 을 선출하려고 모인 것입니다."

바실리오스는 강건한 육체를 가지진 못했지만 하느님의 지혜가 있었고 가르침의 은사를 가지고 있어 교회에 매우 필요한 존재였다. 교회의 스승이나 교부가 될 수 없을 만큼 병이 심가하거나 영구적이지 않았다. 원로 그레고리오스 주교는 이 사실을 그의 편지에 담았다. 그리고 바실리오스를 선출해 줄 것을 강력하게 요청했다. 왜냐하면 모든 후보 중 가장 훌륭한 인물이었기 때문이다. 그렇게 하지 않으면 하느님 전에서 고해야 할 책임이 무척 클 것이기 때문이었다.

오 겸손한 지도자여, 서글프게도 당신의 말은 허공에서 메아리 칠 뿐, 광신자들은 결코 진리로 눈을 돌리지 않습니다.

케사리아의 정교 주교들과 백성들은 원로 그레고리오스의 노력을 반겼다. 하지만 이단들의 기세등등한 모습이 그들을 위축시키고 있었다. 이단의 위세는 점점 더 커져 갔다. 병에서 서서히 회복 중인 바실리오스도 아직 많은 것을 할 수는 없었다. 이단은 압박했고 백성은 소심해졌고 정교 주교의 활동은 뜸해졌다. 모든 것이 바실리오스의 패배로

흘러가는 양상이었다. 하지만 하느님은 다르게 계획하셨다.

사모사타의 에프세비오스가 케사리아로 와 달라는 원로 그레고리오스 주교의 요청을 받아들인 것이다. 그는 그의 요청을 하느님의 명령으로 생각했다. 실제로 그랬다. 그는 때맞춰 그곳에 당도했다. 정교 신앙으로 무장한 젊고 열정적이고 지적인 그는 바실리오스가 조직한 선거 활동에 몸을 던졌다.

여름 폭염에 메마른 땅이 갈증을 느끼듯이 당시의 케사리아도 용기에 목이 말랐다. 에프세비오스 주교가 바로 그것을 해주었다. 다른 정교 주교에게서는 볼 수 없었던 역동적인 모습을 그가 보여준 것이다.

에프세비오스는 정교 정신으로 케사리아를 적셨다. 이단과 그들에 대한 두려움으로 풍랑이 일었던 케사리아의 바다는 잠잠해졌다. 난파된 이들은 굳건한 바위를 발견했다. 바실리오스 주변 사람들은 비로소 입가에 미소를 띠었다.

정교 주교들은 반격을 시작했다. 말 그대로 기적이 일어났다. 하루가 다르게 기적이 퍼져 나갔다. 에프세비오스의 열정과 수고가 빠르게 열매를 맺어 나갔다. 케사리아의 모든 것이 바뀌었고 바실리오스가 선출될 가능성이 커졌다. 확신이 들었다.

소식은 나지안조스까지 전해졌다. 두 명의 그레고리오스, 아버지와 아들은 환희에 찼다. 그들은 다시 카파도키아의 주교들에게 편지를 써서 소식을 전해 주었다. 처음에 주저했던 이들과 이단의 기세에 눌려 있던 이들이 다시금 용기를 얻어 케사리아로 길을 향했다.

원로 그레고리오스 주교는 노환이 깊었다. 하지만 그의 정신은 맑고 명확했다. 그는 아들 그레고리오스의 도움을 받아 최선의 노력을 다하고 있었다. 그의 노력이 서서히 기적처럼 결실을 맺어 승리가 가까워지자 그의 쇠약하고 병든 몸도 다시 생기를 찾았다. 그의 눈은 생동하는 눈빛으로 반짝였다. 그는 하느님께 감사를 드렸다. 그리고 한없는 눈물로 그 기쁨을 누렸다.

바실리오스의 선출이 하느님께 영광이 될 것을 알고 기뻐하는 연로한 투사에게 하느님은 큰 선물을 내리셨다. 그가 투표에 참석할 수 있도록 해주신 것이다. 아버지 그레고리오스가 아들을 불렀다.

"그레고리오스, 빨리 마차를 준비시켜라. 케사리아로 가야겠다. 내가 직접 투표를 해서 바실리오스를 도와야겠다."

그레고리오스는 아버지의 예상치 못한 말에 깜짝 놀라 이상한 눈으로 아버지를 쳐다봤다. 그는 아버지가 모든 기력이 이미 쇠해 여생이 거의 남지 않았다는 것을 눈치 채고 있었기 때문이다. 그런데 지금 이게 무슨 일인가!

"얘야, 채비를 서둘러라. 그리고 그런 눈으로 보지 않았으면 좋겠구나. 네 누이 고르고니아에게 말해서 작은 침대를 준비해라. 그 침상에 누워 마차에 올라타면 될 것이다. 무탈하게 잘 다녀올 수 있으니 걱정하지 말거라."

"하지만 아버지…"

그레고리오스가 백발이 성성한 아버지 머리맡에 무릎을 꿇고 말을 꺼냈지만 계속 이어가지는 못했다.

"하느님께서 나에게 약속해 주셨으니 아무 말 하지 말고 빨리 준비하거라. 지금 나는 기력이 동하고 있어. 해낼 수 있단다."

원하든 원치 않든 모든 것이 준비되었다. 바실리오스는 연로한 투사의 투표로 선출되어야 했다. 그의 선출이 환호할 기적으로 만천하에 드러나야 했다.

아들 그레고리오스는 급히 그의 사무실로 달려가 사모사타의 에프세비오스에게 편지를 썼다. 에프세비오스는 아버지의 요청으로 케사리아에 도착해 있었다. 편지에는 바실리오스를 위해, 교회를 위해 죽음을 앞둔 노쇠한 그레고리오스가 여행을 결심한 내용이 처음 언급된다.

이제 아들 그레고리오스는 아버지가 무사히 여행을 잘 마치고 돌아오실 것이라는 확신을 갖게 된다. 그는 더 젊고 건강하게 돌아올 것이다. 왜냐하면 대주교로 선출된 바실리오스가 케사리아의 가장 훌륭한 교회 지도자로 우뚝 설 것이기 때문이다. 또한 대주교로서 교회의 삶에 놀라운 사역을 수행할 것이기 때문이다. 실제로 아버지 그레고리오스는 그렇게 돌아왔다.

연로한 아버지에게 일어난 기적 그리고 정교를 지키기 위해 성령이 일으키신 갑작스러운 변화에 감화된 그레고리오스는 곧 그곳에 가서 기쁨을 함께 나누고 바실리오스와 함께 할 것이라고 에프세비오스에게 약속을 한다.

그레고리오스는 확신을 가지고 선거에 대해 말했다. 왜냐하면 성령이 그의 가슴속 깊은 곳에서 속삭이고 계셨기 때문이다. 성령의 내적 음성을 들은 사람은 자신의 생각보다 성령의 음성을 더 확고하게 신뢰한다. 그것은 자연보다 더 강력하고 수학보다 더 정확하다. 하느님은 이 모든 것 위에 계신다.

연로한 그레고리오스 주교는 케사리아에 무사히 도착했다. 모여 있던 정교 주교들과 백성이 그를 정교의 아브라함처럼 반겼다. 그의 도착은 하느님의 표징으로 여겨졌다. 그것은 곧 바실리오스의 선출을 의미했다.

다음날 성직자들이 그레고리오스 주교를 카파도키아의 주교회의 장소로 데려갔다. 백성이 뒤를 따랐다. 성스럽고 장엄하고 결연한 행렬이었다. 회의장에 가까워질수록 아리우스파의 빙산은 녹아 사라졌다. 겸손한 그레고리오스 주교가 회의장에 도착했을 때 케사리아, 카파도키아 전체가 천둥 같은 목소리로 외쳤다. "정교, 정교…" 누가 감히 그 흐름을 꺾을 수 있을까! 이단들? 그들은 할 수가 없었다. 왜냐하면 그들은 사탄을 원군으로 삼았기 때문이다. 하느님은 그 시간, 세상을 지배하는 사탄의 권력을 빼앗으셨다.

마침내 바실리오스는 카파도키아의 케사리아 대주교로 선출된다. 때는 370년 9월이었다. 곧 대주교 서품이 이루어졌고 서품에는 많은 주교들이 함께 했다. 주교들은 감동의 전율로 가득 찬 신품성사에서 연로한 그레고리오스 주교를 으뜸으로 받들었고, 그렇게 해서 연로한 그레고리오스 주교는 바실리오스의 지혜로운 머리에 첫 번째로 손을 얹었다. 그리고 새로운 대주교 위에 성령이 임하시길 기원했다.

주교 바실리오스

바실리오스는 케사리아의 대주교가 되었다. 동방에서 명성이 자자한 정교 주교좌에 훌륭한 정교 지도자가 즉위한 것이다. 교회의 순수한 양심들은 그의 선출을 매우 기뻐하며 경축했다. 그들은 이 승리를 성령의 선물로 여겼다. 성령이 승리한 것이다. 하지만 승리의 찬가를 부르기엔 아직 시기상조였다.

이단들은 패배 후 몸을 움츠렸다. 많은 이단이 365년 혹은 366년 바실리오스가 케사리아에서 사목과 교육사역을 시작했을 때처럼 케사리아를 떠났지만 상당수의 이단은 아직도 그곳에 남아 바실리오스를 비난하며 전쟁을 벌일 태세를 갖추고 있었다.

에프세비오스 주교의 병, 혼탁한 선거, 황제 발렌스의 이단 지지로 교회의 조직은 적지 않게 와해된 상태였다. 당연히 바실리오스 대주교 앞에는 어려운 사역이 기다리고 있었다. 다만 현 상황에서 긍정적이고 감사할 수 있는 것은 다시 정교 정신이 우뚝 서게 되었다는 것이다. 선거는 정교인들에게 용기를 주었다. 이전보다 더 굳건하게 만들어 주었다.

바실리오스가 해결해야 할 첫 번째 과제는 외부세력에 영향을 받아 선거 내내 바실리오스를 적으로 삼았던 케사리아와 카파도키아, 그리고 폰도스의 교회 정치 세력들이었다.

그들 중 상당수는 바실리오스가 성령에 의해 주교로 선출되는 모든 과정을 직접 눈으로 목격한 후 그들의 잘못을 깨닫고 다시 정교 신앙으로 돌아왔다. 이렇게 그들은 새로운 대주교의 편이 되었다.

일부 기회주의자들은 동조 세력과 함께 물러갔다. 하느님의 부르심으로 주교가 되었을 뿐만 아니라 백성들의 사랑을 한 몸에 받고 있는 그는 도저히 자신들이 겨룰 수 있는 상대가 아니라는 것을 깨달았기 때문이다. 바실리오스는 그들 각각에 맞게 필요한 조치를 취했다. 바실리오스는 그 누구에게도 복수의 마음을 품지 않았다. 혹시 누군가에게 엄격하게 행동했다면 그것은 그가 잘못을 뉘우치지 않았기 때문이다. 다른 이유는 하나도 없었다.

바실리오스는 많은 이에게 사랑, 자애, 관용을 베풀었지만 동시에 매우 엄격하기도 했다. 그는 자기편으로 만들기 위해 적들의 환심을 사려하지 않았다. 그들을 관대하게 대하면서도 한편으론 그들의 잘못이 야기한 나쁜 결과에 대해서도 분명히 짚고 넘어갔다. 그의 행동은 사랑, 강력한 의지, 그리고 인간 구원에 기초 했다. 교회의 사명은 잘못한 사람을 단죄하거나 경멸하는 것이 아니라 용서하고 인도하는 것이다. 구원이 목표이기 때문이다.

그의 적 대부분이 이제 그의 편에 섰다. 일부는 여전히 그를 적대했지만, 그들은 바실리오스의 위대함과 순교자적 희생을 드높여 줄 뿐이었다.

주교로 선출된 날부터 바실리오스는 흉금을 터놓고 지내 온 친구 그레고리오스의 필요성을 느꼈다. 선거 기간 때보다 그를 더 필요로 했다. 모든 것을 믿고 맡길 수 있는 사람, 본인이 할 수 없거나 도저히 여력이 나지 않을 때 대신 해 줄 수 있는 사람이 필요했다. 하지만 그레고리오스는 자기 세계에서 나올 생각을 하지 않았다. 마치 광장공포증을 가진 사람처럼 그는 드러나게 활동하는 것에 대해 묘한 두려움을 느끼고 있었다.

이런 그의 행태는 바실리오스를 당황하게 만들었다. 하지만 그는 그레고리오스에게 나쁜 의도가 없음을 잘 알고 있었기 때문에 그를 오해하지 않았다.

아무튼 그레고리오스야말로 제일 먼저 달려와 바실리오스의 선출을 기뻐해 줄 사람으로 알고 있던 많은 사람들은 마지막까지도 그의 모습을 볼 수 없었다. 오히려 그레고리오스는 바실리오스에게 편지를 띄워 그곳의 어려운 상황이 정리되고, 비난하는 사람들이 사라지면 그때 케사리아를 방문하겠다고 말한다.

처음에 바실리오스는 그를 기다렸다. 인내했다. 하지만 방문조차 하지 않은 그레고리오스의 처신을 도저히 받아들일 수가 없었다. 그뿐만이 아니었다. 10월 중순경 바실리오스는 그레고리오스의 편지를 받았는데, 그 편지에서 그레고리오스는 선거의 의미를 강조하면서도 케사리아에 가지 않을 것임을 분명하게 밝힌다.

바실리오스는 화가 났다. 그리고 다소 거친 내용의 편지를 그레고리오스에게 보낸다. 안타깝게도 이 편지는 지금 보전되어 있지 않다. 하지만 이 편지에 대한 그레고리오스의 답장을 통해 우리는 바실리오스의 편지 내용을 이렇게 짐작해 볼 수 있다.

> "그레고리오스 형제, 자네에겐 내가 직면한 커다란 문제가 아무렇지도 않다는 건가? 전에도 나를 도우러 오지 않더니 이번에도 오지 않겠다는 게 말이 되는가? 자네에게 나는 누구이고 자네는 나에게 누구인가?"

바실리오스는 그의 무관심에 대해 드러내 놓고 그를 나무랐다. 혹시 그의 주저함을 누그러뜨릴 수 있을지도 모른다는 생각에 좀 거칠게 말했던 것이다. 둘은 서로 고민의 이유가 달랐다. 바실리오스에겐 친구 그레고리오스가 자신의 사역의 일부분을 맡아 줄 것인지 그것이 고민이었다면, 그레고리오스에겐 바실리오스가 자신에게 책임을 맡기지나 않을까 그게 고민이었다. 현재 그레고리오스의 심정은 당장 바실리오스에게 달려가 세상에서 가장 사랑하는 그를 온 영혼으로 힘껏 안아 주고 싶었다.

바실리오스는 수석 사제로 그레고리오스가 절실한데도 그가 계속 받아들이질 않자 그를 무관심하다며 호되게 비판했다. 누구를? 그레고리오스를 말이다!

> "바실리오스, 어떻게 자네가 나에게 그런 말을 감히 할 수 있는가? 온 세상을 보는 눈을 가진 자네가 아직도 나를 모른단 말인가? 계절 중의 봄, 별 중의 태양, 우주의 창공, 하느님의 음성인 자네보다 내가 세상에서 더 경탄하는 것은 아무 것도 없다는 것을 모른단 말인가? 내가 모든 상황을 깊이 숙고하느라 자네 곁으로 가는 것을 미루고 주저한다 해서 어떻게 그렇게 화를 낼 수 있는가?"

원하든 원치 않든 바실리오스는 신학의 삶, 관상의 삶과 관련 없는 문제에 대해서는 더 이상 그레고리오스에게 기댈 것이 없음을 깨닫는다. 그리고 두 번 다시 같은 문제에 대해선 그에게 언급하지 않았다.

사역의 시작

바실리오스가 대주교로 선출되었을 당시 케사리아는 힘든 나날을 보내고 있었다. 앞서 있었던 혹독한 기근이 수많은 생명을 앗아갔고 이후 경제적인 위기에다 착취에 가까운 과도한 세금이 징수되는 바람에 카파도키아 지역, 특히 케사리아는 완전히 생기를 잃어버렸다.

경제적인 어려움은 교육의 쇠퇴를 불러왔다. 학교는 문을 닫았고 선생들은 교단을 떠났다. 소피스트와 웅변가는 제대로 돈을 지불받지 못했고 일도 찾기 힘들었다. 정의와 철학에 대한 그들의 관심은 거의 사라질 지경에 이르렀다. 교육을 받는 시민은 그 수가 매일 줄어들고 있었다. 상대적으로 교육을 받지 못한 이들이 늘어났다. 게다가 교육받지 못한 스키타이인과 마사게타이인들도 늘어났다.

명성이 자자했던 케사리아는 더 이상 중요한 신학 토론장의 역할을 하지 못했다. 배우지 못한 이들은 선동가들에게 쉽게 현혹되었고 그들 스스로는 정의와 진리를 깨우칠 힘이 없었다. 이러한 상황은 바실리오스의 사역을 무척 어렵게 만들었다. 반면에 아리우스파의 침투는 상대적으로 쉬워졌다.

한마디로 케사리아와 카파도키아 교회의 상태는 참담하고 절망스러웠다. 그럼에도 거룩한 사람 바실리오스의 눈은 그곳에만 머물러 있지 않았다. 동방 세계 전체를 그의 눈에 담고 있었다. 일리리아, 이집트, 시리아, 팔레스타인, 그리고 메소포타미아의 상황은 더 안 좋았다. 왜냐하면 아리우스파가 전역을 지배하고 있었고, 대다수 정교 주교들은 여러 가지 이유로 유배를 당하고 있었기 때문이다.

알렉산드리아와 케사리아만이 정교의 보루로 남아 있었다. 알렉산드리아는 진리의 거룩한 사자, 경험 많은 투사 아타나시오스 주교가 눈을 부릅뜨고 지켰다. 세상의 권력도 그 앞에서는 고개를 숙였고 황제들도 그를 두려워했다. 당시 그는 백발이 성성한 75세의 노인이었지만 총기로 가득했다.

케사리아는 능력과 성령의 빛으로 무장한 나이 40세의 바실리오스가 지키고 있었다. 하지만 그는 경험이 부족했고 아직 아타나시오스와 같은 권위를 누리지는 못했다. 나름 자신의 능력을 믿고 있었지만 교회가 직면한 참담한 상황을 타개하기에는 부족함을 많이 느꼈다.

밤낮 할 것 없이 교회의 문제가 그의 가슴을 아프게 파고들었다. 밤에도 교회 문제에 대한 생각에 잠을 제대로 이루지 못했다. 자주 절망의 절벽 앞에 서곤 했다. 하지만 그는 단 한 번도 그런 절망이 자신을 지배하게 내버려 두지 않았다. 절망의 심연에 결코 빠져 있지 않았다. 멸망으로 몰고 가는 거짓된 쾌락에 빠지지 않도록 하느님이 그를 지켜 주셨다.

이 시련의 시간에 그의 영혼은 하느님을 향해 날개를 펼쳤다. 하느님의 능력을 담을 수 있도록 그의 가슴을 활짝 열어 달라고 무릎 꿇고 간절히 청했다. 그의 기도를 들어주실 때까지 끊임없이 하느님을 찾았고 외치고 신음했다. 그는 그렇게 깅긴해졌다. 이제 그는 자신의 사역을 펼쳐야 했다. 시작해야 했다. 기도만으로는 충분치 않았다. 한숨과 눈물로는 더더구나 아무것도 이룰 수 없었다. 불굴의 의지를 지닌 거룩한 사람 바실리오스는 마침내 그의 사역을 시작한다. 그리고 그의 업적은 하나하나 성과를 낸다. 끝까지 그를 따르지 않았던 신자들도 그의 위대성을 받아들이지 않을 수가 없었다.

진리, 말씀, 실천

바실리오스가 대주교로 즉위했을 때 그는 나름의 준비를 갖춘 상태였다. 당대 최고의 학교에서 수학한 엘리트였고, 외진 광야에서 하느님의 뜻을 깨우치기 위해 피땀을 흘리며 수행했고 엄청난 기도로 거룩하고 무한한 아름다움의 신비를 체험했다. 하지만 정작 자신은 부족함을 느꼈다. 다시 처음부터 모든 것을 갖춰야 한다고 매번 생각했다. 교회의 위대한 인물들이 그러했던 것처럼 그 역시도 그러했다.

여기에는 두 가지 이유가 있었다. 첫째로 그가 가지고 있는 모든 지혜와 능력의 원천이 하느님께 있다는 인식 때문이었다. 즉 하느님은 베푸시기도 하고 또 언제든지 다시 거둬 가실 수도 있는 분이라고 생각하는 겸손이 그에게는 있었던 것이다. 성령의 은총과 빛은 은사로 베풀어지는 것이지 자연적으로 얻어지는 것이 아니기 때문이다.

둘째로 교회가 직면하고 있는 문제는 인간의 구원과 직결되는 신학적인 문제라는 인식 때문이었다. 즉, 올바른 신학적인 대답을 내놓으려면 먼저 자신부터 진리를 만나고 경험해야 한다고 생각했다. 먼저 진리에 도달해 진리를 살아야만 그 진리를 표현하고 설명하고 주장할 수가 있기 때문이었다. 이것은 바실리오스가 충실하게 지켜 왔던 거룩한 전략이었다. 바실리오스의 전기를 쓴 그의 친구 나지안조스의 그레고리오스는 이 구원의 전략을 바실리오스 스스로가 '창안했다'고 강조한다.

케사리아의 대주교는 이렇게 수행, 하느님과 인간에 대한 사랑, 끊임없는 기도, 자신에 대한 성찰로 무장하면서 당시 교회의 구체적인 문제를 해결하고 투쟁해 나가기 위해 신학적인 준비를 갖춰 나갔다. 내면 깊숙한 곳에서 그는 성령과 함께 살았고 당시 문제에 대한 올바른 답을 내놓기 위해서 성서의 말씀을 가슴속에 담았으며 성서 깊은 곳까지 내려가 감춰져 있던 풍부한 진리를 맛보고 뽑아 올렸다.

지금 남아있는 그의 모든 저작은 그가 직접 경험한 것이고, 성령의 빛으로 인도받아 찾아낸 것들로, 우리에게 주는 그의 선물이고 도움이다. 여기에는 인간의 이성이 필요했다. 세상의 옷을 입어야 했고 당시의 사람들이 이해할 수 있는 언어가 필요했다. 이렇게 바실리오스는 오랜 세월 그가 수학했던 인간의 지혜를 최대한 동원해 이단들이 의심하던 교회의 진리를 증거했고 그들의 그릇된 허구와 불경을 반박했다.

개별적 또는 공개적인 대화에서 이단을 직접 논박하는 것에 그치지 않고 그의 생각과 주장을 글로 담아 정교인들이 활용할 수 있게 했고, 케사리아에서 멀리 떨어져 있는 친구들과 적들도 문제의 실체적 진실을 알 수 있게 했다.

그의 이런 사역은 거룩한 행위였다. 참된 진리의 표현을 구현하는 것이었기 때문이다. 따라서 그의 가르침이 하느님의 인도로 십계명을 받은 모세의 가르침에 버금간다고 칭송한 신학자 그레고리오스의 말은 조금도 과장이 아니었다. 모세와 마찬가지로 바실리오스를 비추고 인도하시는 분도 바로 하느님이시기 때문이다.

바실리오스는 전혀 이론적이지 않았다. 화려한 의자에 편하게 앉아 추상적인 사상을 펼치는 접근하기 어려운 선생이 아니었다. 물론 그는 설교대 위에서 설교했지만 그의 설교는 언제나 구체적인 문제와 구체적인 사람을 위한 것이었다. 결코 일반적이거나 추상적이지 않았다. 그의 신학은 동시에 실천이었다. 단지 그 자신의 가르침을 실천에 옮겼다는 의미만 아니라 또한 구체적인 상황에 맞게 행동하고 움직였다는 의미에서 그는 매우 실천적이었다.

이렇게 바실리오스는 이단들이나 반대하는 신자들을 개별적으로 만나 그들의 고충과 주장을 들어주며 그들에게 적절하고 걸맞은 대답을 제시했다. 바실리오스가 그들을 만나려 했던 것은 사목자로서 그들을 건설적으로 인도하기 위해서였지 그들에게 수치심을 주거나 논쟁에서 이기려는 것이 아니었다. 본인이 직접 만날 수 없는 경우에는 믿을 만한 사람을 대신 보내 자신의 생각을 전달해서 그들을 올바른 길로 인도하려 했다. 때로는 주교관으로 불러 참된 믿음이 무엇인지 강조하며 그릇된 믿음에서 떠날 것을 독려하였다. 바실리오스는 각자 상황에 맞게 다른 기준과 방법을 활용하였다. 그는 빛을 받은 사람으로서 각 사람이 처한 영적인 상태를 분별할 줄 알았다.

그래서 바실리오스의 막내 동생, 니싸의 그레고리오스 주교는 영적인 사람은 '분별'하는 사람이라고 말하곤 했다.

이처럼 바실리오스는 각자에 맞게 어떤 이에게는 자제를, 또 어떤 이에게는 충고를, 어떤 이에게는 질책을, 또 어떤 이에게는 위협으로 대처했다. 그는 그릇된 신앙의 길에서 헤매는 이들을 구하기 위해 이렇게 다양한 방법을 구사했다. 하지만 이러한 방법은 인간의 자유를 침해하지 않아야 했다. 인간에게 정말 소중한 이 자유가 상처받는 순간 선한 목자의 수고도 수포가 되기 때문이다. 아니 오히려 더 멀리 진리에서 밀어내는 결과를 초래할 수 있기 때문이다.

바실리오스의 이러한 노력은 얼마 안 가 열매를 맺기 시작했다. 하지만 황실과 발렌스 황제 주변을 기웃거리던 아리우스파는 이 열매를 보고 분개했다.

아리우스파를 지지했던 발렌스 황제는 협박, 몰수, 귀향, 박해, 고문, 사형 등으로 케사리아를 제외한 전 동방 지역을 이단에 굴복시킨 상태였다. 하지만 케사리아는 '왜소하고 허약한' 바실리오스가 굳건히 지켜내고 있었다.

케사리아는 황제의 골칫거리가 아닐 수 없었다. 그는 마지막 골칫거리인 바실리오스를 무너뜨려야 했다. 그렇지 못할 경우 황제는 웃음거리로 전락할 수도 있었다.

소인배들의 졸렬함

370년 가을과 겨울, 371년은 바실리오스가 날개를 더욱 활짝 펼 수 있는지를 가늠하는 시험대였다.

바실리오스는 케사리아의 대주교였다. 그것은 곧 그의 책임이 카파도키아, 폰도스, 아르메니아까지 미치고 있고, 그래서 이 엄청난 지역의 교회 문제까지도 감당해야 함을 의미했다. 바실리오스는 사목자답게 이 모든 지역을 사랑으로 보살폈다. 하지만 그의 이러한 헌신과 노력에도 쥐처럼 그의 의지를 갉아먹는 이들이 있었다.

이들은 이미 실패도 귀킬된 낡은 방법으로 바실리오스를 공격했다. 그것은 다름 아닌 모략이었다. 그들은 다방면에서 작업을 하였다. 카파도키아, 폰도스 그리고 아르메니아의 작은 마을뿐만 아니라 케사리아 안에서도 허무맹랑한 신화 같은 말들을 꾸며내 마치 바실리오스가 행실이 나쁘고 그릇된 사상을 가진 사람인 것처럼 소문을 냈다.

철저히 준비한 모략가들은 그들의 계략에 맞춰 교회 사람들뿐만 아니라 바실리오스를 높게 평가하는 정부 고급 관료들에게도 나쁜 소문을 퍼트려 나갔다. 성당을 관리하며 독신으로 살아가는 여성 봉사자들에게는 바실리오스가 잘못된 신앙을 가르치고 있으며 참된 정교인이 아니라고 소문을 퍼트렸다. 고관 페르가몬과 그 주변에도 바실리오스가 이단이라고 소문을 냈다. 이러한 소문들은 다양한 모습과 음흉한 방법으로 매일같이 피어나고 있었다.

사실 바실리오스에게 이런 모략은 처음이 아니었다. 그래서 크게 동요되지 않았다. 하지만 지금은 양상이 그때와는 좀 달랐다. 모략의 정도가 지나치게 광범위했다. 모략은 동방 전체로 확대되고 있었고 정교회 사목자인 그의 우려를 자아내기 충분했다. 또한 그는 인간적인 비애도 느꼈다.

바실리오스는 용기를 내어 모략에 대해 단호하게 대처하기로 했다. 왜냐하면 모략으로 인해 죄 없는 이들이 희생되는 것을 막아야 했기 때문이었다. 누구든지 자신의 생각을 말할 수는 있지만 말한 것에 대해서는 책임을 져야 한다. 들은 말을 말하기 전에 먼저 그 말을 검증해 보아야 한다. 바실리오스는 이렇게 외쳤다.

"당신들이 말하고 있는 것에 대해 증거를 대보시오. 언제, 어디서, 어떻게 그리고 그곳에 누가 있었는지 말해 보시오."

"페르가몬, 나에게 그 사건에 대해 말해 보시오. 그것만이 제대로 된 증거가 될 것이요. 비로소 그때야 나에 대한 당신의 모략이 맞다고 받아들일 수 있을 것이요."

만약 바실리오스가 이렇게 단호하게 모략에 대처하지 않았다면 사람들은 그를 신뢰하지 않았을 것이다. 그리고 그가 전개하고 있는 광범위한 교회 사역도 커다란 지장을 초래했을 것이다.

케사리아의 젊은 대주교는 그의 관구에서 날마다 새로운 문제에 직면했다. 그것은 마치 오래전부터 그를 기다리고 있었던 것처럼 보였다. 층층이 쌓인 문제는 거대한 산이 되어 그의 목을 조여 왔다. 하지만 그것을 해결할 수 있는 사람도 오직 그 자신뿐이었다.

지역 주교들의 불순종, 뇌물을 주고 성직을 사는 문제, 교회 질서의 파괴, 성직 경시는 교회의 거룩한 몸에 못질을 하였다. 교회의 몸을 병들게 하여 교회의 사명을 방해했고 구원이 위협 받는 수준까지 이르렀다. 이 모든 것을 바실리오스는 자신의 책임 아래 홀로 헤쳐 나갔다. 오직 사랑과 엄격함으로 난관을 헤쳐 나갔다. 그것은 교회 사목자의 특징이기도 했다. 왜냐하면 질책의 이면에는 사랑이 녹아 있기 때문이다.

마술사 시몬의 이름에서 기인한 '시모니아'는 성직 매매를 의미한다. 시몬은 사도 베드로의 능력을 보고 돈으로 그 능력을 사려고 했다. 그것은 무척 혐오스런 행위였지만 돈을 사랑한 일부 주교는 그렇게 돈을 받고 성직을 팔았다. 이 끔찍한 행위는 제1차 세계 공의회(325년)에서 이미 단죄되었다. 하지만 사탄은 그 죄를 변형시켜 다른 방법을 고안해 냈고 카파도키아의 일부 지역 주교는 서품을 준 후에 돈을 받았다. 사전에 돈을 받는 것이 아니라 사후에 돈을 받는 꼼수를 쓴 것이다. 그들의 이런 행위는 참으로 어리석은 짓이 아닐 수 없었다. 그것은 바실리오스 대주교를 더욱 자극했다. 바실리오스는 관구의 지역 주교들에게 보내는 문서와 공문을 통해 그런 행위를 단호하게 단죄했다.

또한 그릇된 관습의 행위도 강력하게 비판했다. 당시에는 결혼하지 않은 성직자가, 교회에 헌신하기로 서원한 수녀나 독신 여성들을 집에 들여 집안일을 돌보게 하는 관습이 있었다. 하지만 이런 관습은 많은 문제점을 가지고 있었다. 초창기 이 제도는 연로한 성직자를 돕기 위해 도입되었다. 하지만 이후에는 젊은 성직자들도 집에 젊은 여성들을 들여놓는 폐단을 낳았다.

이것은 성직자와 독신 여성의 관계가 늘 추문거리가 되는 계기가 되었고 또 하느님께 한 수도서원의 순수성을 훼손할 위험이 있었다. 이런 추문은 교회에 나쁜 소문을 가져왔고 믿음이 약한 교인들에게 영향을 미쳐 교회를 떠나게 하는 결과를 낳았다. 바실리오스는 이러한 폐단을 없애기 위해 칼을 들었다. 바실리오스 주교는 70세쯤 되는 그레고리오스라는 이름의 한 사제에게 집에 들인 여자를 내보내라고 명했다. 하지만 그 사제는 반발했다.

"대주교님, 제 나이 지금 70세에 이른 노인입니다. '정욕'에서 '자유로운 사람'이란 말입니다."

자기 자신을 과신하는 사제의 확신 속에 우리는 그가 영적으로 아직 많이 부족함을 보게 된다.

"그레고리오스 신부님. 저는 당신이 그런 정욕에 빠질 거라고 생각한 적이 한 번도 없습니다. 하지만 우리는 추문 거리를 만들 권리도 없음을 알아야 합니다. 젊은 성직자가 당신의 예를 보고 그대로 따라 한다면 그 위험이 얼마나 크겠습니까?"

그레고리오스 사제가 이런저런 이유를 대며 계속 핑계를 대자 바실리오스는 더욱 강경하게 대처했다.

"다시 한 번 말씀드리지만 집안에서 그 여자를 내보내시기 바랍니다. 그녀를 수도원으로 보내고 당신을 도울 남자 한명을 들이십시오. 만약 이 문제를 해결하지 않고 예배를 집전하려 한다면 나는 당신을 파문하고 다른 성직자들이 당신과 교류를 할 수 없도록 조치를 취할 것입니다!"

내부의 화살 - 위대한 인물의 순박함

371년, 카파도키아의 매서운 겨울은 바실리오스로 하여금 잠시나마 그동안 겪었던 혹독한 시련에서 한 발 물러나 자신을 돌아볼 시간을 주었다.

아직도 많은 정교 주교들은 그를 대주교로 인정하지 않았고 그와 친교를 나누지 않았다. 그들은 대주교 바실리오스를 의식하지 않고 그들 지역에서 맘대로 사목했다. 물론 바실리오스도 이 점을 처음부터 알고 있었다. 하지만 그들의 태도가 바뀔 것이라 생각했던 그의 희망은 얼마 가지 못했다.

371년에 들어서도 지역 주교들의 행태는 변하지 않았다. 그것은 항명과 같은 것이었다. 항명은 교회 몸을 찢어 놓는 분열, 단절을 의미했다. 한 주교가 다른 주교를 인정하지 않기로 마음먹는다는 것은 곧 그를 교회의 진정한 지체나 정상적인 주교로 여기지 않는다는 것을 의미한다.

이것은 바실리오스 또는 그의 말을 듣지 않는 지역 주교 중 어느 한쪽이 교회의 참된 지체나 정상적인 주교가 아님을 의미했다. 하지만 이미 앞에서 본 바와 같이 바실리오스는 제1차 세계 공의회와 교부들의 믿음을 지켜 왔고 정식 선거를 통해 합법적으로 대주교에 즉위했다. 결국 사려 깊지 못한 이들은 말을 듣지 않는 지역 주교와 사제들이었다. 바실리오스가 그들의 문제를 해결하는 방법을 보면 그가 얼마나 거룩한 사람인지 얼마나 능력이 뛰어난 사람인지 알 수 있다. 그는 그들의 행태에 분노보다는 사랑을 택했다. 교회 질서에 관한 규범을 엄격하게 적용하면서도 내면 깊은 곳에서 우러나오는 사랑으로 그들을 대했다.

바실리오스는 네오케사리아의 아타르비오스에게 먼저 편지를 띄워 사랑이 모든 차이와 어려움을 덮을 것이라는 점을 강조했다. 그리고 언제든지 반대자의 이야기를 들을 마음의 준비가 되어 있음을 밝혔다. 상대가 명망이 없어도, 신학적 지식이 낮아도, 자신을 경멸해도 그것에 연연하지 않았다.

바실리오스의 동생, 얼마 안가 니싸의 주교가 된 신학자 그레고리오스도 지역 주교들의 그릇된 의식을 바로잡고 화해의 손길을 내놓으려는 바실리오스의 노력에 힘을 보탰다. 그의 도움은 바실리오스의 힘겨운 투쟁에 시원한 바람이 되어 주었다. 심신이 지쳐 있던 대주교는 그것을 부드러운 손길처럼 느꼈다. 더욱이 어릴 적부터 훌륭한 신학자의 자질을 보이며 학업에 매진하는 그레고리오스를 바실리오스는 무척 아끼고 사랑했다. 하지만 그는 형의 사역을 도와주기에는 아직 어렸다. 그리고 씻을 수 없는 큰 실수를 저질러 바실리오스에게 엄청난 수모와 슬픔도 안겨 주었다.

바실리오스의 동생 그레고리오스가 범한 큰 실수는 이러했다. 바실리오스의 어머니인 에멜리아의 형제(혹은 사촌)가 카파도키아의 한 도시에 주교로 봉직하고 있었는데 그는 바실리오스를 대주교로 인정하지 않고 그와 친교를 나누지 않았다. 그 주교의 이름도 그레고리오스였다.

바실리오스 주교와 그레고리오스 주교는 사실 오랜 세월 교류해 온 관계였다. 어머니 에멜리아가 바실리오스를 데리고 케사리아의 친정집을 방문할 때마다 그레고리오스 주교를 찾아가 아들에 대한 보살핌을 부탁했기 때문이다. 그레고리오스 주교는 그렇게 조카의 올바른 성장에 관심을 기울여 줬고 특히 355(혹은 356)년에 에멜리아의 남편이 세상을 떠난 후에는 그녀의 가족을 보살펴 주기도 했다.

그런데 삼촌과 조카라는 이 사랑스런 관계는 어느새 틀어져 조카를 미워하거나 적어도 얼굴을 보지 않는 관계가 되고 말았다. 어떤 연유에서 삼촌이 조카를 미워하게 되었는지 확실치는 않다. 다만 추측해 보건 데 조카에 대한 모략에 휩쓸렸거나, 명성을 얻어 가는 조카의 성장에 대해, 또 가족 모두가 바실리오스에게만 관심을 두고 경탄하는 것에 대해 시기심이 생긴 것으로 보인다.

바로 그 시점에 바실리오스의 동생, 니싸의 그레고리오스가 형 바실리오스 대주교와 삼촌 그레고리오스 주교의 불편한 관계를 해소하겠다고 나섰다. 삼촌 그레고리오스 주교가 조카인 자신의 화해 시도를 받아들이지 않자 니싸의 그레고리오스는 생각지도 않은 엄청난 일을 계획했다. 그렇게 하면 삼촌이 마음을 돌릴 것이라고 생각했던 것이다. 동생 그레고리오스는 세 개의 편지를 거짓으로 꾸몄다. 그리고 삼촌이 조카 대주교에게 우호적 감정을 가지고 있으며 앞으로 친교를 나눌 것이라는 내용을 집어넣고 삼촌 그레고리오스의 서명을 만들어 넣었다.

여린 감성을 가진 바실리오스는 그 편지를 받고 감격했다. 삼촌이 자신을 인정하다니! 피는 물보다 진하구나. … 결코 잊을 수 없는 어머니, 에멜리아의 형제가 드디어 나의 편에 섰구나!

바실리오스는 기쁜 마음에 그 편지를 사람들에게 보여주었다. 그것은 그를 따르지 않던 지역 주교가 그에게 순종을 보여준 첫 번째 사례 중의 하나였다. 그런데 그런 일이 있은 후 얼마 안 가 깜짝 놀랄 만한 일이 벌어졌다. 삼촌 그레고리오스 주교가 사람들 앞에 직접 나서서 그 편지가 자신의 편지가 아니라고 주장했기 때문이다. 바실리오스는 충격에 빠졌다.

명성이 자자한 바실리오스가 순간 선동가, 사기꾼이 되고 만 것이다. 사람들 앞에서 고개를 들 수 없을 만큼 참담했다. 쥐구멍이라도 있으면 들어가고 싶은 심정이었다. 그런데 바실리오스의 동생, 위대한 신학자였던 그레고리오스는 그의 어리석은 행동을 멈추지 않았다. 그런 일이 있었다는 소식을 접하고 나서 그는 바로 두 번째 편지를 작성했다.

바실리오스는 동생의 어리석은 행위를 전혀 예상하지 못한 채 두 번째 편지를 믿어버렸다. 그는 자신과 반목하고 있는 안티모 티아논을 만났을 때 그 편지를 다시 보여주었다. 하지만 삼촌 그레고리오스는 곧 안티모에게 그런 편지를 쓴 적이 없다고 밝혔다.

다시 한 번 바실리오스 대주교는 큰 수모를 겪었다. 그런데도 불구하고 어리석은 니싸의 그레고리오스는 정신을 차리지 못했다. 그는 또다시 가짜 편지를 만들어 사람을 통해 형 바실리오스에게 보냈다.

세 개의 편지가 다 조작되었다는 사실이 드러나는 순간 바실리오스의 심정은 이루 말할 수가 없었다. 바실리오스는 황제 앞에서도 고개를 숙이지 않았었다. 그런데 동생 때문에 사람들 앞에서 고개도 들지 못할 정도로 참담한 처지가 되고 말았다.

심하게 동요하던 그의 마음이 진정되자 그는 강한 어조의 편지를 동생에게 쓴다. 하지만 그의 마음 깊은 곳에서는 여전히 동생을 아끼고 사랑하는 마음이 가득했다. 바실리오스는 편지에서 그런 행위는 결코 그리스도인에게 어울리지 않는 것이며 해서는 안 되는 어리석은 짓이라고 지적했다. 그리고 앞으로 이런 일을 맡기지 않을 것임을 분명히 밝혔다.

바실리오스는 삼촌 그레고리오스와의 문제를 해결하기 위해 두 개의 편지를 썼다. 그는 편지에서 아버지처럼 자신을 대해 주었던 삼촌이 왜 이유 없이 반대편에 서서 자신을 미워하고 있는지 불만을 토로했다.

"삼촌, 저는 당신의 충고와 보호를 기다리고 있습니다. 그런데 당신은 저를 미워하고 저와의 만남을 거부하고 있습니다. 케사리아로 오십시오. 오셔서 신자들의 믿음을 공고히 세워 주십시오. 그리고 저에게도 힘이 되어 주십시오. 덕을 갖추신 당신 같은 분들에게 분노는 어울리지 않습니다."

바실리오스가 보낸 두 번째 편지에서는 그동안 벌어졌던 웃지 못 할 상황이 다소 완화된 것으로 보인다. 그것은 니싸의 그레고리오스가 삼촌 그레고리오스를 방문해 가족으로서 삼촌과 진지하게 대화를 나눴고 삼촌도 마음을 어느 정도 굽혔기 때문으로 보인다. 얼마 후 바실리오스는 그토록 갈망했던 편지를 삼촌에게서 받는다. 그리고 그 편지는 그들이 다시 친교를 나누는 계기가 된다.

바실리오스는 답장에서 사랑하는 동생 그레고리오스에게 나쁜 감정이 전혀 없음을 밝힌다. 그리고 언제 어디서 어떻게 만날 것인지 전적으로 삼촌에게 맡긴다. 바실리오스가 수모를 겪게 된 에피소드는 이렇게 끝난다. 사목에 대한 바실리오스의 사랑과 헌신은 그동안의 아픔을 모두 사라지게 했다. 그리고 바실리오스의 교회 사역은 지속되었다. 위대한 신학자였지만 너무도 단순했던 동생 그레고리오스에 대한 바실리오스의 사랑도 계속해서 커져 갔다.

바실리오스가 대주교로 선출되어 동방에서 가장 중요한 대주교좌에 올랐을 때 그는 관할지역의 문제를 사목자의 눈으로 지켜보았다. 그리고 위에서 본 것처럼 주교들과의 연대는 교회의 안정을 위한 건실한 기초가 되었다.

대주교직에 오른 뒤 바실리오스가 보낸 초창기 편지들 중 사모사타의 에프세비오스에게 보낸 한 편지 속에는 그가 동방 지역 전체에 관심이 있음을 보여준다. 사실 엄밀히 말한다면 그것은 단순한 관심이 아닌 아픔, 사랑, 보살핌이었다.

371년에 들어서면서 바실리오스는 그의 관구의 문제만 아니라 동방 지역 교회 전체의 문제를 고민하면서 그 해결을 위한 계획을 세우게 된다.

전 교회를 품에 안은 독수리의 눈, 진리의 우선성

보통 사람들의 평균적인 생각과 사고를 뛰어 넘는 사람은 잘 이해되지 못한다. 바실리오스의 경우가 그러했다. 허약하고 왜소한 체구의 그는 자신의 관구에 매일같이 쏟아 부은 열정 그 이상으로 교회 전체에 대해서도 관심을 쏟고 있었다. 그것은 마치 엄청난 시야를 가진 거대한 독수리 같았다.

그가 평지를 걸을 때면 여느 사람과 다를 바 없어 보였지만 그가 날개를 활짝 펴 높이 날아오르는 순간 그는 자신의 정체를 드러냈다. 높이 오를수록 그만큼 그의 위용은 더욱 크게 드러났다. 그는 높이 오른 그곳에서 거룩한 직관의 눈으로 온 교회를 품어 안았고, 때로는 환희로 때로는 아픔으로 인간과 그리스도의 연합을 제시했다.

당시 황제 발렌스는 아리우스주의를 교회에 강요하고 있었다. 그는 아리우스주의를 신봉하는 관료들에 영향을 받았고, 그 믿음을 중심으로 교회가 하나로 통일되는 것이 제국을 지배하는 데 더 효율적이라고 생각했다. 또한 발렌스는 동방의 대다수가 아리우스주의를 선호하고 있다고 믿었다. 따라서 황제는 정교를 반대하는 정책을 밀어붙였고, 바실리오스를 적대하는 인물들을 적극 지원했다. 바실리오스가 그의 계획에 방해가 된다고 본 것이다.

바실리오스는 이런 폭풍우를 극복할 수 있을까? 자신이 모든 짐을 짊어지고 헤쳐 나갈 수 있을까? 아니었다. 그것은 불가능했다. 감당하기엔 너무 힘겨웠다. 그는 교회의 위대한 독수리, 진리를 지팡이 삼아 투쟁의 선봉에 섰던 아타나시오스에게 눈을 돌린다. 비록 그는 작은 교구를 책임진 주교였지만 전체 교회에 대한 염려로, 당시 교회의 수장으로 우뚝 서 있던 알렉산드리아의 대주교 아타나시오스에게 편지를 쓴다.

> "존경하는 주교님. 지금 저희 교회는 수난과 고통과 한숨과 풍전등화와 같은 상황에 놓여 있습니다."

바실리오스는 아타나시오스가 주저하며 나서지 않고 있음을 일깨워 주려는 듯 간청이라기보다는 자극하듯이 말한다.

> "아타나시오스 주교님, 당신은 그 누구보다 교회의 상황을 아파하고 있을 것입니다. 당신은 온 영혼을 다해 40여 년을 교회를 위해 투쟁하셨습니다. 누가 당신처럼 투쟁한 사람이 있었으며 누가 당신만큼 유배를 당했습니까? 누가 저의 거룩한 머리인 당신만큼 진리를 잘 알고 있었으며 그것을 온전히 드러냈습니까? 이제 당신이 나서야 할 때입니다. 그렇지 않으면 우리는 모두 패

하고 말 것입니다."

바실리오스는 교회에 수없이 많은 인물이 있었음에도 불구하고 왜 아타나시오스에게 그렇게 집요하게 부탁하고 있는 것일까?

"주교님, 당신은 이미 우리의 우두머리, 상징이 되었습니다. 저를 나무라지 마십시오. 저는 지금 제가 잘못하고 있다고 생각하지 않습니다. 제가 당신께 말씀드리는 모든 것이 사실이기 때문입니다. 당신은 존경받는 이들 중에 가장 존경받는 분이며 능력자 중에서 가장 능력이 출중한 분입니다. 물론 제가 당신을 우리의 우두머리라고 부른다고 해서 제가 그리스도를 잊었다고 생각하지는 마십시오. 그런 일은 결코 없으니까요."

바실리오스는 그의 주장을 좀 더 구체적으로 펼쳐 나간다.

"주교님, 당신의 거룩한 무릎을 꿇고 이 난국을 해결해 달라고 하느님께 간구해 주십시오. 물론 저는 당신 앞에 어린아이와 다를 바 없습니다. 하지만 교회를 향한 아픔이 하찮은 저로 하여금 당신 같이 위대한 분에게 감히 이런 부탁을 하게 만들고 있습니다."

알렉산드리아의 원로 대주교는 깊은 고민에 빠졌다. 오직 자신만이 하느님의 선택된 도구가 되어 하느님의 뜻을 이룰 수 있다니! 아타나시오스는 그 생각만 하면 두려움에 전율하지 않을 수 없었다.

"주교님, 지금 우리는 매우 심각한 위기의 순간을 맞고 있습니다.

이 일은 오직 당신만이 할 수 있습니다. 따라서 저는 결코 물러서지 않을 것입니다. 하느님은 합당한 인물에게 당신의 뜻을 보여주시고 역사하신다는 사실을 당신도 잘 알고 계시지 않습니까?"

때때로 진리는 엄청난 십자가가 되어 인간에게 희생을 요구한다. 성령은 진리를 살도록 우리를 인도하고 도우시지만 위기의 순간이 오면 당신의 뜻을 드러낼 인물을 선택해서 당신의 뜻을 이루신다. 그리고 우리는 그 인물 안에서 드러나는 하느님의 뜻을 믿는다. 하느님이 선택하신 사람의 이 거룩한 특권을 인정하고 받아들이는 이들은 참으로 복된 이가 아닐 수 없다!

아타나시오스는 이전에는 하느님께 신택받는 특귀의 영예를 입었지만 현재 그는 두려움 속에 주저했다. 하지만 바실리오스는 달랐다.

"아타나시오스 주교님, 앞으로 나서십시오. 저는 제가 무슨 말을 하고 있는지 잘 알고 있습니다. 당신이 나서서 우리를 이끌어 주십시오. 하느님이 당신을 인도해 주실 것입니다. 하느님은 그 누구보다도 당신에게 빛을 비춰 주실 것입니다. 이미 말씀드렸듯이 당신에게는 우리가 가지지 못한 풍부한 경험과 지혜가 있습니다. 그러니 우리가 직면하고 있는 문제를 해결해 주십시오. 평생 교회를 지켜 오신 것처럼 우리도 지켜 주십시오. 나의 머리시여, 당신이 이전에 보여 주셨던 그 경이로운 능력을 보여 주십시오. 성령의 역사를 통해 이루신 위대한 업적이 당신의 비문에 하나 더 새겨지게 될 것입니다."

성령의 빛을 더 받기 위해 아타나시오스에게 필요한 것이 과연 무엇이 더 있겠는가? 그는 이미 우리가 알지 못하는 많은 것을 가지고 있었다. 단지 우리에게는 아타나시오스의 교회를 향한 사랑과 아픔, 교회를 위한 투쟁, 경험, 그리고 교회에 대한 헌신만으로 충분했다.

안티오키아의 상황, 교회의 깊은 내홍은 동방의 전 교회에 해를 끼치고 있었다. 바실리오스는 아리우스파와 황실의 불의에 맞서려면 우선 안티오키아 교회의 일치를 이루고 동방 지역 전체 교회의 일치를 도모해야 한다고 보았다. 바실리오스는 이런 관점에서 매일 피나는 노력을 기울였다. 편지를 써 보내고 사람들을 파견하였다. 권고하고, 부탁하고 질책하였다. 바실리오스는 안티오키아의 대주교 멜레티오스도 잊지 않았다. 그는 멜레티오스에게 무한한 존경과 따뜻한 애정을 가지고 있었다. 바실리오스는 자신의 계획과 활동에 대해 유배 중에 있던 그의 의견을 물었고 그것을 참고한 후에야 일을 진행하였다.

바실리오스는 아타나시오스와 멜레티오스의 공통된 의견을 바탕으로 서방 교회에도 편지를 띄워 동방 교회의 실태를 직접 확인할 수 있는 대표단을 보내 줄 것을 요청했다. 그는 비록 지리적으로 멀리 떨어져 있었지만 서방 교회를 친형제처럼 느끼고 있었다. 당시 서방 교회는 동방 교회보다 아리우스파의 영향을 덜 받고 있었기 때문에 투사 바실리오스의 눈에 서방은 교회의 낙원이었다.

바실리오스는 일상적으로 벌어지고 있는 동방 교회의 지진과 폭풍우를 서방 교회에 설명했다. 그리고 또 한 명의 예레미야가 되어 교회의 참혹한 상태에 통탄하며 서방 교회가 마음만 먹는다면 동방 교회를 결정적으로 도와줄 수 있다고 호소했다. 만약 서방 교회가 동방 교회에 강력한 힘을 보태 주고, 또 그것을 아리우스파와 발렌스 황실이 보게 되었다면, 동방의 정교인들에 대해 그토록 잔혹한 박해를 하지는 못했을지도 모른다.

바실리오스는 절망감 속에 로마의 다마수스 주교에게 보낸 편지에서 양 교회가 언제나 친교를 나누었고 서로 도움을 주고받아 왔음을 강조했다.

"서방 형제들이여, 당신들은 우리가 포로로 잡혔을 때 해방시켜 주기 위해 돈을 지불하며 도왔습니다. 지금 우리 교회가 이단들에 의해 위험에 직면해 있습니다. 우리를 도와주십시오."

하지만 서방 교회는 바실리오스의 호소를 듣지 않았다. 동방 교회에서 일어나고 있는 지진을 느끼기에는 너무도 멀리 떨어져 있었다. 바실리오스의 생각과는 달리 위험에 처해 있는 교회 상황에 대한 인식이 부족했다. 바실리오스는 쓰디쓴 실망을 맛 보아야 했다. 감당할 수 없는 엄청난 무게의 차디찬 대리석이 그의 허약한 심장을 짓눌렀다. 하지만 그는 이 투쟁을 포기하거나 멈출 생각을 하지 않았다.

371년은 적, 친구 할 것 없이 바실리오스를 무척 힘들게 한 수난의 해였다. 네오케사리아의 지방 장관 군대까지도 바실리오스의 집에서 일하는 종사자에 대한 세금 징수를 핑계로 허락 없이 바실리오스의 집에 들이닥쳐 바실리오스에게 무례를 범하고 욕하는 일까지 벌어졌다.

오해들

바실리오스가 친구 그레고리오스의 편지를 받았을 때는 371년, 여름의 폭염이 지나고 가을이 시작되고 있었을 때였다. 바실리오스는 한 번도 그레고리오스를 잊은 적이 없었다. 하지만 바실리오스는 함께 일할 동역자의 명단에는 친구 그레고리오스의 이름을 올리지 않았다. 그가 수없이 부탁하고 요청했음에도 그레고리오스가 그의 제안을 거부했기 때문이다. 하지만 지금 그는 하나의 슬픈 사건 앞에서 함께 살며 봉사하자던 그와의 옛 약속을 다시금 떠올렸다.

둘은 서로 '우리 영원히 함께 하자'고 약속을 했었다. 하지만 바실리오스는 항상 이 약속을 자신의 관점으로만 이해했다. 그레고리오스가 자신을 따라야 하는 것으로만 이해했지 한 번도 자신이 그레고리오스를 따라야 하는 것으로는 생각지 않았다. 이것은 서로의 성향이 다름을 단적으로 보여주었다. 한 명은 내성적이고 조용한 성격이었고 또 한 명은 활동적이고 완고한 성격이었다.

그러면 바실리오스를 아프게 하고 슬프게 했던 사건은 무엇이었을까? 바실리오스가 스스로 밝힌 바에 따르면 그 사건은 이러했다.

세례를 받은 지 얼마 되지 않은 새 신자가 케사리아에서 얼마간 바실리오스의 보호 아래 머문 적이 있었다. 그는 자연스럽게 바실리오스가 사람들과 만날 때 혹은 대주교로서 교회 관계자와 만날 때 나눴던 대화를 자주 접하게 되었다. 그는 교만하고 잘난 체 하는 다소 비뚤어진 성격의 소유자였다. 얼마 후 그는 나지안조스로 여행을 가게 되었는데 거기서 바실리오스의 친구처럼 행동하며 교회의 고위 성직자들과 친분을 형성했다. 하지만 그는 여기서 그치지 않았다.

그는 신학적인 토론에 참석해 마치 바실리오스의 생각인 것처럼 신학적인 해석을 늘어놓으며 자신을 드러내려 하였다. 그의 이런 행태는 결국 바실리오스의 정교 신학에 대해 많은 이들이 의구심을 갖게 만들었다. 신학에 대해 잘 알지 못하는, 세례 받은 지 얼마 되지 않는 그가 어떤 말을 하고 다녔는지는 확실치 않다. 왜냐하면 바실리오스에게 나름의 설명을 요구한 그레고리오스의 편지가 전해 오지 않기 때문이다.

그레고리오스는 신학 토론장에 있었다. 그리고 바실리오스의 친구로서 마음이 무척 상했다. 그레고리오스는 친구 바실리오스를 보호하려는 의도로 한편으로는 그 신자에게 좀 더 자세한 설명을 요청하였고 또 한편으로는 바실리오스에게도 해명을 요구하였다. 하지만 그레고리오스의 이 요구는 이해할 수 없는 행동이 아닐 수 없었다. 왜냐하면 그는 바실리오스의 생각을 그 누구보다 잘 알고 있었기 때문이다. 바실리오스는 마음에 큰 상처를 받았다. 새 신자의 그릇된 행태 때문이 아니라 자신을 누구보다 잘 알고 있는 그레고리오스와 진중한 일부 나지안조스 사람들이 맘대로 지어내는 새 신자의 말을 순진한 학생처럼 수긍하고 있었기 때문이다.

"그레고리오스, 어떻게 자네와 지인들이 그럴 수 있단 말인가? 오랜 세월 나를 지켜봐 왔고 또 신앙에 대해서 수없이 많은 대화를 나눴던 우리가 아니던가? 그런데 어떻게 나의 신앙을 의심하고 내게 그렇게 물어볼 수 있단 말인가?"

사실 바실리오스의 한 마디 해명만으로도 그레고리오스와 지인들은 오해를 풀 수 있었겠지만, 바실리오스는 그렇게 하지 않았다.

"나는 그대들의 요구를 받아들일 수가 없네. 내가 그대들의 요구대로 설명한다면 그것은 나 스스로를 욕보이는 것이라 생각하기 때문이네. 내가 과거에 수없이 그대들을 만나 나의 정교 신앙을 말했어도 이런 오해를 한다면, 어떻게 지금 이 짧은 편지글로 그대들을 설득할 수 있단 말인가!"

하지만 바실리오스는 간접적인 방법으로 그들의 마음을 가라앉힐 답변을 주었다.

> "만약 과거에 우리가 대화했던 것으로 충분하다고 여긴다면 그대들은 새 신자가 한 말들이 다 쓸데없는 수다나 모략임을 알 것일세."

바실리오스는 위의 사건으로 인해 깊은 슬픔과 상심에 빠졌고, 그 책임을 그레고리오스에게 돌렸다.

> "그레고리오스, 이 모든 고통은 그대 때문일세. 만약 그대가 나와 함께 있었다면, 나와 함께 투쟁에 나서서 고통을 함께 나누며 나의 책무를 함께 짊어졌다면, 왜 이런 일이 일어났겠는가? 그대는 나를 혼자 방치했네. 그러니 나를 얕보고 나에게 이 모든 공격을 가하는 것일세."

능력이 출중하고 결의가 굳은 바실리오스가 그레고리오스의 협력을 간절히 원하는 모습은 참으로 놀라운 일이 아닐 수 없다.

> "그레고리오스, 그대는 아직도 나의 부탁을 거절할 생각인가? 이제 그곳의 모든 것을 제쳐 두고 이리로 와 주게나. 우리 함께 무

> 자비한 적들에 맞서 함께 투쟁하세. 이단과 황실, 무지와 분열
> 앞에서 당당히 우리의 가슴을 펼쳐 보이세."

진정 바실리오스는 친구의 능력을 그렇게 확신하고 믿었던 것일까? 아마도 그는 그렇게 믿고 있었던 것 같다.

> "그대가 이곳에 나타나는 순간 적들은 용기를 잃고 말 걸세. 그대
> 의 존재만으로도 그들의 비밀 집회는 산산이 무너져 버릴 걸세.
> 주교, 사제, 고관들이 공모해서 모략을 꾸미고 우리를 없애려 하
> 고 있네. 그러니 그대가 이곳에 와서 그들을 없애 주게나. 그것
> 이 어떻게 가능하냐고? 아주 간단하다네. 그대가 우리 정교인들
> 의 수장이라는 사실만 알려지면 되는 일일세. 그러니 주저하지
> 말게. 책임자는 내가 아닌 그대가 될 걸세. 그러면 누가 감히 그
> 대에게 반기를 들 수 있겠는가? 누가 감히 그대의 거룩한 말 앞
> 에 대놓고 반대를 하겠는가? 내가 과거부터 여러 번 그대에게
> 말을 해서 자네도 잘 알 것일세. 그대의 말은 정말 거룩하다네.
> 그것을 알았으면 좋겠네. 자네는 우리들의 신학자란 말일세. 성
> 령이 그대의 입을 통해 말씀하시기 때문일세. 그러니 이곳에 와
> 서 우리가 불의한 자들의 입을 봉해 버리는 것을 보게나. 적어도
> 그들은 드러내 놓고 우리에게 대항하지는 못할 걸세."

바실리오스는 왜 그렇게 그레고리오스에게 수장 자리를 양보하려 했을까? 참으로 이상한 일이 아닐 수 없다. 혹시 심신이 지쳤던 것은 아닐까? 아니면 끊임없는 적들의 공격에 실망한 것일까? 혹시 그럴 수도 있겠지만 주된 이유는 역시 그레고리오스의 강력하고도 거룩한 설

교에 있다 할 것이다. 바실리오스는 위대한 친구 그레고리오스를 질책했지만 동시에 그의 은사와 신학을 전적으로 인정하고 있었다. 그래서 그는 그레고리오스를 질책하면서도 그레고리오스가 겪는 정신적 어려움을 해결해주기 위해 이렇게 말했다.

"이곳에 오면 내가 얼마나 자네에게 순종하고 잘 따르는지 보게 될 것일세."

이것이 바실리오스가 71번째 편지로 그레고리오스에게 답장한 내용이다.

바실리오스는 정교 신앙에 대해 확실한 입장을 밝혀 달라는 그레고리오스의 요구에 대해서는 일축했다. 더 나아가 어린아이의 투정처럼 그는 같은 편지에서 곧 모든 이들이 내가 누구인지, 무엇을 믿고 있는지, 내가 겁쟁이인지 용감한지 알게 될 것이라고 언급했다.

지칠 줄도 굽힐 줄도 모르는 투사는 사나운 맹수가 자신 가까이 다가오고 있음을 느끼고 있었다. 황제 발렌스는 최대한 빨리 그를 없애려 할 것이 분명했다. 바실리오스는 이 모든 것에 대해 마음의 준비를 하고 있었다. 따라서 그 시간이 오면 무엇을 어떻게 해야 할지 전혀 생각할 필요가 없었다. 이런 정신적, 영적 상태에 있었던 바실리오스는 자연스럽게, 모략하는 말들을 크게 개의치 않았다.

그레고리오스는 바실리오스의 진심 어린 편지의 내용에 전적으로 동의하지는 않았지만 그래도 그 편지는 그의 심금을 크게 울렸다.

그레고리오스는 '바실리오스, 자네가 좀 지나쳤네.' 라며 자기 자신에게 속삭였다. 가슴속에서 피어오르는 과거의 오랜 우정이 그의 가슴을 짓눌렀다. "그레고리오스, 그대가 지나쳤네." 그는 다시 자신에게도 같은 말을 반복했다. "지금 수없이 많은 시련과 어려움 속에서 형제가 고통 받고 무너지는데 혼자 나지안조스에 그대로 머물러 있다니. … 어떻게 그럴 수가 있지? … 부끄럽지도 않나? … 어떻게 그를 참혹한 전장에 혼자 버려둘 수가 있는 거지? … 형제를 … 너의 영혼에게 어떻게 말하려고?"

그레고리오스는 얼마 안 가, 가을 또는 겨울에 케사리아, 전쟁의 중심부로 길을 떠난다.

겨룸, 위대한 바실리오스

371년 가을과 겨울, 교회의 증거는 절정에 이르렀고, 교회의 영광은 하늘에 닿았다. 카파도키아 교회는 가슴속에 품고 있는 진리의 불꽃을 드러냈다.

그때까지만 해도 카파도키아의 정교는 정도의 차이는 있겠지만 동방의 작은 섬처럼 여겨졌다. 발렌스 황제는 폭력적이고 사악한 이단의 씨앗을 사방으로 흩뿌려 엄청나게 수확하고 있었다. 정교는 황폐해졌고 케사리아는 목이 조였다. 그럼에도 불구하고 카파도키아 사람들은 발렌스의 잔혹성을 잘 인지하지 못하고 있었다. 그들은 다른 곳에서 일어나는 소식을 전해 들으며 두려워했다.

제국의 여러 중심 도시는 아리우스파의 정책에 실질적으로 굴복했다. 그 이유는 유배와 재산 몰수, 폭력적인 방법으로 정교인들을 겁박했기 때문이었다. 그 정책에 반대하는 이들은 교체되고 쫓겨났다.

야만과 증오는 끝이 없었다. 니코미디아에서는 정교 사제들을 배에 실어 가둬 놓고 불을 질러 죽이는 만행도 서슴지 않았다. 케사리아에 가까이 다가올수록 그들의 잔혹성은 더욱 심해졌다. 황제의 주구들은 성당도 더럽혔다. 어떤 도시에 들어가서는 성당의 거룩한 제단 위에 올라가 춤을 췄고 또 다른 성당에서는 성당을 더럽히는 이들을 막던 정교회 사제를 죽여 거룩한 제단을 피로 물들였다. 이렇게 날마다 새로운 참혹한 소식이 케사리아 정교인들의 귀를 계속 두드리고 있었다.

371년은 악이 극에 달했다. 백성은 겁에 질려 있었다. 힘없는 낙엽들이 휩쓸어 가는 강물을 기다리듯, 모두들 두려움에 몸을 떨었다. 백성들은 그들의 광적인 폭풍 앞에 맞설 수가 없었다. 그러면 바실리오스는 무엇을 하고 있었던 걸까?

바실리오스는 마지막 남은 힘을 다 모아 내려 했다. 정신을 다시 굳게 세우려 했다. 엄청난 전쟁에서 그는 어찌 보면 지극히 소박한 것을 준비하고 있었는지도 모른다. 하지만 작고 소박해 보이는 그곳에서 놀라운 일이 시작되었다. 우리 눈으로는 볼 수 없지만 하느님은 그를 위대한 인물로 만드시려 하신 것이다.

하느님이 그를 위대한 인물로 선택한 것은 왜소하고 힘없는 그를 통해 사탄을 무력화하려고 계획하셨기 때문이다. 황제와 황실과 이단들을 조종하는 사탄의 능력을 무너뜨리려 하신 것이다. 치열한 경주의 순간이 시시각각 다가올수록 절망 속에 있던 바실리오스의 정신은 점점 더 맑아지고 있었다. 비록 몸은 연약하고 쇠약해졌지만, 그는 더욱 많은 시간을 기도와 철야예배로 보냈다.

"나의 그리스도시여, 백성들이 당신에 대한 믿음을 굳건히 지킬 수 있게 해달라고 애타게 간구하는 저의 모습을 보고 계시는지요? 제가 당당히 설 수 있도록, 제가 당신을 온전히 증거할 수 있도록, 한 순간도 흔들리지 않도록 저에게 힘을 주십시오. 저의 이 간청이 이기심에서 비롯된 것이라면 사람들 앞에서 온갖 수모를 겪게 하셔도 좋습니다. 기꺼이 받아들이겠습니다. 저는 결코 저 자신의 영광을 바라지 않습니다. 병약한 제가 살면 얼마나 더 살 수 있겠습니까? 제가 지금 간절히 바라는 것은 당신에 대한 정교 신앙이 견고해질 수 있도록 사탄과 당당히 맞서는 것입니다. 그러니 저를 도와주십시오. 제가 온전히 설 수 있도록 붙들어 주십시오. 저는 오직 당신의 영광을 갈망합니다. 다른 것은 전혀 생각하지 않습니다."

바실리오스는 매일 밤 하느님과 대화하며 씨름했다. 그리고 거친 염소 털로 된 수단을 입은 채 거의 기절하다시피 판자 침대에 쓰러져 잠들었다.

하느님은 순수한 영혼의 굴하지 않는 의지 앞에 더 이상 버티실 수가 없었다. 때는 11월 혹은 12월쯤이었다. 끊임없는 압박이 바실리오스를 괴롭혔다. 오늘은 그를 겁박하고 내일은 회유했다. 발렌스 황제는 마지막으로 케사리아에 진격하기 전, 바실리오스를 자기편으로 끌어들이기 위해 갖은 방법을 모두 동원했다. 황제는 바실리오스가 케사리아의 정교 대주교로 남아 있다는 사실 하나만으로도 그의 정책이 실패하고 황실의 권위가 추락한 것으로 여기고 있었다.

이렇게 발렌스는 케사리아로 들어가기 전 갖은 방법으로 바실리오스를 회유해 아리우스파로 만들려 했다. 누구를? 바실리오스를! 때로는 사탄도 어리석기 짝이 없다! 바실리오스를 겁박하는 데는 판검사도 황제의 주구로 이용되었다. 또한 군인들, 그리고 황실의 신하들도 동원되었다.

갖은 방법을 다 써 봐도 아무런 효과를 거두지 못하자 발렌스는 초조해졌다. 그는 최대한 빨리 저항의 마지막 보루인 바실리오스와의 전쟁을 끝내고 싶었다. 그래야 카파도키아, 폰도스 그리고 아르메니아가 그의 수중에 들어올 수가 있었다. 황제는 마지막 카드를 써야 할 필요를 절실히 느꼈다. 황제는 케사리아에 있는 집정관인 모데스토스 장관에게 전령을 보낸다. 그는 장관이 어떻게 행동할 것인지를 잘 알고 있었다.

모데스토스는 자리를 보전하기 위해서라면 황제보다 더 할 그런 부류의 사람이었다. 그는 주인의 눈에 들기 위해서라면 무엇이든지 하는 잔혹하고 무자비한 사람이었다. 동방 교회는 그의 잔혹성에 대해 익히 잘 알고 있었다. 그는 포효하는 사자 같았고 어떻게 행동해야 그의 겁박이 잘 통하는지 알고 있었다. 황제의 눈에 들려면, 권력을 유지하려면 어떻게 처신해야 하는지 알고 있었다. 이렇게 그는 황제의 의중에 따라 처신하며 자리를 보존했다.

모데스토스는 자신의 군 지휘 본부가 아니라 법정에서 바실리오스와 일전을 벌인 것으로 보인다.

바실리오스는 밤새도록 기도를 올렸다. 어떤 순간에는 두려움 때문에 무릎 힘이 빠지는 것을 느끼기도 했다. 과연 야수 앞에서 그는 당당할 수 있을까? 승리할 수 있을까? 쓴 잔은 아무리 위대한 인물이라도 똑같이 쓰다. 하지만 어느 순간 두려움은 사라졌다. 성령이 그의 관절을 강하게 붙잡아 주자 다른 느낌이 찾아오기 시작했다.

카파도키아의 겨울은 참으로 매서웠다. 모든 것이 얼어붙었고 생기를 잃었다. 때는 12월이었다.

바실리오스는 집안에서 편히 쉬지 못했다. 한파가 그의 몸을 매섭게 파고들었기 때문이다. 하지만 그의 내면에서는 작은 불씨가 피어나기 시작했다. 그러더니 어느새 큰 불꽃이 되었다. 그 불꽃은 한편으로는 그를 뜨겁게 달구고 또 한편으로는 그를 시원하게 해주었다! 어떻게 이런 일이 가능할까? 그것은 아무도 알 수 없다. 하지만 아침에 만난 그의 모습은 생기가 넘치고 축제의 분위기였다.

심지어 그의 입술은 웃음기도 머금고 있었다. 그의 모습을 지켜본 주변 사람들은 깜짝 놀라지 않을 수가 없었다.

그는 모데스토스가 있는 곳으로 발길을 옮겼다. 모든 것은 축제를 예시하고 있었다. 그의 지친 얼굴은 아름답게 빛났다. 그의 지친 발걸음은 가볍고 확신에 차 있었다. 그가 입은 낡은 수단은 은총과 존엄으로 휘감겨 있었다.

바실리오스를 따르는 이들은 작은 행렬을 이루며 침묵 속에 그의 뒤를 따랐다. 그들은 혹한과 모데스토스의 잔혹함 앞에서도 굽히지 않는 사람들이었다. 그들은 많든 적든 바실리오스가 누리는 성스런 축제를 함께 누리며 투쟁의 선봉에 서고자 한 이들이었다. 그러나 그들은 끝까지 그 축제에 함께 하지는 못했다. 군인들이 바실리오스 대주교를 제외한 나머지 사람들은 안으로 들어가지 못하도록 창으로 막았기 때문이다.

바실리오스는 천천히, 하지만 흔들림 없이 계단을 걸어 올라갔다. 그의 실루엣은 점차 멀어져 사라졌지만 왜소한 바실리오스에게서 흘러나오는 초자연적인 기운은 그곳을 압도했다. 그를 지켜보던 군인들과 화려한 건물도 그 기운 앞에 위축되었다.

모데스토스는 군인들의 연락을 받고 공식 접견실로 가서 거만하고 위협적인 태도로 상좌에 앉았다. 그는 첫 대면에서 바실리오스의 기를 눌러야 한다고 생각했다. 그는 이 왜소한 인물에 대해 수없이 많은 이야기를 들어왔지만 도통 믿을 수가 없었다.

그런데 뭔지 모를 두려움과 주저함이 모데스토스의 심장 어딘가를 짓누르며 떠날 생각을 하지 않았다. 그는 처음부터 폭압적인 방법으로 최대한 빨리 이 분위기를 타개해 나가야 한다고 생각했다.

장관 뒤에는 집정관, 타락한 판사들이 자리하고 있었다. 군인들이 바실리오스를 접견실로 데리고 왔다. 바실리오스는 상좌에 앉은 장관에게 도발적이지 않으면서도 당당하게 나아갔다.

순간 정적이 흘렀다. 적의로 가득 찬 눈으로 그를 바라보고 있던 황실의 적들은 순간 당황했다. 하지만 그들은 곧 정신을 차렸다. 자신들의 역할을 수행해야만 했기 때문이다.

모데스토스는 긴장했다. 그는 차갑고 날카로운 소리로 말했다.

"바실리오스, 그대는 어찌하여 황실의 뜻을 거역하는가? 그대가 누구인데 감히 황제를 경멸하는 것인가?"

바실리오스는 기습적인 공격이 그의 전략임을 간파했다. 하지만 거기에 휩쓸리지 않았다. 그는 이 엄청난 경주에서 자신의 리듬을 유지해야만 했다. 단단한 바위가 되어 이단의 증오와 분노가 그 바위 위에서 산산조각 나게 만들어야 했다. 세상의 권력 앞에서 교회를 온전히 세우는 상징으로 우뚝 서야 했다. 바실리오스는 그런 비난의 구체적인 증거, 분명한 근거를 대라고 그에게 요구했다.

"당신은 어떤 근거로 나를 비난하는 것이오? 내 잘못이 무엇이며 내가 무엇을 모른단 말이오?"

"모두가 황제의 명령에 복종하고 있는데 오직 그대만이 황제의 신앙을 받아들이지 않고 있지 않는가?"

"내가 속한 왕국은 피조물에게 경배하는 발렌스의 신앙에 젖어 있지 않기 때문이오. 발렌스는 아들(성자)을 피조물로 여기는 아리우스파를 따르고 있지 않소? 신이 되라는 부르심을 받은 피조물인 내가 어찌 그런 신앙을 받아들일 수 있겠소? 나는 하느님의 아들을 하느님으로 경배하지 피조물로 경배할 수는 없소."

"그렇다면 황제와 같은 신앙을 가진 우리는 무엇이란 말인가?"

"그런 것을 따르고 명령하는 이상 그대들은 아무 것도 아니오!"

모데스토스 장관은 초조와 긴장과 분노 속에 식은땀을 흘리며, 자신의 불안정한 정신세계와 싸웠다. 그는 이미 패하기 시작했다.

"우리와 한편이 되어 친구가 된다면 대우도 받고 좋을 텐데 그대는 왜 그렇게 하지 않는 것인가?"

"그대들은 강력한 힘을 가진 집정관이지만 하느님보다 더 위대하지는 않소! 물론 당신들이 하느님의 자녀로서 나와 친구가 된다는 것은 중요하오. 당신의 상전과 내가 친구 관계를 맺는 것처럼 중요하오. 하지만 그리스도교는 사회적인 지위가 아니라 바른 신앙을 따르는 것이오."

바실리오스는 이 말로 강력한 하느님의 빛을 장관에게 비추었다. 그가 얼마나 작은 존재인지, 그의 거만이 얼마나 우스운 것인지 일깨워 줬다.

모데스토스는 자신의 권력으로 힘없는 이들을 겁박했었다. 그런데 그 힘이 다 빠져나가고 완전히 발가벗겨진 느낌이었다. 그는 몸이 후끈 달아올랐다. 핏줄이 곤두섰다. 당장이라도 당당한 바실리오스의 얼굴에 피를 쏟아 붓고, 그를 불에 태우고 갈기갈기 찢어 버리고 싶었다. 모데스토스는 자리를 박차고 일어나 거의 말을 더듬을 정도로 흥분하여 말했다.

"그래. 그대는 나의 권력이 두렵지 않다는 말이지?"

"당신이 나에게 무엇을 할 수 있단 말이오? 내가 당할 것이 무엇이 더 있단 말이오?"

장관은 주체할 수 없을 정도로 격노하여 제어가 안 되었다. 그는 바실리오스를 무너트리고 싶은 광기에 사로잡혔다. 사탄은 언제나 이렇게 한다. 그의 도구를 이런 식으로 이끈다. 바실리오스의 대답에 모데스토스는 선 채로 사납게 말했다.

"내가 무엇을 할 수 있느냐고?"

바실리오스에게 승리의 시간이 점점 다가왔다. 그것은 계획되어 있지 않았다. 인간의 분노를 두려워하지 않는 그 순간 이미 승리는 쟁취된 것이었다. 이제 그는 경멸하듯이 웃을 수 있었다. 하지만 그렇게 하지 않았다. 그런 것은 불행한 장관을 인간적으로 욕보이는 비열한 행위였다. 바실리오스는 그를 낮추고 싶지 않았다. 심문하는 장관의 마음을 아프게 하고 싶지 않았다. 순간 바실리오스의 정신이 번개 빛처럼 미소를 띠었다. "하느님, 때로는 인간이 얼마나 어리석은지요? 나를 고통스럽게 할 수 있는 것이 아무것도 없다는 것을 전혀 보지 못하고 있으니 말입니다." 바실리오스의 생각이 채 끝나기 전에, 그가 장관에게 물었다.

"내가 당할 것이 무엇인지 한번 말해 보시오!"

"재산 몰수, 유배, 고문, 죽음."

"지금 말한 것들을 나는 조금도 개의치 않으니, 어서 다른 것으로 나를 협박해 보시오."

바실리오스의 말은 분노에 찬 장관에게 비수처럼 꽂혔다. 그의 눈은 더욱 빨갛게 충혈되었다. 목소리는 갈라졌고 더욱 애간장이 탔다. 모든 것이 패배로 흘러가고 있었다. 강렬했던 것이 약해지고 힘 있던 것이 힘을 잃고 있었다. 장관은 작아졌다. 실제로 작은 존재였다. 그는 온 힘을 모았다. 하지만 힘을 잃은 듯 중얼거리며 말했다.

"어떻게 그대는 두려워하지 않는 것인가?"

"낡은 옷과 몇 권의 서적만 가지고 있는 사람이 무엇 때문에 재산 몰수를 두려워하겠소. 이것이 내가 가진 전부인 것을! 모데스토스, 유배도 나를 겁주지 못하오. 나만의 장소가 어디 있겠소. 내가 머물고 있는 케사리아도 내 것이 아니라오. 나를 어디에 던져도 그곳이 곧 하느님의 장소란 말이오. 나는 잠시 머물다 떠나가는 나그네일 뿐이오. 고문? 내 몸에 그게 무슨 의미가 있겠소! 그대가 한 대만 쳐도 즉시 모든 것이 끝날 것이니 말이오. 그대는 충분히 그럴 만한 힘을 가지고 있소. 죽음으로 나를 겁박하겠다고? 그렇게만 해준다면 그대는 나의 최고 은인이 될 것이오. 나는 그것을 간절히 원한다오. 내 삶의 전부인 그분, 나의 아버지 하느님께로 빨리 서둘러 가고 싶을 뿐이니 말이오!"

이런 생각을 가지고 살아가는 사람을 누가 감히 위협으로 무릎 꿇릴 수 있겠는가? 하물며 이단을 추종하는 황제의 주구가 어떻게 그렇게 할 수 있겠는가?

모데스토스는 속으로 패배를 인정했다. 맹수는 차분한 그에게 패했다. 의기소침해진 그는 아무 의미도 없는 상석에 다시 앉았다. 상석은 평정을 누리고 있는 바실리오스를 무력화하는 데 전혀 도움이 되지 못했다. 왜냐하면 바실리오스는 하느님과 친교를 나누면서 침착성을 잃지 않았기 때문이다. 모데스토스는 원하든 원치 않든 현실을 직시해야만 했다. 하지만 대적하고 있던 바실리오스에게 "졌다"는 표현을 할 생각은 없었다. 그는 잠시 침묵했다. 그는 자리에 앉아 고개를 앞으로 숙이고 생각에 빠졌다. … 거룩한 거인, 바실리오스에게는 모든 것이 허사였다. 그는 천천히 고개를 들었다. 하지만 꼿꼿이 고개를 세우지는 않았고, 역설적이게도 접견실을 가득 채운 작은 체구의 바실리오스를 쳐다볼 수 있을 정도만 고개를 들었다. 뭔가 말하고 싶었지만 떠오르질 않았다. 어느 순간 그가 입을 열었다. 그것은 간접적 패배와 바실리오스의 위대성을 인정하는 말이었다.

"지금까지 모데스토스인 나에게 그대처럼 겁 없이 말한 이는 아무도 없었소. 내 앞에서 그런 용기를 가진 자를 보질 못했소."

벼락이 내리칠 순간이 찾아왔다. 바실리오스는 긴장했다. 중대하고, 극적이고, 역사적인 순간이 아닐 수 없었기 때문이다.

"그 이유는 당신이 참된 주교를 아직 한 번도 만나 본 적이 없었기 때문이오. 어떤 주교라도 참된 주교라면 나와 똑같이 당신에게 말했을 것이오."

바실리오스는 이미 무너져 버린 장관을 보고 있었다. 그래서 가급적 무거운 말을 피해 그 분위기를 부드럽게 바꾸려 했다.

"우리 정교인은 다른 누구 못지않게 선하고 겸손한 사람들이오. 황제 앞에서뿐만 아니라 가장 낮은 이들에게도 똑같이 겸손하오. 하지만 하느님에 대한 믿음이 위험에 처하는 순간이 오면 우리는 믿음을 지키기 위해 모든 것을 다 무시하오. 화형, 망나니의 칼, 맹수, 고문의 칼로 우리 육신을 갈기갈기 찢어도 우리는 두려움 대신 감사를 드리오. 그러니 당신이 원하는 모든 것, 당신이 가지고 있는 모든 힘을 다 사용해 우리에게 위협해 보시오. 당신이 할 수 있는 한 나를 욕보이고 위협해 보시오. 황제도 지금 나의 이 말을 듣기를 바랄 뿐이오. 지금보다 더 잔혹하게 나를 위협해도 당신은 결코 내게 이단의 신앙을 받아들이게 할 수는 없을 것이오."

역사적인 대결에서 참담하게 패한 장관은 바실리오스의 이 말로 다시 한 번 얼음물을 흠뻑 뒤집어 쓴 듯 얼어 버렸다. 모데스토스는 마치 매를 맞아 몸이 마비된 동물처럼 경비병에게 바실리오스를 풀어 주라는 신호를 보냈다.

밖에서는 그의 양 떼 한 무리가 그를 기다리고 있었다. 그들은 그들의 목자를 걱정하지 않았다. 바실리오스가 승리할 것이라는 것을 느끼고 있었기 때문이다.

바실리오스가 나오자 그들은 순교자, 고백자의 성해를 다루듯 경외하는 마음으로 그를 둘러쌌다. 바실리오스는 그들의 수호자, 영웅, 우상이었다. 그를 간절히 기다리던 첫 번째 사람은 바로 그의 친구 그레고리오스였다.

투사 바실리오스는 친구 그레고리오스를 보는 순간 깊은 안도감을 느꼈다. 하지만 아직은 기쁨의 감정을 격하게 표현할 때가 아니라 은밀하면서도 사려 있게 처신했다. 그레고리오스도 그를 보는 순간 포옹을 하고 싶었지만 자제했다. 왜냐하면 지금 바실리오스는 예전처럼 격의 없이 지낼 수 있는 그런 친구가 아니었기 때문이다. 그는 사탄을 물리친 선택된 주교, 하느님 능력을 드러낸 거룩한 상징으로 존경받는 대상이었다. 그들은 승리에 대한 환호나 불필요한 대화 없이 조용히 바실리오스를 주교 관저로 모시고 갔다. 그리고 사람들은 모두 역사적인 승리를 알리기 위해 케사리아 전역으로 흩어지고 그레고리오스만 그의 곁에 남았다.

한편 모데스토스는 어떻게 되었을까? 그는 오랜 시간 생각에 잠겨 있었다. 이번에는 상석이 아닌 집정관 사무실 옆이었다. 그는 완전히 낮아졌다. 하지만 그는 그의 의지를 굽힐 생각이 없었다. 하느님보다 그의 사회적 지위를 더 사랑했다. 그래서 그는 하느님의 은총을 거부했다.

다음날 모데스토스는 다시 바실리오스를 굴복시키려고 시도했다. 하지만 이번에는 난폭성을 보이지 않았다. 혹시 바실리오스가 그의 생각을 바꿨을지도 모를 일이었기 때문이다. 물론 그런 일이 일어날 것이라고는 자신도 믿지 않았다. 단지 그는 관례대로 행했을 뿐이었다.

모데스토스는 케사리아에 도착한 황제에게 갔고, 모든 사실을 솔직하게 황제에게 고했다.

"나의 황제시여, 이곳 교회의 주교에게 저희가 패했습니다. 그는 위협을 전혀 두려워하지 않았습니다. 우리의 말에 전혀 흔들리지 않았으며 우리보다 더 설득력이 있었습니다. 차라리 다른 겁쟁이를 위협하는 것이 더 좋겠습니다. 바실리오스는 아닙니다. 만약 우리가 성과를 얻으려 한다면 그를 유배시키는 길 밖에 없을 것입니다."

한편 황제는 일어난 모든 일을 따로 자세하게 보고 받고 있었다. 바실리오스의 능력과 힘을 알고 있던 황제는 장관의 뜻에 동의하지 않았다. 그는 인간의 덕에 경탄할 수 있는 용기가 있었다.

황제는 폭력을 사용하지 말라는 명령을 내렸다. 당연히 바실리오스에 대한 생각이 바뀌어 그랬던 것은 아니다. 단지 그는 전략을 바꿨을 뿐이다. 불 속에 있는 철사는 휘지만 철사로 그대로 남기 때문이다.

황제는 다음 기회를 엿보기로 했다. 그의 계획을 밀어붙일 방법을 찾을 때까지 기다리기로 했다. 그는 지금까지 모든 이들을 그가 원하는 대로 굴복시켰다. 조금만 참으면 바실리오스를 굴복시킬 기회가 올 것이라 생각했다.

황제가 주교에게 굽히다

371년의 12월이 지나면서 혹한 역시 물러갔다. 금식 기간도 막바지에 이르렀다. 이제 교회는 주님의 탄생과 세례, 즉 신현 축일을 맞이할 날만 기다렸다. 그때까지만 해도 주님의 탄생과 세례, 이 두 축일은 1월 6일 같은 날에 경축되었다. 신자들은 이 놀라운 두 사건의 의미에 합당한 준비를 마치고 엄숙하게 그 축일을 맞이했다.

당시 케사리아에는 어떤 일이 벌어질지 몰라 교회의 분위기가 어수선했다. 과연 바실리오스의 승리로 모든 것이 끝나 버린 것일까? 그렇게 발렌스 황제는 그냥 물러난 것일까? 무소불위의 권력을 휘두르던 왕이 그렇게 쉽게 물러날 것이라고는 그 누구도 생각하지 않았다. 결국 이것은 아직 끝난 일이 아니었다. 케사리아에는 보이지 않는 긴장감이 흘렀다. 불안한 평화가 정교인의 가슴을 뒤덮고 있었다. 그들은 바실리오스가 가진 하느님의 능력을 알면서도 황제의 독단적인 성격도 잘 알고 있었다.

마침내 그리스도교의 대축일을 맞이했다. 케사리아 대교구청 성당은 이른 아침부터 신자들로 가득 찼다. 신자들의 숨기운은 성당의 분위기를 뜨겁게 고조시켰고 신자들의 기도는 그 분위기를 달콤하고 아름답게 영적으로 승화시켰다. 성당은 웅장하고 거대했다. 하지만 성당에서의 질서는 흐트러짐이 없었다. 지성소의 성 제단 앞에는 축일에 어울리는 붉은 제의를 입은 바실리오스 성인이 서 있었다. 그의 모습은 엄숙하고 달콤하며 흐트러짐이 없었다. 엄격한 금식을 행한 바실리오스의 얼굴은 그 안에 계시는 성령에 의해 환히 빛났고 아름다웠고 사랑스러웠고 경외심을 자아냈다. 그것은 세상에 드러난 하느님의 표상이었다.

케사리아 사람들은 그것을 보았고 그것을 느꼈다. 그들은 주교와 친교를 나누면서 동시에 하느님과 친교를 맺었다. 왜냐하면 그는 분명 신화(神化)된 인물이었고 하느님의 선택된 도구였기 때문이다. 성령은 당신이 선택한 사람을 통해 세상에 역사하시고 하느님의 뜻을 드러내신다. 그리스도는 한 인간으로 세상에 오셨다. 따라서 인간을 배제한다는 것은 있을 수 없다. 교회도 존재할 수 없다. 결국 인간과 하느님의 연합은 신자가 그리스도의 인격에 참여함으로써 가능해진다.

황제는 케사리아에서 시간을 보내고 있었다. 그는 제국의 문제를 해결할 방법을 찾으려 골몰했고, 바실리오스는 황제가 추구하는 하나의 믿음, 즉 아리우스파의 신앙으로 제국을 통일시키려는 그의 뜻을 무력화하는 데 골몰했다.

황제는 때로는 바실리오스 주교에 대한 경외심 때문에 "혹시 그가 옳은 것은 아닐까? 혹시 나의 믿음이 그릇된 것은 아닐까?"라는 의구심이 들기도 했지만 거기에서 더 이상 나아가지 않았다. 왜냐하면 무엇보다 자신은 제국의 황제였고 아리우스파의 신앙으로 일치되는 것이 제국의 이익과 안전에 더 효율적이라 생각했기 때문이다. 황제가 결단을 내렸다. 바실리오스의 마음을 조금이라도 움직일 수 있지 않을까 하는 심정으로 신현 내축일에 성당을 방문하기로 한 것이다.

황제의 공식적인 행사에 필요한 마차와 황제를 보호할 기마병과 호위병이 황궁 밖에서 황제를 기다렸다. 대교구청 성당까지 성대한 행렬이 이루어졌다. 사람들은 어리둥절했지만 말을 하는 사람은 아무도 없었다. 길가에 늘어선 수많은 백성은 십자성호를 그었다.

황제는 마차에서 천천히 내려 움직이기 시작했다. 그의 왼손에는 매우 중요한 뭔가가 들려 있었다. 그는 자랑스럽게 성당으로 걸어 들어갔다. 신자들은 깜짝 놀랐고 눈을 의심했다. 신자들이 보기에 황제의 눈에는 살기나 폭력적인 모습이 보이지 않았다.

발렌스 황제도 신자들 이상으로 놀랐다. 성당 안에서 기도하는 수많은 백성, 성당의 성스럽고 엄숙한 분위기와 질서에 현기증이 일어날 만큼 깊은 인상을 받았다. 그는 지성소의 제단 쪽으로 눈을 돌렸다. 제단에서는 흠 없는 모습으로 빛으로 둘러싸인 바실리오스 대주교가 예배를 집전하고 있었다. 황제는 순간 가벼운 현기증을 느꼈다. 그의 당당했던 얼굴이 창백해졌다. 하지만 아무도 눈치 채지 못했다. 황제는 좀 더 앞으로 나아갔다. 그는 여느 신자들처럼 그가 가져온 봉헌 빵과 포도주를 바치기 위해 지성소의 아름다운 문 옆에 섰다.

그의 내면에는 무력감이 느껴졌다. 그와 함께 한 수행원 중 아무도 그가 겪고 있는 내면의 상태를 눈치 채지 못하고 있었다. 황제는 몸을 움직여 들고 있던 봉헌물을 바치려 했다. 하지만 보제와 사제들은 그 모습을 지켜만 볼 뿐 아무도 나서지 않았다. 모두 주저했다. 바실리오스 주교는 과연 그것을 받을까?

긴장은 한층 고조되었다. 황제의 속이 타들어 갔다. 무릎에서 힘이 빠져나갔다. 한 사제가 나서서 그의 팔을 강하게 붙잡아 바닥에 쓰러질 뻔한 그를 부축했다. 사제의 도움으로 황제는 자칫 수치스러울 수도 있었던 순간을 면했다.

황제는 서서히 정신이 돌아왔다. 아마도 이 사건은 성령이 그의 마음 문을 두드리는 것이었는지도 모른다. 하지만 발렌스는 마음 문을 열지 않았다. 봉헌물은 제단으로 옮겨졌다. 빛에 휘감긴 대주교는 다른 곳을 향해 있을 때조차 이 모든 것을 다 지켜보고 있었다. 그는 신호를 주었고 보제는 이단인 황제의 봉헌물을 받았다. 이단, 정교의 잔혹한 박해자, 수많은 성직자를 살해한 자가 가져온 봉헌물을 바실리오스 주교는 받아들였다. 과연 그의 거룩함은 어디까지일까? 얼마나 많은 성령의 비추임을 받고 있는 것일까?

예배를 집전하고 있는 그 시간 그가 어떤 생각을 했는지, 황제의 행위에서 무엇을 읽었는지 우리는 알 수 없지만 바실리오스 대주교는 황제가 가져온 봉헌물을 받아들였다. 평범한 사람은 규범을 초월하는 성인들의 행위를 제대로 판단할 수 없다.

성찬예배가 끝났다. 황제는 움직임 없이 기다렸다. 바실리오스는 예식 때 입었던 제의를 조심스럽게 벗었다. 그의 왜소한 몸을 감싸고 있는 단 하나밖에 없는 털 수단이 드러났다. 바실리오스는 제단의 왼쪽 문으로 가서 발렌스 황제를 맞았다.

바실리오스는 진지하면서도 매우 부드럽게 황제와 대화를 나눴다. 황제가 그토록 바라던 일이 드디어 실현된 것이다. 어떤 대화가 오갔는지는 알 수가 없다. 둘은 매우 낮은 목소리로 대화를 나눴기 때문에 옆에 있던 이들도 대화 내용을 듣지 못했다고 제단에 있었던 신학자 그레고리오스는 밝힌다.

발렌스는 더 이상 바실리오스와 전쟁하는 잔혹한 투사가 아니었다. 실제로 황제는 바실리오스에 대해 경의를 가지고 있었다. 그러나 황제의 생각이나 신앙이 바뀌었다고는 말할 수 없었다. 아리우스파가 그의 주변에서 그를 현혹하지 않았다면 가능했을지 모르지만 아무튼 그런 일은 벌어지지 않았다. 황제 주변에 득실대는 이단들은 감언이설로 정교를 박해하도록 그를 부추겨 왔기 때문이다.

얼마 안 가 이단들은 황제의 마음을 샀고 마침내 바실리오스를 유배시키는 데 성공한다. 진흙탕을 뒹구는 이들은 언제나 깨끗한 이들을 탄압한다. 깨끗할수록 그 탄압은 더욱 강도를 더해 간다.

케사리아는 발칵 뒤집혔다. 이단은 정교의 기둥을 무너뜨렸다고 기뻐하며 축제를 벌였고 정교인들은 하느님의 선택된 그릇, 목자를 잃게 되었다는 사실에 통탄하며 침묵으로 반발했다.

유배 결정이 내려진 그날 밤 바실리오스에게 그 결정이 통보되었다. 그 어떤 유배도 자신을 위협하지 못할 것이라고 모데스토스에게 말했던 바실리오스의 그 선언이 현실로 드러나는 순간이 찾아온 것이다.

바실리오스는 동요의 기미 없이 그 통보를 받아들였다. 바실리오스는 "이것 또한 진리를 수호하기 위한 하나의 시련이지. 진리보다 더 중요한 것은 그 어떤 것도 없어."라고 그의 친구 그레고리오스에게 속삭였다. 그레고리오스는 바실리오스 곁을 떠나지 않고 매순간 그의 곁을 지키고 있었다.

그 누구도 그를 위로할 용기를 내지 못했다. 더 정확히 말한다면 감히 그를 위로할 수가 없었다. 누가 감히 신화(神化)된 인간을 위로하겠다고 나설 수 있겠는가? 그들은 그저 주교관에 모여 서로의 얼굴에서 슬픔과 절망을 볼 뿐이었다.

바실리오스는 유배를 떠날 채비를 했다. 하지만 그가 챙겨 갈 것은 아무것도 없었다. 털로 된 내(內) 수단 하나와 입고 있는 외(外) 수단 하나 그리고 성서, 오리게네스 선집인 『필로칼리아』, 교부 작품 일부 등 약간의 책이 전부였다.

모든 준비가 끝났다. 황제 책상에 칙령이 펼쳐져 있었다. 황제가 그 칙령에 서명만 하면 바실리오스의 유배는 바로 시행될 것이었다. 이단들은 황궁 밖에서 황제의 결단을 큰 소리로 촉구하고 있었고 정교인들은 그들에게 닥쳐 온 불행에 슬픔을 감추지 못하고 있었다.

주교관 밖에는 이미 마차가 도착해 있었다. 이제 마차는 정교 신앙 고백자의 빛이 카파도키아 백성을 따뜻하게 비춰 줄 수 없는 그런 먼 곳으로 바실리오스를 실어 갈 것이다.

팽팽한 긴장감이 맴돌았다. 1월의 밤은 정교인들의 마음처럼 춥고 어두웠다. 모든 것은 이미 다 결정된 상태였다. 하지만 아직 하느님이 허락하시지 않았기 때문에 황제는 유배 칙령에 서명을 하지 못하고 있었다.

바로 그 순간 나쁜 소식이 황궁에 전해졌다. 황제의 어린 아들 갈라티스가 심한 열병을 앓고 있다는 소식이었다. 동방에서 가장 유명하다는 의사들이 백방으로 노력을 해도 아무 차도가 없었다.

죽음은 자명했다. 동시에 황후 돔니키도 끔찍한 밤들을 지냈다. 당황하고 긴장한 발렌스 황제는 다른 뛰어난 의사를 데려오라고 명령했다. 하지만 그들도 별 소용이 없었다. 한 아버지로서 불행을 맞은 그는 나쁜 어떤 때보다도 더 기도에 매달렸다. 하지만 결과는 없었다. 하느님의 정의의 칼이 제때 내리친 것이다. 자연스럽게 황제의 생각이 바실리오스에게로 향했다. "그래 그는 믿음이 깊어 내 아들을 살릴 수 있을 거야. 그가 기도한다면 분명 하느님이 들어주실 거야."

하지만 조금 전까지만 해도 그를 유배 보내려 했던 황제가 지금 그의 발 앞에 엎드려 간구할 수는 없는 일이었다! 사람들이 그런 그의 모습을 보고 뭐라고 하겠는가?

황제는 바실리오스가 아들을 살려낼 것이라는 믿음이 있었기에 그를 불러낼 다른 방법을 찾았다. 황제는 그곳에 살고 있던 친척과 친구들을 바실리오스에게 보냈다. 바실리오스는 황제가 자행한 박해나 유배 따위는 잊었다. 비록 악한 황제였지만 한 아버지로서 느끼고 있을 아픔만 생각했다. 바실리오스는 지체하지 않고 주교관 계단을 내려와 그를 유배지로 데려가려고 기다리고 있던 마차에 올라탔다. 바실리오스를 태운 마차는 유배지가 아닌 황궁을 향해 달렸다.

황실 사람들이 아이의 상태를 설명해 주었다. 바실리오스는 아이의 상태를 파악했다. 마차가 케사리아의 눈 덮인 길을 내달리는 동안 바실리오스는 침묵 속에서 하느님과 교류하기 시작했다.

황궁에는 많은 사람들이 바실리오스를 기다리고 있었다. 그를 주의 깊게 지켜보던 이들은 하나같이 그의 민첩하면서도 권위 있는 모습에 깊은 인상을 받았다. 그를 마중하던 이들이 그를 황실 안으로 안내했다. 침상에 있던 아이는 바실리오스가 그의 방에 들어가기도 전에 이미 병세가 호전되었다. 모든 이들이 호전된 모습을 지켜보고 이를 확인했다.

하느님은 불행한 발렌스를 가엾이 여기셨고, 선택하신 바실리오스를 통해 기적을 행하셨다. 바실리오스는 아이에게 세례를 베풀라고 일러준 후 바로 그곳을 떠났다. 하지만 발렌스는 어리석게도 정신을 차리지 못했다. 그는 다시 이단에 의지했고 그들의 뜻대로 했다. 아리우스파 사제가 아기에게 세례를 주자마자 아이는 죽었다.

하느님은 언제나 당신의 능력, 당신의 뜻을 보여주신다. 하지만 극히 적은 사람들만이 그것을 알아본다. 당시 발렌스와 아리우스파들은 그러한 하느님의 뜻을 읽지 못했다. 하느님의 뜻에 대한 수용 여부의 핵심은, 하느님은 선택하신 사람을 통해 당신의 뜻을 드러내신다는 것을 받아들이는가의 여부에 달려 있다. 하느님의 사람을 미워하는 것은 인간이 범하는 큰 죄다.

여기서 우리가 꼭 지적하고 넘어가야 할 것이 있다. 그것은 하느님이 천재지변, 사막에서 행하신 물과 만나의 기적, 산 자의 죽음, 죽은 자의 부활 등을 통해 아무리 당신의 뜻을 알려줘도 여전히 수많은 사람들은 눈을 감아 버리고 하느님의 뜻을 보려 하지 않는다는 점이다.

이 사건이 있은 후 발렌스는 결국 유배 칙령에 서명할 수 없었다. 이후 바실리오스는 수없이 많은 어려움에 직면하면서도 죽는 순간까지 유배의 쓴 맛을 보지는 않았다.

얼마 지나지 않아 모데스토스에게도 이와 비슷한 일이 벌어졌다. 모데스토스는 심한 중병에 걸려 생사의 갈림길에서 촌각을 다투고 있었다. 죽음에 직면하자 그는 자신의 과오에도 불구하고 바실리오스를 부르지 않을 수 없었다.

그는 바실리오스 앞에서 어린아이처럼 펑펑 울면서 자신이 범한 잘못에 대해 용서를 구했다. 바실리오스는 그를 위해 기도를 해주었고 모데스토스는 그의 기도를 통해 병이 나았다. 그 후 그는 이 사실을 친구와 지인들에게 두고두고 얘기하였다.

병에서 치유된 뒤의 모데스토스의 행실과 태도를 보면 그가 근본적으로 변화했음을 보여준다. 바실리오스는 그에게 보낸 편지(104)에서 교회와 백성들에게 관심을 기울여준 그의 행실을 칭송했다.

372년 초, 발렌스 황제는 다시 한 번 바실리오스가 집전하는 성찬예배에 참석했다고 전해진다. 이번에는 집사 디모스테니스가 황제를 수행했는데 그는 황제와 바실리오스의 대화에 끼어들려고 했다. 하지만 그리스어도 제대로 구사하지 못했던 그는 뜻을 이루지 못했다. 이에 바실리오스는 고대 저명한 웅변가의 이름과 동명인 그의 이름을 빗대어 이렇게 말했다.

"우리가 문맹의 디모스테니스를 보았군요."

바실리오스를 깎아내리려고 안달이 난 디모스테니스는 바실리오스가 정교 신앙을 가지고 있지 않은 것처럼 모함했다. 그러자 바실리오스는 황제 앞에서 그에게 이렇게 대답했다.

"디모스테니스, 그대의 일은 훌륭한 수프를 만드는 것일세. 진리에 귀를 닫고 있는 자네가 어떻게 교의를 알 수가 있겠는가."

바실리오스가 보인 이 모든 놀라운 행실은 발렌스 황제의 마음을 깊이 움직였다. 황제는 가난하고 병든 자, 특히 나병환자를 돌보는데 필요한 많은 토지를 바실리오스에게 하사했다.

황제의 이런 태도에도 불구하고 아리우스파는 포기하지 않았다. 그들은 황제 옆에서, 또 황궁 안에서 매일 순백의 바실리오스를 욕보이고 선한 양을 마치 이리처럼 꾸미며 모략했다. 그들의 끈질긴 이 노력은 결국 성과를 가져왔고 마침내 황제는 바실리오스를 유배하라는 새로운 결정을 내린다. 하지만 발렌스는 칙령에 서명하길 며칠 째 미루면서 깊은 고민에 빠졌다.

어느 날 아침 발렌스는 조심스럽게 칙령을 펼쳤다. 그리고 '펜'을 들어 서명하려 했다. 하지만 펜이 칙령에 닿는 순간 부러지고 말았다. 두 번째 펜이 황제에게 주어졌다. 이번에도 펜이 여지없이 부러졌다. 황제의 얼굴에 약간의 땀이 맺혔다. 황궁의 아리우스파들도 순간 긴장하기 시작했다. 그들은 최대한 빨리 끝내고 싶었다. 그들은 두려움에 미세한 경련을 일으키며 황제에게 세 번째 펜을 주었다. 이번에도 설명할 수 없는 이상한 일이 똑같이 일어났다! 이제 황제에게 모든 것이 확연해졌다. 그것은 해서는 안 되는 것이었다. 하느님이 바실리오스를 보호하고 계신 것이 분명했다. 황제의 오른 손이 심하게 떨렸다. 그는 두려움과 경외감에 완전히 사로잡혔다.

두려움에 사로잡힌 세상의 권력가, 황제는 하느님이 선택하신 바실리오스를 더 이상 괴롭히지 말라는 명령을 내린다. 그는 바실리오스의 거룩한 영이 자신을 돌봐 주고 있다고 느꼈다. 황제는 여기서 멈췄다. 그는 두려움에 더 이상 앞으로 나갈 엄두를 내지 못했다. 황제는 바실리오스의 영을 가슴에 품지는 못했다. 다만 그저 기적 앞에서 경탄할 뿐이었다.

진리는 경탄으로 끝나서는 안 된다. 진리는 살아야 하는 것이기 때문이다. 경탄이 진리의 입구요 첫 계단이라면 삶은 진리에의 동참이다. 오직 삶만이 절대적인 의미를 갖는다.

6. 교회의 진리와 평화, 고통의 완화

아름다운 케사리아

마침내 발렌스가 일으킨 시련과 소동은 끝이 났다. 정교인들은 안도의 한숨을 내쉬었다. 무엇보다도 그들의 새로운 모세, 바실리오스가 해방되었기 때문이다. 하지만 이것은 교회의 많은 문제가 다 해결되었음을 의미하는 것은 아니었다. 마찬가지로 바실리오스의 적들도 그에 대한 적의를 포기하지 않았다. 그들은 이제 직접적인 공격보다는 간접적인 공격을 통해 바실리오스를 지치게 만들고 때로는 그의 신경을 마비시키는 전략을 구사하게 된다. 아무튼 발렌스의 포기는 바실리오스가 새롭게 일을 시작할 수 있는 기회를 제공했다. 우리는 이번 장에서 바실리오스의 사역을 살펴볼 생각이다

372년 들어서면서 케사리아에 머물고 있던 발렌스가 급히 그곳을 떠났다. 그리고는 카파도키아를 두 개의 행정구역으로 나눴다. 첫 번째 구역의 수도는 그대로 케사리아였고 두 번째 구역의 수도는 포단도스로 정해졌다. 황궁의 신하들은 카파도키아를 두 구역으로 나누면 행정

관리가 더 잘 될 것으로 판단하고 있었다.

그들의 정책이 옳고 그름을 떠나 바실리오스는 그 정책에 강력히 반발했다. 왜냐하면 교회의 일치를 위한 그의 사역이 훨씬 더 어려워질 것이 자명했기 때문이다. 카파도키아 전 지역을 관장하는 대주교의 지위가 통제 밖에 있으려는 지역의 많은 주교들을 통솔하는 데 아주 중요하다고 보았기 때문이다.

아무튼 카파도키아를 두 개의 구역으로 나눈 것은 결과적으로 명성이 자자한 수도, 케사리아에 무척 안 좋은 것이었다. 정부기관과 행정관청의 반은 케사리아를 떠나 이름도 생소한 포단도스로 옮겨야 했다. 동시에 지역 지주들, 정치인들, 더 나아가 상인, 교사, 그리고 상당한 주민들도 타의로 케사리아를 떠날 수 밖에 없었다.

유력자의 상당수가 포단도스로의 강제 이주를 피하기 위해 먼 곳으로 자발적 유배를 떠났다. 일부는 형편없는 시골인 포단도스로의 강제 이주를 시행하자 자살을 택하거나 심적 고통의 스트레스로 죽음을 맞기도 하였다.

최고의 도시였던 케사리아는 얼마 못 가서 곧 피폐해졌다. 게다가 카스피해에서 유입된 문맹인들인 스키티아의 마사게타이족을 감안한다면 바실리오스가 학교와 교사 부족, 주민의 문맹에 대해 왜 한탄했는지 충분히 이해가 간다.

편지 74, 75, 76은 바실리오스가 자신의 교구청이 있는 수도 케사리아에 온 관심을 집중하고 있음을 보여준다. 케사리아 사람들도 그들의 목자인 바실리오스에게 모든 희망을 걸고 있었다.

바실리오스는 황궁의 정책이 바뀔 것이라는 기대는 애초부터 크게 하지 않았다. 왜냐하면 행정적 이유 외에도 분명 교회적인 이유도 이 면에 숨겨져 있음을 알고 있었기 때문이다. 그렇다고 지식인들과 영적인 사람들이 케사리아에서 점차 사라지고, 수입이 줄어들어 자선단체의 설립이 지체되는 것을 그냥 눈 뜨고 보고 있을 수만은 없었다. 수입이 줄어드는 것에는 물론 이유가 있었다. 티아나의 안티모스가 은밀히 도적떼와 손을 잡고 교회의 수입을 싣고 가는 노새가 그의 관할 지역을 지나갈 때 강탈하곤 했기 때문이다. 그러면서 그는 이런 추악한 행위에 대한 변명으로 바실리오스와 같은 이단에게 돈을 지불해서는 안 된다고 주장했다.

뿐만 아니라 이런 상황이 지속되면 바실리오스의 양떼도 공개적으로 바실리오스를 이렇게 비난할 게 뻔했다. "주교님, 이 위기의 상황에서 우리를 저버리다니요!"

이것은 바실리오스가 도저히 받아들이기 힘든 것이었다.

바실리오스는 힘이 있는 자신의 친구를 떠올렸다. 정부기관의 고위 관리와 친분이 있었던 바실리오스는 두 개의 행정구역으로 나눈 정책을 재고해 달라고 부탁했고 정부의 고위 관료 마르티니아노스, 보급부대 장군 아부르기오, 그리고 콘스탄티노스의 행정장관 소프로니오스에게 서신을 띄웠다.

바실리오스는 편지로 현재 케사리아가 처한 참담한 상황을 설명했다. 하지만 어떤 제안이나 어떻게 해 달라는 방법을 구체적으로 제시하지는 않았다. 단지 그들의 관심과 아름다운 케사리아를 위해 최선을 다해 달라는 진심 어린 부탁만 했다.

바실리오스의 요청 이후 일어난 변화는 포단도스가 티아나 도시로 변경된 것이었다. 티아나는 오랜 전통이 있는 도시로서 포단도스보다 더 많은 주민들이 살고 있었다. 당시 영향력이 있었지만 고집불통인 티아나의 대주교 안티모스의 요구는 많은 문제들을 야기하게 된다.

우정이 시험받다

바실리오스는 결국 카파도키아가 두 개의 행정구역으로 나뉘는 것을 막지 못했다. 그러나 대주교청이 두 개로 나뉘는 것은 교회 규범에 어긋나는 것이라고 반발했다. 바실리오스는 목자로서 신자들의 유익을 위한 조치에 나섰다. 바실리오스는 카파도키아의 두 번째 행정구역의 대주교가 관할있는 일부 소도시에 주교를 세워 교인들의 믿음을 돌보게 하였다.

그 효과는 바로 드러났다. 주교가 들어선 그 지역의 신자들은 목자들의 보살핌 속에 영적인 삶에 전력하게 되었고 이단에 휩쓸리지 않았다. 교회의 분열이 아니라 오히려 영적으로 더 성장한 것이다.

바실리오스는 엄격한 정교인인 그의 친구들을 새로운 지역의 주교로 임명했다. 바실리오스는 두 명의 신학자도 활용하였는데 그가 계획한 대로 되지는 않았다. 그들은 그의 친구 신학자 그레고리오스와 그의 형제 그레고리오스다. 바실리오스는 친구인 신학자 그레고리오스를 케사리아와 티아나 사이에 있는 사시마의 주교로 서품했고 형제인 그레고리오스는 알리 강 근처에 있는 니싸의 주교로 서품했다. 하지만 친구 그레고리오스는 임명된 그의 주교구로 가지 않았고 형제인 그레고리오스는 자신의 부임지로 갔지만 문제를 해결하기보다 오히려 더 많은 문제를 일으켰다.

친구 그레고리오스를 활용하고자 했던 바실리오스의 계획은 잠시 동안 둘의 우정을 흔들리게 하는 원인이 된다. 만약 이 둘이 큰 인물이 아니었다면 아마도 그들의 우정은 산산이 부서지고 말았을 것이다.

그레고리오스는 활동적인 면에서는 무척 소심했다. 하지만 사고 면에서는 무척 깊었다.

"바실리오스, 그대가 좋다고 생각하는 모든 일을 하게나. 하지만 나를 그냥 조용히 놔두시게."
"바실리오스, 나에게 가장 위대한 행함은 행하지 않음일세."

바실리오스는 편지를 띄워 그를 크게 질책하면서 교회 일치를 위해 보다 전체적인 교회 사역에 나설 것을 독려했다. 그레고리오스도 격하게 감정을 표출하면서 위에서 본 것처럼 "행하지 않음이야말로 행함"이라는 역설적인 내용의 편지를 그에게 띄워 보냈다.

둘은 이렇게 서로 다른 사고와 전제가 있었다. 그럼에도 이 둘은 서로를 이해하고 받아들였다. 왜냐하면 서로 상대방의 의도와 마음을 잘 알고 있었기 때문이다. 바실리오스는 그레고리오스의 '행하지 않음'을 존중했고 그레고리오스는 바실리오스의 '행함'이 교회의 유익을 위한 것이고 하느님의 뜻이라는 점을 인정했다.

바실리오스가 자신을 주교로 임명했을 때 그레고리오스는 이렇게 반발했다.

"그대는 나와의 우정을 생각하지 않았네. 어떻게 나를 그곳의 주교로 보낼 수 있단 말인가? 자네는 우리의 우정을 믿을 수 없게 나를 만들었네."

참으로 무거운 표현이 아닐 수 없다. 둘의 소식은 사방으로 퍼져 나갔고 둘을 잘 알고 있는 친구들도 하나같이 둘의 관계를 의아하게 생각했다. 바실리오스는 자신의 친구이자 그레고리오스의 친구이기도 한 사모사타의 에프세비오스에게 사실 관계를 설명하기에 이르렀다. 아마도 에프세비오스는 바실리오스에게 이렇게 견해를 밝히지 않았나 싶다.

> "자네와 마찬가지로 나의 바람도 그레고리오스가 그의 능력에 걸 맞는 교회를 맡아 사목하는 것일세. 그런데 그의 능력이라면 그런 교회는 세상 전체가 아니겠는가? 하지만 이것은 불가능하지. 그러니 그가 사시마의 작은 마을에서 사목을 할 수 있게 놔두게나. 장소가 그레고리오스를 만드는 게 아니라 그레고리오스가 장소를 영광스럽게 만들도록 말일세. 위대한 인물은 작은 것을 위대하게 만드는 사람 아닌가!"

이 사건은 372년 2월과 부활절 사이에 있었다. 세월은 흘러갔고 그레고리오스는 어려운 시간을 보낸다. 그리고 379년, 그레고리오스는 아리우스파가 득세하고 있던 암흑의 시대에 정교회 믿음을 지켜 내기 위해 콘스탄티노플로 향했고 381년 그곳의 대주교가 된다.

그레고리오스는 바실리오스가 준 쓰디 쓴 고통에 대한 앙금을 완전히 가슴속에서 풀어 내지 못했다. 그래서 그는 바실리오스의 무덤에서 추모사를 할 때도 그 아픈 고통을 다시 한 번 끄집어 내 기억했다. 하지만 그레고리오스는 바실리오스의 행위가 성령에 의한 것이었고 그래서 바실리오스의 뜻을 부정한 적이 없음을 이야기하면서, 여전히 친구 바실리오스가 옳았다고 인정하게 된다.

더 넓은 세상으로 날개를 펴다

바실리오스는 서방의 주교들에게 보낸 편지에서 "가장 존경하는 우리의 아버지, 주교께서 당신의 편지를 나에게 보내주셨다."고 적었다. 비록 주교의 이름을 언급하진 않았지만 그가 누구인지는 충분히 짐작할 수 있다. 왜냐하면 정교회 주교의 머리가 대 아타나시오스라는 것을 모두가 알고 있기 때문이다. 그는 주교 중의 주교로서 정교인의 양심으로 인정받고 있었다.

물론 아타나시오스는 어떤 특별한 권력을 가지고 있지 않았다. 그는 누구보다 참되게 진리를 증거했고 더 많은 박해를 받았을 뿐이었다. 하지만 이것은 다른 주교들의 시선을 끌어 모았고 그의 목소리에 귀를 기울이게 만들었다. 교회는 수십 년간 진리를 수호하는 투쟁의 선봉에 아타나시오스가 있음을 지켜봐 왔다. 그리고 그렇게 그는 교회의 상징적인 "주교"가 되었다. 하지만 아타나시오스도 세월의 무게를 이기지는 못했다. 295~296년 사이에 태어난 아타나시오스는 373년에 주님 품에 편안히 잠든다.

교회의 풍랑은 멈출 줄 몰랐다. 교회는 심각한 상처를 입은 채 점점 약해져 갔다. 아타나시오스를 대신할 누군가가 다시 필요했다. 무엇보다도 하느님의 뜻을 온전히 표현할 수 있는 참된 투사, 다른 주교가 의지하고 바라볼 수 있는 "주교"가 나타나야 했다. 세상의 권력을 손에

쥐진 않았지만 이단들의 머리 위에 진리를 힘차게 흔들고 진리를 위해 자신을 내던질 참된 지도자가 필요했다.

이렇게 매우 중요한 순간이 바실리오스를 향해 다가오고 있었다. 아타나시오스라는 별이 지고 바실리오스라는 별이 떠오른 것이다. 이제 그는 세상을 향해 날갯짓을 하게 된다.

하지만 아직 아타나시오스가 살아 있었다. 알렉산드리아의 위대한 스승이 살아 있는 한 당연히 수위(首位)는 그의 몫이었다. 여기서 수위는 권력이나 지배권이 아니었다. 그것은 오히려 사람들에게 희망과 빛을 주는 것이었다. 바실리오스는 아타나시오스에게 분명하게 이 점을 밝혔다.

> "거룩한 머리시여, 당신의 거룩함은 우리에게 위로가 되며 당신의 보호는 우리의 희망입니다. 우리 모두는 당신을 바라봅니다. 교회를 짓밟기 위해 일어난 엄청난 폭풍우에서 우리를 구해주실 분은 오직 당신뿐이라는 점을 잘 알고 있기 때문입니다. 우리 모두는 이것을 믿고 고백합니다."

만약 바실리오스가 개인적으로 아타나시오스를 만날 수 있는 기회가 있었다면 그것은 바실리오스에게 참으로 커다란 복이었을 것이다. 하지만 그런 복은 그에게 주어지지 않았다. 두 명의 거룩한 인물은 이렇게 평생 개인적인 친분을 나누지 못한 채 역사의 뒤안길로 사라졌다.

연로한 아타나시오스는 바실리오스의 편지를 받는다. 그리고 그는 바실리오스야말로 하느님이 선택하신 새로운 그릇이라는 점을 예감한다. 그의 날갯짓이 얼마나 크고 강력할지를 내다본다. 은총을 받은 바실리오스의 강력한 능력을 느끼며 부드러운 미소 속에 속으로 생각한다.

"하느님, 찬미 받으소서. 저는 이루지 못했습니다. 하지만 괜찮습니다. 이미 저는 지쳤습니다. 제가 할 수 있는 온 힘을 다해 싸웠습니다. 하지만 교회의 승리를 보지 못했습니다. 그것은 제 목숨보다 더 원하는 것입니다. 그것을 당신은 잘 알고 계십니다. 하지만 저는 불만이 없습니다. 당신의 뜻대로 하소서. 적어도 저는 이 사람을 보고 안도의 한숨을 쉽니다. 교회를 승리로 이끌기 위해 당신이 보내 주신 거룩한 인물임을 압니다. 하느님, 찬미 받으소서. 당신의 바실리오스, 우리의 바실리오스는 이미 횃불입니다. 멀리 떨어져 있는 파라오의 나라에서 그것을 봅니다. 세상의 모든 곳이 그를 알아봐야 합니다. 나의 하느님, 그 거룩한 불꽃을 볼 수 있는 눈을 모든 사람들에게 주소서."

거룩한 원로, 아타나시오스는 과거를 회상하며 미래를 예언했다.

하지만 바실리오스는 확고했고 고집을 꺾지 않았다. 그는 교회가 처한 참담한 상황을 지켜보며 아타나시오스에게 매달려 간청하고 부탁하고 요구했다.

"주교님, 제 말을 들어주십시오. 만약 제가 당신의 거룩함을 생각하지 않았다면 저는 절망 속에서 이성을 잃고 말았을 것입니다. 지금 교회의 상태가 어떤지 제가 당신께 설명을 드려야겠습니까? 당신은 그 누구보다 높은 곳에 오를 수 있으며 교회의 가

장 높은 망루에 서서 교회가 겪고 있는 폭풍우를 보실 수 있습니
다."

아타나시오스는 주저했다. 원하든 원치 않든 쇠한 기력이 그를 힘겹게 했다. 하지만 바실리오스는 조급했다. 아타나시오스를 재촉해야만 했다. 왜냐하면 그의 말이라야 사람들이 귀 기울여 들을 것이기 때문이었다. 하지만 아타나시오스의 힘없고 지친 목소리가 바실리오스의 귀에까지 전달되었다.

"사랑하는 바실리오스, 내가 이제 무엇을 더 할 수 있겠느냐. 내
모습을 봐라. 나는 늙었단다. 할 만큼 다했단다."

바실리오스는 알렉산드리아에서 전해진 그 말에 진정성이 있음을 받아들이면서도 아타나시오스에 대한 희망을 저버릴 수가 없었다. 그래서 그는 마지막으로 다시 한 번 부탁을 했다. 하지만 그것은 부탁이라기보다 애원에 가까웠다.

"나의 아버지, 아타나시오스여, 배가 심하게 흔들려 침몰하고 있
습니다. 당신만이 나설 용기와 기백이 있습니다. 그러니 당신께
간절히 청합니다. 당신의 기도만이 주님을 깨워 성난 파도를 꾸
짖고 바다를 잠재워 우리를 구원할 수 있습니다. 당신만이 주님
께 청할 수 있습니다. 당신은 어릴 적부터 진리를 위해 투쟁해
왔기 때문입니다."

아타나시오스는 동방의 모든 정교인들의 연결고리가 되어야 했다.

전면에 나서서 한 명 한 명 정교 주교들을 붙잡고 지켜야 했다. 그래야만 아리우스파의 강력한 공격에 대항할 수 있었기 때문이다.

그러나 바실리오스의 기대는 헛되고 말았다. 이미 372년 상반기가 중반에 이르렀고 어느새 부활절이 다가왔다. 그는 교회 전체를 위해 뭔가를 하지 않으면 안 되었다. 단지 그의 관구만 바라볼 수는 없었다. 자신의 교회의 안정은 다른 지역 교회의 안정과 밀접한 관계가 있음을 알았기 때문이다.

하지만 42(혹은 43)세, 교회 사목을 맡은 지 겨우 2년 밖에 되지 않은 젊은 주교가 어떻게 앞에 나설 수 있단 말인가? 바실리오스는 자신이 참으로 작은 존재임을 느꼈다. 하지만 그 누구보다 진리와 교회의 여러 문제를 깊고도 광범위하게 살펴보고 있었다. 그는 비록 자신의 날개가 작게 느껴졌지만 뭔가 시작하지 않으면 안 된다는 것을 직감했다.

그는 날개에 힘을 주었다. 교회 위로 그의 날개를 펼쳐 보려 시도했다. 그런데 기적이 일어났다. 엄청나고 강력한 날개가 펼쳐진 것이다. 바실리오스는 지치고 기력이 쇠한 아타나시오스를 계승했다. 그는 동방과 서방의 주교들에게 편지를 띄운다.

바실리오스의 시간이 도래했다. 물론 그는 어려움을 느낀다. 그래서 그는 도움을 줄 수 있는 모든 사람들에게 도움을 요청한다. 무엇보다 유배당한 안티오키아의 대주교 멜레티오스에게 도움을 구했다.

372년 부활절 전에 바실리오스는 서방의 주교들에게 서신을 띄운다. 서신 90은 "서방의 형제 주교들"에게, 서신 92는 "이탈리아와 프랑스 주교들"에게 보내졌다. 편지의 목적은 동방교회에 대한 그들의 관심을 일깨우는 것이었다. 로마의 주교를 존중했지만 따로 구분하지 않았다. 바실리오스는 로마의 중재나 허락 없이 서방의 다른 주교들에게 서신을 띄웠다. 바실리오스의 편지는 일과 관계된 업무적 성격을 띠고 있었다. 우리는 여기서 두 가지 점을 확인해 볼 수 있다.

첫째, 바실리오스는 겸손과 두려움 속에서도 막중한 책임감과 강력한 힘을 느끼고 있었다. 그래서 그는 다른 주교에게도 그들의 의무를 강조하면서 많은 요구를 할 수 있었다.

둘째, 372년 당시 로마 주교는 서방의 주교들에게 강력한 영향력을 가지고 있지 못했다는 점이다. 그렇지 않았다면 그는 달리 처신했을 것이다.

바실리오스가 이렇게 행동한 것은 그가 교회의 수위권을 가지고 있어서가 아니라 신리를 위한 투쟁과 사역이라는 명분이 있었기 때문이다. 그는 교회의 진리와 사역만이 최우선적으로 고려되어야 한다고 보았다. 누구든지 이것을 최우선에 둔다면 교회의 역사에서 언젠가는 두각을 나타낼 수밖에 없다. 처음에는 받아들여지지 않더라도 나중에라도 반드시 드러나게 된다. 교회는 거룩하고 신비로운 그리스도의 몸이기 때문에 오직 진리에만 관심이 있다. 그래서 무엇보다 진리에 우선성을 두는 교회의 지체를 우리는 교회의 아버지(교부), 혹은 교회의 스승이라고 부르는 것이다.

우리가 위에서 언급한 두 개의 서신에서 바실리오스는 서방의 주교들에게 아리우스파로 인해 심하게 고통 받고 있는 동방 교회를 도와 달라고 요청한다.

발렌스 황제는 아타나시오스와 바실리오스를 두려워하고 높이 평가했지만 결국 이단에게 넘어갔다. 그 결과 이단이 판을 치게 되었고 타락한 성직자들이 나타났다. 성직의 자격을 제대로 갖추지 못한 자, 불경한 자, 물질을 탐하는 자, 광적인 이단 지지자들이 세상 권력을 등에 업고 성직, 특히 주교직을 얻었다.

동방은 이런 주교로 가득 찼다. 이들은 교회에 엄청난 불행이었다. 왜냐하면 그들과는 아무것도 할 수가 없었기 때문이다. 첫째 그들은 좋은 것을 내놓을 게 하나도 없었다. 둘째, 혹시 있더라도 교회에 유익을 줄 수가 없었다. 세상 권력에 의지해 주교가 된 그들은 세상 권력자들의 입맛에 따라 움직일 수밖에 없는 꼭두각시와 같았기 때문이다. 주교, 영적인 사람이 그의 기백을 잃는 순간, 많은 이들은 예레미야 예언자처럼, 타락한 주교로 인해 눈물 흘리게 된다.

바실리오스는 이단들의 타락을 슬퍼했고 앞으로 다가올 교회의 침몰을 두려움 속에 지켜봤다. 교회의 건강 지표라 할 수 있는 교의와 규범, 전통이 짓밟혔고 그것들을 경시함으로써 참된 교회의 정신이 사라졌다는 것이다. 교회 규범을 범하는 사람은 단순한 죄인이라 할 수 있다. 하지만 그것을 경시하는 사람은 죄의식을 느끼지 못하는 사람이다. 아픔을 느끼지 못하는 몸은 이미 죽은 것이다.

정교인에 대한 박해는 일상적이었다. 이단들은 정교 주교의 자리를 차지했다. 성당도 마찬가지였다. 사방이 이단으로 넘쳐 났다. 그들은 언제나 그랬던 것처럼 자신들의 지지자들에게만 관심을 보였다. 설교나 신자들의 영적 성장에 대해서는 관심이 없었다.

정교인들은 도시나 마을에서 벗어나 허허벌판에서 예배를 드렸다. 성당을 차지한 이단과 함께 예배드리는 것을 용납할 수가 없었기 때문이다. 교인들은 차라리 비와 추위, 폭염 등 자연과 싸우며 예배드리기를 선호했다. 그 속에서 그들은 참되게 하느님을 예배했고 진리, 그리스도, 성령과 하나가 되었다. 정교 신앙을 지키기 위해 어린아이들과 기력이 다한 노인들이 벌판에서 눈물로 기도하는 모습은 심금을 울리고 위로가 되었다. 교회는 이렇게 위기에 처한 상황 속에서도 진리를 지키며 살아가고 있었다.

하지만 그리스도교의 절반이 성난 파도에 던져진 고장 난 배처럼 힘없이 쓸려 다니는 상황에서, 또 참 신앙이 환희 꽃 피웠던 바로 그 장소에서 참 신앙이 스러져 가는 상황에서, 그런 위로의 모습에 만족하고만 있을 수는 없었다. 바실리오스는 북 이탈리아의 한 주교에게 보낸 편지에서 동방 교회에 대한 서방 교회의 빚을 상기시킨다.

"형제들이여, 우리 동방 교회가 당신들에게 그리스도의 빛을 전파함으로써 행했던 선의 빚을 갚는다는 생각으로 우리를 도와주십시오."

바실리오스의 이 요청에는 불만이 묻어 있었다. 하지만 어찌 보면 그것은 정당한 것이었다. 그리스도교가 꽃피우기 시작할 무렵 그리스도의 진리를 서방에 전파하기 위해 동방의 그리스도인들이 얼마나 많은 위험과 희생과 순교를 감수했던가!

하지만 지금 서방은 그들의 귀를 닫고 있었다. 극히 일부만 건강한 상태로 남아 있는 동방 교회를 위해 서방의 주교들이 나서서 "형제여, 우리가 당신들과 함께 합니다."라는 작은 움직임만 보여줘도, 또 일부 주교를 동방에 보내 의기소침해진 정교인들에게 용기를 주고 정교인과 우리는 하나라는 모습만 보여줘도 이단들은 위축될 게 분명했다. 그런데 이것이 그렇게도 힘든 일인가!

> "형제여, 우리는 오래전부터 당신들을 기다리고 있습니다. 그런데 아직도 당신들은 우리에게 도움의 손길을 내밀지 않고 있습니다. 우리는 그런 모습에 실망을 금치 못하고 있지만 여전히 희망을 가지고 있습니다. 그러니 서둘러 주십시오. 당신들이 가지고 있는 바른 믿음과 일치된 모습이 참으로 부럽습니다. 그리고 그것이 우리에게는 큰 위안이 되기도 합니다. 하지만 우리가 처한 상황도 생각해 주십시오. 여기 이곳에는 당신들과 같은 믿음을 가진 이들이 무척 많습니다. 우리가 하나가 될 수 있도록 조치를 취해 주십시오. 그곳의 주교들이 여기에 와서 공의회를 열면 우리의 믿음, 그리스도의 몸, 교회가 하나임을 보여줄 수 있을 것입니다. 그러면 우리 모두가 함께 1차 세계 공의회에서 공인된 교부들의 믿음을 선포할 수 있고, 우리의 의식을 새롭게 하여 동방 교회가 겪고 있는 병을 치료할 수 있을 것입니다. 우리는 당신들에게 진심으로 감사를 드릴 것입니다. 그러니 형제여, 우리를 불쌍히 여기고 도와주십시오."

바실리오스의 간절한 외침과 간구는 허공을 치는 메아리였다. 서방은 동방에서 벌어지고 있는 지진을 느끼기에는 너무도 멀리 떨어져 있었다. 형제의 아픔을 함께 해야 한다는 시대적 요청에 부응하기에는 그들의 마음이 너무 굳어져 있었다. 어쩔 수 없이 바실리오스는 동방의 일부 주교들과 카파도키아의 훌륭한 자녀들과 힘을 합쳐 투쟁을 계속할 수밖에 없었다.

하느님은 그들에게 힘을 주셨고 그들은 이단에게 영혼을 팔지 않았다. 교회는 교회의 진정성을 지켜 가고, 그 진정성을 잃어버린 지체에게 할 수 있는 한 건강을 되찾아 주려 노력하면서, 아주 힘겹게, 버겁게 그의 길을 걸어 나갔다. 신자들도 자신들의 목소리를 내면서, 동방 교회에 혼란을 야기하는 자칭 '정교의 수호자'들과 참된 진리의 대변자, 투쟁자를 구분해 나갔다.

카파도키아, 폰도스 그리고 소 아르메니아에는 이단 주교들과 순종할 줄 모르는 정교 주교들이 있었다. 그들은 동방의 여느 지역에서처럼 원칙, 과반수 같은 기준도 없었다. 이처럼 바실리오스는 자신의 관구 문제만이 아니라 그리스도교 세계의 절반이 직면하고 있는 이 위기를 타개하려 노력했다.

일치의 길

교회 일치를 위한 바실리오스의 고뇌는 철학적인 것이 아니었다. 그것은 그의 가슴에 사무쳤고 그 존재 전체를 자극했다. 그는 구체적인 전략과 행동으로 교회의 일치를 이루려 했다.

바실리오스는 이즈음 자신의 사목 관할 지역을 벗어나 동방 전체 교회로 그의 시선을 넓혔다. 그는 좀 더 광범위하면서도 분명하게 교회 일치의 필수적인 조건들을 확립해야 했다. 이 점은 시리아 도시 타르소의 신자들에게 보낸 그의 편지 113, 114에 잘 드러나 있다. 여기서 우리의 시선을 끄는 것은 바실리오스가 일치의 조건을 말할 때 단지 의견만 개진한 것이 아니라는 점이다.

바실리오스는 진리를 말하고 있다는 확신이 있었기 때문에, 다른 사람 앞에서 주눅 들지 않았고 권위 있어 보였다. 바실리오스가 제안하는 조건은 기본적으로 두 가지이다. 하나는 니케아 신조의 수용과 또 다른 하나는 성령이 피조물이 아니라는 고백이다. 니케아 신조는 성령의 역사와 비추임 속에서 표현된 진리이기 때문에 일점일획도 변경해서는 안 된다고 보았다.

또 성령이 피조물이 아니라는 고백도 필연적이었다. 왜냐하면 과거 10여 년 동안 의도적으로 성령이 피조물 또는 기능적인 영이라고 주장하는 이단이 자리 잡아 가고 있었기 때문이다.

바실리오스는 이 모든 현상을 잘 직시하고 있었다. 올바른 믿음을 가지고 있다는 이들조차도 곤경에 처해 있는 형제들을 위해 또 교회 일치를 위해 별로 하는 일이 없었다. 이처럼 신자들의 무관심과 아리우스파의 준동으로 인한 혼돈은 매우 위험한 지경에 이른 상태였다. 일부 목자들만이 교회의 지체들이 올바른 믿음으로 성장해 나갈 수 있도록 관심을 기울일 뿐이었다.

바실리오스는 그릇된 믿음을 따르는 이들에게도 편지를 띄워 연민과 사랑의 마음을 표하곤 했다. 그리고 올바른 믿음을 되찾을 수 있도록 치료하는 데 온 힘을 기울였다. 동시에 이단의 주장에 물들지 않도록 정교인을 북돋우고 보호하는 데 심혈을 기울였다. 이 모든 것은 뜨거운 열정과 진정한 관심이 있어야만 가능한 것이었다. 다가올 위험에서 신자들을 지켜내기 위해서는 그렇게 해야만 했다.

일치의 두 가지 측면

하나는 상대적으로 쉬운 일이었다. 그것은 정교인들이 서로 진솔하게 고백하는 심정으로 서로의 진실성을 보여주면 해결되는 문제였다. 왜냐하면 정교인들이 갈라지고 관계가 소원해져 서로 의심을 하게 된 원인이 바로 아리우스파였기 때문이다.

또 하나는 어려운 일이었다. 아리우스파도 다양한 흐름이 형성되어 있었기 때문이다. 일부, 아니 아마도 그들의 상당수는 보편적 믿음을 가진 교회와 커다란 차이를 보이지 않았다. 보편 교회와 매우 가까이 있었던 그들은 완전히 교회의 품으로 들어가기 위해 어떤 명분, 어떤 매개가 필요했다. 주로 '유사본질론자'들이 그러했다.

아무튼 바실리오스는 이 모든 이들에게 매우 온정적이었다. 그들에게 많은 것을 요구하지 않았다. 그는 약한 형제들이 니케아 신조를 수용하고 성령이 피조물이 아니라는 점만 인정하면 다른 것은 "요구"하지 않았다. 바실리오스가 그렇게 생각한 것은 잘못된 믿음을 가진 이들도 비록 부족하지만 이 두 가지 조건만 수용한다면 정교인들과 서로 화해하고 친교를 나눌 수 있고, 또 추후에 주님의 도움으로 나머지 필요한 것들도 점차 수용할 수 있을 것으로 보았기 때문이다.

정교 신앙의 용어들로 인해 그릇된 믿음을 가진 이들이 더 엇나가지 않게 하려는 바실리오스의 배려는 감동적이다.

> "이전에 갈라졌던 이들이 하나가 된다는 것은 참으로 좋은 것입니다. 우리가 원한다면 일치는 가능합니다. 우리보다 약한 이들의 영혼을 포함해 그 어떤 것도 해를 입지 않을 것입니다."

그릇된 믿음으로 흐른 많은 이단들이 대부분 오해와 곡해로 인해 보편 교회에서 멀어졌음을 바실리오스는 잘 알고 있었다. 그래서 현 시점에서는 그들에게 많은 것을 요구할수록 오히려 그들의 오해와 곡해를 더 증가시킬 것이라고 생각하였다. 그렇다고 올바른 믿음을 경시하면서까지 형제애만으로 교회 일치를 이룰 수는 없는 일이었다. 이 점 때문에 바실리오스는 분명하고 엄격하게 교회 일치의 조건을 표명했다.

사랑의 기념비, 바실리오스 복지관

케사리아의 대주교 바실리오스의 사랑과 관심은 자신에게 도움을 구하거나 자신이 알고 있는 사람들에 국한되지 않았다.

367~8년 겨울, 바실리오스의 머릿속에는 인간의 아픔을 줄이기 위한 놀라운 계획이 자리 잡아가고 있었다. 자신의 육체적 고통을 무릅쓰고 형제들의 고통을 헤아린 것이다. 얼마나 많은 희생과 수고를 해야 하는지 전혀 개의치 않았다. 그저 고통 받는 이의 얼굴에서 약간의 미소를 보는 것만으로 충분했다.

명성이 자자했지만 동시에 신음하고 있는 케사리아, 그곳의 대주교가 된 바실리오스는 이제 그가 이루고자 했던 꿈, 이상을 실행에 옮기기로 결심한다.

하지만 사탄의 무리가 그의 날개를 꺾어 그 위대한 사업을 방해하려고 달려들었다. 이단, 황실, 황제, 어리석은 정교인, 무지한 백성, 자신의 혹독한 질병, 이 모든 것이 하나가 되어 그의 길을 가로 막았다. 하지만 위대한 이들은 아무리 큰 시련에도 약해지지 않듯이 그는 무너지지 않았다. 바실리오스는 내면에 성령의 불꽃을 지니고 있었다. 그를 없애려던 이들은 성령의 불꽃은 결코 꺼지는 법이 없다는 사실을 모르고 헛되이 그에게 달려들었다.

가시밭길 같던 시간을 지나 372년 바실리오스는 그가 꿈꿔 왔던 희망의 복지관을 건립할 준비를 갖춰 나가기 시작했다. 첫 몇 개월은 건축에 필요한 자재들을 모았고 지역의 유지를 설득하며 도움을 청했다. 대주교의 부탁을 받고 많은 가난한 이들이 스스로 나서서 건축자재를 노새에 실어 옮기거나 자신의 어깨에 짊어지고 옮겼다.

건축은 봄에 시작되었다. 도시 밖에 위치한 그곳은 아픔을 완화시키고 굶주린 이들을 위로할 그의 웅대한 계획에 딱 맞는 곳이었다. 기술자, 목수, 미장이, 짐꾼 등 인간과 동물이 모두 조화로운 벌떼가 되어 하루하루 넘치는 기쁨과 희망을 만들어 냈다.

바실리오스는 복지관 구조를 우리에게 소상히 밝혀 준다. 복지관 중심에는 이미 건축이 시작된 웅장한 성당이 자리 잡았다. 모든 건물의 건축은 따로 진행되지 않고 모두 동시에 진행되었다.

성당 옆에는 복지관의 책임자 숙소가 지어졌고 근처에는 성직자가 묵을 숙소가 지어졌다. 성직자가 묵을 숙소에는 그곳을 지나는 정부 고위 군인과 관료도 묵을 수 있었다. 왜냐하면 당시에는 여행객이 묵을 만한 숙소가 거의 없었고 있더라도 편히 쉴 수 있는 공간이 되지 못했기 때문이다.

또 여러 가지 용도의 건물이 성당을 중심으로 주변에 지어졌다. 그것은 호텔과 비슷한 길고 좁은 형태의 건물이었다. 건물은 그곳을 지나는 여행객을 수용하기 위한 용도였지만 일부는 병원에서 일하는 의사와 간호사가 묵는 숙소로 설계되었다.

웅장한 복지관의 운영에는 모든 직업군의 도움이 필요했다. 각종 기술자와 무엇보다 운반에 이용될 엄청난 수의 동물이 필요했다. 또한 다양한 기술을 연마할 수 있는 건물이 적절하게 들어섰다. 아마도 바실리오스는 가난한 카파도키아 사람들이 그곳에서 기술을 배울 수 있도록 아름다운 복지관 속에 오늘날의 '전문직업학교'를 구상한 것 같다.

봄에 시작된 복지관 공사는 카파도키아에서 가장 큰 공사 현장이 되었다. 모두가 자부심 속에 한마음이 되어 공사에 임했다. 그들은 건축하고 있는 것이 무엇인지 잘 알고 있었기 때문이다.

바실리오스는 언제나 기술자, 목수, 미장이, 짐꾼들과 함께 있기를 원했다. 비록 그들은 학식이 높지 않았지만 바실리오스는 그들의 선하고 맑은 눈망울에 감동을 받곤 하였다. 그것은 사실이었다. 자발적 의지로 이 엄청난 사역을 수행할 때 그들의 눈망울은 맑게 빛났다. 낮고 겸손한 그들의 눈은 환히 빛났고 선의로 가득 찼으며 비록 지상에서 일을 하고 있었지만 하느님을 향해 나아갔다. 이런 그들의 모습은 바실리오스를 감동하게 만들었고 밤낮으로 그들과 함께 있고 싶은 마음을 일으켰다. 하지만 불가능했다. 바실리오스는 이 기쁨을 만끽할 수 없었다. 그저 맛만 볼 수 있을 뿐이었다.

케사리아의 주교청에는 바실리오스가 해야 할 다른 많은 일과 어려운 과제가 산적해 있었다. 그곳에서 그는 사탄과 씨름하고 있었다. 사탄은 모든 인간에게 패배해야만 한다. 바실리오스는 그 점을 잘 알고 있었기에 더욱 많은 시간을 기도로 지냈고 더욱 열심히 일을 했다.

돈이 많은 부자에게서 약간을 돈을 받아 내는 것은 그리 어렵지 않다. 하지만 사탄의 손아귀에 잡혀 있는 이를 빼내 오는 것은 너무너무 힘든 일이다. 학식이 짧은 이들은 약간의 수고와 기도로도 그대를 쉽게 따르게 할 수 있다. 하지만 모든 것을 알고도 하느님과 멀리 떨어져 지내는 타락한 사제들이란!

우리는 이전에 바실리오스가 얼마나 많은 어려움과 얼마나 많은 반발에 직면했는지 보았다. 신자들은 이단과 또 제멋대로 행동하는 정교회 주교로 인해 믿음이 흔들렸다. 어떤 주교는 땅을, 또 다른 주교는 물을, 그리고 일부 주교는 땅과 물 모두를 황제에게 바쳤다. 황제는 무신론자보다 못한 그릇된 믿음의 이단자였다. 보이게 안보이게 교회를 갈라놓고 마비시켜 교회를 약화시켰다. 교육을 많이 받지 못한 서민들은 무엇을 믿는지 깊이 알지 못했다. 그저 표면적으로만 진리를 접했다.

바실리오스에 대해 끝없는 모략이 자행되고 있다는 점을 조금만 떠올린다면 거룩한 이 사람이 매일 어떻게 지내고 있는지 누구에게나 쉽게 상상이 갈 것이다. 더구나 바실리오스는 이곳저곳 여행을 해야만 했다. 개인적으로 주교들과 교회의 요인들을 만나서 교회가 직면한 문제들을 해결해야 했고 교회의 일치와 평화를 위해 신경을 써야 했다.

여기에다 그는 지병으로 수일, 수주, 또는 수 개월씩 침상에 누워 있곤 했다. 이런 극한 상황 속에서도 그는 아름다운 희망의 복지관을 포기하지 않았다. 후에 사람들은 그 복지관을 '바실리아다', 즉 '바실리오스 복지관'이라 명명했는데 참으로 적절한 표현이 아닐 수 없다.

바실리오스는 그저 책상에 앉아서 복지관을 기획하지 않았다. 그는 틈틈이 시간을 내 직접 공사현장을 찾아 진행과정을 지켜보고 확인했다. 그는 그곳에서 천국을 미리 맛보았다. 그만큼 그곳은 그에게 안식과 생명의 맑은 공기를 제공하는 곳이었다.

바실리오스는 복지관의 총 책임자와 각 건물을 관리하는 책임자도 두었다. 바실리오스가 복지관을 찾게 되면 책임자들이 먼저 알았고 순식간에 대주교가 온다는 기쁜 소식이 퍼져 나갔다.

수척한 작은 거인 바실리오스는 사랑스런 복지관에 발을 딛고는 그곳의 사랑에 취하곤 했다. 복지관 곳곳을 둘러보고 공사가 끝나지 않은 건물도 일일이 다 살펴보았다. 그는 옷과 신발이 더럽혀지는 것을 전혀 개의치 않았다. 사실 기술자들이 그보다 더 좋은 것을 입고 신었다! 바실리오스는 일꾼들이 보이는 곳이면 그곳을 찾아가 건물의 벽면, 자갈, 진흙, 목재, 못을 바라보곤 했다. 그의 눈에는 이 모든 것이 그토록 아름다울 수가 없었고 어느새 감동으로 밀려왔다.

그는 부드러운 눈길로 사람들을 향해 천천히 시선을 돌렸다. 그리고 어느새 감격에 젖어 눈물이 앞을 가렸다. 그는 무의식적으로 기도를 했고 조용히 하느님께 이 거룩한 사람들에 대해 이야기 했다. 그는 가끔 "하느님, 당신의 주교들도 이 사람들과 같게 해 주소서." 하며 한숨을 내쉬기도 했다.

뜨거운 태양빛에 검게 그을린 일꾼들은 바실리오스의 존재에서 거룩함을 느꼈고, 그들의 주름진 얼굴 위로는 거룩한 사역에 동참한다는 자부심과 기쁨의 눈물이 흐르곤 했다. 바실리오스가 어떤 작업장 앞을 지나가다가 일꾼들 무리 속에 들어가면 그들은 하느님의 사람에 대한 무한한 사랑과 하느님의 진리에 대한 믿음 속에 무릎을 꿇고 바실리오스에게 경의를 표하곤 했다. 그들에게 바실리오스는 지상에 있는 하느님의 사람이며 신성한 진리의 표현이었다.

복지관에 올 때마다 바실리오스는 그런 거룩한 감동과 뿌듯함도 잠시 얼마 못 가 곧 정신을 차리곤 했다. 공사 책임자들이 공사 진척 상황과 공사 중 제기된 여러 중요한 문제에 대해 그의 의견을 묻곤 했기 때문이다. 이렇게 공사는 그가 현장에 있고 없고를 떠나 그의 감독 하에 진행되었다.

가장 힘든 부분은 부족한 자재 문제였다. 일꾼들은 계속해서 자재 부족 문제를 토로했다. 공사가 진행될수록 그만큼 자재도 많이 들어갔다. 그때마다 정부 고위관료, 지역의 유지, 그리고 케사리아의 신자들에게 새로운 협조와 도움을 구했다. 티아논의 대주교 안티모스가 공사 현장으로 보내지는 물품과 타브로 저편 너머에 있는 성 오레스티 순례자들의 봉헌물을 종교세라는 명목으로 중간에 가로채고 있는 상황을 생각할 때마다 피가 거꾸로 솟구치고 가슴은 짓눌렸다.

하지만 무엇을 할 수 있겠는가? 차라리 단순한 사람 같았으면 쉽게 대화가 되고 일치를 보았을 것이다. 사탄의 관심이 덜 했을 것이기 때문이다. 이처럼 공사에는 많은 난관이 있었다. 그럼에도 공사는 진척을 보였다. 어려움에 봉착할 때마다 어떻게든 해결이 되어 나갔다.

바실리오스는 밤에 완전히 녹초가 되어 집으로 돌아오곤 했지만 성인처럼 잠을 잤다. 그는 성령의 은총으로 넘쳐 있었다. 하지만 내일 더 많은 일이 그를 기다리고 있기에 그는 휴식을 취해야만 했다.

바실리오스는 이렇게 일을 했다. 하느님이 그에게 주신 시간을 경이롭고 거룩한 순간으로 채웠다. 하지만 이미 앞에서 본 것처럼 바실리오스와 등진 이들은 그의 위대성을 받아들이지 않았다. 그들은 바실리오스를 하찮은 인물로 만들기 위해 그를 비난하는가 하면, 그가 진행하고 있는 복지관에 대해서도 나쁜 소문을 퍼트렸다. 그들은 지역의 시장과 고관을 찾아다니며 다음과 같이 모략했다.

"바실리오스가 하는 일은 정부와 공공의 질서를 해롭게 하는 행위이니 뭔가 조치를 취해야 합니다. 적어도 그가 그 일을 하지 못하도록 막아야 합니다."

이 모략과 함께 그들은 바실리오스 개인에 대해서도 험담을 늘어놓았다. 하지만 바실리오스는 고관들을 만난 자리에서 그 모략이 거짓임을 밝혀내곤 했다.

아르메니아에서의 사역, 니코폴리스의 비극

때는 372년 4월과 5월이었다.

바실리오스에게 신앙의 진리와 교회의 일치는 언제나 최우선의 과제였다. 대다수 주교는 어느 정도 그것을 알고 있었다. 황제도 마찬가지였다. 소아시아, 시리아, 아르메니아에서 어떤 중요한 일을 이루려 해도 바실리오스 없이는 불가능한 일이었다.

이렇듯 황제 발렌스는 아르메니아의 몇몇 도시가 주교가 없는 상태가 되자 바실리오스를 떠올렸다. 그리고 바실리오스는 아르메니아의 니코폴리스의 테오도토스 주교를 보좌주교로 삼아 소 아르메니아의 백성에게 목자를 보내주고 아르메니아 교회가 겪고 있는 문제들을 해결해야 했다.

주교들도 바실리오스 없이는 교회 문제를 해결할 수 없다고 봤다. 그래서 그들은 니코폴리스 근처에 있는 파르마군의 순교자 축일을 계기로 바실리오스를 초대해 교회 문제를 해결하려 하였다.

만남은 6월로 예정되어 있었다. 사모사타의 에프세비오스도 축일에 초대를 받았다. 바실리오스는 에프세비오스를 높이 평가했으며 그를 신뢰하고 있었다. 하지만 그는 그 자리에 함께할 수가 없었다. 그가 함께했다면 바실리오스에게는 커다란 힘이 되었을 것이다. 바실리오스는 그가 축일에 함께할 수 없다는 사실을 전해 듣고는 그만 맥이 풀리고 말았다. 그러나 이 소식은 오히려 바실리오스에게 '축일에 가야할지 말지' 고민을 정리해 주는 계기가 되었다. 그는 가지 않기로 마음을 정했다. 바실리오스는 자신을 적대시하는 많은 주교를 에프세비오스의 도움 없이 상대할 엄두가 나지 않았다.

하지만 그는 축일 이후 어느 정도 잠잠해진 다음에 니코폴리스에 가기로 마음을 먹는다. 먼저 멜레티오스를 만나 교회의 심각한 문제를 진단하고 나중에 다른 여러 주교를 만나기로 계획한 것이다.

바실리오스는 병들고 약한 몸을 이끌고 먼지가 자욱한 우편 마차에 올라탔다. 잠시 후 마차는 세바스티아로 향하는 길로 들어섰다. 바실리오스는 고되고 긴 여정의 마차 위에서 상념에 잠기기도 하고 기도를 올리기도 하면서 어떻게 행동해야 할지 어떤 제안을 해야 할지 장고를 거듭했다. 적의를 품고 그를 비난하고 있는 이들과 아무것도 모르고 비난에 편승해 버린 일부 순진한 정교인에게 어떤 대답을 줘야 할 것인지 고민했다.

무엇보다 에프스타티오스 문제는 커다란 화두가 아닐 수 없었다. 하지만 다행스럽게도 그 문제에 대해서는 적들이 반박할 수 없는 답을 가지고 있었다.

얼마 전, 바실리오스는 에프스타티오스를 만나려 시도했고 케사리아에서 그 만남은 성사되었다. 원로 주교 에프스타티오스는 바실리오스 가족과의 이런저런 과거의 기억을 떠올리며 지나간 날을 회상했다. 모든 것이 좋았고 감동스러운 순간이었다. 둘은 앉아서 애틋한 마음을 나누며 이렇게 오랜 시간 대화를 나눴다. 하지만 바실리오스가 그를 만나고자 했던 주된 이유는 다른 것에 있었다.

"주교님, 당신께서 교부들의 믿음과는 다른 믿음을 가지고 있다고 사람들이 비난하던데 그것이 사실인지요? 알고 싶습니다. 저에게 말씀해주십시오."

에프스타티오스는 피하지 않았다. 하지만 그는 속마음을 진솔하게 터놓지 않았다. 바실리오스는 다만 그가 정교 신앙을 가지고 있다는 인상만 받았다. 바실리오스는 에프스타티오스의 말을 그대로 받아들였다. 바실리오스는 이런 확신 때문에 자신이 이단인 에프스타티오스와 교류한다고 비난하는 이들의 주장을 반박하기 위해 니코폴리스로 향하고 있었던 것이다.

잘 닦인 길이 나오자 마차는 더욱 세차게 달리기 시작했고 마침내 세바스티아에 도착했다. 바실리오스는 순간 마음이 무거워졌다. 자신도 모르게 뒤로 움칫 물러섰다. 만약 할 수만 있다면 도성 안으로 들어가고 싶지 않았다! 수없이 바실리오스를 환대했고 수없이 그와 우정을 나눴던 세바스티아는 지금 그에게 슬픔과 거부감을 안겨 주는 도시가 되어 있었다.

이곳은 에프스타티오스의 기반이었다. 그를 따르는 많은 수도사가 이 지역에 살았다. 하지만 정작 에프스타티오스는 그들의 순종을 받기보다 그들에게 순종했다.

바실리오스는 이성적으로 생각할 겨를도 없이 그저 빨리 세바스티아에서 벗어나고 싶었다. 그리고 얼마 안 가서 그 방법을 찾았다. 세바스티아 도시 근처에는 기타사라는 마을이 있었다. 그곳은 유배당한 멜레티오스가 있는 곳이었다. 바실리오스는 주교들이 니코폴리스의 순교자 축일에 자신을 초대한 것이 뭔가 개운치 않다고 생각했기에 기타사라는 마을로 가기로 마음먹었다. 바실리오스는 세바스티아 도성에 들어간 후 마차에서 내렸다. 그리고 그 누구와도 연락을 취하지 않고 자신을 태우고 갈 노새와 노새를 부릴 사람을 찾았다.

몇 시간 후 바실리오스가 기타사에 도착했다. 멜레티오스는 그를 크게 반겼다. 멜레티오스는 바실리오스를 무척 존경하고 있었다. 어떤 인물인지를 알고 있었기 때문이다. 하지만 두 주교는 많은 시간을 함께하지 못했다. 테오도토스의 사람이 시기를 찾아온 것이다. 그는 순교자 축일에 함께할 다른 주교들과 함께 니코폴리스로 내려가자고 바실리오스에게 줄기차게 요청했다.

이것은 바실리오스에게 예기치 않은 좋은 기회였다. 비록 멜레티오스 주교와 오랜 시간 함께하지 못하는 아쉬움은 있지만 이번 기회를 놓쳐서는 안 된다고 생각했다. 테오도토스도 바실리오스에게 호의적인 감정을 보이고 있는 터였다. 테오도토스의 호의는 바실리오스가 앞으로 있을 토론과 주교가 부재한 아르메니아 도시들의 문제를 해결해야 하는 데 있어 절대적으로 필요한 부분이었다.

바실리오스는 니코폴리스로 가겠다고 대답했다. 하지만 그의 머릿속에는 언제나 교회 일치 문제가 떠나지 않고 있었기 때문에 이번 기회를 자신과 지역의 주교들과의 관계를 악화시키는 가시를 없애는 계기로 삼으려 했다.

바실리오스는 니코폴리스로 가서 교회 일치에 대한 토론을 하기 전에 먼저 원로 주교 에프스타티오스를 다시 만나는 것이 좋겠다고 생각했다. 그가 추문의 진원지였고 그가 바실리오스에게 어떤 말을 해도 여전히 그는 유사본질론 신봉자였기 때문이다.

바실리오스는 세바스티아로 돌아와서 즉시 에프스타티오스를 만나려 했다. 바실리오스는 다시금 그들의 주된 주제를 꺼냈다. 에프스타티오스는 처음에는 대화를 피하려 했다. 하지만 한때 그의 영적 자녀였던 바실리오스는 단호하게 그런 태도를 비판했다. 바실리오스는 더 이상 이 문제를 끌어선 안 되고 완전히 끝내야만 한다고 강하게 밀어 붙였다.

"주교님, 당신이 정교의 길을 따른다면 나는 누가 뭐라고 하든 당신과 친교를 나눌 것입니다. 내가 어떤 희생을 치르더라도 그렇게 할 것입니다. 하지만 당신이 나와 다른 생각을 한다면 나는 관계를 끊을 것입니다."

바실리오스의 단호하고도 강력한 단어들이 에프스타티오스의 가슴을 무자비하게 파고들었다. 원로 주교 에프스타티오스는 이제 더 이상 속내를 감출 수 없음을 느꼈다. 하지만 그는 굽히지 않았다. 버텨야 한다고 속으로 맹세하고 있었다.

둘은 방으로 자리를 옮겨 대화를 지속했다. 바실리오스는 테오도토스와 다른 주교들이 에프스타티오스 주교에 대해 비난하고 있는 내용을 자세하게 열거하였다. 그것은 이미 잘 알고 있는 믿음에 대한 것이었다. 에프스타티오스는 노련한 기술자처럼 애매모호한 용어를 사용하며 물을 흐리듯 확실한 답을 회피해 나갔다. 물론 바실리오스는 용어에 그렇게 집착하지 않았다. 하지만 진리는 분명하게 표현되어야만 했다. 원로 주교는 주로 바실리오스의 말을 경청했다. 때때로 주교가 반박했지만, 그의 반박은 바실리오스의 날카로운 이론과 명확한 진리에 무너지곤 했다.

오후가 되어서도 두 남자는 계속 토론을 이어나갔다. 밤이 되어 지칠 대로 지쳤지만 둘은 여전히 의견 일치를 보지 못했다. 노련하고 경험 많은 원로 주교는 뜻을 굽히지 않았다. 그는 그의 주변 사람들을 생각하고 있었다. 그것은 그를 끝까지 버티게 하는 중요한 요소였다.

에프스타티오스의 주변 인물들은 다 이단이었다. 그가 주변 사람들에게 매여 있는 한 바실리오스의 수고는 헛될 수밖에 없었다. 둘의 대화는 밤 늦게 멈췄다. 둘은 다음날 다시 얘기하기로 약속하고 헤어졌다.

다음날 아침부터 다시 토론이 벌어졌다. 핵심적인 문제는 언제나 아버지(성부)와 아들(성자)의 관계였다. 물론 아버지와 성령의 관계도 하나의 큰 주제였다. 바실리오스는 자신을 비난하는 사람들에게 설득력 있게 해명을 해야만 했다.

그 다음날에는 세바스티아의 사제 피메니오스가 토론에 동참했다. 사제 피메니오스는 에프스타티오스 주교를 멀리하고 있었고 테오도토스 주교처럼 바실리오스를 의심하고 있었다. 이제 바실리오스는 두 개의 전선을 상대해야 했다. 에프스타티오스에게는 자신이 사벨리우스의 양태론(성부·성자·성령은 유일신이 시기마다 다르게 나타난 양태에 불과하다는 주장)을 지지하지 않음을 밝히고 피메니오스 사제에게는 자신이 유사본질론자로 흐르지 않았다는 것을 밝히는 것이었다. 바실리오스는 얼마 안 가

이 두 가지를 다 해결해 나간다.

시간이 지나면서 서서히 세 명의 남자는 서로가 갈구하던 의견일치에 이르기 시작했다. 바실리오스는 토론을 질서 있게 그리고 확실한 방법으로 이끌었다. 형식적인 용어에 구속받지 않으며 서로에게 주제의 본질을 이해시키고 설명해 나가자 점차 어떤 차이도 분열의 이유도 없다는 인식이 그들 사이에 자리했다.

정오 때가 되자 기쁨이 새어나오기 시작했다. 바실리오스는 내면에 또 그의 주변에 성령이 맴돌고 있음을 느꼈다. 육체적 고통에서도 벗어나 몸이 점점 더 가벼워지는 것을 느꼈다.

오후가 되자 그들은 모두 자리에서 일어나 함께 기도를 올리기 시작했다. 하느님이 그들에게 같은 생각과 같은 믿음을 심어주신 것에 대해 감사를 드렸다. 하느님의 커다란 강복, 참으로 깊은 환희의 순간이었다.

추문의 진원지는 무너졌다. 에프스타티오스는 이제 정교인이 되었다. 이제 그 누구도 이단과 친교한다는 비난을 바실리오스에게 할 수 없었다. 아르메니아, 폰도스, 카파도키아 교회의 일치를 방해하는 중요한 요소 하나가 사라지고 만 것이다.

바실리오스는 밤이 되어서야 지친 몸을 이끌고 허름한 그의 방으로 돌아왔다. 그는 이제 혼자서 하느님과 대화를 나눴다. 그의 죄에 대해 깊은 밤까지 기도를 올렸고 그의 사역, 즉 정교 신앙을 수호하고 동시에 교회의 평화를 회복하는 일을 지속할 수 있도록 힘과 빛을 달라고 간구했다.

아침에 일어나자 그의 머릿속에 지혜가 떠올랐다. 에프스타티오스와 합의한 내용을 문서로 작성해 에프스타티오스의 서명을 받아두는 것이었다. 자신이 정교 신앙 고백서를 작성하고 에프스타티오스가 그 문서에 서명하는 것이었다. 그렇게 된다면 한 치의 의심도 받지 않게 될 것이었다.

　바실리오스는 고민하고 또 고민했다. 생각을 다듬어가며 첫 번째 착안했던 내용을 수정 발전시켜 나갔다. 그것은 사람들, 특히 주교들이 그에게 보인 파렴치한 행태를 통해 깨달은 하나의 결과물이었다. 바실리오스는 에프스타티오스에게 합의한 내용을 문서화하자고 요구하기로 했다. 하지만 최상의 방법은 순교자 축일에 테오도토스 주교와 그곳에 함께 자리할 주교들이 문서를 직접 작성하는 일이었다. 그렇게 된다면 그들의 비난을 봉쇄해 버릴 수 있기 때문이다.

　바실리오스의 생각은 그렇게 정리되어 가고 있었다. 하지만 에프스타티오스와 주교들에 대한 유혹은 바실리오스가 예상하는 것보다 훨씬 강력한 것이었다.

　바실리오스는 큰 희망을 가지고 주저 없이 니코폴리스로 향했다. 그리고 지친 몸으로 니코폴리스에 도착했다. 그는 즉시 그곳의 주교인 테오도토스를 찾았다. 그런데 청천벽력 같은 일이 그 앞에 펼쳐졌다.

　테오도토스 주교가 케사리아의 대주교와 친교하는 것을 거부한 것이다. 그곳에 도착해 있던 다른 주교도 마찬가지였다. 교회의 위대한 교부이며 스승인 그에게 인사말조차 건네는 이가 없었다! 바실리오스의 적대자라는 이유 하나로 역사에 이름이 기록된 그들은 위대한 인물을 그들 곁에 두는 것을 허락하지 않았다.

　마음의 상처가 바실리오스의 몸까지 깊이 스며들었다. 말 그대로 가슴이 찢어졌다. 그들 모두는 한 목소리로 바실리오스를 비난했다. 아니 성령을 욕보이고 있었다. 바실리오스가 에프스타티오스를 만난 의도까지 의심하고 있었기 때문이다.

바실리오스는 테오도토스에게 사람들을 보내 그들이 생각하는 것과는 반대로 자신이 에프스타티오스를 만난 것은 테오도토스 자신과 그의 동료들이 작성한 정교 신앙 문서에 서명할 것을 설득하기 위한 것이었다고 해명했다. 하지만 공허한 메아리였다. 사탄은 그의 종들을 아주 단단히 묶어 놓고 있었다.

옹졸한 테오도토스와 주교들은 그들이 이룬 성과에 대해 무척 자랑스러워하며 장엄한 격식을 차려 축일을 지내러 갔다. 그들은 위풍당당했다. 도시의 거의 모든 신자들도 축일로 향했다. 오직 위대한 바실리오스만 잊힌 채 홀로 남았다.

바실리오스는 위대한 인물들의 운명이 그러하듯 그렇게 쓸쓸하게 혼자 니코폴리스에 남아 있었다.

축일이 끝나고 주교들은 돌아갔다. 테오도토스는 여전히 같은 입장을 취했다. 상황은 절망적이었다. 왜냐하면 테오도토스와 함께 아르메니아 교회 문제를 해결해야만 했기 때문이다.

테오도토스 주교는 그곳의 상황과 그곳의 사람들을 잘 알고 있었다. 어떤 사람이 경건한 사람인지 아르메니아 언어를 할 줄 아는 사람이 누구인지 잘 알고 있었다. 그들은 그 지역의 관습과 문화를 잘 알고 있어서 주교로서 아르메니아 교회를 올바르게 이끌어 나갈 수 있는 사람들이었다.

바실리오스는 그의 말을 듣지 않는 테오도토스를 어떻게 해야 할지

고민했다. 그는 이 문제를 의논하기 위해 슬기로운 멜레티오스를 만나러 가기로 했다. 멜레티오스는 테오도토스와 모든 것에 협력하던 사이였다. 동시에 그는 바실리오스에 대해서도 절대적인 신뢰를 가지고 있었다. 바실리오스가 위대한 인물이었기 때문이다. 바실리오스는 멜레티오스가 테오도토스를 설득할 수 있을 것으로 보았다.

마침내 멜레티오스는 자신을 방문해달라고 테오도토스를 설득했다. 소인배인 그들에게 그곳으로의 여정은 아주 피곤한 일이 아닐 수 없었다. 드디어 그들이 세바스티아 근처에 있는 기타사에 도착했다. 그곳에서 테오도토스는 다시 바실리오스가 이단인 에프스타티오스와 교류한다고 비난했다. 예전 그대로였다. 바실리오스는 그동안 일어난 일과 에프스타티오스와의 대화를 통해 그가 정교 신앙을 확실하게 받아들였다는 것을 소상하게 설명했다.

그런데 테오도토스가 그에게 깜짝 놀랄 만한 말을 했다. 에프스타티오스가 바실리오스와 헤어지자마자 그의 사람들을 만나 바실리오스의 말에 동의한 적이 없다고 맹세했다는 것이다. 따라서 그는 여전히 유사본질론자, 즉 이단이라는 것이다.

바실리오스는 말 그대로 현기증을 느꼈다. 불과 며칠 전에 만나 서로 동의한 후 기도를 함께 올리며 이 모든 것에 대해 하느님께 감사를 드렸는데 어떻게 그런 일이 가능한 것인지 도저히 이해가 되지 않았다.

바실리오스여, 사탄이 포기하지 않는 한 모든 것은 가능하다네.

그는 곧바로 정신을 차리고 다시금 문제를 직시했다.

"나는 에프스타티오스가 그렇게 쉽게 자신의 생각을 바꾸거나 그렇게 쉽게 거짓이라고 말하는 가벼운 사람이라고 보지 않네. 하지만 테오도토스 그대의 말이 사실이라면 그대 주교들이 나서 신앙의 문서를 작성해 그에게 서명을 받도록 하는 것은 어떻겠나? 만약 그가 문서에 서명을 한다면 나는 그와 교류하겠지만 그가 거부한다면 나는 그와의 관계를 단절할 걸세."

슬기로운 멜레티오스가 이렇게 올바른 제안을 했다. 그의 앞에 있던 디오도로스도 같은 생각이었다. 테오도토스는 이 제안을 받아들여 바실리오스에게 니코폴리스로 같이 가자고 요청했다. 먼저 자신의 교회로 가서 그를 소개한 후에 함께 아르메니아의 사탈라로 가자고 했다.

당연히 바실리오스는 그의 요청을 받아들였다. 그런데 어느 순간 테오도토스가 사라져 버렸다. 그리고 바실리오스는 혼자 기타사에 남게 되었다. 기쁨도 채 느끼기 전에 실망감이 그를 짓눌렀다. 그는 한 시라도 빨리 케사리아로 돌아가고 싶었다. 하느님이 허락만 하신다면 비록 반쯤 폐허가 되어 있더라도 '이리' 강의 수도처로 돌아가고 싶었다. 그의 내면이 방향을 못 잡고 흔들렸다. 한동안 자신을 통제하지 못했다.

하지만 하느님은 그를 놓지 않았다. 그의 굳건한 성향을 단단하게 붙들어주셨다. 그는 다시 일어나 사역의 길로 들어섰다. 그는 다시 니코폴리스로 향했다. 테오도토스는 멜레티오스 앞에서 한 약속만 잊은 것이 아니었다. 그는 그의 본분마저도 잊고 있었다. 그는 어디를 가든지 바실리오스를 조소하고 모략을 일삼았다. 바실리오스는 테오도토스를 동반자나 협조자로 만드는 것은 고사하고 홀로 모욕과 굴욕 속에서 그곳을 떠날 수밖에 없었다.

바실리오스는 절실했던 테오도토스의 도움도 받지 못하고 또 수없이 많은 방해물이 있는 환경 속에서도 포기하지 않고 아르메니아에서의 사역을 시작했다.

바실리오스는 어려움 속에서도 많은 것을 이뤄 나갔다. 무엇보다도 분열되어 있던 지역의 주교들을 화합시키는 성과를 이뤘다. 그것은 아주 중요한 일이었다. 바실리오스는 콜로니아 등 여러 도시를 거쳐 사탈라에까지 이르렀고 그곳에 피메니오스를 주교로 임명했다.

바실리오스는 카파도키아 교회와는 다른 그곳 교회 문제들을 주의 깊게 경청하며 하느님의 지혜와 비추임 속에서 적절한 해법을 제공했다. 그리고 서로 반목하며 지내던 지역을 화해시키며 교회의 질서를 세워 나갔다. 아르메니아 교회는 점차 평화를 회복했고 일부 급한 문제를 시급히 해결하면서 다시금 영적 반전의 기틀을 잡았다. 물론 해결해야 할 많은 문제가 남아 있었다. 그러나 적어도 중요한 첫발은 내딛었다.

때는 벌써 7월이었다. 아르메니아에서의 그의 사역이 끝나 갈 즈음 바실리오스는 자신을 위한 안식의 여행을 계획한다. 그는 몸과 정신이 너무 지쳐 있었기에 친한 친구를 찾아 그 품에 안겨 자신이 겪은 아픔과 고통을 털어놓고 친구의 사랑과 위로를 받고 싶었다.

바실리오스는 흉금을 터놓을 수 있는 친구, 시리아의 사모사타의 에프세비오스를 찾아가기로 한다. 허약한 몸으로 가기에는 무척 고된 길이지만 적어도 그곳에서는 안식을 얻을 수 있을 것이다! 바실리오스가 에프세비오스에게 보낸 많은 편지 속에는 언제나 그에 대한 그리움이 묻어나 있다. 하지만 그때까지 만남은 계속 미뤄지기만 했었다. 이제야 비로소 그 꿈이 이루어진 것이다. 바실리오스는 에프세비오스의 얼굴에서 하느님의 기운을 보았다.

사실 교회를 파괴하려는 이들이 교회의 아름다운 무대에서 사라져 버리는 것 말고 무슨 위로가 더 필요하겠는가? 바실리오스는 며칠간 에프세비오스와 함께 지냈다. 그리고 에프세비오스는 바실리오스에게 9월 7일 에프프시키오스 순교자 축일에 케사리아에 가겠다고 약속한다.

 바실리오스는 정신적으로 한결 가벼워진 상태로 사모사타에서 케사리아로 돌아왔다. 하지만 몸은 지칠 대로 지쳐 있었다. 기력이 다한 그는 침대에 쓰러졌다. 약간만 움직여도 참을 수 없는 고통이 찾아왔다.

나지안조스에서의 모임, 테올로기아와 이코노미아(신학과 경륜)

 에프시키오스 성인의 축일을 맞았다. 바실리오스는 아르메니아에서 사역하면서 겪었던 고통에서 회복되었고 그가 관할하는 교회의 문제에 신경을 쓸 수 있게 되었다. 축일은 교회 문제를 짚어 보는 데 좋은 계기가 되었다.

 일반적으로 축일에는 카파도키아의 많은 지역 주교가 참여했다. 바실리오스는 최대한 많이 주교들이 축일에 참여할 수 있도록 했다. 바실리오스는 주교들이 모인 자리에서 교회의 전반적인 문제에 대한 방향을 제시하며 올바른 믿음을 굳건히 하고 교회 전통을 따르며 백성들을 사목할 것을 독려했다. 자선을 행하라는 충고도 물론 잊지 않았다. 인간은 모두가 평등하니 차별해서는 안 되며 언제나 후덕하게 대해야 한다고 조언했다. 실제로 바실리오스는 굶주린 이들, 노인, 고아들, 나병 환자들을 보살폈다. 지역의 크고 작은 마을의 사제도 그를 본받아 백성들을 사랑하게 했다.

에프프시키오스 순교자 축일에는 나름의 지식이 있는 어떤 수도사도 함께 했다. 아마도 나지안조스나 주변 지역에서 온 것으로 보였는데 그는 바실리오스가 무엇을 말하는지 어떻게 행동하는지를 유심히 관찰했다. 372년 9월 7일 축일이 끝난 후 수도사는 나지안조스로 여행을 떠났다.

당시 그곳에서는 어떤 모임이 있었는데 저명한 성직자, 신학자, 그리고 바실리오스와 나지안조스의 그레고리오스의 많은 친구들이 참석했다. 당연히 그레고리오스도 그 자리에 함께했다.

사람들이 모두 모이고 탁자 주변에 둘러앉자 음식을 나누기 전 흔히 해 왔던 것처럼 두 위대한 인물, 그레고리오스와 바실리오스의 화합, 우정, 지식, 정교 신앙, 아테네에서의 생활 등을 얘기하며 그들을 칭송하기 시작했다.

그레고리오스는 이런 모임에서 언제나 있어 왔던 얘기라고 스스럼없이 밝힌다. 그럼에도 그레고리오스가 그런 모임에 참석하는 것을 꺼려하지 않은 것은 대부분의 칭송과 감탄이 바실리오스를 향한 것이었기 때문이다. 당연히 그레고리오스는 그 어떤 사람보다 바실리오스를 경탄하고 있었다. 탁자 이곳저곳에서 바실리오스와 그의 덕에 대한 칭송이 멈추지 않는 가운데 정도의 차이는 있어도 때때로 그레고리오스에 대한 칭송도 흘러나왔다. 단지 그의 겸손에 혹시 누가 되지 않을까 조심하는 눈치였다. 이런 부드러운 분위기 속에 갑자기 분위기를 깨는 성난 목소리가 들렸다.

"그만들 두십시오. 당신들은 모두 거짓말쟁이고 아첨꾼들입니다!"

케사리아의 에프프시키오스 순교자 축일에 참여했던 바로 그 수도사였다. 전혀 예기치 못했던 그의 막말은 그곳의 분위기와 사람들의 마음을 일순간 얼어붙게 만들었다. 수도사는 계속했다.

"바실리오스와 그레고리오스의 덕에 대해서는 얼마든지 칭송하십시오. 나 역시도 찬성입니다. 하지만 그들의 정교 신앙에 대해서 칭송하는 것은 부당합니다. 저는 그 점에 있어서는 참을 수가 없습니다."

그곳에 참석한 사람들은 순간 분노했다. 하지만 수도사의 말이 무엇을 의미하는 건지 궁금해 그에게 귀를 기울였다.

"바실리오스가 말한 것을 들어보십시오. 그는 정교 신앙을 배신하고 있습니다. 그레고리오스도 마찬가지입니다. 그 또한 바실리오스의 뒤를 따르고 있습니다."

그의 비난은 참으로 놀라운 것이었다. 분위기는 깨졌고 어떤 말도 할 수 없을 정도로 그레고리오스를 참담하게 짓밟았다.

"당신이 누구이기에 그렇게 규정한단 말이오? 그렇게 말하는 당신은 대체 누구요?"

수도사가 말했다.

"나는 에프프시키오스 순교자의 축일을 지내고 이곳에 왔소. 나는 그곳에서 아버지(성부)와 아들(성자)에 대해 그 누구도 따라갈 수 없는 훌륭한 방법으로 신학을 하는 '위대한 바실리오스'를 봤소."

"그렇다면 뭐가 문제란 말이오?"

그 자리에 있던 사람들이 큰 의구심을 품고 수도사에게 말했다.

수도사는 이렇게 대답했다.

"하지만 성령에 대해서는 올바른 입장을 취하지 않았소. 성령에 대해서는 약간 언급했을 뿐이며 옳게 말하지 않았단 말이오."

그리고는 그 이상 설명할 수 없었던 수도사는 자신의 주장을 뒷받침하기 위해 그레고리오스를 돌아보며 이렇게 말했다.

"존경하는 그레고리오스, 당신은 성령에 대해 분명하게 신학을 하는데 왜 바실리오스는 그렇지 않습니까? 혹시 당신이 예전에 수많은 사람들 앞에서 성령에 대해 분명하고 올바르게 말한 것을 기억합니까?"

그레고리오스는 그때의 기억을 떠올리려고 애를 썼다. 수도사는 소상하게 그때의 기억을 이렇게 상기시켰다.

"당신은 우리들이 성령을 하느님으로 부르는 것을 주저하자 무척 화가 났었습니다. 그리고 우리 모두 들으라고 이렇게 말했습니다. '당신들은 언제까지 등잔을 등잔대 밑에 감춰 둘 생각입니까?'"

그레고리오스의 입지가 어려워졌다. 순간 자신은 곤경에서 벗어나고 칭송의 대상이 되었지만 사랑하는 친구 바실리오스는 공개적으로 비난의 대상이 되었기 때문이다. 사실 이 경우 수도사는 소설을 쓰고 있지는 않았다.

수도사는 바실리오스의 신학을 깊이 헤아리지는 못했다. 하지만 바실리오스가 성령을 하느님이라 부르지 않았고 성령에 대해 아버지와 '동일한 본질'(오모우시오스)이라는 표현을 사용하지 않았다는 그의 평가는 거짓이 아니었다.

그레고리오스는 어찌할 바를 몰랐다. 친구를 위해서라도 반박할 수 없는 어떤 답을 내놓아야 했다. 하지만 어떤 말을 해야 할지 몰랐다. 그는 자신의 입장과 바실리오스의 입장에 대해 이렇게 설명하기 시작했다.

"여러분, 나는 보잘것없는 존재이며 눈에 띠지 않는 삶을 살고 있습니다. 그래서 나는 돌려서 말하지 않고 분명하게 표현합니다. 하지만 바실리오스는 나와 입장이 다릅니다. 그는 교회의 지도자이기 때문에 모두가 그의 일거수일투족을 주시합니다. 그의 적들은 참으로 많으며 잔혹합니다. 제가 드리는 말씀에 귀를 기울여 주십시오. 그의 적들은 어떻게 하면 그를 내쫓을까 호시탐탐 그의 입에서 나오는 모든 것을 주시합니다. 그들의 관심사는 이것뿐입니다. 오직 하나, 남은 진리의 불꽃, 정교의 살아 있는 옹호자를 내쫓아 몰아내는 것입니다. 그러면 그들은 케사리아에 터를 잡고 동방에 있는 정교의 모든 흔적을 지워 버릴 것입니다. 즉, 바실리오스는 나름의 전략을 가지고 진리의 일부에 대해 침묵하고 있는 것입니다. 한마디로 이 부분에 있어서 하느님의 '경륜'를 적용하고 있는 것입니다. 그는 직접적인 표현으로 진리가 훼손되고 파괴되는 것보다 이것이 더 낫다고 판단한 것입니다."

그곳에 모여 있던 사람들은 그의 말을 주의 깊게 들었다. 하지만 그의 대답이 그들의 의구심을 다 풀어 주지는 못했다. 그레고리오스는 여전히 그들이 의구심을 품고 있음을 느꼈다. 그는 글자에 집착하는 완고한 나지안조스 사람들을 다시 한 번 설득해 보려 했다.

"사랑하는 형제들이여, 우리는 추문에 휩싸이면 안 됩니다. 진리는 다른 용어를 사용한다고 해서 결코 훼손되지 않습니다."

바실리오스가 바로 그랬다. 그의 올바른 믿음은 여러 다른 표현과 용어 속에서도 똑같았다.

"만약 유대인이 그리스도인이 되고 싶다고 합시다. 그들이 '그리스도'라는 용어 대신에 임시적으로 '기름부음 받은 자'라는 용어를 사용한다고 해서 그들을 받아들이지 않고 내쫓는 것이 옳습니까? 우리의 구원은 용어에서 오는 것이 아니라 믿음에서 오는 것이기 때문에 다른 용어로 표현된다 할지라도 문제가 되지 않습니다."

당시 아리우스파는 성령이 성부와 동일한 본질이라는 믿음을 이단으로 여겼다. 누구든지 드러내 놓고 그런 고백을 하면 그들의 분노를 살 수 있었고 어떤 형태로든 곤경에 처할 수 있었다. 하지만 문제는 정교인들조차도 대체로 주저하는 분위기였고 힘겨운 신학적인 논쟁을 통해서 아주 어렵게 성령이 아들처럼 하느님이라는 진리를 받아들이고 있었다.

바실리오스는 그가 죽는 순간까지 그의 작품에 '오모우시오스' 즉 '동일한 본질'이라는 용어를 사용하지 않았다. 당시 바실리오스는 교회의 총 책임자로서 정교인들과 유사본질론자들의 분열을 봉합하기 위해 노력 중이었다. 이미 우리는 이전 장에서 그것을 살펴본 바 있다.

유사본질론자는 '오모우시오스(동일 본질)'라는 용어에 부정적이었기 때문에 바실리오스는 그들이 최소한 성령이 피조물이 아니라는 점만 받아들이게 하려 했던 것이다. 이 해법은 나지안조스 사람들을 만족시키지 못했다. 그들은 그레고리오스의 해명을 받아들이지 않았다. 한 두 명은 그들의 생각을 분명하게 밝혔다. 바실리오스가 두려움 때문에 그렇게 행동한 것이지 하느님의 '경륜'에 기대고 있는 것이 아니라고 말이다. 그들은 전략 같지도 않은 방법으로 유사본질론자들을 끌어들이는 것보다는 분명하게 진리를 표현하면서 정교인 들을 보호하는 것이 훨씬 낫다고 주장했다.

그레고리오스는 그곳에 있던 사람들이 바실리오스를 겁쟁이로, 이단으로 의심하는 것에 화가 났다. 그는 다시 소리를 높여 그들에게 말했다. 하지만 그들은 고집을 꺾지 않았다. 어쩔 수 없이 그레고리오스는 그들을 포기한 채 집으로 돌아올 수밖에 없었다. 그레고리오스는 상심했고 머리가 복잡했다. 물론 친구를 보호하기 위해 노력했지만 스며드는 의구심이 그를 괴롭혔다. 과연 바실리오스의 처신은 정말 옳았던 것일까?

그레고리오스는 펜을 들었다. 지금 당장 바실리오스에게 편지를 띄워야 했다. 물론 바실리오스를 비판할 생각은 없었다. 모임에서 있었던 사건에 대해서 그저 그의 입장을 직접 듣고 싶을 뿐이었다. 그레고리오스는 언제나 그랬던 것처럼 바실리오스 자신이 스스로 그의 입장을 밝히게 하고 싶었다.

더구나 그레고리오스는 실천적 주제에 관해서는 바실리오스를 지도자처럼, 교의적인 주제에 관해서는 스승처럼 여기고 있었다. 하지만 성령에 대한 신학에서는 바실리오스보다 좀 더 앞서 나갔던 그레고리오스는 적어도 바실리오스의 입장을 알고 싶었다.

> "바실리오스, 우리가 성령에 대한 신학을 어디까지 다뤄야 하는지 알려주게. 나에게 가르쳐주게나. 어떤 용어를 사용해야 하며 어느 선까지 하느님의 '경륜'를 적용해야 하는지 내가 알 수 있게 대답해 주게나. 우리를 비난하는 이들에게 어떤 답을 주어야 하는지 말해 주게."

그레고리오스의 편지를 받은 바실리오스는 슬픔을 느꼈다. 하지만 드러내지 않았다. 그냥 자기 가슴에 담아 두었다. 바실리오스는 그레고리오스에게 답장을 하지 않은 것으로 보인다. 아마도 그는 나지안조스로 여행하는 믿을 만한 사람을 통해 그에게 몇 가지 설명을 해준 것으로 보인다.

그레고리오스는 평온을 찾았다. 물론 완벽하진 않아 보였다. 하지만 적어도 바실리오스의 믿음에 대해 다시 한 번 확인하는 계기가 된 것으로 보인다. 왜냐하면 그레고리오스가 바실리오스에게 보낸 새로운 서신에는 그의 평온함과 친구에 대한 절대적인 신뢰가 드러나 있기 때문이다. 특히 편지에서 그레고리오스는 케사리아로 갈 것과 또 믿음을 지키기 위해 모든 것을 다해 함께 투쟁하겠다고 약속한다.

그레고리오스는 케사리아 방문을 미루지 않았다. 372년이 끝나기 전에 이미 그는 케사리아에 갔던 것으로 보인다. 이제 둘은 서로 얼굴을 맞대고 토론하고 대화할 수 있었다. 그 어떤 것도 감추지 않았다. 그들 사이에 비밀은 없었다. 뜨거운 주제를 가지고 대화하던 중 어느 순간 그레고리오스는 의도치 않게 약간의 의구심을 드러냈다. 바실리오스는 깜짝 놀랐다. 그리고 그때까지 단 한 번도 하지 않았던 행동을 했다. 아주 충격적인 맹세를 한 것이다.

"형제여, 내가 만약 성령을 아버지와 아들과 똑같은 본질을 가진 똑같은 하느님으로 경배하지 않는다면 나에게 구원은 결코 없을 걸세."

그레고리오스는 이 충격적인 맹세에 겁을 먹었다. 그리고 바실리오스 앞에 무릎을 꿇고 의도치 않게 바실리오스를 의심한 것에 대해 용서를 구했다. 그레고리오스는 이제 완전하게 평온을 찾은 것으로 보인다. 바실리오스는 그때 처음으로 '오모우시오스(동일 본질)'라는 용어를 성령에 대해서도 적용했다. 후에 바실리오스는 이 용어를 많이 사용했지만 오직 구두로만 그렇게 했다.

대화는 서로에 대한 깊은 신뢰 속에 부드럽게 지속되었다. 둘의 대화가 실천적인 문제, 즉 앞으로 성령에 대해 사람들 앞에서 말해야 하는 상황이 생길 때 어떻게 해야 할지에 이르자 둘은 서로 암묵적인 동의를 한다.

370년대의 마지막 해인 379・380년, 나지안조스의 그레고리오스는 콘스탄티노플에서 정교인과 이단들에게 이 진리를 선포하게 된다. 그리고 381~2년 제2차 세계 공의회는 바실리오스가 얼마 전까지 직접적으로 고백하지 않았던 이 진리를 공인하게 된다.

나지안조스의 모임에서 벌어진 사건, 영적 보살핌, 대교구에 속한 신자들의 가족 문제까지도 살피는 바실리오스의 애정과 관심, 믿음을 수호하기 위한 서신왕래 등 바실리오스는 이 모든 것들을 통해 진리를 드러냈고 그리고 그것은 교회의 전승에 편입되었다. 힘들었던 372년의 해가 저물었다.

7. 쓴 잔이 아픔과 일치 그 위로 흘러넘치다

조직화된 모략과 위조

세바스티아의 에프스타티오스를 우두머리로 하여 이단 세력이 되어 버린 에프스타티오스 추종자들은 점점 더 그들의 주장을 확산시켜 나갔다. 그들은 강력한 힘을 가진 단체였다. 특히 능력 있는 일부 사람은 그 단체의 중심 요직을 맡았고 에프스타티오스에게 절대적으로 복종했다. 에프스타티오스는 수도 생활을 많이 한 사람이었지만 의지와 지혜는 그리 뛰어나지 못했다.

에프스타티오스 추종자들은 유사본질론자였다. 그들은 바실리오스에게 무척 적대적이었다. 하지만 바실리오스는 그들의 적대 감정을 애써 외면했다. 바실리오스의 그런 태도는 당시 많은 오해를 낳았다. 그도 혹시 유사본질론자가 아닌지 의심하고 비난했던 것이다.

바실리오스는 이단들이 교회로 곧 돌아올 것이라는 희망을 가지고 있었다. 그래서 그는 정교인 중의 정교인이라 할 수 있는 사모사타의 에프세비오스에게 주저 없이 다음과 같은 내용의 편지를 썼다.

> "나는 우리가 니케아의 신앙을 받아들이지 않는 이들과 멀어져
> 서는 안 된다고 생각하네."

실제로 바실리오스의 사랑과 기도, 헌신은 수십 년 안에 아리우스파의 상당수를 교회 품으로 돌아오게 했다. 더구나 바실리오스는 에프스타티오스 추종자들과 오랜 관계를 맺고 있었다. 사제가 되기 전에 그들을 자주 방문했고 그들은 학생처럼 바실리오스의 말을 듣곤 하였다. 더 나아가 바실리오스는 그 수도사들을 위해 『수도 규범』도 만들었다. 특히 1~2년 전, 능력 있고 믿을 만한 협력자가 필요했을 때는 에프스타티오스와 결속되어 있는 사람을 쓰기도 했다. 바로 바실리오스 수도사와 소프로니오스 수도사가 그랬다.

두 수도사는 처음에는 바실리오스 대주교에게 헌신하는 모습을 보였다. 하지만 서서히 그를 공격하는 중상모략가로 변질되었다. 그들은 오직 교회의 일치와 진리의 문제를 해결하기 위해 혼신의 힘을 다하고 있던 바실리오스를 배신하고 피해를 입혔다.

바실리오스가 그들의 음흉한 역할을 알아차렸을 때는 이미 엄청난 해악을 끼친 뒤였다. 하지만 바실리오스는 지킬 수 있는 것은 최대한 지켜 내기 위해 해야 할 일이 있다고 생각했다. 두 가지 일이 필요했다. 한편으론 에프스타티오스 추종자들을 멀리하고 한편으론 에프스타티오스와 자신 사이에 남아 있는 마지막 우정을 지켜 내는 것이었다.

바실리오스는 동생 베드로를 가까이 불렀다. 그는 아직 30세가 되지 않았지만 바실리오스는 그를 깊이 신뢰했다. 바실리오스는 그동안 일

어난 일을 그에게 소상히 설명한 뒤 에프스타티오스에게 보내어 이 모든 것을 알리게 했다.

두 수도사는 이미 세바스티아로 돌아가 사탄의 지시에 따라 모든 악의 씨를 뿌리고 있었다.

바실리오스가 에프스타티오스에게 바라는 것은 특별한 것이 아니었다. 단지 벌어지고 있는 모든 일에 대해서 직접 자세히 알아보고 또 베드로가 가서 모든 진실을 얘기하기 전에는 그런 소문들을 믿지 말아 달라는 것이었다. 하지만 에프스타티오스는 다소 어리석었고 귀가 얇은 편이었다. 게다가 아주 음흉한 두 수도사는 순한 양의 탈을 쓰고 있었다! 그들은 선하고 거룩한 사람처럼 행세하며 그들의 말을 쉽게 믿도록 행동했다.

상황이 어떻게 돌아가고 있는지 알게 된 바실리오스는 엄청난 무게의 아픔을 느꼈다. 바실리오스는 에프스타티오스와의 사이에 마지막으로 놓여 있는 갈대 같은 다리를 끊고 싶지 않았다.

바실리오스는 무슨 일이 있어도 이 다리를 보존해 둬야 했다. 왜냐하면 에프스타티오스 주변 사람들은 하나같이 공개적으로 분리 독립을 주장하며 그를 부추기고 있었기 때문이다. 이 점을 잘 알고 있었던 바실리오스는 그에게 이렇게 편지를 썼다.

"멀어진 양 진영이 더 큰 분열로 갈라지지 않도록, 하나가 될 수
있도록 애정 어린 마음으로 노력해 주십시오."

바실리오스는 그에게 다른 서신도 보내어 그 밖의 다른 것도 요청했다. 수도 생활에 대해서도 분명하게 밝혔다. 에프스타티오스는 카파도

키아-폰도스-아르메니아 지역에 수도원 운동을 일군 장본인이었기에 바실리오스는 그 부분을 반드시 언급해야 했다.

그곳의 수도 생활은 그다지 좋지 못했다. 에프스타티오스가 제대로 된 기반을 닦지 못했기 때문이다. 그 당시 바실리오스의 『수도 규범』이 그곳의 수도사들에게 얼마나 영향을 미쳤는지는 알 수 없다.

수도사들은 아무런 통제 없이 돌아다녔다. 스승에 대한 거룩한 순종의 자세가 없는 상태로 수도의 길을 가려는 그들의 태도는 위선, 수도 정신에 대한 조소, 그리고 사람들에 대한 기만으로 귀결되었다. 사람들은 수도사들이 겸손과 독신을 사람을 기만하기 위한 하나의 기법처럼 사용한다고 말할 정도였다. 수도사들은 악행의 화신처럼 인식되었다. 수도 생활은 한마디로 나쁜 짓을 의미했다.

위에서 언급한 두 명의 수도사는 당시 수도 운동에 대한 평판이 옳았음을 전적으로 확인시켜 주었다. 그들은 위선과 악의로 에프스타티오스 추종자를 뒤에서 조종하고 선동하여 바실리오스에게 적의를 품게 만들었다.

에프스타티오스가 깜짝 놀랄 만한 문서에 서명을 했다. 그 문서에는 니케아 신조에 성령에 대한 완전한 가르침이 첨가되어야 하는 이유가 강조되어 있었다.

바실리오스는 에프스타티오스의 행동을 무척 반겼다. 하지만 그것도 잠시뿐이었다. 에프스타티오스는 자신의 이름이 갖는 의미('굳센', '확립된', '한결같은' 뜻의 단어에서 유래된 이름)와는 달리 매우 심약했고 제자들에게 좌지우지 되었다.

에프스타티오스는 그렇게 서명을 해 놓고도 정교 신앙을 부정했다.

바실리오스는 혼란스러웠다. 왜냐하면 에프스타티오스가 비록 형식적이긴 하지만 당시 활동하고 있던 큰 단체의 수장이었고 대도시인 세바스티아의 주교였기 때문이다.

바실리오스는 즉시 에프스타티오스를 만나려 했고 에프스타티오스는 그 만남을 받아들였다. 만남의 장소가 정해졌다. 그런데 또 한 번 에프스타티오스는 약속을 어기고 바실리오스를 만나러 가는 대신 이단인 켈라시오를 만나러 킬리키아로 갔다. 그는 그곳에서 훨씬 더 엄청난 일을 벌였다. 새롭게 신앙의 문서를 작성한 것이다. 아리우스만이 할 수 있는 최악의 내용이었다.

그의 변덕은 곧 행동으로 드러났다. 스스로 그렇게 드러나려고 애를 썼다. 그는 가능한 한 모든 곳에 편지를 띄워 바실리오스를 비난하고 자신의 신앙을 알렸다. 그리고 그의 추종자들은 이 사실을 멀리 퍼트리고 다녔다.

이렇게 에프스타티오스는 스스로 바실리오스와 단절했다. 바실리오스도 더 이상 그와 관계를 유지해선 안 된다고 판단했다. 순박한 신자들의 눈에는 이 상황이 이렇게 끝난 것처럼 보일지 몰라도 사실 끝난 게 아니었다. 반대로 그것은 거대한 악의 시작이었다. 에프스타티오스 추종자들은 이제 죽음을 각오하고 바실리오스와 전쟁을 벌여야만 했다.

이제 카파도키아·아르메니아·폰도스 교회의 투쟁에서 그들이 살아남든지 바실리오스가 살아남든지 둘 중 하나만 가능한 결전이 시작되었다. 당시 바실리오스는 백성들 사이에 커다란 명성을 얻고 있었고 제법 많은 정치 종교 지도자의 존경을 받고 있었다. 따라서 바실리오스의 적들은 무슨 수를 써서라도 그의 명성과 존엄에 흠집을 내야 했다. 그 작업은 쉽고도 어려운 것이었다. 어려운 점은 그들이 더럽히고자 했던 대상이 너무도 위대한 인물이라는 점이었고 쉬운 점은 에프스타티오스의 추종자들의 수가 많았고 그들의 세력이 그 지역을 지배하고 있었으며 외형적인 경건함으로 사람들을 현혹시키고 있었다는 것이었다. 더 나아가 악을 행하는 것은 언제나 선을 행하는 것보다 쉬운 법이다.

적들은 언제 어디서든지 바실리오스의 깨끗함을 폄훼했고 이곳저곳 다니면서 최대한 많은 사람들 앞에서 바실리오스를 비난했다. 에프스타티오스는 직접 편지를 띄워 바실리오스를 모략했고 그의 핵심 주변 인물들도 그렇게 했다. 적들은 바실리오스를 향해 아주 뻔뻔한 거짓말을 일삼았다. 그들은 명성이 있는 성직자들에게도 서신을 띄워 모든 정교의 양심인 그를 파괴시키려 했다.

바실리오스는 그들의 추잡한 행태를 지켜보고 있었다. 가끔 그들의 거짓 주장이 들려올 때마다 자신이 거기에 익숙해져 가고 있는 것 같은 느낌을 받기도 했다.

바실리오스는 그때까지만 해도 그들의 악행의 실상을 깊이 알진 못했다. 하지만 언젠가 그에게 전해진 편지 하나를 통해 그 참상을 알게 되었다. 그 편지는 경건한 성직자 다지나에게 보낸 편지였는데 상상할 수도 없는 비난과 광적인 모략이 담겨 있었다.

편지 작성자는 바실리오스를 교회에 해를 끼치는 끔찍한 계획의 선동자, 질서와 믿음의 전복자로 소개했다. 그것은 곧 바실리오스가 이미 바른 신앙을 배신하고 변질시켜 모든 사람을 위험에 빠트리는 존재가 되었다는 것을 의미했다.

'배신자'로 낙인찍힌 바실리오스는 편지를 읽으면서 충격에 빠졌다. 말 그대로 충격을 받았다. 혼란스러웠다. 벌어지고 있는 이 모든 사건들이 자신을 향한 것이라고는 결코 믿을 수 없었다. 악행의 규모는 그의 생각을 훨씬 뛰어 넘는 것이었다. 그가 완전히 이성을 잃지 않은 것이 도리어 이상할 정도였다. 바실리오스가 느낀 비통함은 참으로 깊었다. 자제력을 잃고 선한 사람 나쁜 사람 구분 없이 모든 인간을 미워할 만도 할 만큼 그의 존재는 흔들렸다. 바실리오스는 그런 감정에서 벗어나기 위해 투쟁했다. 무릎을 꿇고 이 모든 사탄의 짓이 자신의 죄 때문이라고 고백했고, 하느님이 자신의 죄 때문에 벌하시는 것이라고 받아들였다.

병적인 에프스타티오스 추종자들의 근거 없는 비난 중에서 바실리오스를 가장 크게 자극한 것은 마치 그를 이단인 것처럼 취급하는 것이었다. 얼마나 치밀하게 계획했는지 오직 사탄의 머리에서만 나올 수 있는 그런 것이었다. 그렇다면 그 계략이란 어떤 것일까?

그들은 추종자 중 신학을 잘 아는 지식인들을 시켜 작품을 하나 만들게 했고, 『이단의 가르침』이라 제목을 붙였다. 이 책은 수많은 이단의 주장을 담고 있었는데 4세기 이단인 아폴리나리오스의 주장도 있었다. 그들은 아폴리나리오스의 사상을 반박하면서 동시에 바실리오스를 아폴리나리오스의 지지자로 비난하고 단죄하는 내용을 담은 다른 작품도 함께 유통시켰다. 이 책은 익명 저자의 것으로 유통되었다.

이 모든 것이 철저하게 계획된 것이었다. 왜냐하면 바실리오스가 아폴리나리오스와 서신을 주고받았다는 사실을 세상에 알림으로써, 익

명의 이단적인 저작들이 어쩌면 바실리오스에게서 비롯된 것은 아닐까 하는 의심을 사람들 사이에 불러일으키게 만들었기 때문이다. 비록 이 이단적인 저작들이 바실리오스의 것이라고 확신 있게 말할 수 없는 사람일지라도, 적어도 이단인 아폴리나리오스와 서신을 교류했다는 사실만으로도 바실리오스의 명성은 큰 상처를 받기 때문이다. 그렇게 되면 사람들 사이에 퍼지는 소문은 더욱 쉽게 진실처럼 받아들여지게 될 것이었다.

그들이 설치해 놓은 덫은 아주 정교했다. 만약 하느님이 바실리오스를 보호해 주시지 않았다면 그는 신자들의 마음에서 지워지고 말았을 것이다. 바실리오스는 당연히 악의적으로 조작되고 유통된 그런 작품을 쓴 적이 없었다. 특히 그 작품에 언급된 서신 129의 일부 내용은 적들이 전혀 다른 편지의 내용을 교묘하게 짜깁기해서 끼워 넣은 것으로 보인다.

바실리오스는 아폴리나리오스의 주장에 대해서는 거의 알지 못했다. 하지만 적들이 유통시키고 있는 작품의 내용을 접한 후 그가 이단임을 확신하게 되었다. 그래서 그의 머릿속에는 이미 아폴리나리오스가 존재하지 않았다.

아폴리나리오스와의 서신 교류라는 허무맹랑하고 소설 같은 소문의 실체는 이러했다. 약 20여 년 전 둘 다 일반인이었을 때였다. 당시 바실리오스는 학식이 높았던 아폴리나리오스에게 큰 의미를 두지 않고 편지를 쓴 적이 있었다. 물론 편지에 교회나 신앙에 대한 언급은 없었다. 적들은 이 편지를 빌미로 그를 비난했다. 더 나아가 이 편지를 위조해서 마치 아폴리나리오스에게 보낸 바실리오스의 편지처럼 보여주기도

했다.

거룩한 바실리오스는 반발했고 편지가 위조된 것임을 밝히겠으니 그 편지를 가져오라고 했지만 허사였다. 에프스타티오스의 추종자들은 결연하게 그들의 전술을 구사했고 바실리오스의 증언은 철저히 무시했다. 적들은 오직 하나, 그들의 목표를 완수하는 데 집중했다. 만약 하느님이 개입하셔서 신자들의 양심을 지켜주지 않으셨다면 분명 적들의 범죄적인 행위는 성공했을 것이다.

바실리오스는 에프스타티오스의 추종자들이 아폴리나리오스의 사상이라고 주장했던 신학을 자신은 분명코 거부한다는 것을 편지나 인편을 통해 교회의 요인들과 백성들에게 알렸다. 만약 적들이 주장하는 신익이 진짜 아폴리나리오스의 것이 맞는다면 바실리오스는 분명 그를 사벨리우스주의자로 여겼을 것이다. 즉, 기원 후 3세기 경 리비아의 사벨리우스가 주장한 것처럼 하느님 안에 세 위격, 성부 성자 성령이 존재함을 부정하고 이를 구분하지 않았던 이단으로 본 것이다.

에프스타티오스 추종자들은 이렇게 치밀하게 계획을 세우고 목표를 세워 바실리오스를 공격했다. 그런데 이들만이 죽자 살자 바실리오스와 전쟁을 벌인 것은 아니었다. 황실도 다른 방법으로 같은 목표를 추구했다. 당시 많은 아리우스주의자가 발렌스 황궁에 들어가, 종교 문제에 있어서 자신들의 입맛에 맞게 황제를 좌지우지 했다.

372년이 끝나고 373년에 들어서면서 황궁도 갖가지 모함으로 황제를 움직여 다시 한 번 바실리오스를 유배시키려 혈안이 되었다.

황궁에서 이단들이 남몰래 발 빠르게 움직일 때 바실리오스의 살아 계신 하느님은 이 모든 것을 지켜보고 계셨다. 유배 보낼 거의 모든 준비가 끝났다. 그런데 어느 영향력 있는 힘 있는 대신이 예기치 않게 "잠시 유배 보내는 것을 미루고 지켜보자."는 제안을 했다. 바실리오스는 한 지인으로부터 그 소식을 전해 들었는데, 그는 황궁의 내부 상황을 잘 알 뿐만 아니라 바실리오스를 존경하는 인물이었다.

하느님의 사람은 이런 극한 환경과 상황 속에서도 사역을 해야 했다. 그토록 비협조적이고 장애물이 많았음에도 바실리오스는 사역을 포기하지 않았으며 놀라운 업적을 이뤄 나갔다. 말 그대로 그것은 기적이 아닐 수 없었다.

이것은 사실이었다. 바실리오스는 에프스타티오스 추종자들이 자신을 공격하기 위해 얼마나 조직적으로 움직이고 있는 지를 서신 129에 설명하면서도 여전히 같은 편지에서 교회 일치 문제를 해결하기 위해 서방 교회와 대화하고 협조해 나갈 계획을 추진했다.

문제는 서방도 그를 위로하고 힘이 되어 주기보다 무관심한 태도와 행동으로 그의 마음을 아프게 했다는 점이다. 더 이상 그들로부터 아무것도 기대할 것이 없을 정도였다. 바실리오스는 그들에게 간절한 부탁의 편지를 써 보냈지만 그들의 마음은 움직이지 않았다. 그들은 무관심에 더해 바실리오스에게 또 다시 편지를 보내 달라는 무례도 서슴지 않았다. 바실리오스는 그들의 행태에 심한 좌절감과 모욕감을 느꼈다. 그 어떤 곳에서도 그의 간절함을 채워 줄 바람은 불어오지 않았다. 용광로 같은 전장에서 홀로 투쟁했다. 녹아 스러졌다가 다시 일어섰고 불에 타 없어졌다가 다시 살아났다.

하지만 바실리오스에게는 신실한 유대관계를 유지하고 있는 오랜 친구 몇 명이 아직 남아 있었다. 그들은 세상에 남은 그의 마지막 위로였다. 바실리오스는 편지로 그들에게 자신의 아픔을 표현하고 안식을 얻곤 했다. 마음이 깨끗한 사람이라면 누구든 그들의 얼굴에서 하느님의 진리를 볼 수 있을 그런 거룩한 사람이었다. 즉, 그들은 실질적이고 영적인 우정의 핵 같은 존재였다. 바실리오스는 이전에 영적인 우정은 인간의 육적인 만남에서 생겨나지 않는다고 밝힌 바 있다. 그것은 상대방에게서 진리를 만났을 때 생겨난다. 쉽게 표현하면 신앙의 일치가 영적인 우정을 만들어 내는 것이다. 이렇게 성령은 영적인 우정과 진실된 사랑을 만들어 내고 진리를 드러낸다. 이 세상의 위대하고 아름다운 모든 것은 바로 이 진리와 연관된다.

역사 속에서 극히 일부 사람만이 바실리오스처럼 우정의 깊은 의미를 이해했고 가치를 깨달았다. 바실리오스는 인간을 통해 표현되는 진리를 깨달았고 세상 속에서 참으로 아파했다. 이렇게 그는 우정을 이해했다. 그는 진정한 친구들 앞에서는 그의 가슴을 열어 보였다. 그의 속을 새까맣게 태우는 그 뜨거운 불길 속에서 그것은 그의 무게를 조금이라도 덜어 주는 그 무엇이었다.

바실리오스는 멀리 떨어져 살고 있는 우르비키오스에게 자신의 속마음을 고백한다.

> "내 곁에 와서 나의 영혼을 식혀주게나! 온갖 슬픔이 나를 둘러싸고 유혹이 나를 불태우고 있다네. 엄청난 파도가 끊임없이 나를 찾아와 하나가 사라지고 나면 또 다른 하나가 일어나 쉬지 않고 나를 공격하고 있다네. 언제 나의 이 불행이 끝날지 알 수가 없네."

7. 쓴 잔이 아픔과 일치 그 위로 흘러넘치다 | 325

그의 아픔은 뜨거운 기름이 되어 편지 속에 스며들었다. 바실리오스는 가슴이 한없이 확장되어 그 안에 겹겹이 싸여있는 불행이 비워지길 원하면서도 도무지 그것을 용납할 수가 없었다.

"우르비키오스, 내가 불행에서 벗어날 수 있는 한 가지 방법이 있다네. 이단들에게, 적들에게 내가 고개를 숙이면 된다네."

그것은 사실이었다. 그가 진리의 망루를 조금만 낮춘다면, 정교의 깃발을 조금만 낮춘다면 모든 것이 끝날 수 있었다. 박해, 모함, 비난 등 그가 받은 모든 수난은 오히려 영광, 칭송, 선물로 변할 것이다. 그러나 그는 아무리 힘들어도 진리에 대한 사랑을 포기할 수 없었다. 엄청난 대가를 지불하고 있지만 충분한 가치가 있다고 생각했다. 하느님이 그를 버리시지 않는 한 그 역시도 진리를 놓을 생각이 없었다.

"우르비키오스, 빨리 나에게 와 주게나. 와서 나를 좀 위로해 주게. 나에게 조언을 해주게나. 그리고 혹시 필요한 경우… 나를 묻어 주게나. 난 자네를 만나야만이 좋아질 것 같네."

바실리오스는 편지를 쓰면서 눈물을 흘렸다. 한 순간 안정을 찾았다가 또 다시 새로운 고통의 파도에 휩쓸렸다. 그의 마음은 불규칙하게 요동쳤다. 고통이 넘치고 차올라 그의 목을 질식시켰다. 마침내 머리까지 치솟아 덮어 버렸다. 바실리오스는 위험을 감지하고 불안한 상태에서 편지를 써 나갔다.

"형제여, 내가 흔들리지 않도록 기도를 해주게. 최선을 다해 기도해 주게나. 지금 내 안에서는 지진이 일어나고 있다네. 하느님에 대한 나의 신뢰가 무너지지 않도록 하느님께 간구해 주게나. 그땐 내 모든 것이 사라진다네."

이번에는 친구 테오도로스에게 편지를 썼다.

"나에게 아직 약간의 삶이라도 남아있다면 나는 자네를 내 곁에 머물게 해달라고 하느님께 간구하겠네. 그래야만 나의 삶이 조금이나마 감미로워 질 것 같네. 그렇지 않으면 사랑하는 사람들과 나누지 못하는 나의 삶이 얼마나 참담하겠나. 삶의 의미도 없겠지. 현재 내가 처한 이 상황에서 무엇을 더 바라겠는가. 내가 사랑하고 또 나를 사랑하는 사람밖에 더 있겠나. 만약 그들이 없다면 내 삶의 의미는 끝난 것이지. 세상도 닫힌 것이고. 오직 하느님만이 남아 계시겠지."

바실리오스는 당시 벌어지고 있는 이 모든 상황과 자신을 무력화하려는 적들의 모든 음흉한 음모를 몸소 겪으며 살았다. 특히 약해진 순간에는 현실을 도피하고픈 유혹에 빠지기도 했다. 투쟁을 포기하고 교회 논쟁에서 멀어지려고 마음을 굳게 먹기도 했다. 그것은 어찌 보면 자연스러운 모습이었다. 수없이 많은 적들과 수많은 함정 앞에서 자신의 나약함을 생각하지 않을 수 없었다. 그렇게 많은 사탄의 공격을 어찌 쉽게 헤쳐 나갈 수 있겠는가!

바실리오스는 투쟁을 포기하려 했다! 하지만 다행히도 하느님이 그에게 용기를 주셨다. 그는 이단과 황궁의 끊임없는 공격 앞에서 굴하지 않았다. 그의 정신도 육체의 병 앞에서 무너지지 않았다.

몇 개월 동안이나 지속된 병환

373년의 봄은 참으로 아름다웠다. 봄의 향연은 어느새 마지막 끝자락의 원숙한 아름다움을 뽐냈다. 봄은 언제나 감각적 존재를 매혹시키고 연약하게 만든다. 사람, 동물, 사물을 떠나 그것은 참으로 슬픈 일이 아닐 수 없다.

봄의 끝자락을 지나 초여름에 이르자 바실리오스의 주변으로 전염병 같은 질병이 돌기 시작했다. 처음에는 보제 에프스타티오스가 병에 걸렸다. 그는 바실리오스가 매우 아끼고 신뢰하는 사람이었다. 뒤 이어 바실리오스 복지관의 다른 동료도 병석에 눕기 시작했다.

에프스타티오스 주교를 따르는 수도사들이 떠난 후 바실리오스 곁에 몇 명의 동료만 남아 있었는데 이번에는 그들도 병으로 앓아눕고 말았다.

그리고 얼마 안 가 마침내 바실리오스에게도 병이 찾아왔다. 바실리오스는 병이 전염성을 띠고 있음을 알고 있었지만 계속해서 병자들과 함께 머물렀다. 그는 전혀 병을 의식하지 않았다. 하긴 듣기만 해도 두려움과 혐오를 일으키는 나병환자를 손수 돌보던 사람에게서 무슨 다른 것을 기대할 수 있었을까.

이렇게 병은 바실리오스를 공격했다. 처음에는 자신도 그의 주변 사람들도 이 사태에 그리 큰 의미를 두지 않았다. 왜냐하면 그것은 익숙한 상황이었기 때문이었다. 바실리오스는 1년 중 아프지 않은 경우가 단 몇 개월도 되지 않았다.

바실리오스는 오랜 지병인 간 질환 때문에 건강이 아주 안 좋은 상태였다. 그가 살아 있다는 것 자체가 믿어지지 않을 정도였다. 만약 같은 상태의 다른 환자 같았으면 의사들은 이미 사형선고를 내렸을 것이다. 하지만 바실리오스는 살아 있었다. 그가 완수해야 할 하느님의 사역이 아직 끝나지 않았기 때문이다.

전염병으로 바실리오스는 밤낮으로 고열에 시달렸고 헛소리를 하는 경우도 많았다. 언제 끝날지 모르는 날들을 바실리오스는 털로 된 수단을 입은 채 수도사의 허름한 침대에 누워 꼼짝 못하고 있었다. 병으로 고통 받으면서도 거친 털로 된 수단을 벗을 생각은 안 했다.

많은 사람이 그를 방문했고, 살아 있는 성인, 위대한 영웅이 기력 없이 누워 있는 모습을 지켜보고는 백방으로 뭔가 해보려고 노력했다. 하지만 아무 소용이 없었다. 열은 약해질 대로 약해진 그의 몸을 파고 들어갔다. 병의 초기에는 그래도 약간의 살이라도 있었지만 후에는 뼈만 남아 불에 타 버린 초의 심지 같았다.

주변 사람들은 병과 싸울 수 있는 체력이 있었기에 얼마 안 가서 건강을 되찾았다. 하지만 바실리오스는 오랜 세월 병고가 지속된 터라 더 이상 건강이 나빠질 수가 없는 상태였다. 다시 말해 물리적으로 그는 이미 세상 사람이 아니어야 했던 것이다.

혹독한 열은 그의 간을 더욱 못쓰게 만들었다. 간 역시 심각한 위험에 놓인 것이다. 간 때문에 음식을 제대로 먹을 수 없었고 참을 수 없는 고통이 뒤따랐다. 상상할 수도 없는 불면도 찾아왔다. 물러설 낌새가 보이지 않았다.

그는 많은 날들을 생사의 기로에서 보냈다. 혼수상태에 빠졌다가 자신의 끔찍한 상태를 느낄 정도의 의식만 돌아오곤 했다. 주변 사람들은 영혼만 살아 있고 몸은 죽은 것이나 다름없는 그의 참담한 모습, 상상할 수도 없었던 그 모습을 보고 눈물을 흘렸다. 하지만 그의 영혼은 하느님이 사람에게 주신 가장 위대하고 강력한 영혼이었다.

의사였던 바실리오스는 다른 누구보다 자신의 병의 상태를 더 잘 알고 있었다. 이미 자신은 세상을 떠났어야 마땅한 상태임을 알고 있었다. 그것은 어린아이라도 쉽게 알 수 있는 것이었다.

그렇다면 하느님은 왜 그를 세상에 붙들어 두시는 것일까? 왜 이런 기적을 행하실까? 끝없는 겸손과 성령의 비추임을 얻은 바실리오스는 고통의 침상 위에서 생각했다. 그것은 자신의 죄를 회개할 시간을 주시고 또 교회의 위기를 극복하는 데 힘을 보태게 하시기 위한 것이라고 생각했다. 하지만 거룩한 바실리오스는 후자에 대해서는 분명하게 밝히지 않았다. 하느님이 교회의 불행을 몰아내기 위한 인물로 자신을 선택했다고 명확하게 말하지 않았다. 하지만 예전에 그는 하느님은 선택한 사람들과 함께 역사하신다고 강조하여 말하곤 했다.

엘피디오스가 시리아의 사모사타에서 사목하고 있는 사랑하는 친구 에프세비오스의 편지를 바실리오스에게 가져다주었을 때는 이미 중병으로 고통 받은 지 두 달이 다 되어 갔을 때였다. 에프세비오스 주교는 위대하고 순결한 정교인이었다. 그는 정교 신앙을 사랑했고 최선을 다해 진실 되게 정교 신앙을 표현하려 했다. 그는 정교를 위해서라면 그 어떤 희생이라도 감수할 준비를 갖추고 있었다.

50일간 침상에서 고통 받던 바실리오스는 에프세비오스의 편지가 왔다는 소식에 가슴이 뛰었다. 생명의 기운이 생기 없는 그의 얼굴 속에 빛났다. 내면에서는 뭔가가 느껴졌고 그의 정신은 새처럼 날갯짓을 하며 시리아로 날아가 그의 친구의 품에 안겼다. 그가 의식을 되찾는 데는 그리 오랜 시간이 걸리지 않았다. 그는 손가락을 움직이려 했다. 그리고 필기구를 달라고 말하려 했다. 하지만 말할 수도 움직일 수도 없었다.

그의 입술은 좌절과 절망으로 움직였고, 다시 의식을 잃고 말았다. 많은 날들이 그 상태로 하염없이 지나갔다. 그러던 어느 날 아침, 그는 상태가 호전되는 느낌을 받기 시작했다. 많이 호전되지는 않았지만 통증을 참을 수 있을 정도였다. 그에게 참을 수 있을 정도라는 것은 실은 상상할 수 없는 인내를 수반하는 것을 의미했다.

그를 곁에서 지켜보던 의사와 친구들은 하나같이 그에게 온천에 갈 것을 간절히 청했다. 그리고 마침내 힘겹게 그를 설득했다. 여정은 길고 고단했다. 아마도 폰토스의 해변가 쪽이었던 것으로 보인다.

바실리오스는 373년 8월과 9월을 그곳에서 보냈던 것으로 보인다. 아마 좀 더 머물거나 일찍 떠났는지도 모른다. 그곳은 외진 곳이었다. 바실리오스는 과거에 외진 광야를 무척 갈망했었다. 하지만 지금 그는 외진 그곳에서 케사리아 교회의 문제와 동방의 교회 전체를 생각하면서 마음이 무거웠다.

전염병은 물러났지만 불행하게도 그의 간은 계속해서 엄청난 고통을 가져다주었다. 때때로 의사들이 온천이 있는 그곳을 찾아왔지만 바실리오스는 좋지 못한 자신의 건강상태를 잘 알고 있었기에 큰 기대를 걸진 않았다. 그는 일시적으로 호전되는 것에 만족하고 있었다.

바실리오스는 죽음이 자신에게 무척 가까이 와 있고 자신의 몸에 깊숙이 자리 잡고 있음을 지켜보고 있었다. 죽음이 미뤄진다 해도 얼마 못 갈 것이라고 생각했다. 친구를 만나보고 싶은 욕구가 내면에서 일었다. 그는 죽기 전 사랑하는 친구 사모사타의 에프세비오스를 볼 수 있게 해달라고 하느님께 간청했다.

> "에프세비오스, 올해 꼭 나를 보러 와 주게나. 내년이면 아마도 나를 보지 못하게 될 걸세."

통증은 바실리오스의 몸에서 모든 기력을 앗아갔다. 그는 잠시 쉬고 싶었다. 한쪽 구석에 앉아 혼자 애를 썼다. 그래도 가을이 되자 온천 덕분인지 건강이 차도를 보였다. 물론 아직도 마음에는 극심한 무력감이 남아 있었다. 하지만 마음도 서서히 회복되고 있었다. 바실리오스는 치료를 위해 엄격한 식이요법도 했다.

바실리오스는 아직 침대에서 오랜 시간을 보내야 했지만 손에서 일을 놓진 않았다.

교회 일치를 위해 헌신하는 바실리오스

바실리오스가 온천 치료를 시작하자 여러 지역 교회에서는 각종 도움을 요청하기 위해 바실리오스에게 사절단, 대표단을 파송하고 편지를 띄웠다.

안티오키아 사람들은 그들이 직면하고 있는 교회 분열의 위기를 해결하기 위해 서방 교회와 계속 조율해 줄 것을 바실리오스에게 요청했다. 세바스티아의 정교인들은 그들의 주교, 에프스타티오스가 이단이라는 확신이 들자 바실리오스에게 어떤 주교를 인정해야 하는지, 앞으로 어떻게 행동해야 하는지 알려 달라고 간청했다. 이코니온 교회 신자들은 병들어 있는 바실리오스에게 편지를 띄워 세상을 떠난 파프스티노스 주교의 후계자를 임명해달라고 간청했다.

이 밖에도 다양한 요청들이 여러 지역 교회에서 도착했다. 이런 상황은 2세기 후반 고린토의 디오니시오스를 연상케 한다. 왜냐하면 그 당시에도 교회의 가르침과 관련된 문제 혹은 분열의 위기가 있을 때마다 서방 동방 할 것 없이 모든 시선이 디오니시오스를 향했기 때문이다. 디오니시오스는 교회의 양심 속에 세계적인 스승으로 깊이 자리 잡고 있었다. 그가 제시한 해법이 성령의 빛에 의한 것이었기 때문이다. 그렇게 그가 제시한 해법은 시간이 흐르면서 전 세계 교회에서 받아들여졌다.

더구나 지금은 교회의 위대한 기둥, 알렉산드리아의 아타나시오스가 세상을 떠난 상태였다. 당연히 모든 교회의 시선은 바실리오스를 향할 수밖에 없었다. 그의 영적 도움이 절실했다. 바실리오스는 이제 모든 이들의 가슴속에 세계적인 스승으로 자리 잡았고 사람들은 그의 의견에 귀를 기울였다. 바실리오스는 주님이 자신을 비춰 주시어 올바른 언행을 할 수 있도록 하느님께 간구해달라고 교인들에게 부탁했다. 교인들은 만족스러웠다. 무엇보다 성령의 비추임을 받은 그에게서 올바른 답을 얻고 있었기 때문이다.

바실리오스는 하느님의 빛 속에서 올바른 해법을 구했다. 그는 자신이 부족하고 보잘것없는 존재임을 잘 알고 있었다.

바실리오스의 건강 회복 속도는 무척 더뎠다. 회복도 쉽지 않았다. 9월과 10월이 지나가고 있었다. 바실리오스는 케사리아로 돌아와 있었다. 하지만 피폐해진 그의 몸은 여전히 기력이 없었다. 교회에서 벌어지는 여러 가지 문제는 그의 회복을 더욱 더디게 만들었다.

알렉산드리아의 상황은 끔찍했다. 5월 초 아타나시오스가 잠든 후 그의 후계자로 베드로가 즉위했다. 그는 위대한 스승 아타나시오스가 걸었던 정교의 길을 충실하게 이어받았다. 하지만 그것은 황제와 황궁의 이단들에게 전혀 반가운 일이 아니었다.

끔찍한 박해가 시작됐다. 여름과 가을 내내 교회는 엄청난 고통을 겪었다. 들려오는 소식은 소름이 끼칠 정도로 믿기 어려운 내용이었다. 바실리오스는 그의 귀를 의심했다. 아니, 믿고 싶지 않았다. 하지만 모든 것은 사실이었다.

박해자 이단들은 이교도 박해자보다 더 잔인했고 수치심이라고는 찾아볼 수 없었다. 더 견디기 힘든 것은 그들이 그리스도인이라 불리는 것이었다. 그들은 인간에 대한 말로 다할 수 없는 증오를 보여주었다. 악행을 행하고 모욕과 굴욕을 주며 유배를 보내고 약탈을 일삼았다. 그들에게는 무서운 것이 아무것도 없었다. 하느님께 영광을 돌리는 것도 몰랐다. 세상의 마지막 때가 온 게 아닌가 할 정도였다. 이 모든 현상이 마지막 심판을 의미하는 것은 아닌지 착각을 불러일으킬 정도였다.

알렉산드리아 교인들은 끔찍한 나날을 보냈다. 그들의 주교는 유배당했다. 그들은 힘이 되어 줄 누군가가 필요했다. 바실리오스는 자신의 피폐한 몸 상태를 생각하지 않았다.

바실리오스는 아직 글을 쓸 수 있을 정도로 회복되지는 않은 몸이었다. 그는 사람을 불러 그가 불러 주는 내용을 적게 하였다. 하지만 믿음의 영웅들에게 무슨 말을 더 하겠는가? 이미 영광의 관을 쓴 믿음의 고백자에게 무슨 충고가 더 필요하겠는가? 그들에 대한 사랑이 온몸을 덮덮자 몸이 가벼워짐을 느꼈다. 육체의 고통도 잊혀졌다. 빨리 알렉산드리아로 가서 믿음의 고백자, 영웅들을 만나 입을 맞추고 포옹을 하고 서로 꼭 껴안은 채 하나가 되고 싶다는 욕구가 그에게 일어났다.

바실리오스는 알렉산드리아 교인들을 무척 사랑했고 그들을 부러워했다. 왜냐하면 그들은 그리스도를 위해, 진리를 위해 엄청난 고통을 겪고 있기 때문이었다. 수난을 참고 견뎌 낸 그들은 이미 복된 상태의 사람들이었다.

알 수 없는 불편한 생각, 원망이 그의 마음에 사무쳤을 때, 그는 이렇게 속으로 되뇌었다.

"그들처럼 나도 시련을 겪지 말란 법이 어디 있단 말인가? 황궁의 이단들에게 왜 나는 악행을 당하면 안 된다는 말인가? 나는 이미 죽었어도 벌써 죽은 몸 아닌가. 주여, 알렉산드리아 교인들은 온갖 금수와 같은 만행을 당하도록 허락하시면서 왜 저는 부질없는 세상에서 병든 간과 고열에 시달리며 살도록 내버려 두시나이까?"

감상에 젖어 있던 그가 곧 정신을 차렸다. 그리고 말했다.

"아니야 그런 생각은 옳지 않아. 그들을 사랑하고 경탄하는 것은 옳지만 내 처지를 불평하고 그들을 부러워하고 질투하는 것은 옳지 않지. 하느님이 주신 것에 대해 불평해선 안 되지."

세상에서 살아가는 우리 모두가 나약한 존재이고, 순교자와 고백자들조차도 나약한 존재라는 것을 알고 있기에, 바실리오스는 알렉산드리아 그리스도인들을 칭송하면서, 끝까지 인내하여 모두 낙원의 월계관을 받으라고 용기를 북돋워 주었다. 그리고 이제 조금만 더 참으면 진리가 승리해 모든 것이 끝날 것이니 마지막까지 참고 견디면 영광을 받을 것이라 격려했다.

알렉산드리아 교회에 대한 박해는 진정한 그리스도인들의 가슴속에 하나의 영광으로 여겨졌다. 그것은 지상에서 교회가 시작된 이래 초기 3세기 동안의 교회와 밀접하게 연관이 있었다. 엄청난 피를 부르며 교회를 파괴해온 그 박해는 어느덧 교회의 생명의 뿌리와 근간이 되었고 역사 그 이상이 되어 신자들의 가슴에 살아 있는 신화가 되었다.

하지만 신자들에게 고통을 주는 박해만 그들을 영광스럽게 하는 것은 아니었다. 진리 수호와 교회 일치를 위해 멈출 줄 모르는 투쟁 또한 박해만큼이나 영광스러운 것이다. 이 투쟁의 장에 들어가고자 하는 사람은 진리에 대한 예민한 감수성이 필요했다. 박해 시대의 신자들보다 훨씬 더 큰 열정이 필요했다.

이로써, 왜 박해 시대에 박해받은 순교자는 많았지만 진리의 투사들은 적었는지 그 이유를 이해할 수 있다. 순교자들은 일반 신자들일 수도 있다. 하지만 진리의 투사는 하느님의 지식에 대한 은사가 있어야 한다. 은사 받은 신학자여야 한다. 그 대표적 인물 중 하나가 바로 바실리오스였다.

바실리오스가 끔찍한 병고에서 조금씩 호전되자 그는 교회의 여러 가지 문제를 더 많이 살피며 사역에 매진했다. 바실리오스는 여러 교회 대표들의 방문을 받았고, 그의 가슴을 아프게 하거나 과거의 힘들었던 기억을 떠올리게 하는 각종 편지를 읽어 나갔다. 그를 숨 막히게 하고 애태우는 눈물을 보았고 한숨 소리를 들었다. 지칠 대로 지친 상태에서 눈을 감으면 교회의 비참함을 비통해하는 구슬픈 노래 가락이 들려왔다. 때론 충격적인 소식이 그를 크게 동요시키기도 했다. 그는 엄청난 슬픔과 괴로움 속에서도 무너지지 않기 위해 마지막 순간까지 자신을 추스르려 애를 썼다.

하지만 무너지지 않는 정신과는 달리 그의 몸은 말을 듣지 않았다. 몸은 언제나 정신만큼 버텨 주지 못했다. 이처럼 병은 또 다른 고통이 되어 그를 따라다녔다. 바실리오스는 이 고통을 정교와 진리를 수호하기 위한 투쟁처럼 여기고 살았다. 그래서 그의 신앙을 왜곡하고 마치 그를 교회 일치의 적으로 알게 모르게 모락하고 다녔던 이들을 볼 때면, 비록 일치를 중시한 그였지만, 그들의 불의를 참지 않고 자신을 매도하는 이들을 향해 이렇게 외쳤다.

> "나는 교회 일치를 위해서 누구보다 앞장서 왔습니다. 그 누구도 이 점에 있어서는 나만큼 자랑스럽게 말할 수 없을 것입니다. 일치된 공의회를 위해 나만큼 투쟁한 사람은 없습니다. 내가 간절히 원하는 것은 진리를 밝히는 공의회, 단 한 명의 이단자도 볼 수 없는 공의회입니다."

바실리오스는 교회 일치를 위해 그동안 기울여 왔던 헌신적인 노력, 지역 교회에 보낸 수많은 서신들, 교회 책임자들에게 파송한 사람들, 고된 여정들을 회상하며 감상에 젖었다. 하지만 그는 곧 현실을 직시한다.

> "형제들이여, 나는 그 누구보다 일치된 공의회를 염원해 왔습니다. 하지만 내 능력이 보잘것없음을 압니다."

373년 11월, 12월까지도 여전히 병세가 중했기 때문에 바실리오스는 실제로 그렇게 느끼고 있었다. 더구나 이 사역은 혼자만의 힘이 아니라 하느님의 빛을 받은 많은 주교와 함께 협력할 때 성공할 수 있는 것이었기 때문이다.

병과 겨울이 폭풍우를 약화시키다.

374년도는 교회에 큰 폭풍우가 없이 지나갔다. 물론 때때로 약한 파도와 천둥번개는 있었다. 그것은 바실리오스와 믿음의 적들이 서로 투쟁을 포기하지 않는 한 피할 수 없는 필연적인 결과였다. 지금 찾아온 상대적 평온은 주로 373년 바실리오스의 병고에 기인한 것이었다. 병고로 인해서 처리하지 못했던 일들이 산적해 있었고 그 일을 처리하는데 집중할 수밖에 없었기 때문에 바실리오스의 투쟁의 강도도 자연스럽게 줄어들 수밖에 없었다.

겨울과 쇠약한 몸은 그를 방에 붙들어 놓았다. 대부분의 시간을 거의 침대에서 보냈다. 그것은 한편 좋은 점도 있었다. 상대적인 평온을 불러왔고, 자신을 성찰하는 계기가 되었기 때문이다. 바실리오스는 자신이 이미 삶의 마지막 끝자락에 있음을 느끼고 있었다. 모든 상황은 그의 죽음을 암시했다.

그는 죽음을 두려워하지 않았다. 단지 새로 이코니온의 주교로 즉위한 사랑하는 암필로키오스에게 편지를 보내 죽음의 그림자가 자기를 덮칠 것 같으니 죽기 전에 자신을 방문해 주었으면 좋겠다는 바람을 전했을 뿐이다. 바실리오스는 자신의 영적 자녀와 동지들에게는 언제든 시간을 내주었고 기운을 내었다.

카파도키아의 산과 계곡의 눈과 얼음이 녹아내리고 374년 2월 봄의 문이 열렸다. 자연은 기지개를 켰고 자유를 선사했다. 바실리오스의 몸도 어느 정도 자유로워졌다. 어떤 힘이 그의 사지를 꽉 죄며 굳건하게 붙들어 주는 느낌이 들었다. 바실리오스는 할 수 있는 한 자주 밖으로 나와 봄의 향연을 즐겼다.

바실리오스는 설교와 예식을 통해 부활절을 온전히 맞을 수 있도록 신자들을 준비시켰다. 사순절은 슬픔과 회개의 기간이다. 또 부활절은 축제의 날이다. 그의 쇠약해진 얼굴에 기쁨이 넘쳐흘렀다. 하지만 정확히 부활 대축일에 그의 상태는 다시 악화되었다. 그의 위장에 탈이 난 것이다. 그는 다시 이전의 무기력한 상태에 빠졌다. 그리고 또 다시 병상에 누웠다. 때맞춰 그를 방문한 이쿠니온의 암필로키오스 주교는 그의 상태를 보고 이루 말할 수 없는 슬픔을 느꼈다. 바실리오스가 그에게 보냈던 편지 내용처럼 곧 그의 죽음은 현실이 될 것처럼 보였다.

바실리오스는 여름에 다시 기력을 회복했다. 다시 서신왕래를 시작했다. 바실리오스는 생각이 같은 사람들, 정교인들과의 결속의 끈을 유지하려 했다. 바실리오스는 작년에 테살로니키의 주교가 된 아스콜리오스의 편지를 받고 큰 위안을 얻었다. 그는 내면에 진정성을 품은 사람이었다. 그의 의식이나 기품 모두가 그랬다. 이것은 위대한 스승 바실리오스가 그를 자신의 스승이요 위로자라고 부르고자 했던 이유였다.

아스콜리오스는 위대한 발견이었다. 굳건한 정교 신앙의 소유자였던 그가 그리스 지역 정교의 기둥이 되었기 때문이다. 그것은 정교일치를 위한 바실리오스의 노력에 큰 힘이 되어 주었다. 당시 그리스 지역은 교회 차원에서나 신학적인 수준에 있어서 딱히 내세울 것이 없는 곳이었다.

가을로 접어들면서 바실리오스의 활동은 점점 더 활발해졌다. 언제나 교회 일치는 그의 가장 큰 화두였다. 바실리오스는 같은 생각을 가지고 있는 소아시아의 주교들과 자리를 함께 했다. 초대 교회의 복된 상태를 살고 있는 듯한 감동이 그의 내면에서 일어났다.

소아시아, 특히 카파도키아 주변지역에는 많은 성직자가 있었다. 그런데 그들이 정교의 길을 올바르게 걸어가게 하려면 어느 정도 도움이 필요했다. 바실리오스는 그들을 돕기 위해 있는 힘을 다했다. 병중이었음에도 그들을 권면하고 북돋워 주기 위해 여행을 떠났다. 바실리오스는 친구를 통해 그 지역의 많은 주교들이 한자리에 다 모일 수 있도록 미리 조치를 취했다. 훨씬 더 효과적인 결과를 가져왔기 때문이다.

사목의 절실함도 매우 컸다. 이코니온의 암필로키오스 주교는 바실리오스에게 신자들의 생활, 영적 성장과 관련하여 여러 가지 경우를 소개하며 어떻게 해야 하는지 조언을 구했다. 바실리오스는 적절한 해법을 그들에게 제공했다. 그리고 그 해법은 교회의 삶의 규범으로 받아들여진다.

예상치 못했던 그의 활동은 아리우스파를 분노케 했다. 그들은 치밀한 계획 하에 바실리오스의 활동을 봉쇄하는 작업을 개시한다. 요인들, 신자들, 더 나아가 그의 친구들과도 교류할 수 없도록 그를 차단시키는 것이었다.

그들의 공격은 성공했고, 바실리오스와 교류하던 사람들에게는 많은 문제가 발생했다. 그래서 바실리오스는 편지를 쓸 때마다 고민에 고민을 거듭했다. 왜냐하면 이단들이 그 사실을 알게 되면 그 사람을 공격하리라는 것을 잘 알고 있었기 때문이다.

374년 중엽 충격적인 비보가 날아왔다. 그의 친구이자 협력자인 사모사타의 에프세비오스가 트라키아로 유배된 것이다. 그 사건은 바실리오스에게 큰 아픔을 가져왔다. 그것은 아리우스파의 계획된 짓이었다. 정교의 수장인 바실리오스를 유배시킬 자신이 없자, 그 대신 당시 시리아에서 가장 영향력 있고 권위 있던 정교 주교를 유배시킨 것이다.

374년 말 바실리오스에게 엄청난 육체적인 고통이 다시 찾아왔다. 4일마다 주기적으로 찾아오는 견딜 수 없는 심한 고열에 온몸의 기력이 소진되었다. 아마 이것은 처음 겪는 병증이었던 것으로 보인다. 바실리오스는 다시 오랜 기간 침상에 눕는다. 작은 돌 하나 들 수 없을 정도였다.

375년에 들어섰다. 바실리오스의 병세는 더욱 악화되었다. 주로 고열에 의한 것이었다. 그의 몸은 거미줄 같은 뼈만 앙상하게 남았다. 약한 바람에도 쉽게 흔들리는 갈대보다 더 앙상하고 가냘팠다.

과거에 계획했던 일들과 여행은 지금은 상상조차 할 수 없다. 방에 갇혀 봄이 오기만을 묵묵히 참고 기다릴 뿐이었다. 그때가 되면 몸이 조금 호전되지 않을까 하는 기대가 있었기 때문이다. 물론 그의 생각보다 훨씬 더 가까이 와 있는 죽음이 그를 당장에 공격하지 않는다는 전제 아래서 말이다. 그의 간과 신장은 이미 망가질 대로 망가져 제 기능을 못하고 있었다. 게다가 그해 겨울은 유난히도 매서웠다. 눈은 소아시아의 공공도로를 폐쇄시켜 우편마차도 4월 이후에나 가능한 상태였다.

겨울이 물러나면서 바실리오스의 쇠한 기력도 어느 정도 회복되었다. 바실리오스는 교회와 신학적인 문제를 살펴봤다. 우편마차가 운행되자 바실리오스는 해결하지 못했던 밀라노 교회 문제를 처리했다. 바실리오스는 사실 그 일을 처리하고 싶지 않았지만 그에게 간곡히 부탁해 어쩔 수 없었다. 그 내용은 이러했다.

몇 해 전에 아타나시오스의 열렬한 지지자이자 영향력 있는 정교 고백자인 밀라노의 주교 디오니시오스가 카파도키아에서 잠들었다. 카파도키아에 모셔진 그의 유해는 지역 전체의 축복이었고 표상이었다. 하지만 밀라노의 새 주교가 된 암브로시오스는 편지와 사절을 보내 그의 선임 주교 디오니시오스의 유해를 요청했다. 바실리오스는 파묘하고 유해를 수습했다. 모든 것이 엄숙하고 경건하게 진행되었다. 신자들이 참석한 그 자리에서 바실리오스는 신앙 고백과 순교가 교회 삶에서 갖는 의미를 역설했다.

바실리오스는 밀라노의 젊은 주교 암브로시오스에게 편지를 써서 하느님의 사제가 되기 위해 세상의 명예와 권력을 포기한 그를 칭송했다. 바실리오스는 옛날 '하느님을 품으신' 원로 이그나티오스 주교가 즈미르나의 젊은 폴리카르포스 주교에게 한 것처럼 젊은 새 주교 암브로시오스에게 조언했다.

하지만 이것이 편지 내용의 전부는 아니었다. 바실리오스는 편지에서 근본적인 신학이 될 하나의 예언을 포함시켰다. 바실리오스는 아직 신학적인 덕이 드러나지 않은 암브로시오스에게서 그 시대에 필요한 하느님의 선택된 그릇을 발견했다.

암브로시오스는 여느 주교와는 달랐다. 그는 하느님에게서 진리의 거룩한 도구로 사용될 특별하고도 놀라운 은사를 받았다. 그렇게 바실리오스의 예언은 뼈와 살을 갖춰 마침내 모습을 드러냈다. 암브로시오스는 교회의 위대한 스승이자 교부가 되었고 그때까지 서방 교회에서 가장 큰 인물이 되었다.

바실리오스는 2월에서 4월까지 이코니온의 암필로키오스가 부탁한 규범을 만들었다. 그리고 성령과 관련된 여러 가지 의문과 질문에 대해 작업했다.

고향 사람들의 거부로 인한 슬픔이 그의 깊은 속마음을 드러내게 하다

바실리오스는 몸의 기력이 조금 더 회복될 수 있는 여름을 기다렸다. 그의 교구와 주변 교구를 돌보기 위해서는 어느 정도 건강이 받쳐줘야 했기 때문이다. 하지만 현실은 기대를 저버렸다. 몸의 모든 기관이 너무 약하고 예민해져서 아주 사소한 것에도 이상반응을 보였기 때문이다. 마차로 여행을 시도했다가 심각한 상황을 맞이한 적도 있었다. 어쩔 수 없이 바실리오스는 케사리아에 머물러야 했다. 그가 움직일 수 있는 거리는 그가 애착을 가지고 세운 바실리오스 복지관 정도였다.

자연스럽게 바실리오스는 편지로 혹은 방문자들과의 만남을 통해 외부와 소통했다. 그것은 그가 가지고 있는 단 하나의 출구였다. 하지만 그것만으로는 사역의 한계가 있었다. 어리석은 성직자와 이단들은 병들어 고립되어 있는 바실리오스를 중상모략 했다. 그것은 이제 일상이 되었다.

여름이 되었다. 바실리오스의 고향 사람들까지 그를 모략하는 일이 발생했다. 그의 고향인 네오케사리아에서 그를 비난하는 말도 안 되는 소문들이 번져 갔다. 그 더러운 소문의 배후에는 바실리오스의 위대함을 인정하고 싶지 않았던 아타르비오스 주교가 있었다. 그는 그런 추잡한 방법으로 바른 신앙과 교회 전승에서 벗어난 자신의 과오를 감추려 했다.

그들은 은밀하게 수군대며 바실리오스의 신앙과 삶이 의심 받도록 아주 자연스럽게 거짓 소문을 퍼트렸다. 잘 알겠지만 바실리오스는 그 누구보다 신앙과 교회의 삶에 충실했다. 하지만 그들은 호시탐탐 기회가 있을 때마다 신자들의 영혼에 독을 뿌렸다. 심지어 바실리오스가 창설한 수도공동체를 비난하는 데까지 이르렀다. 수도원과 금욕 수행은 새로운 유행일 뿐이고, 수도사들은 여성과 세상을 망치는 존재라고 주장했다. 병든 바실리오스는 그들의 이런 허무맹랑한 주장과 그 밖의 많은 소문을 전해 들으며 가슴이 미어지는 슬픔을 느꼈다. 바실리오스는 고향 사람들에게 편지를 띄우고 책임자를 호출했지만 허사였다.

바실리오스는 고향에서 일어나는 이 모든 일들을 다른 교회에 알리지 않았다. 사랑했던 네오케사리아의 동향인들이 부끄러웠다. 어릴 때부터 잘 알고 지냈던 고향 사람들이 자신을 이단으로 여기니 어찌 아니 부끄럽겠는가. 그런 사실을 다른 교회에 말한다면 다른 교회의 성직자들이 어떻게 생각하겠는가? "바실리오스 대주교는 우리에게 진리와 전승을 가르치고 조언하고 지시하는데 정작 고향 사람들, 친구, 지인에게 인정받지 못하는 거 보면 혹시 우리가 모르는 뭔가가 있는 것 아닌가?" 이렇게 말할 지도 모를 일이었다.

바실리오스의 머릿속에 갖가지 상념이 떠오르며 지나갔다. 그러더니 곧 가슴으로 내려와 그의 마음을 지배했다. 가슴 깊은 곳에서 심한 통증이 느껴졌다. 바실리오스는 그 아픔과 수치를 드러내지 않고 감추고 있었다. 하지만 더 이상 참을 수 없는 지경에 이르자 반박에 나섰다. 그는 입을 열어 악한 이들을 태우고 깨끗한 이들을 굳건히 해주는 불같은 선언을 내뿜었다. 그는 네오케사리아의 모든 성직자와 그들을 통해 신자들에게 전하는 편지를 썼다.

> "그 어떤 도시보다 존경받는 도시, 내가 사랑하는 도시 네오케사리아 사람들이여, 왜 나는 그대들의 입에서 좋은 말을 듣지 못하고 있는 것입니까? 왜 그대들은 나에게 편지 한 장을 써 보내지 않는 것입니까? 당신들은 왜 모략가의 말에 귀를 기울여 나의 마음을 아프게 하고 슬프게 만드는 것입니까? 당신들은 모사꾼에게 두 개의 귀를 다 열어 주었습니다. 물론 그럴 수 있습니다. 그렇지만 이제는 내 말에 당신들의 귀를 열어 주십시오. 만약 그대들이 정의롭다면 내 말을 듣고 객관적으로 판단해 주십시오."

바실리오스는 자신의 말이 곡해될 수도 있다고 느꼈다. 명성을 지키기 위해 발버둥치는 모습으로 인식되어 참으로 못난 사람처럼 여겨질 수도 있겠구나 하는 생각이 들었다. 하지만 이제 사람들이 어떻게 생각하든 바실리오스에게는 중요하지 않았다. 바실리오스는 이렇게 까지 해야 할 이유가 있었다. 비록 일부 사람들만이 그의 말을 수용한다 해도 그렇게 해야만 했다.

> "그대들은 나의 신앙과 삶을 모함했습니다. 나를 비참하게 만들었습니다. 지금 나는 이루 말할 수 없는 아픔을 느낍니다. 하지

만 내가 지금 하는 말을 주의 깊게 들으십시오. 나를 모함하는 그대들은 더 큰 것을 잃게 될 것입니다. 만약 여러분이 그렇게 한다면, 바로 그대들 자신이 진리를 잃게 될 것이기 때문입니다. 내가 아픈 것은 사랑하는 그대들과 분리되기 때문입니다. 하지만 그대들이 나와 분리되면, 주님과도 분리됩니다. 내가 그대들에게 이 편지를 쓰는 이유가 바로 이것입니다. 그대들에게 닥칠 아주 큰 해악에서 그대들을 건져내기 위한 것입니다."

거룩한 바실리오스에게서 나오는 이 말은 참으로 두려운 것이다. 이것은 그냥 하는 말이 아니었다. 그는 이렇게 분명하게 밝혔다.

"누구든지 나와 친교를 나누지 않는다면, 그는 교회와도 단절될 것입니다."

누구라도 이런 말을 하려면, 내면에서 성령의 외침을 들어야 한다. 진리와 하나가 되어 있어야 한다. 구약의 예언자들이 그랬고 하느님의 교부들도 그랬다.

이어서 바실리오스는 고향 사람들에게 자신에 대한 모든 비난을 공개하라고 요구했다. 뒤에서 수군대지 말고 공개적으로 밝혀 모든 사람들에게 그 비난의 내용을 알리고, 자신도 그에 답할 수 있게 하라고 주장했다. 그리고 만약 자신에게 잘못된 신앙이 있다면, 그 근거가 되는 기록이나 책을 보여 달라고 요구했다.

점점 그의 말은 질책으로 흘러갔다. 동시에 그의 속마음도 드러났다. 그는 자신의 마음속에 있던 생각을 다 털어 놓는다. 이기적이고 교만한 사람으로 오해를 받더라도 주저할 시간이나 여유가 없었다.

"나에게 그 책을 가지고 온 뒤에 판단하시오. 내가 원하는 것은 오직 정당한 심판입니다. 그리고 그대들에게 아직 상기시켜 줄 것이 있습니다. 이것은 주의 깊게 살펴야 합니다. 내 개인 신상의 문제가 아니라 신학에 관한 문제이기 때문입니다."

성서의 말씀에 대한 잘못된 해석에 그의 생각이 미치자 그는 두려움에 떨었다.

"성서에 기록된 말씀은 각자의 입맛에 맞게 해석돼서는 안 됩니다. 사도 바울로가 가르쳤던 것처럼 지식과 분별의 은사를 가지고 있는 사람이 해야 합니다. 나의 경우에도 마찬가지입니다. 나의 가르침을 판단하고자 하는 사람은 분별의 은사가 있다는 것을 증명해 보이십시오. 오직 그때만 나를 판단할 권리가 있습니다. 또한 내가 말하는 것들이 인간의 지식에서 나오는 것이라고 비난하는 사람도 내가 인간의 지식으로 말하고 있다는 것을 증명해 보이십시오. 그러면 나를 판단할 수 있는 사람으로 그를 인정할 것입니다."

바실리오스의 말은 그들의 주장을 한 순간에 짓밟아 버리는 확신이었고 그들에게 경종을 울리는 깨달음이었다. 바실리오스를 모략하면서도 감히 공개적으로 나서서 그와 견주려는 사람은 단 한 명도 없었다. 하느님의 지식뿐만 아니라 세상의 지식에서도 그랬다. 비록 많은 이들이 바실리오스를 없애려 했지만 바실리오스가 그들과 같다고 믿는 이는 한 명도 없었다.

이단들은 어둠 속에서 거칠게 바실리오스를 모략하고 수군거리며 많은 이들을 현혹했지만 빛 앞에서는 감히 모략할 용기를 내지 못했다. 왜냐하면 명명백백하게 이유를 밝혀야 했기 때문이다. 거룩한 인간의 위대성은 단순한 이들의 영혼과 달리 쉽게 무너지지 않는 법이다.

바실리오스가 네오케사리아 사람들에게 보낸 해명 편지는 신앙의 전승에 대한 이야기로 끝을 맺는다. 바실리오스가 그렇게 끝맺는 데에는 두 가지 이유가 있었다. 하나는 그들의 비난이 근거가 없음을 밝히고 또 정교를 증거하려면 교회의 위대한 스승, 즉 교회의 정신과 부합되어야 한다는 점을 강조하기 위해서였다.

> "나의 할머니 마크리나는 기적의 성인 그레고리오스의 믿음과 가르침을 몸소 배우고 익혔습니다. 그리고 어릴 적부터 그 믿음을 내게 심어 주셨습니다. 나의 올바른 믿음을 증거하는 데 이보다 더 확실한 것이 어디 있겠습니까? 또한 내가 동방으로 여행을 가서 믿음의 원칙을 지켜 온 사람들을 만난 것만큼 확실한 증거가 어디에 있습니까? 내 몸속의 피에는 건강한 믿음과 반목되는 그 어떤 것도 존재하지 않습니다. 그대들은 내가 아리우스의 영향을 받은 에프스타티오스와 그의 추종자들과 교류한다고 비난하고 있습니다. 그렇다면 내가 아타나시오스를 따랐던 것은 무엇을 의미하는 것입니까? 나는 내 맘대로 하지 않았으며 영원히 기억될 그분의 편지도 가지고 있습니다. 편지는 이전의 아리우스주의자들이 니케아 신조를 고백한다면 우리는 주저하지 않

고 그들을 받아들여야 한다고 말하고 있습니다. 나는 이것을 실행했습니다. 물론 그들의 고백과 내심이 다를 수 있습니다. 하지만 그 사실을 내가 어떻게 알 수 있겠습니까? 나는 평화를 사랑했던 위대한 인물 아타나시오스를 따랐다는 것에 큰 자부심을 느낍니다. 그리고 당신들은 내가 전 세계 교회의 주교와 하나로 일치되어 있다는 점을 잊어서는 안 됩니다. 피시디아, 이사브리아, 프리기아, 아르메니아, 마케도니아, 아카이아, 프랑스, 에스파니아, 이탈리아, 시실리아, 아프리카, 이집트, 시리아 등 이들 모두가 나의 믿음을 알고 있습니다. 사랑하는 동향 사람들이여, 만약 그대들이 나와 단절 된다면 위에 언급한 지역의 주교들 그 누구도 당신들을 받아들이지 않을 것입니다. 그러니 부탁하고 간청합니다. 내 마음을 아프게 하고 탄식하게 하는 이 모든 일들을 내가 방방곡곡 널리 알리지 않도록 그만 멈춰 주십시오."

바실리오스는 이렇게 네오케사리아의 고향 사람들에게 부탁했다. 그것은 자신의 부담을 덜기 위한 것이었지만 무엇보다 그들을 보호하기 위한 것이었다.

375년의 뜨거운 여름이 교회의 상황과 바실리오스의 건강에 대한 실낱같은 희망과 함께 더디게 지나가고 있었다. 바실리오스의 건강이 예상외로 어느 정도 호전되었다. 물론 통증은 여전했지만 마을과 도시를 방문해 사목할 수 있을 정도는 되었다. 네오케사리아는 바실리오스가 보낸 편지에 여전히 아무런 답변을 하지 않고 있었다. 그런 그에게 사목은 그동안 그가 누리지 못했던 큰 기쁨이 되었다.

그렇다면 그들은 정말 하나같이 바실리오스를 경멸했을까? 모두가 그를 의심한 것일까? 정말 그를 잊어버린 것일까? 그의 가족조차도 그를 기억에서 지워 버린 것일까? 답답한 뭔가가 그의 가슴을 짓누르며 통증을 일으켰다. 하지만 바실리오스는 힘을 냈다. 네오케사리아에서 일어난 일들에 대해서는 다른 교회에 말하지 않았다.

바실리오스는 다시 동향인들에게 편지를 썼다. 이번에는 그에 대한 험담이 모략이라는 구체적인 증거를 어느 정도 확보한 상태였다. 그들은 바실리오스가 세우고 보살피고 있는 수도공동체와 그가 발전시킨 응송 성가 방식에 마치 문제가 있는 것처럼 주장했다.

바실리오스는 응송 성가 방식은 자신의 창작물이 아니라 오랜 세월 전해져 온 것이라고 자세하게 설명했다. 그리고 수사들과 수녀들은 교회의 수치가 아니라 오히려 자랑이라고 강조했고 그들의 삶을 자세히 설명해주며 칭송했다. 하지만 그의 표현은 매우 절제되어 있었다. 왜냐하면 자신이 조직했기에 그들의 영적 성장에 대한 책임도 무겁게 느꼈기 때문이다.

바실리오스는 수도주의가 이미 하나의 전통이 되었다는 사실을 손쉽게 설명할 수 있었다. 본인 자신이 이집트, 팔레스타인 그리고 메소포타미아를 찾아가서 직접 보고 체험했기 때문이다. 편지의 말미에 바실리오스는 자신에 대한 비난을 반박한다. 그리고 기적의 성인 네오케사리아의 그레고리오스의 전승을 무너뜨린 것은 바실리오스가 아닌 그들 자신이라는 점을 여러 사건을 통해 증명했다.

그럼에도 불구하고 바실리오스는 그들을 수치스럽게 하고 싶지는 않았다. 오히려 그들을 용서하고 싶었다. 그들이 기본적인 믿음을 고백하고 새로운 것을 자꾸 만들어 내지만 않는다면, 또 바실리오스가 처음 신학적 해석으로 제시했던 하느님 이해, 즉 하나의 신적 본질에 세 위격이 존재한다는 진리를 부정하지만 않는다면 그것으로 족했다. 바실리오스는 이런 내용의 편지를 보내고, 그들의 회신을 기다렸다.

375년 여름이 지나고 바실리오스의 건강이 호전되는 기분 좋은 느낌과 함께 가을이 찾아왔다. 물론 완전히 건강을 되찾은 것은 아니었다. 그저 고통을 참을 수 있을 만큼이었다. 그는 이런 기회를 놓칠 수가 없었다. 언제 다시 이런 하느님의 선물이 찾아올지 몰랐기 때문이다. 바실리오스는 사무용으로 쓰던 소박한 나무 책상에 앉았다. 그리고 오랜 시간 생각에 잠겼다. 머릿속에 그의 교구와 주변 지역이 떠올랐다. 바실리오스는 교구 외에도 주변 지역에 대한 책임감도 함께 느끼고 있었다.

바실리오스는 여러 지역 교구와 피시디아를 방문했다. 그리고 거기서 폰도스로 갔다. 특히 다제모나에서 많은 시간을 보냈다. 다시 말해 바실리오스는 처음에는 서남 방향으로 여행을 떠났다가 나중에는 소아시아의 북쪽 방향으로 돌아왔다. 바실리오스는 여러 가지 문제에 직면해 있는 피시디아와 이사브리아의 많은 주교도 만났다.

폰도스는 이미 바실리오스에게는 익숙한 곳이었다. 고향 지역이었기 때문에 그곳을 수없이 방문했다. 하지만 이번에는 별로 안 좋은 소식 때문에 그곳을 찾았다. 원로 주교 세바스티아의 에프스타티오스가 다제모나의 도시에 그의 사람들을 심어 놓고 케사리아의 교회에서 분리해야 한다고 많은 사람들을 설득한 것이다. 즉 그들을 자기의 지지자로 만든 것이다.

바실리오스는 그들의 만행을 막아야만 했기에 즉시 그곳으로 떠났다. 그곳에는 그 지역에서 중요한 위치를 차지하고 있던 바실리오스의 오랜 지기이자 동창생이었던 일라리오스가 있었다. 당연히 바실리오스는 그의 도움을 기대했다. 둘 사이에는 자주 서신 왕래도 오가고 있었다.

그곳에 도착한 바실리오스는 즉시 일라리오스를 찾았다. 하지만 바실리오스가 도착한 것을 몰랐던 그는 다른 지역으로 여행을 떠나고 없었다. 어쩔 수 없이 바실리오스는 혼자 모든 것을 감당해야 했다. 더구나 이곳에는 바실리오스를 증오하면서 끊임없이 중상모략을 하는 힘 있는 두 개의 단체도 있었다.

두 단체는 '비(非)유사본질론자'(아노미우시오스)들과 '유사본질론자'(오미우시오스)들이었다. 전자는 성자의 신성을 받아들이지 않았고 후자는 '동일 본질'(오모우시오스)이라는 니케아 신조의 용어를 사용하길 거부했다. 그것을 신조어라 여겨 거부감을 느꼈기 때문이다.

바실리오스는 신자들을 만나 이야기하고 설명하면서 이 진리를 이해시키려고 애를 썼다. 하지만 그들은 바실리오스에 대한 나쁜 소문으로 인해 쉽게 믿으려 하지 않았다. 당시 분위기는 웬만한 용기와 담력이 없으면 바실리오스의 지지자나 친구로 자신을 드러낼 수 없었다. 황실의 정책이 바실리오스에게 적대적이었고 그래서 그와 친분이 있는 사람들은 나름의 대가를 치러야 했기 때문이다.

정부 기관, 이단, 약탈자들은 바실리오스와 그들의 서신 왕래를 자주 방해했다. 정부 기관은 그들의 움직임을 감시하고 신자들이 정교를 부정하도록 압박했다.

바실리오스는 다제모나에서 실의에 차 기력이 소진되어 가고 있음을 느꼈다. 적과 이단들은 눈에 보이지만, 정교인들의 의심과 불신은 눈에 드러나지 않는다. 바로 이것이 그의 마음을 애타게 했고 마지막 남은 인내심마저 빼앗아 가고 있었다.

바실리오스가 어디를 가든지 정교인들은 의심의 눈초리로 그를 바라봤다. 그들은 바실리오스에게 곁을 내주지 않았다. 순수하게 마음 문을 열고 그에게서 영적인 양식을 얻으려 하지 않았다.

그의 머릿속에는 수천 가지의 생각이 지나갔다.

예전의 자신은 더 젊었고 더 건강했고 말도 유창했고 눈에 힘도 있었고 설교는 천둥과 같았고 기운이 넘쳤다. 그때 그들이 얼마나 그에게 관심을 가졌고 열광했던가! 반면 지금 그는 늙고 몸도 굽었으며 힘이 들어갔던 눈도 예전 같지 못하고 목소리도 약해졌다. 이는 빠지고 불처럼 타오르는 영혼에서 나오던 단어는 잇몸과 부딪쳐 제대로 전달되지도 못한다.

바실리오스는 다시 힘을 모았다. 있는 힘을 다해 그런 비참한 생각을 떨쳐 버렸다. 심신이 지쳐 있을 때 인간의 정신은 무너지기 쉽기 때문이다.

375년의 가을이 끝났다. 비와 추위가 예전보다 일찍 찾아왔다. 바실리오스의 건강에 적신호가 켜졌다. 하지만 자연과 맞설 수는 없었다. 그는 다제모나에 좀 더 머물다가 네오케사리아 근처 자신이 성장했던 마을 아니싸로 길을 떠났다.

바실리오스는 속마음을 터놓지는 않았지만 마음을 위로해주고 따뜻하게 해줄 온기가 필요했다. 인간의 따뜻한 위로, 사랑이 필요했다. 고향은 바실리오스에게 사랑을 알게 해준 곳이고 영혼의 아름다움을 깨

닿게 해 준 곳이었다. 그리고 그곳에는 동생 베드로가 살고 있는 오래된 집이 남아 있었다. 그 집은 바실리오스가 가난한 이들에게 모든 재산을 나눠주고 남은 집이었다.

아니싸에 채 들어서기 전이었다. 달콤한 산소가 그의 혈관을 돌고 있는 것이 느껴졌다. 설명할 수 없는 안도감이 찾아왔다. 조그마한 집 정원에 들어서자 이상한 소리에 베드로가 창문을 통해 밖을 내다봤다. 어느덧 둘은 서로 포옹을 하고 있었다. 좀 더 맞게 표현한다면 동생의 품에 형 바실리오스가 안겨 있었고 동생이 그를 부드러운 손길로 보호하듯이 꽉 붙잡고 있었다. 베드로에게 바실리오스는 참으로 소중한 형, 조심스럽게 다루어야 하는 대상, 거룩한 사람, 성인이었다.

베드로는 바실리오스를 거의 들다시피 하여 따뜻한 화로 가까이로 데려갔다. 그리고 온기가 있는 구석에 그를 뉘었다. 베드로는 거의 무릎을 꿇은 채 그의 옆에서 아무 말도 하지 말고 가만히 있으라고 바실리오스에게 부탁했다. 베드로는 차를 준비해서 가져다 달라고 이른 후 거룩한 형의 모습을 슬픔과 경외로 바라보았다.

"하느님, 당신께서 우리 가정에 베푸신 은총, 우리의 영광이던 형님이 어찌하여 이 상태가 됐는지요? 그의 결연했던 얼굴은 어디에 있는지요? 이제 겨우 45세인데 이는 빠져 없어지고 머리카락은 빠져 듬성듬성하고 그의 눈은 총기를 잃고 흐려져 있습니다. 나의 하느님, 당신의 거룩한 그릇이 이리 되도록 어찌 그냥 놔두셨습니까?"

동생은 형의 얼굴을 두 손으로 잡았다. 그리고 무릎을 꿇고 마치 형의 장례를 치르듯 하염없이 소리 없는 눈물을 흘렸다.

처음에 바실리오스는 작은 동생이 우는 것을 가만 두었다. 잠시 후 약간 기운이 느껴진 바실리오스가 힘들게 그의 오른손을 들어 베드로의 머리에 얹었다. 그리고는 무한한 애정으로 동생의 머리를 아주 천천히 쓰다듬었다. 그것으로 충분했다. 베드로는 안정을 찾았다. 그는 일어나서 조심스럽게 그리고 경건한 마음으로 자신의 머리를 쓰다듬는 형의 손에 입을 맞추었다.

둘은 서로의 소식과 안부를 물었다. 그리고 같은 지역이지만 좀 더 멀리 떨어진 곳에서 수도 생활을 하고 있던 누이 마크리나에게 연락을 취했다. 다른 형제자매와 친지들, 친구들에게도 전갈을 보냈다. 마침내 바실리오스는 그를 반갑게 맞아 주는 사람들을 만났다. 그들은 모두 바실리오스를 믿어 준 사람들이었다. 바실리오스는 이제 더 이상 바랄 것이 없었다. 그는 하루하루 지니면서 안정을 찾아갔다.

하지만 가족의 사랑과 따뜻한 보살핌도 잠시였다. 바실리오스가 그토록 간절히 바랐고 또 그렇게 절실했던 가족의 품에서의 행복한 시간조차도 적들은 가만히 놔두지 않았다.

바실리오스는 베드로의 소박한 집 정원 밖으로 나오지 않았지만 그가 왔다는 소식이 순식간에 아니싸에 전해지더니 뒤이어 멀지 않은 네오케사리아 지역까지 퍼져 나갔다.

당연히 이단들과 바실리오스의 말을 듣지 않는 정교인들이 한 짓이었다. 그들은 그의 도착 소식과 함께 그를 의심하게 할 만한 이상한 내용도 함께 퍼트렸다. 바실리오스에 대한 의심과 비난의 구름이 전 지역에서 피어났다. 모사꾼들의 선동으로 인해, 대다수 네오케사리아 사람들은 그들의 고향 사람인 케사리아의 대주교가 다른 이유가 아니라 자신의 명성과 칭송을 높이기 위해서 고향에 왔다고 생각했다. 고향 사람들의 대대적인 환영을 받기 위해 온 것이라는 것이다.

석연치 않은 이유로 지역의 성직자와 요인들이 두려움에 사로잡혔다. 마치 죽음의 전염병이라도 찾아온 것처럼 여겼다. 그들은 마치 바실리오스가 그들을 내쫓기라도 한 것처럼 그 지역을 떠났다. 혼란과 두려움 속에 사람들은 혹시라도 바실리오스를 만나게 될까 봐 그를 의도적으로 멀리했다. 하지만 바실리오스는 그저 가족의 품에서 약간의 안식을 얻기 위해 고향을 찾은 것이었다.

바실리오스를 존경했던 단순한 사람들은 권력과 이단 지도자들이 두려워 그곳을 떠났다. 바실리오스가 고향에 왔는데도 일부러 그를 만나지 않는다는 인상을 줄까 봐 차라리 잠시 고향을 떠나 있기로 했던 것이다. 네오케사리아의 주교와 그의 주변 사람들은 그에 대한 분노의 감정을 감추지 않았다.

"누가 그를 우리 지역으로 끌어들인 거야? 무슨 짓을 꾸미려고 여기까지 온 거지? 칭송? 그런 것은 다른 곳에서 찾아야지?"

공공장소, 시장, 극장, 식당 등 어느 장소를 가든지 사람들은 그를 화제 삼아 비웃고 조소하며 말잔치를 벌였다. 하느님의 영이 함께 하지 않는 이단 지도자들이 백성을 그 지경으로 만든 것이다. 바실리오스는 친척의 분위기를 통해 고향 사람들이 자신을 원치 않는다는 참혹한 진실을 이미 알고 있었다.

가족 품에서 누렸던 정신적인 평안과 온기는 이렇게 끝이 났다. 커다란 슬픔이 그의 가슴을 짓눌렀다. 자신을 모르는 타지 사람들은 그렇다 쳐도 어릴 적부터 알고 지냈던 고향 사람들조차 나를 원치 않는다니! 형제, 지인, 친구, 고향 사람의 날카로운 못이 그에게 깊은 상처를 입혔다. 바실리오스는 다시 평온을 잃었다. 어찌해야 할지를 몰라 집안에서 서성거렸다. 만약 그가 네오케사리아로 간다면 칭송을 받기 위해 또 영향력을 행사하기 위해 온다는 소문이 사실인 것처럼 비춰질 것이었다.

그는 최대한 빨리 떠나는 것이 좋겠다고 생각했다. 실제로 약간의 안식을 얻기 위해 온 것이기도 했다. 그는 처음 고향을 찾아 왔을 때보다 정신적으로 더 피곤한 상태로 그곳을 떠나게 되었다. 바실리오스는 결심을 굳혔다. 그의 가슴 깊은 곳에 참을 수 없는 아픔을 감춘 채 떠날 준비를 했다.

그런데 갑자기 생각을 바꾸었다. 그들에게 편지를 쓴 후에 가벼운 마음으로 떠나는 것이 좋겠다고 생각한 것이다. 더 나아가 분위기에 휩쓸려 오류를 범하고 있는 사람들, 책임을 물을 수 없는 그런 순박한 사람들을 오류에서 벗어나게 하기 위해서라도 편지를 써야만 한다고 생각했다.

바실리오스는 베드로가 급히 마련해 준 종이를 허름한 책상 위에 펼쳐 놓고 펜을 들었다. 그 순간 예상하지 않았던 이상한 기운이 내면에서 느껴졌다. 그들에게 사실을 밝히자는 결연한 마음이 든 것이다.

바실리오스는 편지로 그들의 음모를 드러내고 책임있는 자들의 거짓을 드러내 그들이야말로 이단적 신앙을 가졌으며 자신과 백성 사이를 이간질한 장본인이라는 것을 밝혀내고 싶었다. 더 나아가 그들의 주교 아타르비오스가 이단이라는 사실을 밝힐 수 있는 사람은 자신밖에 없음을 인식했다. 바실리오스는 편지를 써 내려갔다. 서신 204와 207에서처럼 해명을 하지는 않았다. 대신 그는 단호했다. 확실하게 질책하고 몇 가지만 해명했다. 그들의 신앙이 이단임을 밝히고 올바른 답을 제시했다.

"네오케사리아 동향인 여러분, 사실 나는 아니싸에 온 이유를 여러분에게 굳이 설명하거나 말할 의무가 없습니다. 하지만 거짓이 난무하여 많이들 심려하고 있으니, 그 사실을 이제 밝히려 합니다. 나는 여러분의 칭송을 받기 위해서 온 것이 아닙니다. 이미 여러분은 내가 평소 조용한 삶을 추구했다는 것을 잘 알고 있습니다. 저는 드러내는 것을 좋아하지 않습니다. 내가 여기에 온 이유는 어린 시절 내가 자란 고향이고 수도 생활을 했던 곳이며 나의 형제들이 살고 있기 때문입니다. 여러분을 괴롭히기 위해서 온 것이 아니라 지쳐 있는 심신의 안정을 잠시 취하기 위해서 왔습니다. 원한다면 내가 여기 왜 왔는지 한번 꿈 해몽가에게 물어보십시오. 하지만 허사일 것입니다. 나를 비난하는 이들이 다른 사람이었다면 나는 나의 억울함을 호소하기 위해 여러분을 찾았을 것입니다. 그런데 보십시오. 나를 비난하는 사람은 바로 여러분들입니다! 그것은 너무도 지나친 처사입니다. 혹시 기억납니까? 예전에 여러분들은 이곳에 남아서 자녀들을 교육해달라고 내게 신신당부했습니다. 그때 나는 사람의 영광을 피하기 위해 그 제안을 받아들이지 않았습니다. 그런데도 여러분들은 내가 지금 나쁜 목적을 가지고 이곳에 들어왔다고 말하니 아직도 나를 잘 모르는 것입니까?"

바실리오스는 이와 비슷한 얘기를 계속했다. 그리고 마침내 그들이 자신을 중상모략하는 이유가 무엇인지를 이렇게 밝혔다.

"이제 저는 여러분에게 왜 여러분들의 목자와 특히 여러분의 주교가 나를 만나려 하지 않는지, 왜 이런 추잡한 방법으로 여러분과 나를 갈라놓는지 말하겠습니다. 그들이 이렇게 하는 이유는 정교 신앙을 훼손하고 이단적인 신앙을 가르치기 때문입니다. 그렇다면 진리가 무엇인지 이단이 무엇인지 알려드리겠습니다. 귀담아 잘 들어주십시오. 이단은 주님을 '독생자'라 부르길 거부하고, 또 그분의 실존을 부정합니다. 즉 한 분 하느님이 아버지와 아들과 성령의 모습으로 나타난다고 주장하면서, 한 하느님이라는 공통된 본질을 지닌 서로 다른 세 위격의 하느님을 부정합니다. 잘 들으십시오. 나는 이 이단의 가르침을 다른 교회에도 알릴 것입니다. 그렇게 되면 여러분은 이단으로 단죄 받게 될 것입니다. 나는 이 사실을 여러분에게 말하면서 깊은 한숨이 나옵니다. 왜냐하면 당신들은 같은 고향 사람들이고 나의 혈육과 같은 존재이기 때문입니다. 그렇지만 여러분의 신앙이 변질된 이상 제가 할 수 있는 것은 아무것도 없습니다. 당연히 저는 이단들이 바른 신앙을 고백하겠다고 약속한다면 그들을 정교인으로 여길 것입니다. 그들의 과거도 잊을 것입니다. 하지만 불행하게도 그것은 쉬워 보이지 않습니다. 그들은 여러 주교들과 특히 유배 중에 있는 안티오키아의 멜레티오스 주교에게까지 관련된 책자를 보냈기 때문입니다. 멜레티오스 주교는 그것이 이단 신앙을 주장하고 있다고 분명히 나에게 말해 주었습니다.

또 이단들은 당시 기적의 성인 그레고리오스가 엄격한 교의적인 기준 없이 말한 것을 악용해 그레고리오스의 『대화』에서 그들의 이단 신앙을 주장하려 시도한 적이 있었지만 실패했습니다. 교회는 공의회에서 이 문제를 확실하게 짚어 문제를 해결했습니다. 따라서 이제 그 누구도 공식적으로 선포된 진리를 부정할 수 없습니다. 저는 여러분에게 이 새로운 이단을 설명하고 여러분이 그것을 피할 수 있도록 바른 것을 알려주고 있습니다. 이단은 죽음을 가져오는 독입니다. 이단들이 내 가르침이라고 여러분에게 말하는 것은 사실 내 가르침이 아닙니다. 그런 사람들에게 무엇을 기다릴 수 있겠습니까? 그런 사람들에게는 하느님의 역사가 함께하지 않습니다. 더러운 거울로는 우리 모습을 제대로 볼 수가 없듯이, 예언자적인 은사, 밝히 비춰 주시는 하느님의 역사는 오직 순수하고 깨끗한 마음만을 찾아갑니다. 이단들과 진실하지 못한 이런 사람들은 마치 자신들이 예언자적 은사를 가지고 있다고 떠들고 다니지만, 그것은 공염불에 지나지 않습니다."

바실리오스는 숨 돌릴 틈도 없이 편지를 작성했다. 모든 정신이 편지에 집중되어 있었기에 빨리 끝낼 수 있었다. 그는 가능한 한 최대한 빨리 고향에서 떠나길 원했다. 급히 편지를 접었다. 어차피 모든 네오케사리아 사람들에게 보내져 공개적인 모임이나 사목하는 장소에서 읽혀질 것이었기 때문에 굳이 봉할 필요는 없었다.

베드로를 불렀다. 그리고 편지를 주며 가능하면 많은 사람들이 읽을 수 있도록 신경을 써 달라고 부탁했다. 바로 그날 그 시간에 바실리오스는 케사리아로 출발했다. 추위와 비로 인해 기나긴 여정은 더욱 고되고 힘들었다. 온몸이 만신창이가 된 채 그는 케사리아에 도착했다.

엄청난 슬픔 속에 침대에 누웠다. 더 이상 기대하는 것은 아무것도 없었다. 당장 그에게 위로가 될 만한 것은 그 어떤 것도 없어 보였다. 고향 사람들이 그에게 일으킨 형용할 수 없는 슬픔과 병의 고통에서 벗어나는 유일한 희망은 죽음밖에 없었다. 죽음까지 떠올린 바실리오스는 쉽게 안정을 찾기 힘들었다. 그는 죽기를 빌었다. 하지만 죽음은 찾아오지 않았다. 오히려 안티오키아와 황궁에서 안 좋은 소식이 들려왔고 중요한 신학적 주제에 대해 말해 달라는 요청이 들어왔다.

이단들은 또다시 황궁에서 그동안 해 왔던 것과 똑같은 짓을 자행하고 있었다. 바실리오스가 마치 국가의 평화와 일치를 방해하는 적인 것처럼 떠들고 다녔다. 물론 그것은 일면 사실이었다. 왜냐하면 황제는 아리우스의 믿음으로 제국을 통일하고 싶었지만 정교 신앙을 지켜 내고 있는 바실리오스 때문에 황제의 정책이 먹혀들지 않았기 때문이다. 그럼에도 난폭한 황제 발렌스가 거룩한 바실리오스를 더 박해하지 않은 것은 참으로 다행이었다. 하지만 또 한편으로는 바실리오스도 국가로부터 정교 신앙을 분리시키려고 하지 않았다. 바실리오스도 정교 신앙으로 굳게 뭉쳐 야만인을 물리칠 수 있는 강력한 국가를 원했다.

아무튼 바실리오스의 친구 중 한 주교가 황궁에서 일어나고 있는 소식을 바실리오스에게 알려주었다. 그리고 메소포타미아 지역에 가면 많은 정교회 주교가 있으니 그들을 데리고 황제를 만나 일어난 모든 일을 상세하게 알리라고 조언했다. 바실리오스는 그런 소식에 흔들리거나 두려워하지 않았다. 그런 일이 처음도 아니었다. 친구의 조언에 대해서는 깊이 생각해 봤다. 하지만 병든 몸을 끌고 겨울 한복판을 여행한다는 것은 거의 불가능한 일이었다.

> "형제, 그대의 조언은 참으로 고맙네. 하지만 기다려 보겠네. 상황이 어떻게 흘러가는지 좀 더 지켜보고 나서 다시 얘기하세. 단지 새로운 소식이 들리면 나에게 알려주게나. 그리고 지금 내 생각에 대해서 그대의 의견을 말해 주게. 만약 그대가 고집한다면 그대의 말을 듣도록 하겠네."

바실리오스는 황궁의 사악한 이들이 좋을 대로 일하게 계속 놔두고 대신 안티오키아로 시선을 돌렸다. 그곳의 소식은 좋지 않았다. 서방은 유배중인 안티오키아의 멜레티오스 주교 대신 파블리노스 주교를 지지했고 로마에서 공식적인 편지를 띄워 그에게 힘을 실어 주었다. 파블리노스 주교 추종자들은 그 편지를 정교인들에게 거만하게 자랑하곤 했다.

이것은 바실리오스에게 큰 근심을 안겨 주었다. 바실리오스는 직접적으로 그들의 행위를 비난하지는 않았다. 하지만 그들이 동방 교회에서 어떤 일이 벌어지고 있는지 잘 몰라 옳지 못한 처신을 하고 있다고 분명하게 밝혔다. 서방 교회는 무엇보다 파블리노스가 순수한 정교 신앙을 가지고 있지 않다는 사실을 모르고 있었다. 결과적으로 바실리오스는 파블리노스가 로마에서 아무리 많은 편지를 받는다 해도 그를 인정하거나 친교를 나눌 생각이 없었다. 로마뿐만이 아니라 "하늘"에서 그런 편지가 온다 해도 바실리오스의 기준은 오직 바른 신앙에 있었다.

바실리오스는 이 모든 것에 대해 소상하게 타렌티오스에게 알렸다.

그는 교회를 사랑하는 안티오키아의 고위관료였다. 하지만 이것으로는 부족했다. 주변 사람은 물론 자신도 로마에 사람을 보내 상황을 설명해야 할 필요를 느꼈다.

바실리오스는 그의 동생 니싸의 주교 그레고리오스를 떠올렸다. 당시 그는 교구 운영에 돈을 남용하고 있다는 거짓 모함을 받고 물러나 있던 상태였다. 바실리오스는 그가 경험이 없고 학자적인 사람이라 이런 사명을 수행하기에는 적당치 않다는 점을 알았지만 믿을 만한 사람이 그밖에 없었다.

그렇다고 이런 소용돌이 속에서 바실리오스가 친구들을 잊고 있었다고 생각하면 그건 오산이었다. 친구에 대한 그의 사랑은 심각한 문제 앞에서도 전혀 숙어들지 않았다. 흉금을 더놓고 얘기할 수 있는 친구 그레고리오스가 얼마 전 아버지가 잠들자 갑자기 나지안조스를 버리고 떠났다는 소식을 듣고는 친구에게 무슨 일이 벌어진 것인지, 무엇이 그를 그곳에서 떠나게 했는지 알아보기 위해 혼자 나지안조스로 떠날 결심까지 했다.

8. 위대한 영감의 순간

위대한 신학은 어떻게 탄생하는가?

아리우스파는 여러 지역을 차지했지만 카파도키아는 정교를 지켜내고 있었다. 아리우스파 때문에 동방 교회가 신음하고 있었지만 케사리아 지역에는 그저 연기만 몰려올 뿐이었다. 하지만 선한 그리스도인들은 그 연기에도 숨이 막혔고 눈물을 흘렸다.

하느님의 은총을 흠뻑 받고 있었던 바실리오스에게 시련은 점점 더 커져 갔다. 불운의 주교에게는 고향 사람들에서 받은 이루 다 말할 수 없는 아픔과 슬픔이 불행의 끝이 아니었다. 10월 말 또는 11월 초 네오케사리아에서 케사리아로 돌아온 후 그에겐 안정이 필요했다.

바실리오스는 평온과 안정, 휴식, 보호가 필요했다. 그것은 위대한 인물들이 즐겨 찾는 것은 아니었지만, 아무튼 원하든 원치 않든 그는 안정을 취할 때까지 홀로 침상에 누워 있을 수밖에 없었다. 그만큼 기력이 다 소진되어 있었다!

수많은 문제가 그를 기다리고 있었다. 당연히 바실리오스는 가만히 앉아 있을 수가 없었다. 바실리오스는 지금까지 자신의 신앙의 순수성에 대해 사람들을 설득하려 노력했지만 성공하지 못했다.

다양한 부류의 사람과 정치인이 카파도키아, 폰도스, 소 아르메니아 지역에 바실리오스에 대한 의심의 소문을 계속해서 퍼트렸다. 최악인 것은 그런 소문이 마치 사실인 것처럼 자주 받아들여진다는 것이었다.

바실리오스는 자신의 무결함을 증명하기 위해 아무리 편지를 쓰고, 또 말을 해도 주동자들과 그들의 달콤한 모략에 중독된 이들이 변하지 않는 모습을 보고 절망스러웠다. 12월 겨울의 혹한은 그의 아픔을 더욱 시리게 만들었다. 바실리오스의 적들은 이미 정부요인들에 접근해서 그들에게 독을 주입한 상태였다. 특히 폰도스의 황제 사절인 디모스테니스가 그곳에 도착하자 적들은 그에게도 영향력을 행사하려고 애를 썼다. 하지만 그런 노력은 전혀 필요해 보이지 않았다. 폰도스의 황제 사절은 371년 황제를 수행하고 케사리아에 왔던 집사 디모스테니스였기 때문이다. 당시 디모스테니스는 황제와 바실리오스가 대화하고 있던 순간에 어법에 맞지 않는 말로 둘의 대화에 개입한 적이 있었다. 그때 바실리오스는 그를 조소하면서 본연의 역할로 되돌려 놓은 적이 있었다. 그럼에도 불구하고 바실리오스는 디모스테니스에게 환영의 인사와 함께 뭔가 매우 중요한 부탁을 담은 편지를 쓰는 것이 옳다고 판단했다.

"황제의 사절이시여, 평화를 훼손하려는 많은 이들이 당신에게 접근해서 진실을 왜곡하고 있습니다. 교회가 직면한 문제는 무척 많습니다. 그 문제는 반드시 해결되어야 합니다. 그러니 우리의 말을 좀 들어주셨으면 합니다. 우리가 당신에게 말할 수 있도록, 설명할 수 있도록 우리를 불러 주십시오. 당신은 우리에게서 진실을 들을 수 있을 것입니다. 지금까지 당신은 우리의 말을 귀담아 듣지 않고 믿을 수 없는 모사꾼의 말에만 귀를 기울여 왔습니다. 그렇기 때문에 당신은, 회계장부를 수중에 가지고 있기에 교회의 돈을 남용한다는 자체가 적용될 수 없음을 알면서도 나의 형제 니싸의 그레고리오스를 체포하라고 명령했습니다. 분명히 밝히지만 그는 그 어떤 불법행위도 하지 않았습니다."

바실리오스의 간청은 허사였다. 디모스테니스는 이단의 도구였고 바실리오스를 증오했다. 몇 개월이 지나고 376년, 디모스테니스는 거룩한 바실리오스를 겨냥해 엄청난 일을 꾸민다. 이 모든 일은 바실리오스에게 만사 다 포기하고 싶다는 생각을 계속해서 일으켰다. 마치 그의 친구 신학자 그레고리오스가 그랬던 것처럼 떠나고 싶었다.

하지만 바실리오스는 친구와는 다른 성격의 소유자였다. 마지막 숨을 거둘 때까지 그는 굳건하게 행동했다. 말로 다 할 수 없이 참혹해진 몸이었지만 그 몸을 이끌고 바실리오스는 진실을 알리기 위해 과감한 캠페인을 시도했다. 특히 독자가 깜짝 놀랄 만한 방법으로 활동을 시작했다. 아주 중요한 그의 첫 번째 편지가 세바스티아의 에프스타티오스에게 보내졌다. 바실리오스는 그를 회개하지 않는 이단자로 이미 오래전에 정죄한 상태였다.

그렇다면 왜 그는 다시 에프스타티오스에게 편지를 써 보낸 걸까? 그의 추악한 행위를 잊어버린 걸까? 혹시 그와 에프스타티오스와의 관계를 정교인들이 오해하고 있다는 사실을 벌써 잊어버린 걸까? 아니면 너무 순수해서 자신에게 한 모든 것을 잊고 에프스타티오스가 회개할 가능성이 있다고 믿는 것일까? 당연히 아니었다. 현실을 직시하는 사목자가 그것을 간과할 리가 없었다. 그는 죽는 그 순간까지도 신경이 예민하게 살아 있었다.

바실리오스가 에프스타티오스에게 편지를 써 보낸 이유에는 매우 중요한 뭔가가 있었다. 바실리오스가 설립하고 보살펴 온 공동체는 에프스타티오스 수도사들과 잦은 접촉이 있었는데 당시 에프스타티오스 수도사들은 바실리오스에 대해 적의를 품고 투쟁하고 있었다.

바실리오스가 써 보낸 편지는 어차피 늦든 빠르든 에프스타티오스를 통해 수도사들, 모든 수도사들에게 전해지게 될 것이었다. 그래서 바실리오스는 에프스타티오스에게 그의 주장을 수도사들이 다 알 수 있게 해달라고 여러 번 부탁했다. 사실 수도사들 대다수는 잘 살펴보거나 따져 보지도 않고 바실리오스에 대한 모함을 쉽게 받아들이고 있었다. 그리고 별다른 책임 의식 없이 모함을 퍼트리는 데 일조했다.

바실리오스는 이 편지가 진실 규명에 조금이라도 기여할 것이라 여겼다. 물에 파동을 일으키듯 그들에게 다시금 생각할 계기를 줄 수 있다고 생각했다. 완고한 자들, 바실리오스와 적대하고 있는 지도자들의 수는 얼마 되지 않았다. 혹시 많은 사람들이 진리에 마음 문을 열지도 모를 일이었다. 바실리오스는 직접 에프스타티오스 수도공동체에 편지를 보낼 권한이 없었다. 그래서 그들의 지도자인 에프스타티오스에게 편지를 써 보냈던 것이다.

바실리오스가 그에게 다시 편지를 쓴 이유는 바로 이것이었다. 바실리오스는 이 편지, 편지 223을 쓰면서 그의 머릿속에 모든 수도사들뿐만 아니라 앞으로 올 세대까지도 염두에 뒀다. 편지는 개인에게 보내진 것이지만 보편적인 관심사를 담고 있는 이유가 바로 그것이다. 편지는 역사적, 교회적 그리고 신학적 차원에서 높은 가치를 지닌다.

수도사들은 모략으로 인해 바실리오스에 대해 그릇된 편견을 가지고 있었다. 그래서 바실리오스는 단순하지만 고백적이고 충격적인 방법으로 그의 삶의 중요한 여정을 그들에게 보여주려 했다. 제일 먼저, 모함을 만들어 내는 이들에 대해 냉철하게 파악하고 있음을 밝혔다. 하지만 거짓 주장의 거센 물결을 막아야만 했기에 3년에 걸쳐 인내하며 행동에 옮겼음도 밝혔다.

바실리오스는 각자 나름의 깊은 의미가 있는 다양한 삶의 행적 속에서 어떤 것을 먼저 꺼내고 어떤 것을 강조해야 할지 고민스러웠다. 인간의 지식을 위해 쏟아 부은 오랜 세월? 교회에 봉사하고 수행의 삶을 살기 위해 세상의 지식을 포기한 결단? 가난한 이들을 돕기 위해 엄청난 재산을 처분한 것? 동방으로의 여행과 그곳의 수도 생활에 대한 배움? 에프스타티오스 수도사들이 순수한 정신을 가지고 있지 못하니 가까이하지 말라는 주변의 충고에도 불구하고 그들과 함께 한 날들? 케사리아의 대주교로 선출된 후 나중에는 스파이로 드러났지만 에프스타티오스의 수도사들을 협조자로 취했던 일? 이 모든 것은 교회와 진리를 위해 투쟁해 온 그의 아픈 삶의 행적의 단면이었다.

"에프스타티오스, 당신과 당신의 추종자들은 내가 세상의 지식을 신학의 거룩한 장으로 들여왔다고 비난하고 있습니다. 하지만 내가 웅변가의 화려한 출세 길을 포기하고 수도사의 삶을 살기 위해 세상의 지식을 버렸다는 것을 잊고 있습니다. 내 작품에서 이단적 요소를 찾지 못하자 당신들은 나의 젊은 시절 편지를 조작했습니다."

물론 에프스타티오스는 그 조작에 대한 책임을 결코 인정한 적이 없었다. 바실리오스는 이미 그의 생각을 읽고 있었다.

"좋습니다. 당신이 조작하지 않았다고 합시다. 그렇다면 당신은 내가 그 편지의 작성자라고 어떻게 단정합니까? '내가 바실리오스의 모든 삶을 지켜봤고 아니싸에서, 신학자 그레고리오스와 함께 암사에시, 내 수도원든에서, 세바스티아, 칼케돈, 이라클리아, 케사리아에서 함께 토론하고 대화해 봤지만 한 번도 그의 입에서 그런 가르침을 들어본 적이 없었구나.'라는 생각은 왜 안 하셨습니까? 나의 신앙에 대해 확신이 없었다면, 나에게 편지를 써서 '이단의 가르침이 들어 있는 편지가 그대의 이름으로 돌아다니고 있는데 작성자가 맞느냐?'고 물어보는 것이 그렇게 어려웠습니까?"

이 모든 질문에 에프스타티오스는 대답을 할 수가 없었다. 바실리오스의 주장은 분명했고 진리처럼 날카로웠다. 수도사들은 이제 진리를 보게 될 것이었다. 그리고 납득이 될 것이었다. 아니 그의 무죄에 대해 수용을 해야만 했다.

지금까지 언급한 것 외에 바실리오스는 편지에서 한발 더 나아갈 생각을 했다. 처음에는 원하지 않았던 것으로 보인다. 왜냐하면 그의 청중, 그의 편지를 읽게 될 독자들 대부분이 아직 이렇게 큰 도약을 받아들일 준비가 되어 있지 않았기 때문이다.

당시 그 지역의 수도사들은 날아오르는 독수리를 쫓아 날기에는 충분히 성장하지 못한 상태였다. 위대한 주자의 뒤를 쫓아 달릴 수 있는, 다만 얼마라도, 위대한 독수리의 뒤를 쫓아 날 수 있는 극히 일부만이 그가 말하고자 것을 인식할 수 있었기 때문이다.

이것은 선한 의지의 문제가 전혀 아니었다. 만약 그의 위대한 신학적 행로를 뒤쫓을 수만 있다면 그의 설명을 이해 할 수 있겠지만 그렇지 못하면 그의 모든 노력은 수포가 되고 오히려 더 안 좋은 결과, 더 심각한 오해나 곡해를 불러 올 수도 있는 문제였기 때문이다.

바실리오스는 주저하던 생각을 구석으로 밀어붙이며 결연한 각오를 다졌다.

"그래 맞아. 하지만 나는 해명을 해야만 해, 내 편지는 역사 속에 남아 나를 설명하고 나를 증명할 테니까. 지금 여기서 멈출 순 없어. 지금 이 몸의 상태로 내가 내일 살아 있으리라고 누가 장담할 수 있지? 나의 신학을 더 적절한 순간에 더 학식이 있는 이들에게 다시 한 번 설명할 수 있는 기회가 있을 거라고 장담할 순 없지."

바실리오스의 귀에 에프스타티오스와 그의 추종자들의 입에서 흘러나오는 힐난이 맴돌았다. "바실리오스, 그대는 새로운 사조의 추종자가 되었네. 전승에도 없는 것들을 우리에게 말하고 있지 않는가?"

바실리오스는 반발했다.

"당신에게 말했듯이 나는 전통을 지키고 있습니다. 당신이 잘 알
고 있지 않습니까?"

"아니, 바실리오스, 우리는 그대가 말하는 내용을 네오케사리아에서 배운 전통과 기적의 성인 그레고리오스의 가르침에서 들어본 적이 없네."

신경이 머리끝까지 곤두섰다. 바실리오스는 부득이 설명을 해야만 했다. 그가 표현하는 방법은 할머니 마크리나를 통해 배워 왔던 기적의 성인 그레고리오스의 가르침과는 달랐기 때문이다. 그렇지만 바실리오스의 신학은 전통적이었고 정통 신앙이었다. 어떻게 그럴 수 있었을까? 어떤 길을 걸어왔기에 진보적인 신학 속에서도 전통을 유지할 수가 있었을까? 바실리오스는 이점을 에프스타니오스와 그의 수도자들에게 설명하려 노력했다.

"모든 것에 앞서서, 나는 내 생각을 바꾼 적이 한 번도 없다는 것
을 분명히 밝힙니다. 할머니와 어머니로부터 이어받은 전통과
신앙을 나는 지금까지 그대로 간직하고 있기 때문입니다."

"하지만 바실리오스, 지금 그대의 믿음은 어머니의 믿음과 다르네."

"아니요, 수백 번 수천 번 말해도 그렇지 않습니다! 당신들이 다
르다고, 새롭다고 말하는 것은 내 안에서 전통이 확장된 것이기
때문입니다."

"그렇다면 그대는 아무것도 변질 시킨 게 없다는 말인가?

"당연히 그렇습니다. 나는 전통을 변질시키지 않았습니다. 나는 단순히 전통을 채운 것입니다. 그리고 이 채움은 새로운 것을 취해서 전통에 첨가하는 것이 아닙니다."

독자는 이제 그의 이 신학적인 흐름을 쫓아가기 어려울 것이다. 바실리오스는 이 점을 이해하고 있었기에 이렇게 말을 지속했다.

"사랑하는 형제들이여, 내 안에서는 영적인 성장, 진리로의 진전이 있었습니다. 다시 말하면 더 깊고 더 넓게 진리를 살았습니다. 이것이 여러분에게 말하는 나의 '진보'입니다. 진리에 더 가까이 갔기 때문에 진리에 대한 나의 지식이 확장된 것입니다."

거룩한 바실리오스는 이 엄청난 경험을 적으면서 자신이 참으로 보잘것없는 존재임을 느꼈다. 더 나아가 자신이 말하는 방법이 이기적으로 비춰질 수도 있었기에 스스로를 죄인으로 인식했는지도 모른다. 하지만 그는 감추고 싶었던 그의 성스런 경험을 부득이 편지에 적어야 했다. 아무튼 모든 것을 다 이야기하고 나니 그의 마음이 한결 가벼워졌다. 하느님이 베푸신 은사에 힘입어 그가 진리로 더 깊이 나아갈 수 있었다는 경험을 고민 끝에 털어 놓은 이상 이제 가장 중요한 그의 책무는 끝난 셈이다. 이제는 자신을 의심하는 이들에게 몇 가지의 부가적인 설명만 남았다.

"나는 아무것도 바꾸지 않았다고 여러분에게 말씀드렸습니다. 단지 나는 내가 받은 것을 '완성'한 것입니다. 즉 진리로의 진보를 통해 기적의 성인 그레고리오스의 가르침을 더 키우고 확장시킨 것입니다. 그것은 마치 작은 나무가 큰 나무로 성장하는 이치와 다름이 없습니다. 큰 나무와 작은 나무는 똑같습니다. 단지 성장한 것뿐입니다. 다른 종류의 나무가 된 것이 아니라 같은 나무가 성장한 것입니다. 사랑하는 형제들이여, 나의 신학도 이와 똑같은 경우입니다. 나는 받은 것을 바꾸지 않고 확장시키고 성장시킨 것입니다."

하지만 다시 바실리오스는 그의 말에 대한 심각한 와전을 예감했다. 가르침을 성숙시키고 발전시킨 것이라고 말하는 자신을 그들은 분명 교만하다고 여길 것이기 때문이다.

"하느님의 능력에 힘입은 진리로의 진보와 확장은 결코 전승과 나의 가르침의 향상을 의미하지 않습니다. 사실 그것은 말할 가치조차 없는 것입니다. 하지만 모든 의혹을 지우기 위해서 저는 그것을 말하려 합니다. 우리의 믿음, 우리의 전승은 오류가 있을 수 없기에 누가 향상시키거나 개선시킬 수 있는 것이 아닙니다. 전승은 성령의 빛에 의해 드러난 참된 진리의 표현이기 때문입니다. 누가 감히 성령이 주신 것을 고치려 하겠습니까? 그 누구도, 아니 적어도 정교인은 그렇게 못합니다. 당연히 저도 전승을 고치려 생각해본 적이 없습니다. 그저 드러나지 않은 부분을 채운 것뿐입니다."

이 설명을 마친 후에야 비로소 바실리오스는 하느님 안에 하나의 본질과 세 위격이 있다는 그의 신학을 예로 들 수 있었다. 이 신학은 성서에 그렇게 명확하게 드러나 있진 않았다. 하지만 이 신학이 새로운 요소는 아니었다. 성서의 가르침을 발전시키고 확장시킨 것이었다. 누구든지 조금만 주의 깊게 살펴본다면 이 신학이 성서의 증언과 절대적으로 부합한다는 것을 알 수 있다.

우리가 주의 깊게 지켜봐야 할 점은 바실리오스는 여러 가지 설명과 함께 다양한 시대의 교회 교부들의 신학이 어떻게 해서 정교이고 또 정교에 부합하게 되는 것인지, 그 기준과 안전장치는 무엇인지를 함께 제시하고 있다는 점이다.

바실리오스는 신학의 진리성, 정교성에 대한 안전장치와 외적인 기준은 교회의 전승을 절대적으로 수용하느냐 아니냐에 있다고 봤다. 바실리오스는 교회의 전승에 대해서 의구심을 갖거나 말할 필요를 결코 느끼지 못했다. 그는 그것을 제 것으로 삼아 온몸으로 살았을 뿐이다. 누구든지 그렇게 교회 안에서 살아가다보면 하느님의 은총에 힘입어 전승과 성서에 확연하게 드러나지 않은 진리에 대해서도 뭔가 말할 수 있게 된다. 반대로 전승을 절대적인 것으로 받아들이지 않고, 교회와 전승을 몸소 살지 않는다면 그 어떤 것을 말해도 그것은 인간의 창작물에 불과하다. 그것은 진리와 부합하지 않는 이질적인 것이며 성령의 빛의 결과물이 될 수 없다.

교회사를 보면 근간이 되는 전승에서 뭔가를 부정한 사람은 결코 바르게 신학을 한 적이 없었다. 그들이 말한 것은 전승의 확장이 아니라 새로운 것, 새로운 전승, 즉 이단이었다.

하느님의 지식

때는 375년의 끝자락과 376년의 초엽, 한 겨울이 지나가고 있었다.

추위, 눈, 비는 사람들의 활동을 최소한으로 위축시켰다. 몸이 좋지 못한 바실리오스는 방에서 나오질 못해 전혀 활동을 할 수 없었다.

하지만 바실리오스는 절망하지 않았다. 비록 활동과 사목과 지도와 설교를 못했지만 머릿속에서 구상도 하고 계획도 세울 수 있었기 때문이다. 강한 정신은 그의 쇠약해진 몸을 지탱해 주었고 육체가 견딜만한 미세한 힘과 함께 깨어 있었다.

이렇게 바실리오스는 정신적인 죽음에 저항하면서 깊고 성스런 그의 경험을 종이 위에 표현해 나갔다.

황궁에서 음모를 꾸미고 있고 곧 그를 소환하여 해명을 요구할 것이라는 소식 앞에서도 바실리오스는 흔들리지 않았고 위대한 신학이 요구하는 맑고 깨끗한 성신을 유지했다. 어떻게 그러한 정신을 유지할 수 있었는지 참으로 아이러니하다. 더 나아가 당시 상황은 그의 마음속에 커다란 슬픔과 깊은 상처를 입히고 있었다. 바실리오스는 자신에 대한 황궁의 음모를 잊지도 않았고, 적들의 모함으로 부득이하게 스스로 물러나야 했던 동생 그레고리오스에 대해서도 계속 관심을 기울이고 있었다. 이처럼 그는 모든 것에 관심을 두었고 기억하고 있었다. 모든 것이 동시에 일어났고 그에게 깊은 상처를 주었다. 바실리오스는 그런 가운데서 신학을 했다. 그만큼 그의 정신은 대단했다. 그는 모든 것을 그 안에 담을 능력이 있었다.

편지 233~235는 바실리오스의 위대한 신학의 섬광이었다. 그것은 그가 잠들기 전에 쓴 마지막 영적 저술이었다. 이렇게 그는 마지막 혼신의 힘을 다해 그 시대의 문제를 해결하려 했다. 그가 이 글을 쓰게 된 이유는 이단 때문이었는데 주로 에브노미오스의 추종자를 겨냥한 것이었다. 동방 전 지역으로 퍼져나간 그들은 비아냥거리듯 정교인에게 물어봤다.

"그대들은 하느님을 알고 경배하는 것인가 아니면 모르면서 경배하는 것인가?"

"당연히 알고서 경배하지."

"그렇다면 경배하는 하느님의 본질이 무엇인가?" 이단들은 급했다.

정교인들은 이 두 번째 질문에 그들이 숨겨놓은 덫이 있음을 알고 있었다. 왜냐하면 하느님의 본질에 대해 말한다는 것은 아주 어려운 일이기 때문이다. 더 나아가 그것을 생각도 해본 적도 없었다. 아무튼 정교인들은 서둘러 그 덫을 피하려 했다.

"우리는 하느님의 본질에 대해선 잘 모르겠네!"

"그렇다면 어떻게 그분을 경배할 수 있단 말인가?" 이단들은 기다렸다는 듯이 말했다.

덫은 드러나 있었다. 하지만 어떻게 그것을 피해 갈 수 있을까? 무력화시킬 수 있을까? 이단들은 하느님의 세 위격 각각의 고유한 특징들과 하느님의 본질을 동일시했기 때문에 사람이 신의 본질, 신의 성질을 알 수 있다고 확신했다.

그렇다면 세 위격의 특징과 하느님의 본질을 바실리오스의 신학에 따라 구분하고 있던 정교인들은 하느님에 대해 무엇을 알고 있었고 어떻게 알고 있었던 것일까? 신자들은 혼란에 빠질 수밖에 없었다.

이코니온의 암필로키오스는 범접할 수 없는 그의 섬세한 감수성으로 문제가 지니는 의미를 즉시 간파했다. 그는 신자들이 혼란에 빠지지 않도록 문제에 대한 답을 찾아야 했다. 더 나아가 그 어떤 의구심도 남겨선 안 되었다.

암필로키오스는 혼자 문제를 해결하려고 노력했지만 실패했다. 많은 책을 쓰고 학식이 뛰어난 신학자였지만 그것은 그의 능력 밖의 일이었다.

그는 바실리오스를 떠올렸다. "바실리오스에게 편지를 써야겠다. 그가 비록 많이 아프지만 내 편지에 공감하고 분명 답을 해 줄 거야. 게다가 이 문제를 풀 수 있는 사람은 그밖에 없어. 이 어려운 시대에 하느님께서 우리에게 보내준 위대한 인물, 우리의 교부이자 교회의 스승이 아닌가."

375년 말 또는 376년 초에 바실리오스는 이 주제와 관련된 여러 구체적인 질문이 담긴 암필로키오스의 편지를 받았다. 당시 46세였던 바실리오스는 그 편지가 그의 고통을 덜어주는 부드러운 바람처럼 느껴졌다.

암필로키오스에 대한 애정이 무척 깊었던 바실리오스는 그의 소식에 마음이 가벼워졌다. 가능했다면 바실리오스는 이미 그에게 자신의 일상을 편지로 적어 보냈을 것이다. 그리고 틈날 때마다 더 자주 자신의 고충과 아픔을 털어 놓았을 것이다.

하지만 그것은 불가능했다. 병, 우편배달, 부족한 시간 등 제약이 많았다. 하지만 지금은 그에게 편지를 써 보내야 했다. 바실리오스는 오랜 시간 연구했고 숙고했다. 그리고 하느님께 간구했다. 그에게 얼마 남지 않은 힘을 다 쏟아 부어 최선의 답을 도출하려고 노력했다. 바실리오스는 다시 처음으로 돌아가 주제를 살폈다. 하느님의 섭리 속에서 인간을 바라봤다.

우리는 하느님에 대해 무엇을 알고 있는 것일까? 본질을 안다고 말할 수 있을까? 그것은 용서받을 수 없는 이단이었다. 인간의 성질과 하느님의 성질을 동일시하는 것이었다.

바실리오스는 명쾌하게 설명했다. 우리가 하느님의 본질을 아는 것은 불가능하며 심지어 그분이 만드신 피조물의 본질을 아는 것도 불가능하다. 하느님의 피조물도 부분적으로만 알 수 있는데 하물며 하느님을 어떻게 알 수 있겠는가!

바실리오스는 그의 대답이 이단들의 엄청난 반발을 살 것임을 알고 있었다. 하지만 다른 방법이 없었다. 단순하면서도 확고하게 앞으로 나갈 수밖에 없었다. 그리고 많은 성서 구절들을 들어 그의 입장을 주장했다.

> "우리는 하느님을 안다고 해도 그분의 본질을 알 수는 없네. 우리의 지식은 그분의 특성까지만 도달할 수 있기 때문이지. 다시 말해 하느님의 위대성, 힘, 섭리, 지혜, 정의 같은 것을 알고 있는 것이지. 혹시 누군가가 이 모든 것이 하느님의 본질이라고 얘기하면서 하느님의 본질을 안다고 주장하는 사람이 있다면 그는 사실을 왜곡하는 궤변가에 불과할 것일세. 본질은 단순한 것이라 그렇게 다양한 이름, 다양한 특성을 가질 수가 없다네. 우리는 『에브노미오스 논박』이라는 책에서 분명하게 하느님의 특성은 그 본질과 구분된다고 증명했다네. 따라서 하느님의 본질을 안다고 말하는 사람은 하느님의 특성조차도 모르는 이며 하느님에 대해 무지한 자일세."

바실리오스는 좀 더 구체적이고 좀 더 신학적으로 나아갔다. 그것은 영원한 신학의 근간이 될 내용이었다. 바실리오스가 이렇게 한발 더 앞으로 나간 이유가 있었다. 그것은 지금까지 그가 말해왔던 것만으로는 사람들이 이해하기에 뭔가 부족하다는 것이 느껴졌기 때문이다. 바실리오스는 생각했다. "그래, 우리는 하느님의 특성을 알고 있어. 하지만 어떻게 알지? 사람이 혼자서, 자기 혼자서 하느님의 특성에 이른다고? 그러면 어떻게 그것이 가능하지?" 바실리오스는 그에 대한 해답을 사람들에게 이렇게 내놨다.

> "형제들이여, 하느님에 대한 앎은 설명하기 어려운 것이라네. 하지만 인간이 아닌 하느님은 그 지식을 가능케 해주신다고 말할 수 있지. 인간이 고뇌와 열정을 가지고 하느님께 그 지식을 간절히 구하면 우리를 사랑하시는 만유의 하느님은 언제든지 실제로 그 지식을 우리에게 주실 수 있다네. 하지만 그것은 어떻게 가능할까? 그것은 하느님의 에너지 때문이라네. 다양하고 무한한 하느님의 에너지는 사람에게 '내려오고' 그 사람 안으로 들어가지. 그러면 그 사람은 하느님의 에너지로 인해 하느님을 알게 되는 거고. 하느님의 에너지는 하느님의 속성을 보여주는 것이지 하느님의 본질을 보여주지는 않는다네. 그래서 우리는 하느님의 본질에 관해서는, 다만 하느님이 존재하신다는 것만 알 뿐이지. 한 가지 더 부언한다면 하느님 본질에 대해 우리는 아는 것은 역설적이게도 '그 본질을 이해할 수 없다'는 것뿐이라네."

바실리오스는 이렇게 심오한 주제에 대한 신학을 펼쳤다. 많은 설명을 해줬으며 무엇보다도 인간의 하느님에 대한 지식은 하느님이 존재하신다는 사실에 관한 것일 뿐 정확하게 하느님이 어떤 분이신지 그 본질에 관한 것이 아님을 강조했다. 말 그대로 자신 안에 계신 하느님을 경험하며 살아가는 사람은 행복과 동시에 하느님의 본질에는 접근할 수 없다는 한계를 느끼게 된다는 말이다.

하느님의 지식에 대한 바실리오스의 편지를 접한 독자들은 이제 하느님의 지식과 신학을 바르게 연결할 수 있다. 신학으로의 참된 도약, 그것은 은총으로 하느님의 에너지를 받는 사람, 그런 사람에게만 가능하다.

암필로키오스의 질문에 대한 바실리오스의 대답은 재빨리 목적지로 전해졌다. 그리고 그것은 곧 전국으로 퍼져나갔다. 바실리오스의 신학은 성서의 정신과 전승에 완전히 부합했기에 교회에 의해 채택되어 교회의 믿음, 가르침, 정신이 되었다. 이것은 대 바실리오스의 지극히 거룩하고 성스러운 공헌, 교회 신학의 진실한 확장, 그리고 그가 하느님의 선택받은 그릇이라는 사실을 재차 확인시켜주는 증거였다. 하느님은 진리를 드러내시기 위해 그를 선택하셨다. 이미 드러나 있고 알려져 있던 그 진리를 더 깊게 드러내라고 그를 선택하신 것이다.

최후의 고통과 투쟁

376년은 바실리오스에게 참으로 힘든 해였다. 카파도키아 정교인들은 그해를 잔인한 해로 기억했을 것이다! 과거 그 어떤 시절에도 그토록 교회가 어려움에 처했던 적은 없었다. 이 모든 원인은 황제의 사절인 디모스테니스에게 있었다.

그는 신학적인 지식이 없던 자였다. 그런 주제와 관련해서는 무식한 자였다. 자기 마음 내키는 대로 행동하고 무례했고 영적인 것에 대해서는 관심도 없었다. 하지만 그는 이단들과 매우 친했다. 그래서 일반적으로는 정교를 말살하고 구체적으로는 바실리오스를 없애버리려는 데 앞장섰다.

그는 즉시 엄청난 계획을 꾸미고 실행에 옮겼다. 376년 겨울 몇 달 동안 그는 온 지역을 돌아다녔다. 당시 바실리오스는 하느님 지식에 관한 문제에 대하여 답을 구하기 위해 투쟁하고 있었고 지병 때문에 침상에서만 지내고 있을 때였다.

그런 바실리오스의 상황 때문에 디모스테니스는 아무런 방해도 받지 않고 손쉽게 그의 계획을 수행할 수 있었다. 다른 정교인들은 감히 나서지 못했고, 나선다 해도 그에겐 큰 장애가 되지 못했다. 디모스테니스 때문에 교회는 심각한 혼란에 빠지게 된다. 그는 바실리오스 몰래 주교회의를 소집했고 갈라티아에서 그 회의가 열렸다. 그 회의를 통해 정교회 주교를 내쫓고 이단을 그 자리에 앉혔다. 그는 교회의 질서는 개의치 않았고 바실리오스를 무시했다. 그렇게 그는 케사리아의 모든 성직자를 범죄자로 몰아갔다. 카파도키아, 폰도스, 소 아르메니아의 모든 지역에서 갖은 방법을 써서 성직자를 박해했고 또한 정교인이라는 이유로, 또 바실리오스와 교류한다는 이유로 백성들을 탄압했다.

하지만 얼마 안 가 디모스테니스는 지역의 상황이 바뀌었다는 것을 분명하게 보여주려면 바실리오스를 무릎 꿇리거나 적어도 바실리오스가 간접적으로나마 새로운 상황을 인정하는 모습을 모든 사람들에게 보여주어야 할 필요를 느꼈다. 그렇다면 디모스테니스는 어떤 방법을 썼을까?

　소심하고 줏대 없는 주교들, 반항하는 주교들, 이단들은 언제 어디에나 있었다. 376년도 예외도 아니었다. 디모스테니스는 그들과 손을 잡고 회의를 열어 바실리오스를 소환함으로써, 마치 그가 새로운 상황을 받아들인 것처럼 꾸미려 했다. 어리석은 주교들은 행동에 나섰다. 그들은 음모를 실행하기 위해 관할 지역을 돌았다.

　바실리오스는 그들의 흉악한 계획을 들으며 병이 더 깊어졌다. 1월에서 3월까지 교회에 대한 공격은 폭력과 거짓이 점철된 것이었다. 적은 그 어떤 흉악한 짓도 서슴지 않았다. 교회는 바빌론의 포로 같은 상황을 보내야 했다. 박해는 잔인한 이빨을 드러냈다. 누군가 교회의 참된 전승을 지키려 하면, 이단으로 구성된 정부조직은 무차별적인 불의를 감행할 준비가 되어있었다! 재판은 없었다. 혹시 재판이 있는 경우에도 정교인들에 대한 중상모략이 난무했다. 많은 정교인들이 박해로 쫓겨났고 수녀, 수도사, 원로는 명예를 짓밟혔다. 많은 사제와 신자들은 이유 없이 영문도 모른 채 유배당했다. 늦은 밤에 집에 침입해 정교인들을 납치했고 정교인들은 외진 광야에서 쓸쓸히 고통 속에 수시로 죽어나갔다.

　공포가 도시와 마을을 휩쓸었다. 사방에서 눈물과 탄식이 터져 나왔다. 불행은 박해를 피해 멀리 시골 외딴 곳까지 달아난 정교인들에게도 닥쳐왔다. 광적인 디모스테니스가 카파도키아, 폰도스, 그리고 아르메니아를 탄식의 장으로 만들기 위해 그런 외딴 지역까지 박해의 도가니로 만든 것이었다. 어디를 가든지 정교인들의 통곡이 흘러나왔다. 정교인들은 감내해야 하는 엄청난 고통 앞에서 또 많은 그리스도인들이 바른 믿음을 포기하는 것을 지켜보면서 눈물을 흘렸다.

겨울이 물러나면서 바실리오스의 병은 어느 정도 호전되었다. 몸이 좀 더 자유로워졌고 활력도 생겼다. 방에서 편하게 움직일 수도 있었다. 완연한 봄이 찾아오자 바실리오스는 도시로 나갔다. 그는 자신의 교구를 둘러보기로 마음먹었다.

그는 할 수 있는 한 많은 지역을 방문하려 했다. 하지만 예전만큼 몸이 따라주지 않았다. 과거의 역동적인 힘도 없었다. 하지만 그는 잘 알고 있었다. 그들 앞에 모습을 보여주는 것만으로도, 정교에 대해 뭔가 속삭여 주는 것만으로도, "형제들, 용기를 내시게. 믿음을 굳건히 지키게나. 곧 불행이 지나갈 걸세."라는 말 한마디만으로도 의미가 있다는 것을 알고 있었다.

실제로 그가 지나가는 곳은 마치 카타콤에서 교회가 나오는 것 같았다. 성직자, 백성, 학식이 낮은 신자들은 힘없는 목소리로 말하는 바실리오스를 보고 들으며 알 수 없는 힘과 환희를 느꼈다.

사람들은 그를 환영하며 기쁨과 용기의 눈물을 흘렸다. 뼈밖에 남지 않은 그의 손과 색 바랜 낡은 수단에 입을 맞췄다. 그것은 마치 "네, 하느님의 사람이여, 당신에게 우리의 생사를 걸고 약속드립니다. 우리는 정교의 신앙을 굳건히 지킬 것입니다. 그러니 그저 축복만 해주십시오!"라고 맹세하는 것처럼 보였다.

그가 가고자 하는 곳은 그의 발이 채 닿기도 전에 이미 희망과 용기의 시원한 바람이 불었다. 그리고 그곳을 떠날 때는 정교 신앙을 지키겠다는 결연한 각오로 무장되어 있었다. 이렇게 서서히 정교회는 호흡을 했고 고개를 들며 얼굴을 드러냈다.

한편 이단들의 공격에 피폐해져 가는 교회를 사력을 다해 지키려 한 바실리오스와는 달리 또 다른 교활한 적이 동방에서 안티오키아를 중심으로 작업을 하고 있었다.

이미 앞에서 언급했다시피 명성이 자자했던 안티오키아 대교구는 두 개로 나눠져 있었다. 서방 사람들은 파블리노스가 이단자인 앙키라의 마르켈로스에게 깊은 영향을 받았다는 사실을 알지 못한 채 파블리노스의 세력을 지지하고 있었다. 그것은 동방 지역 교회의 위기를 더욱 심화시켰다. 모든 사람들의 눈이 다시 바실리오스를 향했다.

유배 중에 있던 사모사타의 에프세비오스와 다른 많은 사람들은 서방에 편지를 띄우고 사절을 보내어 안티오키아의 분열을 획책하는 행동을 즉각 중지하고 동방 교회의 전체적인 상황에 관심을 기울이게 해 줄 것을 바실리오스에게 부탁했다. 사실 그것은 바실리오스의 가슴을 짓누르는 고민거리 중 하나였다. 왜냐하면 서방은 거만, 무관심, 이해 부족, 독단적인 태도를 취하고 있었기 때문이다.

당시 상그티시모스 사제는 서방의 태도를 누그러뜨리고 동방에 관심을 갖게 하기 위해 동방 지역을 여행하며 주교와 당국자로부터 편지와 서명을 받으러 다녔다. 그때 바실리오스는 그에게 힘이 되어 주었다.

바실리오스는 직접 편지를 쓰는 것에 대해서는 부정적이었다. 에프세비오스의 요청에 그는 자신의 입장을 이렇게 피력했다.

"그대가 나에게 그런 요청을 하지 않았으면 좋겠네. 서방은 거만한 태도를 보이고 있다네. 고개를 높이 치켜들고는 우리를 쳐다볼 생각도 안 하지. 여러 가지 주제에 개입해서 일을 더 복잡하게 만들고 제대로 알지도 못하고 구분도 못 하고 알고 싶어 하지도 않으면서 지금 동방의 머리까지 되려고 한다네."

하지만 교회가 요청할 때 언제나 자신을 버리고 순종해 왔던 바실리오스가 이 요청을 끝까지 거부할 순 없었다.

"그대 말대로 편지를 써 보내겠네. 그들이 이곳의 상황을 잘 알지 못하니 무언가를 하고 싶다면 우리에게 먼저 꼭 물어보면 좋겠다는 내용으로 서방 교회 수장에게 편지를 보내도록 하겠네."

바실리오스는 봄에 로마의 주교 다마수스에게 편지를 썼다.

> "당신들은 우리가 그토록 힘든 시간을 보낼 때 방관했습니다. 위로의 편지 하나 보내지 않았습니다. 동방의 정교인들이 어떻게 지내고 있는지 온 세상이 다 알고 있는데 당신들은 귀를 막고 있습니다. 우리의 고통은 형언할 수 없는 것입니다. 하지만 우리는 감내하고 있습니다. 네, 끝까지 인내하고 정교인으로 남을 것입니다. 하지만 이제 우리에게 눈길을 돌려주십시오. 하느님을 위해 약간의 위로를 주십시오! 언젠가 당신들 안에 있었던 사랑의 계명을 보여주십시오. 당신들은 최소한의 사랑을 보여줄 의무가 있습니다!"

헌신적인 도로테오스와 상그티시모스 두 사제는 동방에서 일어나는 박해와 안티오키아의 분열에 대한 해결책과 관련해 서방이 취해야 할 행동에 관한 바실리오스의 모든 의견을 취합해서 로마에 전해 주기로 했다. 로마의 주교 다마수스에게 보낼 편지와 지침 등 모든 것이 준비되었다.

그때 경험이 많은 도로테오스가 그의 의견을 간단하게 피력했다.

"대주교님, 혹시 뭔가 가지고 가야 하지 않을까요? 이탈리아, 프랑스 등 주교들에게 당신이 뭔가 선물을 주시면 좋을 것 같은데요."

도로테오스는 서방 교회의 수장인 로마의 주교 다마수스가 동방 교회의 상황을 제대로 이해하지 못할 것이라는 것을 눈치 채고 있었다. 다시 옛날의 상처가 바실리오스의 영혼을 휘감았다. 로마는 동방 지역에 대해 무관심으로 일관해 바실리오스에게 큰 쓰라림을 안겼었다. 따라서 다마수스에게 뭔가 기대한다는 것은 큰 의미가 없었다. 서방의 다른 주교들에게도 편지를 써야할 필요성이 느껴졌다. 바실리오스는 동방이 처한 상황에 대해 자세하게 설명하며 박해를 멈출 수 있도록 힘을 기울여 달라고 요청했다.

바실리오스는 본인이 직접 그들을 방문해서 설득하면 좋은 결과를 가져올 것이라는 생각에 그곳으로의 여행도 생각했지만 병이 그를 가만히 놔두지 않았다. 더 나아가 카파도키아가 처한 현재의 상황을 그냥 놔두고 그 먼 곳을 갈 수도 없었다. 이단들은 호시탐탐 양들을 약탈하려 기회를 엿보고 있었다. 양들의 경비견이 자리를 비우면 양들을 공격하려고 기회를 노리고 있었다.

바실리오스는 이가 없어 약간의 채소만 먹을 수 있었고 갈대처럼 뼈만 앙상하게 남아 있었다. 그럼에도 적들은 그를 두려워했다. 아니 그의 그림자조차도 무서워했다. 왜냐하면 비록 쉽게 흔들리기는 했지만 백성들은 바실리오스가 진리를 따라가고 있다는 깊은 믿음이 있었기 때문이다. 백성들은 바실리오스를 진리와 동일시하고 있었다.

하지만 다른 지역인 폰도스, 소 아르메니아, 시리아, 소아시아의 여러 지역 상황은 정교인들에게 무척 안 좋았다. 그곳의 참혹한 소식들은 매일 바실리오스에게 전해졌고 바실리오스는 그들에게 뭔가 위로의 말을 전하려 했다.

봄과 여름 내내 이런 일들이 계속해서 벌어졌다. 그렇다면 바실리오스는 자신을 오해한 사람들에게 먼저 해명을 하는 것이 우선일까? 정교 믿음을 지키기 위해 박해를 받고 고통 받는 이들에게 위로의 말을 전하는 것이 우선일까?

바실리오스는 구분하지 않고 모두를 위해 노력한다. '유사본질론'과 정교 사이에서 흔들리는 신자들에게 편지를 쓰고 그가 왜 존경했던 원로 주교 에프스타티오스와 멀어졌는지도 설명했다. 왜냐하면 이것은 그를 무척 아프게 하는 주제였지만 그가 취한 행동이 올바른 믿음과 그의 양심에 따른 것이었음을 사람들이 꼭 알아야만 했기 때문이다.

바실리오스는 자신이 취한 입장 때문에 무척 비싼 대가를 치러야 했다. 하지만 그는 정치적인 상황 때문에 신앙을 바꿔서는 안 된다는 원칙을 언제나 유지했었고 그렇게 충고를 해왔다. 376년 겨울 바실리오스는 끝까지 그의 입장을 고집한다. 그리고 그의 적들에게 과거 자신이 신앙을 바꾸거나 신앙을 변질시킨 것을 보았는지 말해 보라고 요구했다.

그럼 다시 박해로 돌아가 보자. 니코폴리스와 시리아 교회의 피해는 이만 저만이 아니었다. 유배, 탄압, 착취, 교회 와해, 가정집의 파괴는 일상적인 현상이었다. 탄압을 가장 많이 받은 사람들은 시리아의 수도사였는데, 이는 정교 신앙을 굳건히 지켰기 때문이다.

부활절이 지난 후 정부 기관은 이단의 안내를 받아서 수도사들의 거처를 공격했다. 불을 지르고 수도사를 몰아냈다. 그들은 갈 곳이 없었다. 바실리오스가 그들에게 편지를 보내려 해도 어디에 있는지 알 수가 없어 보낼 수가 없었다. 적들은 이렇게 비인간적인 행동으로 신자들을 겁박하며 이단을 받아들이도록 강제했다.

신자들만 이단에 무릎을 꿇은 것이 아니었다. 일부 성직자는 신앙과 신자를 배신하고 자발적으로 이단에 투항했다. 성직자의 이런 행동은 상당한 추문을 일으켰다. 하지만 다른 한편으로는 많은 용감한 신앙의 전사들이 귀감을 보여주어 추문을 상쇄시켰다. 시리아의 정교 주교들은 유배당했고 양떼들은 주교 없이 방치됐다. 그곳 정교인들의 순교자적 삶의 소식을 들으면서 바실리오스는 마치 자신은 고통을 겪지 않는 것처럼 그들을 부러워하며 축복했다!

그는 자신의 아픔과 고통은 잊은 채 그들을 생각하며 한숨짓고 아파했다. 더 나아가 투사들의 스승이 되어 신앙의 고백자와 순교자들에게 용기와 힘을 불어넣어줬다. 지금 아리우스 신봉자들로 인해 겪는 모든 것이 이교도에 의해 순교했던 과거의 순교보다 더 가치가 있는 것임을 자각할 수 있도록 온 힘을 기울였다.

"형제들이여, 인내와 용기를 잃지 마십시오! 순교의 영광의 화관이 이미 그대들의 성스러운 머리 위에 있습니다. 그리고 그대들의 관은 옛날의 관보다 더 빛나는 것입니다. 왜냐하면 지금 그대들의 적은 이교도들이 아닌 그리스도인이라고 불리는 사람들이고, 지금 우리는 과거의 순교자들보다 더 큰 용기를 가져야만 올바른 신앙을 지킬 수 있기 때문입니다."

바른 지적이었다. 예전에 바실리오스는 동시대의 순교자들에게 똑같은 입장을 피력한 적이 있었다. 바실리오스는 그들을 진심으로 경탄하며 이렇게 외쳤다.

> "형제들이여, 하느님이 나에게 힘을 주신다면 내가 그곳으로 가서 그대들을 내 품에 꼭 껴안아주고 싶습니다. 그대들이 신앙을 수호하기 위해 흘리는 투쟁의 땀이 나의 피폐한 몸 위에 흔적으로 남으면 참으로 좋겠습니다!"

하지만 그의 가슴을 더욱 애타게 하는 것이 있었다. 교회의 자유였다. 이것은 그 누구보다 신앙의 순교자들의 역할이 클 수밖에 없었다. 바실리오스는 비탄의 심성으로 그들에게 부탁하고 간청했다.

> "그대들은 오늘의 이 희생을 통해 하느님 앞에서 담대함을 얻었으니, 하늘 높은 곳에서 목소리 높여주십시오. 교회를 공격하는 모든 악행이 멈출 수 있도록 하느님께 울며 간절히 요청해주십시오."

바실리오스의 이런 확신은 어디서 나온 걸까?

> "나는 선하신 하느님의 마음을 풀어드릴 수 있는 단 한 사람, 선택된 단 한 영혼이라도 있다면 평화가 곧 찾아오고 박해도 사라질 것이라고 굳게 믿습니다."

남은 2년

376, 7년의 겨울은 여느 겨울과 비슷했다. 하지만 약해질 대로 약해진 바실리오스를 그의 허름한 방에 가둬 두는 것은 그리 어려운 일이 아니었다.

376년의 12월부터 377년 2월까지 그렇게 바실리오스는 방 안에 갇혀 있었다. 음습하고 혹독한 겨울의 기세는 허약해진 그에게서 그나마 남은 기력까지 다 앗아갔고, 견딜 수 없는 압박감 아래서 밀려오는 우울감은 더욱 커졌다. 추위, 병, 슬픔은 모두 하나가 되어 그를 자신 안에 갇혀 있도록 몰아붙였다. 그는 무의식적으로 점점 더 자신 안에 갇혀 갔다. 몸의 움직임은 거의 없었다.

그는 오랫동안 침상에 누워있었다. 일어날 때면 침대 등받이에 등을 기대고 앉았다. 그리고 앙상한 두 다리를 모은 후 손으로 무릎을 잡아당겼다. 혹은 그의 팔꿈치를 무릎 위에 받치고 앞으로 기울어져 있는 그의 거룩한 머리를 두 손바닥으로 감싸곤 했다.

이 자세는 그의 영혼이 깨어 기도하는 데 도움을 주었다. 하지만 이제 그는 오래 생각하는 것조차 피곤해 했다. 바실리오스는 자신이 늙었음을 느꼈다. 수시로 자신의 몸이 굳는 것을 느꼈다. 그의 몸은 쉽게 차가워지고 얼음장 같이 되곤 했다.

이런 상태는 지속되었고 그는 과거의 향수에 젖곤 했다. 사랑했던 것들을 얼마나 떠올렸을까! 그는 세상을 놀라게 했지만 곧 포기하고 말았던 자신의 수사학적 재능을 떠올렸다. 달콤한 열매를 맛보기 시작하자마자 포기했던 수도사의 삶을 떠올렸다.

바실리오스는 콘스탄티노플, 무엇보다 아테네에서 지냈던 아름다운 날들도 회상했다. 물론 그때 그는 그렇게 성숙하지 못했고 지금처럼 진리를 살지 못했다. 이유야 어떻든 그에게는 그때 그 시절이 향수였다. 그때 그는 날개를 펼치고 창공을 비행했으며 폭풍우를 쉽게 헤쳐 나갈 수 있다고 생각했다. 때론 약간의 미소로 또 때론 약간의 쓰린 모습으로 그는 얼마나 속으로 한숨지으며 외쳤던가?

"잠시라도 아무것도 모르는 청년으로 돌아갈 수만 있다면, 세상을 활보하며 쉽게 진리를 찾을 수만 있다면…"

그의 생각은 부유했던 고향 옛집으로 날아갔다. 그는 집안의 많은 부에는 관심이 없었지만 그곳에서 받은 사랑만큼은 결코 잊을 수 없었다. 그의 성신은 참으로 아름답고 조화로웠던 그의 어머니 에멜리아로 향했다. 천천히 흐르는 시냇물처럼 그의 볼 위로 조용히 눈물이 흘렀다. 그리고 순수하고 바른 신앙의 전통을 자신에게 가르쳐준 할머니 마크리나도 떠올렸다. 영원히 기억되시길 …. 향수에 젖다보니 어느새 피곤이 느껴졌다. 그런 그리움 속에 자연스럽게 잠이 들곤 했다. 기력이 더 약해질 때면 자주 의식과 무의식 사이를 오가기도 했다.

사실상 기력이 거의 바닥난 지금, 그 어느 때보다도 자신이 보잘것 없는 존재라고 느끼고 있는 지금, 그의 명성, 위대하고 거룩한 바실리오스의 명성은 그리스도교 세계의 가장 작은 부분까지 깊숙이 스며들어 있었다.

위대한 인물의 삶이 끝나가고 있는 이 시간에도 사람들은 그의 위대성에 경탄하며 그를 가만히 놔두지 않았다. 바실리오스도 가르치고 조언하는 일을 거부하지 못했다. 가능하다면 직접 나서고 싶어 했다.

바실리오스는 서신을 주고받으며 그들을 위로했고 자신을 위해서도 기도를 부탁했다. 이것은 하느님과 형제 앞에서 취할 수 있는 가장 올바른 태도이자 그의 진실성에 대한 가장 확실한 표시이다.

카파도키아 말고도 소아시아에서도 편지가 도착했다. 멀리 떨어져 있는 신자들도 모두 그를 알고 있었다. 무엇보다 중요한 신학자들이 그를 잘 알고 있었다. 일례로 디오도로스와 신학자 에피파니오스가 있다. 전자는 타르소의 주교가 된 능력 있는 저자였고 후자는 키프로스 살라미나의 주교였다. 특히 팔레스타인에서 살고 있던 에피파니오스는 교회의 신학적 문제에 깊이 개입되어 있었다.

언젠가 예루살렘 근처 올리브 산 수도원에서 수도사들 사이에 큰 의견 충돌이 일어났다. 그 충돌은 지역의 대부분 그리스도인도 개입하는 바람에 끝날 기미를 보이지 않았다. 에피파니오스는 바실리오스를 떠올렸다. 물론 수도사들 사이의 충돌 때문만은 아니었다. 그리스도인들도 그 당시의 모든 문제, 즉 성령, 안티오키아 교회 상황, 그 밖의 여러 주제에 대해 그의 의견을 듣고 싶어 했다.

바실리오스는 이처럼 모든 사람들로부터 존경을 받았다. 바실리오스만큼 존경받는 인물은 없었다. 에피파니오스가 바실리오스에게 편지를 써서 조언과 해법을 요청했다. 케사리아의 늙은 주교는 이를 통해 독수리는 늙어도 언제나 독수리로 남는다는 것을 보여주었다.

남은 힘을 다 쏟아 부었다. 피가 그의 뇌로 집중되는 것 같았다. 바실리오스는 곧 예전의 그의 모습으로 돌아왔다. 구석에 있던 펜을 들어 편지를 써 내려가기 시작했다. 바실리오스는 자신보다 15살이나 많은 에피파니오스에게 편지를 썼다. 사실 나이는 영적인 사람들에게 큰 의미가 없다. 진리와 덕행이 기준이기 때문이다.

바실리오스는 에피파니오스가 중요한 주제에 대해 항상 올바른 입장을 유지했던 것은 아님을 잘 알고 있었다. 하지만 주저하진 않았다. 먼저 그를 높이 치켜세우며 애정 어린 마음으로 그를 검증했다. 그리고 명확하게 그에게 무엇이 올바른지 밝혔다.

> "에피파니오스 주교님, 오늘날 형제들에 대한 연민과 눈물을 보기 힘든 이 시대에, 형제끼리 서로의 상처를 들추고 서로 자기 입장만 고집하는 이 시대에, 저를 기억하시고 애정을 보여주신 것에 대해 감사드립니다. 평화에 관심을 기울여주신 점도 참으로 기쁩니다. 하지만 저같이 하찮은 이에게 무엇을 바라시는지요? 제가 어떻게 그렇게 어려운 상황을 바꿀 수 있겠습니까? 성령도 말의 힘도 갖추지 못한 제가 무엇을 할 수 있겠습니까? 세상의 지식을 버렸지만 아직까지도 하느님의 길을 가려면 한참 먼 사람에게 무엇을 기대하시는지요?"

바실리오스는 에피파니오스에게 편지를 써 보내며 올리브 산에서 수행을 하고 있던 카파도키아인 팔라디오와 이탈리아인 이노켄디오스에게도 편지를 띄웠다. 바실리오스는 교회의 전반적인 문제에 대해 이 모든 사람들에게 편지를 써 보냈다. 그의 입장은 지난 세월을 통해 분명하게 알려져 있었지만 그것 때문에 그는 많은 어려움과 고통도 겪었다. 하지만 이번에는 좀 달랐다. 바실리오스에게도 뭔가 새로운 주제로 다가왔다. 아폴리나리오스의 신학이 교회를 혼돈에 빠뜨렸기 때문이다.

그리스도에 대한 아폴리나리오스의 이단적 가르침은 그리스도론적인 문제를 야기했다. 바실리오스가 니케아 신조에 성령에 관한 조항을 넣은 것처럼 당시 많은 사람들은 신조에 담겨있는 그리스도론에 대해 더 광범위하게 설명하려는 시도들을 하고 있었다.

모든 것이 의심스러웠고 경험 없는 신학자들의 시도였기에, 의식이 있는 사람들은 모두 바실리오스에게 눈을 돌렸다. 왜냐하면 그 누구도 신학에 있어서는 그가 최고라는 사실을 부정하지 않았기 때문이다. 그들은 전반적으로 또 이론적으로 주님의 육화에 대한 문제를 그에게 소개하고 관련된 주제에 대해 물어봤다.

바실리오스는 주저했고 움츠렸다. 이 문제에 대해 생각하고 싶지 않았고, 답변도 거부했다. 토론이 되는 것 자체를 원치 않았다! 문제가 이미 발생했는데 바실리오스는 토론 자체를 거부한 것이다!

하지만 그가 무슨 권리로 문제 해결의 역할을 거부할 수 있겠는가? 그 어떤 권리도, 변명의 여지도 없었다. 그럼에도 불구하고 바실리오스는 더 이상 할 수가 없었다. 새로운 신학적인 주제에 대해 더 이상 해법을 제시할 수가 없었다. 그의 역할은 여기까지였다!

다시 말하면 감춰져 있는 진리를 드러내기 위해 하느님이 선택하신 그릇의 역할이 이제 끝난 것이다. 하느님은 새로 등장한 큰 주제를 다루고 해결할 또 다른 그릇을 찾아 내셔야만 했다. 바실리오스는 늙었고 지쳤고 엄청난 사역의 종착역에 이르렀다. 이제 다른 인물의 시간이 온 것이다. 그가 아타나시오스에게서 받았던 것처럼 다른 이에게 그의 지휘봉을 넘겨줘야 할 때가 찾아온 것이다.

그런데 이것은 사실 하나도 이상한 것이 아니었다. 교회 안에서는 언제나 그래왔다. 교회 역사에서 단 한 명의 교부, 한 명의 스승이 죽는 순간까지 모든 신학적 문제에 대한 답을 내놓진 않았다.

아타나시오스의 경우를 보자. 정교의 기둥이였던 그는 아버지와 아들(성부와 성자)이 동일본질이라는 것과 그와 연관된 여러 문제에 대해 신학적으로 해법을 제시했다. 그 결과 그는 교회의 추앙을 받았다.

하지만 하느님의 한 본질과 세 위격의 관계에 대한 근본적인 문제가 제기되자 그 해법은 아타나시오스가 아닌 하느님의 비추임을 받은 바실리오스의 몫이 되었다.

당시 아타나시오스는 살아있었지만 늙고 지친 상태였다. 그래서 말하기도 힘들었고, 때론 주제를 제대로 파악하지 못한 적도 있었다. 어떤 때는 직접 거부 의사를 밝히기도 했다. 그런 일이 지금 바실리오스에게 일어나고 있는 것이다.

여생을 얼마 남겨두지 않았던 아타나시오스가 니케아 신조로 충분하니 성령에 대해 토론을 중지하라고 충고했던 것처럼, 기력이 다한 바실리오스도 그리스도론의 새로운 위험 요소를 직시하고도 그에 대한 토론을 중지하고 단순한 신앙에 머물러 있으라고 충고했다.

아타나시오스가 주저했던 것을 바실리오스가 이어받아 신조에 성령의 조항을 첨가했던 것처럼, 바실리오스가 주저했던 것을 이번에는 알렉산드리아의 키릴로스가 그의 뒤를 이었고, 여럿이 힘을 합쳐 그리스도에 관한 확장된 교의를 교회의 가르침에 첨가했다. 그리고 이는 제4차 세계 공의회(425년)에 의해 공인되었다. 교회는 이렇게 성령의 비추임을 통해서, 교회의 가르침과 삶의 문제들을 신학적으로 풀어나가며 계속해서 내적인 위기를 헤쳐 나갔다. 하지만 비록 위의 내용이 사실이고 교회 삶 속에서 확인된다 해도 바실리오스의 태도에는 깊은 의구심이 남는다.

초조와 불안 속에서 바실리오스에게 답을 구했던 신자들은 아마도 그의 태도를 안타까워하며 자신들의 애타는 마음을 이렇게 밝혔을지 모른다. "바실리오스 대주교님, 당신조차도 우리를 도와주지 않으시는 겁니까?"

하지만 바실리오스는 신자들이 직면한 문제를 결코 방관하지 않았다. 자신의 고통은 안중에도 두지 않지만 형제의 아픔은 쉽게 간과하지 못하는 사람이었다.

바실리오스의 이 거부는 새롭게 대두된 중요한 신학적 문제에 대해 자신이 끝까지 책임질 수 없음을 고백한 것이라고 이해되어야 한다. 당연히 그는 무관심하지 않았다. 그것은 그에게 어울리지 않는 태도이다.

당시 아폴리나리오스의 주장은 피시디아와 다른 여러 지역에 널리 퍼져 있었다. 특히 주님의 실질적인 육화와 십자가의 죽음에 대한 의구심이 커져갔다. 주교들과 많은 사람들은 바실리오스에게 편지를 보내 그 가르침을 언급하며 그에게 도움을 요청했다.

바실리오스는 그들의 도움 요청을 외면하지 않았다. 그는 주제를 확대하지 않고 다만 육화에 대한 진리를 요약해서 편지에 담아 보냈다. 바실리오스는 하느님의 아들이 실질적인 육체, 테오토코스의 육체를 취했으며 실제로 육화하고 희생했기 때문에 첫 선조들의 죄로 인해 타락한 인류를 구원할 수 있다고 강조했다.

바실리오스는 삶이 거의 끝나가고 있음에도 불구하고 사력을 다해 답을 했다. 특히 그의 삶이 곧 끝날 것임을 알고 형제들을 위해 남은 힘을 다 쏟았다. 형제들의 얼굴에서 하느님 자신을 보고 있었기 때문이다.

377년 중엽, 마침내 서방에서 약간의 위로가 되는 소식이 전해졌다. 도로테오스와 상그티시모스 사제는 여러 편지와 바실리오스의 당부를 서방에 전하고 다시 동방으로 귀환했다. 그들은 상세하게 모든 것을 서방에 알려줬다. 그제야 그들은 실상을 체감한 것으로 보인다. 그들은 귀환하는 두 사제를 통해 편지를 보내왔다. 편지 내용은 동방의 신자들이 겪는 고통에 연민을 표한다는 것이었다.

하지만 서방은 동방 교회의 상황을 온전히 인식하고 있지는 못했다. 아니 동방의 상황을 이해하려 하지 않은 것으로 보였다. 그들은 동방의 신자들이 아리우스파에 의해 겪는 고통에 대해 위로했다. 바실리오스가 대답했다.

> "형제여, 우리는 당연히 아리우스파에 의해 고통을 받고 있습니다. 하지만 우리가 처한 위험의 본질은 다른 곳에 있습니다. 아리우스파들은 이미 모든 실체가 드러나 우리가 어떻게 대처해야 하는지 잘 알고 있습니다. 이제 그들이 어떤 짓을 해도 우리를 속일 수가 없습니다."

뭔가 이상했다! 바실리오스가 모든 상황을 상세히 밝혔음에도 서방에서 이해를 못하고 있다는 것이 잘 설명되지 않았다. 바실리오스는 다시 한 번 마지막으로 그들에게 편지를 쓰고 모든 것을 하느님의 손에 맡기기로 했다.

"형제여, 교회 안에서 은밀히 작업하는 적들이 우리를 위험에 빠트리고 있습니다. 나는 여러분에게 이미 이들에 대해 말했습니다. 나는 그들을 잘 압니다. 하지만 당신들도 공개적으로 그들을 단죄해야 합니다. 그러면 신자들은 그들이 이단이고 위험한 존재라는 것을 인식할 것입니다."

바실리오스가 말한 이들은 우리를 그토록 아프게 했던 세바스티아의 에프스타티오스와 주님의 육화와 부활에 대해 위험하고 허황된 이설을 퍼트리고 있던 아폴리나리오스였다.

"나는 당신들이 안티오키아의 주교로 인정하고 있는 파블리노스에 대해서도 말하지 않을 수가 없습니다. 그는 앙키라의 마르켈로스 이단의 주장에 동화되어 그의 추종자들을 정교인으로 여기고 있습니다. 나는 당신들에게 그들을 조심하라고 부탁한 적이 있습니다. 그들이 정교인처럼 행동하며 신자들을 속이기 때문입니다. 물론 그들이 당신들에게 올바른 신앙을 고백한다면 저 역시 그들을 받아들일 것입니다. 그렇게만 된다면 정말 좋겠습니다. 하지만 계속 그들이 올바른 신앙을 훼손한다면 우리가 그들과 친교를 맺지 않고 있다는 것을 모든 사람들이 알아야 합니다. 그래야 건강한 신자들에게 그들의 해악이 번지지 않을 것이고 그들이 고립될 것입니다."

이 모든 것은 서방의 가슴을 무척 아프게 했다. 하지만 바실리오스는 말하지 않을 수가 없었다. 그렇지 않으면 동방에서의 혼란이 줄어들지 않을 것이며 엄청난 희생자가 나올 것이었기 때문이다. 사악한 자와 이단은 흐린 물에서 많은 추종자를 낚는 법이다.

바실리오스가 말한 교회의 혼란은 논리의 비약이 아니었다. 시리아의 라오디키아의 주교로 있던 아폴리나리오스는 그곳을 기반으로 그의 추종자를 양산하고 소아시아의 다른 지역교회들을 자기편으로 끌어들이면서 자신의 교회를 세우려 했다. 특히 그가 쓴 수려한 문체의 많은 작품은 많은 이들에게 호감을 얻어 널리 알려져 있었다.

과거에 바실리오스는 에프스타티오스 추종자들이 야기한 심각한 문제로 그들의 가르침을 면밀히 조사한 후 에프스타티오스가 많은 이설을 가르치는 저자라고 확인한 바가 있었다. 이번에도 바실리오스는 아폴리나리오스의 주장과 활동의 모든 실체를 파악했다. 하지만 바실리오스가 이번에 느낀 상실감은 무척 깊었다. 그것은 다양한 모습의 형태를 띤 위험한 이단의 출현 때문만은 아니었다. 본래 아폴리나리오스는 정교인들과 또 니케아 신조의 지지자들과 같은 입장을 취했던 인물이었기 때문이다.

> "우리와 같은 편이었던 정교의 오래된 투사가 지금 교회를 독으로 물들이고 파괴를 하고 있다니! 패악이요 수치가 아닐 수 없습니다. 나는 지금 친구요 형제에게 배신을 당한 느낌을 지울 수가 없습니다!"

바실리오스는 아폴리나리오스의 주장을 부정하고 물리쳤다. 하지만 과거 에브노미오스에게 했던 것처럼 그를 반박하는 글을 쓰진 않았다. 자신에게 힘이 남아있지 않다는 것을 알고 있었기 때문이다. 하지만 그는 즉시 몇 가지 사목적인 조치를 취했다. 그가 할 수 있는 일을 한 것이다.

바실리오스는 신앙을 지키기 위해 팔레스타인에 유배중인 세 명의 이집트의 정교 주교에게 라오디키아로 갈 것을 부탁했다. 그곳에서 아폴리나리오스를 만나 교회의 가르침을 자세히 설명하고 그가 다시 바른 길로 돌아올 수 있도록 노력해줄 것을 당부했다.

물론 바실리오스는 아폴리나리오스가 바른 신앙으로 쉽게 돌아올 것이라고 생각하지 않았다. 바실리오스는 신자들을 보호하는 데 더 큰 중점을 뒀다. 이런 이유로 바실리오스는 이집트의 정교 주교들에게 이렇게 요청했다.

> "라오디키아에 가서 그와 공개적으로 토론을 하십시오. 그의 이설을 드러내고 그대들의 바른 신앙을 신자들이 직접 목격하게 하십시오. 그가 회개한다 해도 사람들이 보고 알 수 있게 하고 회개하지 않는다 해도 모두가 보고 알 수 있게 하여 그를 피할 수 있도록 조치해 주십시오."

교회사를 들여다보면 바실리오스가 파송한 이집트 주교 사절은 성과를 거두지 못한 것으로 보인다. 그럼에도 바실리오스의 조치는 적어도 빠른 속도로 번지고 있는 위험을 경고하고 조심하도록 경각심을 불러일으켰다.

바실리오스의 이러한 노력은 377년 말과 378년 초에 있었다. 교회의 상태는 한 겨울 혹한의 추위 속에 놓인 것 같았다. 신자들은 아리우스의 잔존세력을 채 정리하기도 전에 다양한 형태의 새로운 이단, 아폴리나리오스의 이단에 다시 직면했다.

이 모든 상황은 바실리오스를 점점 더 절망과 극한의 생각으로 몰아갔다.

> "혹시 이 끔찍한 고통, 변질, 혼란이 적그리스도 출현의 경고인가? 하느님, 우리에게 힘을 주시어 슬픔의 용광로에 빠지지 않고 굳건히 설 수 있게 해주소서. 우리를 지켜주시어 올바른 신앙에 머물게 하소서."

378년이 좋지 않은 많은 징조들로 시작된 점을 감안한다면 바실리오스의 이 탄식은 나름 이해가 되기도 한다. 더구나 그의 병은 호전은 고사하고 점점 더 악화되어 그의 쇠약한 몸을 짓누르고 있었다.

봄과 여름, 바실리오스는 약간의 움직임만 보였다. 그러던 어느 날 갑자기 불꽃이 일듯이 그의 건강이 잠시 호전되었다. 주변에 있던 사람들은 과거 왕성한 활동을 하던 그의 모습을 떠올렸다. 물론 여행을 할 정도는 아니었다. 그는 제법 되는 편지를 써 보냈고 더 많은 편지를 받았다. 자신이 늙었음을 느끼면서도 젊은이들과 그들이 직면하는 문제들을 지켜보았다. 도와줄 수 있는 사람들에게는 억울한 이들을 돌봐줄 것을 부탁했고 사랑하는 부인들을 잃고 상심한 친구들에게는 위로해주었다. 과부, 고아, 수행자, 성직자를 다양한 방법으로 찾아서 도와줬다. 그는 질책하고 조언하고 칭찬하고 고마움을 표했다.

그의 여생 수 개월을 남기고 부드러운 그의 가슴에 엄청난 회오리가 몰아쳤다. 그것은 가장 사랑했던 어릴 적 친구 소프로니오스 때문이었다. 콘스탄티노플에서 고관으로 있던 그가 바실리오스를 적대하던 황궁의 한 이단의 달콤한 모함을 받아들인 것이다.

어린 시절 친구 중에서 특별히 아꼈던 친구가 바로 소프로니오스였다. 그런 그가 제대로 알아보지도 않고 그에 대한 중상모략을 받아들인 것이다. 만약 다른 누군가가 그랬다면 그의 마음이 이토록 아프진 않았을 것이다! 얼마나 많은 사람들이 그를 모략해왔던가. 그런데 생각만 해도 마음이 짠해지는 친구 소프로니오스가 지금 그랬다.

병으로 모든 신경이 예민해져 있었던 바실리오스는 친구에게서 받은 마음의 상처가 무척 깊었다. 그것은 그의 여생을 단축시키는 것으로 작용했다.

이제 그는 죽음의 마지막 순간에 들어섰다. 378년 가을이 지나고 겨울에 들어서면서 그의 모든 것이 서서히 끝나가고 있었다.

9. 종착

당신 손에 제 영혼을 맡깁니다

다시 겨울이 찾아왔다. 그것은 타협 없는 적이었다. 12월에 들어섰고 자연은 겨울의 권력에 항복했다. 반항해도 허사였다.

겨울의 도래에 사람은 몸서리치고 움츠러들어도 자연은 겨울을 원했다. 왜냐하면 몇 개월간 무기력해져도 이전보다 더 아름답고 매혹적인 새로운 생명을 잉태하기 때문이다.

지금의 바실리오스도 이와 같았다. 겨울은 그의 마지막 생기를 걷어 갔다. 혹한은 그의 모든 힘을 마비시키고 있었다.

그저 방에서 몇 발자국만 움직일 수 있을 뿐이었다. 밤낮으로 새어 나오는 그의 한숨에 벽은 두려움에 떨었고 갈라졌다.

바실리오스는 때론 부드럽게 때론 큰소리로 인간에게 자비를 베풀어 달라고 하느님께 외쳤다. 벽에는 딱 세 가지 외침이 메아리쳤다.

"위로자 성령이시여, 나를 비춰주소서."

"전능하신 이여, 당신의 피조물을 도와주소서."

"주여, 이 죄인을 용서하소서."

허름한 방은 거룩한 바실리오스의 극단의 수행에 이제 그만 지치고 말았다. 여름과 겨울 내내 털 수단으로 감싼 몸에 그만 질리고 말았다.

모든 것이 그의 죽음에 대해 서명을 마쳤다. 세상은 그의 강력한 출현에 이제 그만 지쳤다. 세상이 감당하기엔 너무 큰 인물이었다. 세상은 조용히 그의 죽음을 바랬다.

세상은 죽은 자의 위대함을 감당할 힘이 필요치 않다. 왜냐하면 그 위대함을 굳이 감당하려 하지 않기 때문이다. 오히려 거룩하게 죽은 자, 성인의 정신이 살아있는 세상의 무게를 짊어진다. 지상에서의 순교자적인 삶으로 세상을 고취시킨다. 일부 사람만이 이 진리를 인식한다. 많은 이들은 뭔가 느끼지만 이 진리를 깨닫지 못한다.

바실리오스는 죽음의 외길로 들어섰다. 지금껏 죽음을 직시하며 살아왔기에 두렵진 않았지만 죽음이 다가오자 몸서리쳐졌다. 무의식적으로 전후좌우를 살펴봤다. 어디에도 출구는 없었다.

그의 정신은 죽음을 소화하기 위해 침묵했다. 그에게 길은 끝났고 더 연장되지 않았다. 단지 거룩한 땅, 거룩한 고향만이 있었다. 아, 하느님 아버지의 품. … 복된 사랑! 그는 마음속에 둥지를 튼 성령에 완전히 매몰됐다. 고정된 눈빛으로 자기 가슴, 그의 마음속의 낙원에 집중한 채 오랜 시간 그렇게 있었다.

바실리오스는 낙원의 강렬한 맛에서 서서히 깨어났다. 하지만 세상, 봉직, 사목적 책무, 이 모든 것은 그에게서 멀리 떨어져 있었다. 이제 바실리오스는 그런 것에 매여 있지 않았다. 그는 세상에서 해야 할 모든 것을 했고 이뤄야할 사역에 온 힘을 쏟았음을 깊이 느꼈다. 이제 세상에 더 머물러야 할 이유가 없었다.

　그는 오직 거룩한 고향 하늘만을 바라봤다. 한 시간이라도 빨리 그곳으로 가고 싶었다. 하지만 그곳으로 가기 위해서는 세상과 이별을 해야 했다! 물론 그는 그것을 생각조차 하지 않았다. 이미 세상과 이별을 했기 때문이다. 세상의 품속에 아직 남아 있었지만 이미 그는 세상의 삶과 무게에서 벗어나 있었다.

　12월의 마지막 며칠을 남기고 그는 침대에서 일어날 수 없었다. 여행과 서신으로 동방과 서방을 오가던 그가 나무 침상에 꼼짝 못하고 누워 있었다. 지금 그는 천상의 나라로 더 자주 여행을 하고 있었다.

　이따금 그의 작은 방은 천사와 성인들로 가득 찼다. 그들은 복된 삶이 그를 기다리고 있음을 확인시켜줬고 그와 함께 천상의 무리에 들어가는 순간을 애타게 기다리고 있음을 알려주었다.

　뼈만 남은 거룩한 인물 주변에는 헌신적인 사람들이 그의 기력을 회복시키기 위해 백방으로 노력을 기울였다. 의사를 데려오고 좋은 약을 찾고 약초를 구하러 다녔다. 하지만 그는 아무것도 원하지 않았다. 그는 자신의 길이 끝났음을 확신했다. 그에게는 이 모든 노력이 의미가 없었다. 그는 약간의 미음과 스프 몇 숟가락도 원하지 않았다.

　바실리오스 복지관의 선한 두 명의 사제가 밤낮으로 그를 돌봤다. 그의 곁에 머물러 있었다. 그들은 무릎을 꿇고 성인의 머리맡으로 몸을 기울여 그가 무엇을 원하는지 들으려했다.

　바실리오스가 마지막 순간에 놓여있다는 소식이 구름 낀 협곡을 지나 안개 자욱한 고원을 단숨에 뛰어넘어 헐떡이며 눈 덮인 산에 이르렀다. 그리고 도시와 마을, 대교구, 지역교회를 벗어나 카파도키아로 폰도스와 소 아르메니아로 더 나아가 시리아, 팔레스타인, 이집트, 그리스, 서방의 신자들의 가슴에 전해졌다.

성탄대축일이 지나자마자 전국의 모든 신자들은 곧 바실리오스가 세상을 떠날 것이라는 것을 알고 있었다. 그의 죽음이 현실처럼 다가오자 사람들은 그의 위대성을 인식했다. 그들이 누리던 것이 무엇이었는지 무엇을 잃는 것인지 깨달았다. 그리스도인들은 든든한 기둥과 굽힐 줄 모르는 진리의 수호자가 사라져가고 있다는 생각에 상심했다. 슬기로운 목자들은 갑자기 보호막이 사라진 헐벗은 느낌을 지울 수 없었다.

카파도키아와 소아시아의 많은 사람들이 그의 삶을 연장해 달라고 하느님께 간절히 기도했다. 특히 케사리아로 올 수 있는 신자들과 성직자들이 모두 그곳으로 모였다. '바실리오스 복지관'의 숙소와 도시의 숙소가 꽉 찼다.

케사리아의 주교청 밖으로는 많은 성직자들과 헤아릴 수 없을 정도의 신자들이 오갔다. 도시의 성당들은 신자들로 가득 메워졌고 성인의 삶이 지속될 수 있게 해달라는 끝없는 간구가 이어졌다.

마치 이제야 모두가 잠을 깨 바실리오스가 누구인지 깨달은 것 같았다. 이제 그가 얼마나 필요한 사람인지 이해한 것 같았다. 이제야 그들은 하늘 높이 외쳤다.

"주여, 우리의 성인에게 생명을 주소서."

모두가 성인의 생명이 연장되기를 바라며 기꺼이 자신의 시간을 제공했다. 하지만, 늦었다. 너무 늦었다. 하느님은 다르게 결정하셨고 성인은 묵묵히 그분의 뜻을 따랐다.

그는 나무 침상에 창백한 얼굴로 꼼짝 않고 누워있었다. 기력의 흔적은 그의 내면에만 존재했다. 말도 없었고 움직임도 없었고 찾는 것도 없었다. 그의 심장은 아주 약하게 박동했다.

성인이 떠나기 전전날이었다. 그는 온종일 살아있는 망자처럼 보냈다. 거의 느껴지지 않는 얼굴의 미세한 근육만이 그가 죽음의 문턱에 와있고 설명할 수 없는 뭔가를 느끼고 있음을 보여줬다. 즉, 그는 복된 삶의 아름다운 길에 들어서서 형용할 수 없는 기쁨을 맛보고 있었다.

방을 드나드는 일부 사람들은 마치 위대한 성인의 성해를 대하듯이 빈사 상태에 있는 그를 보살폈다.

그들도 바실리오스가 더 이상 자신들의 세상으로 돌아오지 못할 것임을 알고 마음의 준비를 갖췄다. 하느님의 특별한 자비를 입었던 바실리오스처럼 그들도 그런 자비를 누리는 심정으로 그의 곁에 무릎을 꿇거나 서 있었다. 모두가 위대한 성인 곁에 있는 행운을 원했지만 일부만 그 행운을 누릴 수 있었다. 추운 겨울, 조그만 방은 환자 주변에 많은 사람이 움직이는 것을 허용하지 않았다. 그것은 질곡의 삶을 살았던 거룩한 투사의 마지막 순간을 평온하게 해주시려는 하느님의 섭리이기도 했다.

그 어떤 변화도 없이 마지막 밤을 맞았다. 주교청 밖에서 추위에 떨며 지쳐있던 많은 사람이 휴식을 취하러 일부는 집으로 또 일부는 시내의 숙소로 돌아갔다.

집이나 숙소로 돌아가지 않은 수도사들과 성직자들, 그리고 백성들은 그 주변에서 밤을 지새웠다. 처마 밑에서, 통로에서, 옆에 있는 집에서 잠시나마 지친 몸을 쉬었다.

그 무렵 혹한과 비조차도 그들의 왕성한 활동을 뒤로 미뤘다. 이처럼 자연도 예를 표하고 무릎을 굽혔다.

주교청과 주변에 있는 집들은 죽음을 앞두고 있는 성인을 위해 밤을 지새웠다. 모든 집에서 성인을 위해 적어도 하나의 등불, 하나의 촛불을 켜놓았다.

12월 31일 동이 트기 시작했다. 아침의 추위는 제법 매서웠지만 참을 수 있을 정도였다. 케사리아의 머리 위로 먹구름은 걸려있지 않았다. 태양은 붉은 빛을 띠며 서서히 오르기 시작했다. 일부 구름은 그들의 구역을 벗어나 창공 높이 정처 없이 돌아다니다 하얀 거품처럼 엷은 푸른색을 띠며 스며들었다. 한마디로 말하면 정말 좋은 날이었다

우리의 성인은 계속해서 침대에 누워있었다. 거룩한 머리는 약간 세워진 베개를 베고 있었고 그의 겸손한 손은 거룩한 가슴에 십자가 형태로 가볍게 포개져 있었다. 방과 주변 공간에는 절대적인 침묵이 흘렀다. 모두 손짓으로 대화를 했고 발끝으로 걸어 다녔다. 성인 가까이 있으면 있을수록 사람들은 그만큼 눈물을 절제했다. 하지만 내일이면 성인을 보지 못할 사람들은 밖에서 서럽게 울며 간절히 기도했다.

성인을 곁에서 지켜보는 특권을 받은 사람들은 울려고 하지 않았다. 그들이 그 순간 소리 없이 간절히 구한 것은 성인이 지금 느끼고 있는 무언가를 같이 느끼는 것이고 그가 기뻐하는 아름다운 뭔가를 보는 것이며 그의 은총이 자신들에게 조금이라도 전해졌으면 하는 것이었다.

태양이 하늘 높이 올랐을 때 우리의 병자는 완전히 죽은 사람처럼 보였다. 그의 팔다리, 얼굴, 움직임, 혈색 등 모든 것이 죽음의 모습이었다. 호흡은 느껴지지 않았다. 의사만이 맥박으로 어렵게 그를 진단했다. 그의 거룩한 심장의 박동은 거의 느껴지지 않는 아주 가는 실이 되

어 모든 것을 다 내놓은 육신에 겨우 전해지고 있었다. 그가 어떤 표시도 없이 영혼을 하느님께 맡긴 것 같은 생각이 들 정도였다. 하지만 그는 아직 살아있었다. 그렇게 수 시간이 지났다.

그런데 임종이 아닌 오히려 희미한 기운이 그의 얼굴과 손에 나타났다. 그의 얼굴이 성스럽게 그리고 부드럽게 움직였고 그의 손은 예식을 드리듯 그곳에 있는 이들의 머리를 축복하듯 움직였다.

모두가 무릎을 꿇고 머리를 숙였다. 그들은 성인의 가장 작은 움직임과 의미를 이해하고 그분의 뜻이 무엇인지 알아내려고 온 촉각을 세웠다.

정오도 되기 전에 주교청 밖은 모든 도시에서 모여든 사람들로 인산인해를 이루었다. 케시리아 사람들과 외부에서 온 사람들이 바실리오스의 마지막 순간의 목격자가 되려고 모인 것이다. 그들은 그를 사랑했고 미워했고 존경했고 시기했고 순종했고 반목했던 이들이었다.

어떤 이들은 그의 축복을 받기 위해 왔고 어떤 이들은 그의 용서를 빌기 위해 왔다. 아무튼 그곳에 모인 모두는 바실리오스와 연결되어 있었다. 그를 존경했거나 그와 전쟁을 했던 사람들이었다. 그 누구도 그 앞에서 무관심 할 수는 없었다. 그렇게 지금 그들은 그의 마지막에 대해서 뭔가 보고 듣기 위해 그 자리에 모였다.

그런데 사람들은 성인이 그들과 마지막 인사를 나누기 전에는 떠나지 않을 것이라는 것을 어떻게 알았을까? 이성으로는 알 수 없지만 인간의 혼은 그것을 알고 있었다.

성인은 그의 마지막 예식을 준비했다. 그는 방안에 있는 일부 사람들을 통해 그가 사랑했던 백성들을 모두 품에 안으려 했다. 그들에 대해 얼마나 아파했고 그들을 위해 얼마나 투쟁했던가. 그들이 바른 신앙 안에서 진리를 살게 하려고 스스로는 얼마나 무너졌던가. 그런데 어떻게 그들을 품에 안지 않겠는가!

그가 아주 천천히 눈을 떴다. 힘없는 큰 눈이 세상을 감미롭게 하는 부드러운 빛으로 가득 찼다. 그리고 그곳의 사람들에게 넘쳐 흘렀다. 그것은 그들의 온몸을 감싸주는 은총 같았다.

"나의 하느님, 우리 위에 성인의 빛이 그대로 멈춰있게 하소서."

"아니란다. 나의 자녀들아, 그건 너희가 잠시 보고 맛볼 수 있는 거란다. 나의 빛은 이렇게 성화된 몸을 통해 전달되지. 성해의 기적이 된단다."

바실리오스는 사람들에게 자기를 좀 더 일으켜달라고 부탁했다. 이제 그가 입은 털 수단이 성인의 가슴쯤에서 보였다. 그는 오른팔 팔꿈치로 몸을 지탱했다. 도로테오스는 그가 쓰러지지 않도록 오른팔을 조심스럽게 붙잡았다. 그의 정신은 강하게 요동쳤지만 육체적인 힘이 허락하는 만큼만 드러났다.

그는 입술을 움직여 말을 시작했다. 하지만 이가 없는 상태에서 말은 제대로 전달되지 않았다. 성인은 사력을 다해 힘들게, 천천히, 멈춰가며 말을 했다. 그의 목소리, 그의 정신은 그곳의 기운을 관통해 특권을 누리고 있는 그곳 사람들의 가슴속 깊은 곳으로 파고들어갔다.

그것은 교회와 양떼를 위한 거룩한 목자의 마지막 기원이었다. 그는 올바른 신앙의 가치와 정교를 지키는 투쟁에 대한 사랑을 상기시켰다. 그리고 삶과 함께 진리로 나가는 구원에 관해 말했다. 그것은 시대의 가장 위대한 설교가의 마지막 설교였다. 하지만 누가 그런 세세한 것들에 집중하겠는가. 그들은 그의 마지막 설교에서 흘러나오는 그의 거룩한 삶을 느끼고 있었다. 성인은 이처럼 엄청나게 거룩한 에너지를 내면에 담고 있었다!

한동안 그의 목소리가 들리지 않았다. 무슨 일이 벌어진 건지 그 누구도 알 수 없었다. 밖에서는 통곡과 탄식이 천지를 뒤흔들고 있었고 성인이 있는 곳까지 들려왔다. 모두가 끝이 왔음을 감지했다. 성인은 아무 말이 없었고 그의 눈꺼풀은 내려앉았지만 그래도 아직 그의 눈은 완전히 닫히지 않았다.

어느 순간, 어딘가에서 다시 돌아온 것처럼 그의 눈가가 다시 움직이더니 눈꺼풀이 올라갔다. 그리고 다시 그의 눈은 초월적인 빛을 담았다. 그의 입술이 움직이며 이름을 호명했다. 이름을 들은 이들이 무릎을 꿇고 머리를 투사의 거룩한 가슴에 갖다 대었다.

성인의 오른손이 숙인 머리 위로 부드럽게 올라갔다. 그리고 그들을 축복하며 양떼에 대한 책임을 맡겼다. 그런 후에 도로테오스는 성인의 손을 그의 가슴 한 가운데로 부드럽게 옮겼다.

그 순간 성인은 이승에서의 마지막 말을 했다.

"하느님, 당신 손에 제 영혼을 맡깁니다."

바실리오스는 형용할 수 없는 감미로운 모습으로 그의 마지막 숨을 거뒀다. 그의 입술은 굳게 닫혔고 그곳의 사람들은 하느님에 대한 경건한 마음으로 그의 두 눈을 감겨주었다.

그랬다! 위대한 인물은 마침내 하느님 아버지의 품에 안겼다.

밖에서 묵묵히 기다리고 있던 군중의 가슴 속에서 뭔가 커다란 것이 빠져나가는 것이 느껴졌다. 순간 그들의 통곡은 더욱 커졌다. 청년, 노인, 아는 사람, 모르는 사람 할 것 없이 위대한 인물의 떠남을 슬퍼했다. 눈물을 흘리지 않는 사람은 단 한 명도 없었다. 모두가 한 영혼이 되어 죽음을 원망하며 성인의 떠남을 아파했다.

장례

경건하고 엄숙한 마음으로 성인의 안식한 몸이 안치되고 장례를 치를 준비가 갖춰졌다. 육신은 너무도 작았다. 마치 한주먹도 안되는 것 같았다. 그런 그가 생전에 전 세계를 호령했다. 목덜미를 잡고 때로는 부탁하면서 때로는 질책하면서 세계를 뒤흔들었다.

헤아릴 수 없이 많은 군중이 소박하고 작은 관에 놓인 성인의 죽음을 슬퍼했다. 하지만 성인은 그 안에서 수천의 태양처럼 빛을 발했다. 쫙 펴진 이마, 주름 하나 없는 얼굴, 평화로운 얼굴이 온 세상에 희망과 용기를 전했다.

378년 12월 31일, 바실리오스가 잠든 날 오후, 주검은 케사리아의 대주교좌 성당 한가운데로 모셔졌다. 자랑스러운 이 도시는 오늘 이후로 유명해질 것이다. 이제 이 도시는 그 아들을 세상에 널리 알릴 것이고 세상은 이 도시를 영원히 기억하게 될 것이다. 성당은 가득 찼다. 성직자와 수도사들은 주검의 좌우에서 계속해서 그를 지켰다. 수없이 많은 백성들이 성인과 마지막 인사를 나누기 위해 끝없이 찾아들었다. 카파도키아와 폰도스의 도시에서 도착한 사람들은 밤에 그곳을 찾았다.

백성들은 흐느끼며 고개를 숙여 그의 성스런 손에 입을 맞추며 그의 은총과 축복을 빌었다. 그리고 적지 않은 사람들이 주검 앞에서 그들의 잘못을 회개하고 용서를 구하는 통한의 눈물을 흘렸다. 주검 앞에서 이루어지는 행위는 그저 형식적인 것이 아니었다. 그것은 말 그대로 신비였다. 성인의 주검에서 나오는 은총으로 사람들의 마음은 변화되었고 영혼은 정화되었다.

379년 1월 1일, 끝없는 행렬이 무덤으로 향했다. 그것은 행렬이라기보다 엄청난 백성의 물결이었다. 그들은 울림을 만들며 탄식 속에서 천천히 무덤으로 향했다. 그것은 골고타를 연상시켰다.

수도사들은 관을 높이 들고 천천히 걸었다. 선두에는 십자가를 앞세운 사제들이 있었고 셀 수 없이 많은 군중이 그 뒤를 따랐다. 주검 좌우로 많은 사람들이 밀려들었고 뒤에 있는 수많은 군중들은 앞의 사람들을 밀치며 뒤를 따랐다.

도시 중심가를 지나면서 행렬은 더욱 거대해졌다. 골목마다 또 집집마다 성스런 행렬에 동참하기 위해 많은 사람들이 기다리고 있었다. 시장, 도로, 광장은 발 디딜 틈 없이 가득 찼다. 행렬이 지나가는 길목에 있는 이층, 삼층의 집들은 성인을 보기 위해 올라온 많은 사람들로 인해 무너질 위험에 처했다.

사람들은 잠시라도 성인의 유해를 가까이하기 위해 서로 밀치며 몰려들었다. 손가락 끝으로 관이라도 만지려했고 그림자라도 느끼고 싶었다.

통곡과 한숨은 장례 예식의 성가를 뒤덮어 전혀 들리지 않았다. 하지만 백성들은 슬픔과 동시에 교회의 새로운 위대한 영웅을 기뻐했다. 백성들은 그들의 영적 아버지이자 같은 시대의 인물인 바실리오스가 성인들의 무리에 들어갔다는 것을 굳게 믿었다. 이미 그가 자신들을 도울 수 있다고 생각했다. 그래서 그들은 울면서 그에게 간구를 드렸다.

군중 속에는 유대인도 있었고 이교도도 있었다. 이미 말했듯이 그 누구도 바실리오스를 모른 척 할 수 없었다. 그들도 그리스도인 못지 않게 슬피 울었다.

행렬은 점점 더 어렵게 앞으로 나아갔다. 수도사들은 성스런 주검이 놓인 관을 높이 든 채 앞으로 걸어 나갔다. 성인을 향한 백성들의 열망이 느껴질수록 관은 더욱 높이 들렸다. 수도사들은 성인을 하늘 높이 들어올리길 원했다. 그가 정교의 위대한 깃발로 펄럭이길 원했다. 진리는 언제나 진리의 대변자를 찾는다는 것을 보여주고 싶었다. 쉽게 흔들리던 백성들은 지금 그들의 감동적인 동행으로 진리를 위한 바실리오스의 투쟁과 희생의 의미를 드높였다.

어느 순간 행렬이 무덤에 도착했다. 성인의 주검이 묻힐 장소로 아주 힘들게 모셔졌다.

모든 사람이 슬픔과 탄식을 삼켰다. 눈물은 볼 위에 얼어붙었다. 감각은 마비되었다. 하지만 그들의 정신은 마지막 인사를 나눌 위대한 순간에 고무되어 있었다.

위대한 인물이 그가 태어난 어머니 대지로 내려가고 있었다. 이제 그는 영원한 고향으로 한걸음에 달려갈 것이다.

수도사들이 팔을 쭉 펴 관을 완전히 땅에 내려놓았다. 주검은 땅으로 내려갔지만, 바실리오스는 아주 높이, 하늘 끝까지 올라갈 것이다. 주검은 곧 눈에서 사라졌다. 그렇게 그의 몸은 흙에서 와서 흙으로 돌아갔다.

그의 영혼이 높이 오르는 것을 지켜보던 백성은 천사의 날개소리에 귀를 기울였다. 그들은 무릎을 꿇고 모두가 한 목소리가 되어 그에게 마지막 인사를 했다. 비록 아무도 입으로 소리내어 인사하지 않았지만, 모두가 마음의 귀로 그 소리를 들을 수 있었다.

 "바실리오스시여, 우리는 당신의 신앙과 정신을 영원히 간직할 것입니다."

 수많은 사람의 입은 침묵했다. 그러나 하늘은 어디선가 끊임없이 흘러나오는 소리로 가득 메워졌다.

 "정교, 정교, 정교 …"

정교회 교부총서 2

성 대 바실리오스

초판1쇄 인쇄   2017년 11월 21일
초판1쇄 발행   2017년 11월 21일

지 은 이   스틸리아노스 파파도풀로스
옮 긴 이   요한 박용범
펴 낸 이   조성암 암브로시오스 대주교
펴 낸 곳   정교회출판사
출 판 등 록   제313-2010-5호

주   소   서울시 마포구 마포대로18길 43(아현동)
전   화   02)364-7020
팩   스   02)6354-0092
홈 페 이 지   www.philokalia.co.kr
e - m a i l   orthodoxeditions@gmail.com

ISBN 978-89-92941-47-1   04230
ISBN 978-89-92941-30-3(세트)

© 2017 정교회출판사

이 도서의 국립중앙도서관 출판예정도서목록(CIP)은
서지정보유통지원시스템 홈페이지(http://seoji.nl.go.kr)와
국가자료공동목록시스템(http://www.nl.go.kr/kolisnet)에서 이용하실 수 있습니다.
(CIP제어번호: CIP2017029732)

* 이 책의 전부 또는 일부를 다시 사용하려면 반드시 정교회출판사의 동의를 받아야 합니다.
* 책값은 표지 뒷면에 표시되어 있습니다.